Plutarch's

Dialogue on Love

An Intermediate Greek Reader

Greek text with running vocabulary and commentary

Evan Hayes

and

Stephen Nimis

Plutarch's *Dialogue on Love*: An Intermediate Greek Reader
Greek text with Running Vocabulary and Commentary

First Edition

The Greek text is based on the edition of G. Bernardakis (available from the Perseus Project), published by Teubner in 1892.

ISBN: 978-0-9832228-1-1

Published by Faenum Publishing, ltd.
Cover Design: Evan Hayes
Cover background by JP (thedeviant426.deviantart.com)

Fonts: Gentium (Open Font License)
GFS Porson (Open Font License)

nimissa@muohio.edu
hayesee@muohio.edu

Table of Contents

Acknowledgments

The idea for this project grew out of work that we, the authors, did with support from Miami University's Undergraduate Summer Scholars Program, for which we thank Martha Weber and the Office of Advanced Research and Scholarship. The Miami University College of Arts and Science's Dean's Scholar Program allowed us to continue work on the project and for this we are grateful to the Office of the Dean, particularly to Phyllis Callahan and Nancy Arthur for their continued interest and words of encouragement.

Work on the series, of which this volume is a part, was generously funded by the Joanna Jackson Goldman Memorial Prize through the Honors Program at Miami University. We owe a great deal to Carolyn Haynes, John Forren, and the 2010 Honors & Scholars Program Advisory Committee for their interest and confidence in the project.

The technical aspects of the project were made possible through the invaluable advice and support of Bill Hayes, Christopher Kuo, and Daniel Meyers. The equipment and staff of Miami University's Interactive Language Resource Center were a great help along the way. We are also indebted to the Perseus Project, especially Gregory Crane and Bridget Almas, for their technical help and resources.

For their suggestions on some difficult passages in Plutarch's text, we would like to thank Peter Rose, Deborah Lyons, and Masa Culumovic. We are also grateful to Maureen Nimis for her help with the design and preparation of the manuscript, and to Stephen Trzaskoma for his comments on an early draft.

We owe special thanks to Carolyn DeWitt and Kristie Fernberg, whose administrative support, patience, and good humor were essential for the completion of this manuscript.

We also profited greatly from advice and help on the POD process from Geoffrey Steadman. All responsibility for errors, however, rests with the authors themselves.

uxori carissimae

Maureen Nimis

οὔτε φιλίας τὸ καλὸν ἑτέρας ἔνδοξον οὕτω καὶ ζηλωτόν (*Am.* 770A)

Introduction

The aim of this book is to make Plutarch's *Dialogue on Love* (Ἐρώτικος; *Amatorius*) accessible to intermediate students of Greek. The running vocabulary and commentary are meant to provide everything necessary to read each page. The commentary is primarily grammatical, explaining subordinate clauses, conditions etc., and parsing unusual verb forms. The page by page vocabularies gloss all but the most common words. We have endeavored to make these glossaries as useful as possible without becoming fulsome. A glossary of all words occurring three or more times in the text can be found as an appendix in the back, but it is our hope that most readers will not need to use this appendix often. Brief summaries of a number of grammatical and morphological topics are interspersed through the text as well, and there is a list of verbs used by Plutarch that have unusual forms in an appendix. Brief explanations of allusions and proper names are given, literary citations and allusions are identified briefly (mostly taken from other editions), but this is not primarily a literary commentary.

The *Dialogue on Love* is a great intermediate Greek text. Aside from the inherent interest of the subject matter, the Greek is not too difficult to follow, perhaps the major difficulty being the profusion of unusual vocabulary and Plutarch's penchant for elaborate comparisons and metaphors. The *Dialogue on Love* of Plutarch has attracted a good deal of attention in recent times. M. Foucault thought it marked a seismic shift in the early centuries of our era in the "history of sexuality." [1] In his view, prior to Plutarch the conception of erotic attraction in the philosophical tradition distinguished an earthly, base kind of love from a more celestial one that led the soul to the contemplation of ideal beauty. The former is associated with the love of women, generally considered to be a less worthy object of love; the latter with boy-love. In the *Amatorius*, Plutarch argues for placing conjugal love on the same plane with boy-love, able to inspire in men just as effectively the love of beauty and the good. The *Amatorius* stands firmly in the tradition of philosophical discussions of love, like Plato's *Phaedrus* and *Symposium*, but the narrative context provides a dramatic setting that reminds us of discussions of love in the Greek novels, where there is likely to be irony.[2] Indeed, the narrator is early on asked to leave out all the commonplaces that are always being used in such discussions, the

1. M. Foucault, *The History of Sexuality*, Volume 3: *The Care of the Self*. tr. R. Hurley (New York: Vintage Books, 1986).
2. For this connection see S. Goldhill, *Foucault's Virginity*. 1995.

meadows and shady nooks and the river Ilissus. Like many of Plato's dialogues, including the *Symposium*, the account is reported by someone who had heard about it. The opening sentences of the *Amatorius* introduce a certain **Flavianus**, who asks **Autobulos**, the son of our author, to tell the story. As is also the case in the *Symposium*, the ending of the dialogue does not return to this initial setting or to Flavianus. Autobulos refers to Plutarch throughout the dialogue simply as "father."

According to Autobulos, his father Plutarch visited Thespiae when he was a young man during the festival of Eros.[3] He was present when an incident involving a certain Ismenodora and Bacchon occurred, an incident which provoked the discussion of love, and which subsequently interrupts that discussion. Plutarch was himself newly married at this time and he vigorously defends marriage and conjugal love. In this opinion he sides with Daphnaios, who is opposed primarily by Peisias and Protogenes. As the dialogue progresses, Plutarch eventually comes to dominate the discussion, making a full -scale encomium of Eros in the concluding half. There is a gap in this part of the text of indeterminate length after chapter 20.

Ismenodora and **Bacchon** are the main characters in the background action, although they do not actually appear in person. It seems that Ismenodora, a chaste widow, has fallen in love with the youthful Bacchon and wants to marry him. The figures in the dialogue are debating the wisdom of such a match, when the news arrives that Ismenodora has preemptively kidnapped Bacchon in order to force the issue. Some of the characters depart to investigate, leaving the others to continue the discussion. At the end more news arrives: all parties have agreed to the marriage, which is awaiting the presence of the interlocutors to move forward. This festive end is reminiscent of the Greek novels or new comedy. Indeed, there are other specific references to the conventions of comedy that invite comparison to that genre.[4]

The other characters in the dialogue are as follows:[5]

Anthemion is the older cousin of Bacchon and his trusted friend. He favors the match between Bacchon and Ismenodora, which puts him at odds with Peisias,

3. The festival and cult of Eros in Thespia is noted by Strabo, *Geography* 9.2.25; Pausanias, *Description of Greece* 9.27.11; and 9.31.3; Callistratus, *Descriptions of Statues* 3.
4. See G. Zanetto, "Plutarch's Dialogues as 'Comic Dramas,'" in *Rhetorical Theory and Praxis in Plutarch*, ed. L. van der Stockt (Leuven: Peters, 2000), 533-41.
5. For the possible historical identity of the characters in the dialogue, see H. Görgemanns, ed. *Dialog über die Liebe: Amatorius* (Tubingen: Mohr Siebeck, 2006), 8-16.

the other trusted friend of Bacchon. He defers to Plutarch in defending conjugal love and he is not as hot-headed as his rival Peisias. Half-way through the dialogue, he is summoned by Ismenodora to help her in the dispute.

Peisias is an older admirer of Bacchon and defends boy-love as an educational institution. He argues strongly against sensuous eroticism and vigorously defends the strict subordination of women to men. The news of the kidnapping of Bacchon makes him furious and he worries that this is the beginning of an age in which women will rule. Görgemanns likens him to the comic type of Menander's *Dyskolos*, an honest man but crudely dedicated to the wrong principle.

Daphnaios seems to be an old friend of Plutarch. He takes up the argument on behalf of conjugal love, sparring with Protogenes in the earlier part of the dialogue; but his contribution to the discussion becomes overshadowed by Plutarch's intervention, who is moved to speak when Peisias attacks Daphnaios "immoderately." Later in the dialogue, at Plutarch's request, Daphnaios recites a poem of Sappho.

Protogenes is a guest-friend of Plutarch's from Tarsus. He undertakes to defend boy-love, insulting Ismenodora and being criticized in turn for his passion for pretty boys. He considers older women and women who are in love to be dangerous. Although he shares the indignation of Peisias at the kidnapping of Bacchon, he seeks a reconciliation of the differing parties.

Zeuxippos of Sparta is another guest-friend of Plutarch and apparently a connoisseur of Euripides, whom he quotes. In the gap after section 20, he must have objected to Plutarch's excessively positive representation of Eros, since Plutarch makes reference to this objection in section 21. If so, his remarks seem to have been friendly amendments rather than serious objections. A Zeuxippos appears in other dialogues of Plutarch, arguing along with Plutarch himself against Epicureanism.

Pemptides of Thebes only enters the discussion in section 12, after the departure of Peisias and Protogenes. He raises the question of the divinity of Eros, which Plutarch addresses at length. In section 14 he complains about the practice of identifying gods with our emotions and is again answered by Plutarch at length.

Soklarus of Tithora only speaks a few side remarks, at one point insisting that Plutarch explain how Egyptian myths are in accord with the Platonic idea of love. This may be the same Soklarus who appears elsewhere in the *Moralia*.

Select Bibliography on Plutarch's *Amatorius:*

Recent editions and translations

H. Görgemanns, ed. and tr. *Dialog über die Liebe: Amatorius*. Tubingen: Mohr Siebeck, 2006.

S. Gotteland and E. Oudot, tr. *Dialogue sur l'amour*. Paris: Editions Flammarion, 2005.

W. C. Helmhold. ed. and tr. *Plutarch's The Dialogue on Love*. Plutarch's *Moralia* vol. IX. Cambridge: Harvard University Press, 1961.

D. Russell, tr. "Eroticus," in *Plutarch Selected Essays and Dialogues* (Oxford, Oxford University Press, 1993), 246-83.

Critical Discussions

Beneker, J. "Plutarch on the Role of Eros in a Marriage," in *The Unity of Plutarch's Work*, ed. A. G. Nikolaidis (Berlin: Walter de Gruyter, 2008), 689–700.

Brenk, F. E. "All for Love: the Rhetoric of Exaggeration in Plutarch's *Erotikos*," in *Rhetorical Theory and Praxis in Plutarch*, ed. L. van der Stockt (Leuven: Peters, 2000), 45-60.

Brenk, F. E. "Plutarch's *Erotikos*: The Drag Down Pulled Up." *Illinois Classical Studies* 13.2 (1988), 457-71.

---------------. "The Boioitia of Plutarch's *Erotikos*: Beyond the Shadow of Athens, in A. C. Cristopoulou (ed.), *Annual of the Society of Boeotian Studies* (Athens, 1995), 1109-17.

Crawford, M. "*Amatorius*: Plutarch's Platonic Departure from the *Peri Gamou* Literature," in A. P. Jimenez et al. (eds.) *Plutarco, Platon y Aristoteles*. Actas del V Congresso Internacional de la I.P.S. (Madrid, 1999), 287-97.

Foucault, M. *The History of Sexuality*, Volume 3: *The Care of the Self*. tr. R. Hurley. New York: Vintage Books, 1986.

Goldhill, S. *Foucault's Virginity: Ancient Erotic Fiction and the History of Sexuality*. Cambridge: Cambridge University Press, 1995.

Rist, J. M. "Plutarch's *Amatorius*: A Commentary on Plato's Theories of Love?" *The Classical Quarterly*, New Series, Vol. 51, No. 2 (2001), pp. 557-575.

Teodorsson, S.-T. "Plutarch's use of Synonyms: A Typical Feature of His Style." *Rhetorical Theory and Praxis in Plutarch*, ed. L. van der Stockt (Leuven: Peters, 2000), 511-18.

Trapp, M. B. "Plato's *Phaedrus* in Second Century Greek Literature," in D. A. Russell (ed.) *Antonine Literature* (Oxford: Clarendon, 1990), 141-73.

Zanetto, G. "Plutarch's Dialogues as 'Comic Dramas,'" in *Rhetorical Theory and Praxis in Plutarch*, ed. L. van der Stockt (Leuven: Peters, 2000), 533-41.

How to use this book:

The presentation assumes the reader has a basic acquaintance with Greek grammar. Generally, particles have not been included in the page-by-page glossaries, along with other common nouns and adjectives. If necessary, all of these words can be found in the glossary at the end. Verbs, being a special problem in Greek, have been treated more fully. A simple and more generic dictionary entry is given in the glossary on each page, with a more specific meaning provided in the commentary below if necessary. We have also included a list of verbs with unusual forms and their principal parts as an appendix, which should be useful in identifying the dictionary form of verbs. A good strategy for attacking a text like this is to read a section of the Greek to get as much out of it as possible, then to look at the glossary below for unrecognized vocabulary items, and lastly to consult the commentary. The fuller glossary at the end of the book can be a last resort.

In translating expressions we have sought to provide an English version that reproduces the grammatical relationships as much as possible, producing in many cases awkward expressions (sometimes called "translationese"). Good idiomatic translations are available for this text, but the translations in the commentary are meant to provide explanations of how the Greek works.

The Greek text is based on the Teubner edition of G. Bernardakis, published in 1892 and now in the public domain. Bernardakis' edition was digitized by the Perseus Project and made available under a Creative Commons agreement. We have corrected a small number of errors and also made a few minor changes to the text to make it more readable. In particular, we have included in brackets [ ] a number of supplements to lacunae in the manuscript tradition. This is not a scholarly edition; for that the reader is referred to the editions listed above in the bibliography.

An Important Disclaimer:

This volume is a self-published "Print on Demand" (POD) book, and it has not been vetted or edited in the usual way by publishing professionals. There are sure to be some factual and typographical errors in the text, for which we apologize in advance. The volume is also available only from through online distributors, since each book is printed only when ordered online. However, this publishing channel and format also account for the low price of the book; and it is a simple matter to make changes to the pdf file when they come to our attention. For this reason, any corrections or suggestions for improvement are welcome and will be addressed as quickly as possible in future versions of the text.

Evan Hayes
hayesee@muohio.edu

Stephen Nimis
nimissa@muohio.edu

Evan Hayes is a recent graduate in Classics and Philosophy at Miami University and the 2011 Joanna Jackson Goldman Scholar.
Stephen Nimis is a Professor of Classics at Miami University.

Sources for Quotations

The following list is meant to be used in conjunction with the commentary. These are the abbreviations used throughout the text to refer to collections of fragments.

CAF	T. Kock, *Comicorum Atticorum fragmenta* (Leipzig, 1880-1888).
Lobel-Page	E. Lobel and D. Page, *Poetarum Lesbiorum fragmenta* (Oxford, 1955).
PMG	D. Page, *Poetae Melici Graeci* (Oxford, 1962).
SH	H. Lloyd-Jones and P. J. Parsons, *Supplementum Hellenisticum* (Berlin, 1983).
SVF	H. von Amim, *Stoicorum Veterum fragmenta* (Leipzig, 1902-1924).
TGF	A. Nauck, *Tragicorum Graecorum fragmenta* (Leipzig, 1889).

Abbreviations

abs.	absolute	n.	neuter
acc.	accusative	nom.	nominative
act.	active	obj.	object
adj.	adjective	opt.	optative
adv.	adverb	part.	participle
ao.	aorist	pas.	passive
art.	articular	perf.	perfect
comp.	comparative	pl.	plural
cond.	condition	plpf.	pluperfect
dat.	dative	pot.	potential
dep.	deponent	pred.	predicate
dir. obj.	direct object	prep.	preposition
f.	feminine	pr.	present
fut.	future	prim.	primary
gen.	genitive *or* general	pron.	pronoun
imper.	imperative	reflex.	reflexive
impf.	imperfect	rel.	relative
indef.	indefinite	resp.	respect
ind. st.	indirect statement	sec.	secondary
ind. com.	indirect command	seq.	sequence
indic.	indicative	s.	singular
ind. obj.	indirect object	subj.	subject *or* subjunctive
inf.	infinitive	superl.	superlative
m.	masculine	temp.	temporal
mid.	middle	voc.	vocative

Πλουταρχοῦ

Ερωτικός

Plutarch's

Dialogue on Love

ΕΡΩΤΙΚΟΣ

Flavianus asks Autoboulos, the son of Plutarch, to relate a conversation that took place many years earlier in Helicon, at the Thespian festival of Eros. Autoboulos heard it from his father.

[1.] **ΦΛΑΟΥΙΑΝΟΣ. ἐν Ἑλικῶνι φῄς, ὦ Αὐτόβουλε, τοὺς περὶ Ἔρωτος λόγους γενέσθαι, οὓς εἴτε γραψάμενος εἴτε καταμνημονεύσας τῷ πολλάκις ἐπανερέσθαι τὸν πατέρα, νυνὶ μέλλεις ἡμῖν δεηθεῖσιν ἀπαγγέλλειν.**

ΑΥΤΟΒΟΥΛΟΣ. ἐν Ἑλικῶνι παρὰ ταῖς Μούσαις, ὦ Φλαουιανέ, τὰ Ἐρωτικὰ Θεσπιέων ἀγόντων ἄγουσι γὰρ ἀγῶνα πενταετηρικόν, ὥσπερ καὶ ταῖς Μούσαις, καὶ τῷ Ἔρωτι φιλοτίμως πάνυ καὶ λαμπρῶς.

ἄγω: to lead, carry on, conduct, do
ἀγών, -ῶνος, ὁ: a gathering, contest
ἀπαγγέλλω: to report, relate, explain
Ἀὐτόβουλος, ὁ: Autobulos
γίνομαι: to become, occur, happen
γράφω: to write
δέομαι: to need, require, ask
εἴτε... εἴτε: either...or
Ἑλικών, -ῶνος, ὁ: Helicon
ἐπανέρομαι: to question repeatedly, ask over and over
Ἔρως, -ωτος, ὁ: Eros, "Love"
ἐρωτικός, -ή, -όν: amatory, of or relating to love
Θεσπιέος, ὁ: a Thespian, inhabitant of Thespiae
καταμνημονεύω: call to mind, recall, remember
λαμπρῶς: splendidly, brilliantly
λόγος, ὁ: word, speech, (*pl.*) conversation
μέλλω: to intend to, be about to, be going to (+ *inf.*)
Μοῦσα, -ης, ἡ: a Muse
νυνί: now, at this moment
πάνυ: exceedingly, very
πατήρ, ὁ: father
πενταετηρικός, -ή, -όν: falling every five years, quinquennial
πολλάκις: many times, often
φημί: to say
φιλοτίμως: zealously, generously
Φλαουίανος, ὁ: Flavianos

τοὺς... λόγους γενέσθαι: ind. st. after **φῄς**, "you say *that the conversation happened*"
γραψάμενος: ao. part. of **γράφω**, "having written it down"
καταμνημονεύσας: ao. part. of **καταμνημονεύω**, "having memorized"
τῷ πολλάκις ἐπανερέσθαι: pr. mid. articular inf. of **ἐπι-ἀνα-ἔρομαι**, "*by many times asking* your father"
δεηθεῖσιν: ao. pas. part. dat. pl. of **δέομαι** modifying **ἡμῖν**, "to us asking"
τὰ Ἐρωτικὰ: "the festival of Eros"
Θεσπιέων ἀγόντων: gen. abs., "while the Thespians were celebrating"
ἀγῶνα: internal acc. with **ἄγουσι**, "they conduct the contest"

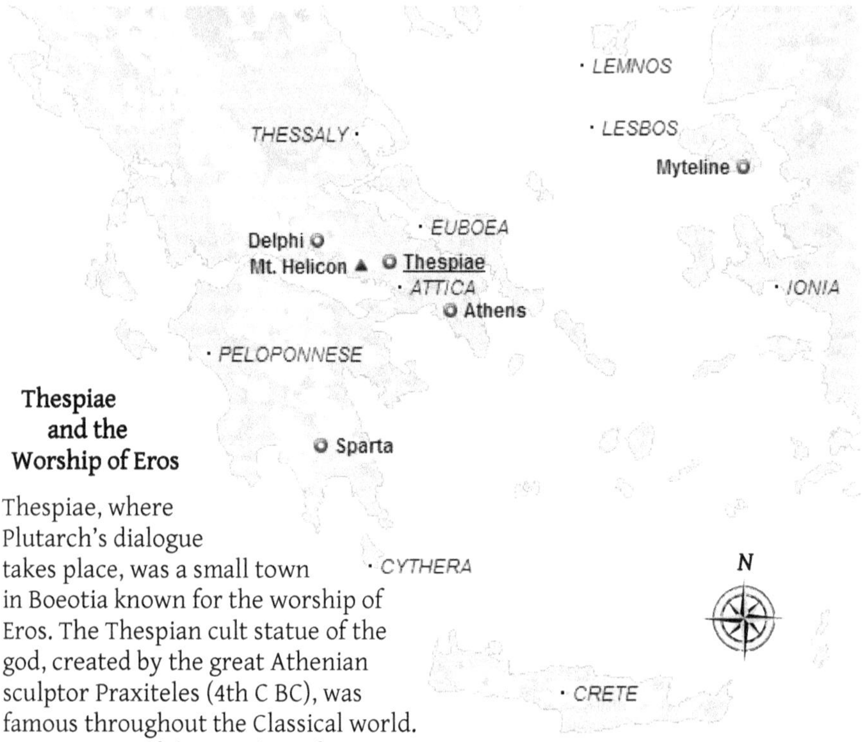

Thespiae and the Worship of Eros

Thespiae, where Plutarch's dialogue takes place, was a small town in Boeotia known for the worship of Eros. The Thespian cult statue of the god, created by the great Athenian sculptor Praxiteles (4th C BC), was famous throughout the Classical world. Descriptions of the worship of Eros at Thespiae and the cult statue itself survive in the works of several ancient authors:

Strabo, *Geography* 9. 2. 25 (trans. Jones) :

> "In earlier times Thespeia [in Boiotia] was well known because of the Eros of Praxiteles, which was sculptured by him and dedicated by Glykera the courtesan (she had received it as a gift from the artist) to the Thespeians, since she was a native of the place. Now in earlier times travellers would go up to Thespeia, a city otherwise not worth seeing, to see the Eros."

Pausanias, *Description of Greece* 9. 27. 1 1 (trans. Jones) :

> "Of the gods the Thespians have from the beginning honoured Eros most, and they have a very ancient image of him, an unwrought stone. Who established among the Thespians the custom of worshipping Eros more that any other god I do not know . . . Later on Lysippos made a bronze Eros for the Thespians, and previously Praxiteles one of Pentelic marble."

Pausanias, *Description of Greece* 9. 31. 3 :

> "Men too live around the grove [of the Mousai on Mt Helikon, Boiotia], and here the Thespians celebrate a festival, and also games called the Mouseia (Of the Muses). They celebrate other games in honour of Eros, offering prizes not only for music but also for athletic events."

Callistratus, *Descriptions* 3 (trans. Fairbanks) :

> "[A description of Praxiteles statue of Eros :] On the statue of Eros. My discourse desires to interpret another sacred work of art; for it is not right for me to refuse to call the productions of art sacred. The Eros, the workmanship of Praxiteles, was Eros himself, a boy in the bloom of youth with wings and bow. Bronze gave expression to him, and as though giving expression to Eros as a great and dominating god, it was itself subdued by Eros; for it could not endure to be only bronze, but it became Eros just as he was. You might have seen the bronze losing its hardness and becoming marvelously delicate in the direction of plumpness and, to put the matter briefly, the material proving equal to fulfilling all the obligations that were laid upon it. It was supple but without effeminacy; and while it had the proper colour of bronze, it looked bright and fresh; and though it was quite devoid of actual motion, it was ready to display motion; for though it was fixed solidly on a pedestal, it deceived one into thinking that it possessed the power to fly. It was filled with joy even to laughter, the glance from the eyes was ardent and gentle, and one could see the bronze coming under the sway of passion and willingly receiving the representation of laughter. It stood with right hand bent toward the head and lifting the bow with its left; and the even balance of the body's posture was modified by an inclination toward the left, for the projecting left hip was raised so as to break the stiffness of the bronze and produce an easy pose. The head was shaded by locks that were bright and curly and shining with the brightness of youth. And what wonderful bronze it was! For as one looked a ruddy colour shone out from the ends of the curls, and when one felt the hair it yielded as though soft to the touch. As I gazed on this work of art, the belief came over me that Daidalos had indeed wrought a dancing group in motion and had bestowed sensation upon gold, while Praxiteles had all but put intelligence into his image of Eros and had so contrived that it should cleave the air with its wings."

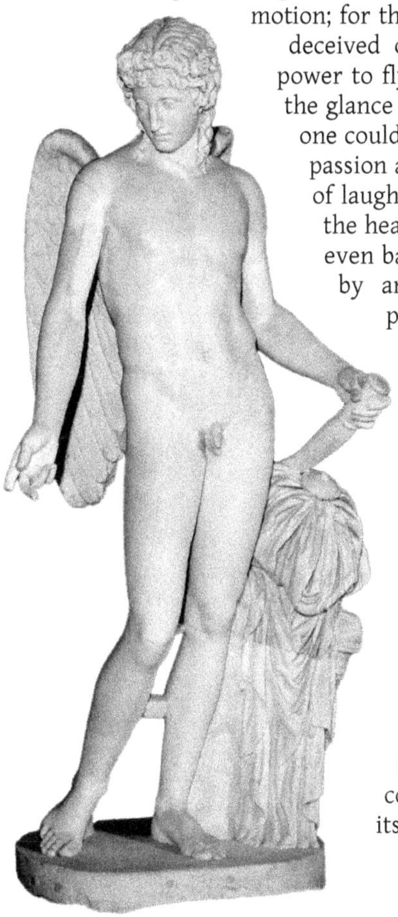

The *Eros Farnese*. Roman marble. (*Museo Archeologico Nazionale*, Naples, Italy. inv. 6353) Pompeian marble possibly modeled on the colossal cult statue of Eros at Thespiae by Praxiteles. (cf. Venus of Arles p. 73)

ΦΛΑΟΥΙΑΝΟΣ. *οἶσθ' οὖν ὃ σοῦ μέλλομεν δεῖσθαι πάντες οἱ πρὸς τὴν ἀκρόασιν ἥκοντες;*

ἀκρόασις, -εως, ἡ: a hearing, listening, audience
δέομαι: to need, lack, ask
ἥκω: to have come, be present
μέλλω: to intend to, be about to, be going to do (+ *inf.*)
οἶδα: to know

δεῖσθαι: pr. mid. inf. of **δέομαι** after **μέλλομεν**, "what we intend *to ask*"
πάντες οἱ... ἥκοντες: "all (of us) coming"

Participles

Participles, being numerous in the *Amatorius*, fall into three broad classes of use, with many other distinctions:

1. **Attributive participles** modify a noun or pronoun like other adjectives. They can occur with an article in the attributive position or with no article:

> **μέλλομεν δεῖσθαι πάντες οἱ ἥκοντες**, "we all *who have come* are about to ask"
>
> **εὗρε Δαφναῖον τὸν Ἀρχιδάμου καὶ Λυσάνδρας ἐρῶντα καὶ μάλιστα τῶν μνωμένων αὐτὴν εὐημεροῦντα**, "he found Daphnaeus, the son of Archidamus and *a lover* (i.e. one who loves) of Lysandra, and of *those wooing* her the one *being especially successful*.

2. **Circumstantial participles** are added to a noun or pronoun to set forth some circumstance under which an action takes place. Although agreeing with a noun or pronoun, these participles actually qualify the verb in a sentence. Circumstantial participles can occur in the genitive absolute construction (see p. 8).

> **ὁ γὰρ πατὴρ τὴν μητέρα νεωστὶ κεκομισμένος ... ἀφίκετο**: "for my father, having just rescued my mother, arrived"

For more examples, see p. 12.

3. **Supplementary participles** complete the idea of certain verbs. Often it is the participle itself that expresses the main action:

> **σὺ τυγχάνεις ἐρῶν ταύτης**: "you happen *to love* her"
>
> **διατελεῖ περὶ τὸν αὑτοῦ θεὸν χορεύων καὶ συμπεριπολῶν**: "he continues *dancing and escorting* his own god"

The participial form of indirect discourse (see p. 44) is a special class of supplementary participles.

> **Δαφναῖον δ' ὁρῶ ταὐτὸν πάσχοντα**: "I see *that Daphnaeus is suffering* the same thing."

ΑΥΤΟΒΟΥΛΟΣ. οὔκ ἀλλ᾽ εἴσομαι λεγόντων.

Flavianus urges Autoboulos to omit all the clichés usually deployed in such discourses.

ΦΛΑΟΥΙΑΝΟΣ. ἄφελε τοῦ λόγου τὸ νῦν ἔχον ἐποποιῶν τε λειμῶνας καὶ σκιὰς καὶ ἅμα κιττοῦ τε καὶ σμιλάκων διαδρομὰς καὶ ὅσ᾽ ἄλλα τοιούτων τόπων ἐπιλαβόμενοι γλίχονται τὸν Πλάτωνος Ἰλισσὸν καὶ τὸν ἄγνον ἐκεῖνον καὶ τὴν ἠρέμα προσάντη πόαν πεφυκυῖαν προθυμότερον ἢ κάλλιον ἐπιγράφεσθαι.

ἄγνος, ἡ: the agnus, a willow-like tree
ἅμα: at the same time, together
ἀφαιρέω: to take away, exclude, set aside
γλίχομαι: to cling to, strive after, long for
διαδρομή, ἡ: a running about through, spreading
ἐπιγράφω: to mark a surface, write upon, inscribe
ἐπιλαμβάνω: to lay hold of, seize, attack
ἐποποιός, ὁ: an epic poet
ἠρέμα: softly, gently
Ἰλισσός, ὁ: the Ilissus (a river in Athens)
καλός, -ή, - όν: beautiful
κιττός, ὁ: ivy
λέγω: to speak
λειμών, -ῶνος, ὁ: a grassy place, meadow
λόγος, ὁ: word, speech, (*pl.*) conversation
οἶδα: to know
Πλάτων, -ωνος, ὁ: Plato
πόα, ἡ: grass, herb
πρόθυμος, -ον: willing, eager, zealous
προσάντης, -ες: rising up, sloping
σκιά, -ῆς, ἡ: a shadow, shady place
σμῖλαξ, -ακος, ἡ: smilax, greenbrier
τόπος, ὁ: a place, commonplace
φύω: to grow

εἴσομαι: fut. of **οἶδα**, "I will know"
λεγόντων (sc. **ὑμῶν**): gen. abs., "if you tell"
ἄφελε: ao. imper. of **ἀπο-αἱρέομαι**, "put away from" + gen.
τὸ νῦν ἔχον: "for the time being," the addition of the circumstantial participle of **ἔχω** to the phrase **τὸ νῦν** ("the present moment") adds the meaning of "continuing"
ἐποποιῶν: gen. pl., "of the poets"
ὅσα ἄλλα τοιούτων: "*whatever other such* commonplaces"
ἐπιλαβόμενοι: ao. part., "by having seized on"
τὸν Πλάτωνος Ἰλισσὸν: the Ilissus river outside of Athens where Plato's *Phaedrus* takes place (cf. *Phaedrus* 229-230)
πεφυκυῖαν: perf. part. acc. f. of **φύω** modifying **πόαν**, "the sloping grass *having grown*"
προθυμότερον: "more eagerly than"
ἢ: "than" after a comparative adj.
ἐπιγράφεσθαι: pr. mid. inf. after **γλίχονται**, "they strive *to inscribe in* their work the Ilissus, etc."

ΑΥΤΟΒΟΥΛΟΣ. τί δὲ δεῖται τοιούτων, ὦ ἄριστε Φλαουιανέ, προοιμίων ἡ διήγησις; εὐθὺς ἡ πρόφασις, ἐξ ἧς ὡρμήθησαν οἱ λόγοι, χορὸν αἰτεῖ τῷ πάθει καὶ σκηνῆς δεῖται, τὰ τ' ἄλλα δράματος οὐδὲν ἐλλείπει· μόνον εὐχώμεθα τῇ μητρὶ τῶν Μουσῶν ἵλεων παρεῖναι καὶ συνανασῴζειν τὸν μῦθον.

αἰτέω: to ask, beg, want for
ἄριστος, -η, -ον: best
δέομαι: to need, lack, ask
δέομαι: to need, lack, require
διήγησις, -εως, ἡ: narrative, statement
δρᾶμα, -ατος, τό: an act, drama
ἐλλείπω: to leave behind, leave out
εὐθὺς: straight, directly
εὔχομαι: to pray, make a vow
ἵλεως, -ων: gracious, kind
λόγος, ὁ: word, speech, (*pl.*) conversation
μήτηρ, -ερος, ἡ: mother
μῦθος, ὁ: speech, story, tale
Μοῦσα, -ης, ἡ: a Muse
ὁρμάω: to set in motion, urge, set out
πάθος, -εος, τό: something suffered, an emotion, passion
πάρειμι: to be present, attend
προοίμιον, τό: an opening, introduction, preliminary
πρόφασις, -εως, ἡ: a motivation, cause, pretext
σκηνή, -ῆς, ἡ: a scene, stage
συνανασῴζω: help recover, remind
χορός, ὁ: the (dramatic) chorus

τί δεῖται: "why does my discourse have need of" + gen.
ὡρμήθησαν: ao. pas. of **ὁρμέω**, "the discussion *set out* from which"
χορὸν: "seeks a *chorus* for the action" (as in a drama)
εὐχώμεθα: pr. subj. jussive, "let us pray"
ἵλεων: acc. s. f. agreeing with the implied subj. of **παρεῖναι**, "let us ask her *gracious(ly)* to be present"
παρεῖναι: pr. inf. of **παρα-εἰμι**

Genitive absolutes

Genitive absolutes combine a participle with a noun or pronoun that is not the subject or object of the main clause in order to set forth some circumstance under which an action takes place. Like other circumstantial participles, they can indicate time, manner, means, cause, purpose, concession, condition or attendant circumstance. Sometimes the noun or pronoun is suppressed and must be supplied by the context:

ἐν Ἑλικῶνι ... τὰ Ἐρωτικὰ <u>Θεσπιέων ἀγόντων</u>, "on Helicon *when the Thespians were celebrating* the festival of Eros"

ἀλλ' εἴσομαι (sc. **ὑμῶν**) **<u>λεγόντων</u>**, "but I will know *if you tell* me"

<u>τοῦ πράγματος φανέντος</u>, ἥ γε μήτηρ ὑφεωρᾶτο, "*once the matter became known*, the mother began suspecting"

Subjects, Predicates and Attributes

Greek verbs are notoriously difficult in narratives; but in a philosophical discourse like the *Amatorius* there can be more problems with nouns and adjectives. The nature of such a discourse is to say *what* something is, a matter of *predication*. Predicates must be distinguished from subjects and from attributes.

In a noun phrase, an *attribute* is placed between the definite article and the noun; the *predicate* is not.

> ***μεγάλη* δ' ἡ τοῦ Ἄρεος ἰσχύς**: "*great* is Ares' strength"
>
> **γυναῖκα *μοχθηρὰν* καὶ *ἄστοργον***: "a wife that is *wretched* and *unloving*"
>
> **ἡδοναῖς *ἀνάνδροις* καὶ *ἀφίλοις* καὶ *ἀνενθουσιάστοις***: "pleasures that are *unmanly*, *unaffectionate* and *uninspired*"

But note the position of the two attributive adjectives in this example (the adjective **τοῦτον** is always in predicative position)

> **τὸν δ' *ὑγρὸν*** (sc. **ἔρωτα**) **τοῦτον καὶ *οἰκουρὸν***: "this *pliant* and *homebound* (love)"

and the position of the predicate adjectives in this one:

> ***βραδὺς* γὰρ ὁ ἐκείνου καὶ *χερσαῖος* ἔρως**: "that one's love was *sluggish* and *pedestrian*"

If the predicate of a sentence is a noun, it can be distinguished from the subject by not having a definite article:

> ***θέος* ὁ Ἔρως**: "Love is a *god*."
>
> **ὥσπερ *διαιτητὰς* ἑλόμενοι καὶ *βραβευτὰς* τὸν πατέρα καὶ τοὺς σὺν αὐτῷ**: "having chosen my father and those with him (to be) *judges* and *arbiters*"

Attributive participles (p. 6) sometimes have a definite article, but more often they do not:

> **τὸν δ' ὑγρὸν τοῦτον καὶ οἰκουρὸν ἐν κόλποις *διατρίβοντα* καὶ κλινιδίοις γυναικῶν ἀεὶ *διώκοντα* τὰ μαλθακὰ καὶ *θρυπτόμενον* ἡδοναῖς**: "this pliant and home-bound (love), which *spends time* in the laps and beds of women, always *pursuing* softness, and *being nourished* by pleasures"

Autoboulos' father, Plutarch, had brought his new wife to Helicon to sacrifice to Eros. He brings several friends and meets several others at the festival, where they spend time talking.

[2.] **ὁ γὰρ πατήρ, ἐπεὶ πάλαι, πρὶν ἡμᾶς γενέσθαι, τὴν μητέρα νεωστὶ κεκομισμένος ἐκ τῆς γενομένης τοῖς γονεῦσιν αὐτῶν διαφορᾶς καὶ στάσεως ἀφίκετο τῷ Ἔρωτι θύσων, ἐπὶ τὴν ἑορτὴν ἦγε τὴν μητέρα καὶ γὰρ ἦν ἐκείνης ἡ εὐχὴ καὶ θυσία. τῶν δὲ φίλων οἴκοθεν μὲν αὐτῷ παρῆσαν οἱ συνήθεις, ἐν δὲ Θεσπιαῖς εὗρε Δαφναῖον τὸν Ἀρχιδάμου καὶ Λυσάνδρας**

ἄγω: to lead, carry, bring
Ἀρχίδαμος, -ου, ὁ: Archidamus
ἀφικνέομαι: to arrive, reach, come to
γίνομαι: to become, occur, happen
γονεύς, -έως, ὁ: a begetter, father, parent
Δαφναῖος, -ου, ὁ: Daphnaeus
διαφορά, ἡ: a difference, disagreement, dispute
ἑορτή, ἡ: a feast, festival
Ἔρως, -ωτος, ὁ: Eros, "Love"
εὑρίσκω: to find
εὐχή, ἡ: a prayer, vow
Θεσπιαί, αἱ: the town of Thespiae
θυσία, ἡ: an offering
θύω: to sacrifice
κομίζω: to take care of, provide for, rescue
Λυσανδρα, -ας, ἡ: Lysandra
μήτηρ, -ερος, ἡ: mother
νεωστί: lately, just now, recently
οἴκοθεν: from one's house, from home
πάλαι: long ago
πάρειμι: to be present
πατήρ, ὁ: father
πρίν: before
στάσις, -εως, ἡ: a standing apart, dissent
συνήθης, -ες: dwelling together, accustomed to one another, intimate
φίλος, ὁ: friend

ἐπεὶ πάλαι: "a long time since"
πρὶν ἡμᾶς γενέσθαι: aor. inf. of **γίνομαι**, "before we were born"
κεκομισμένος: perf. part. of **κομίζω**, "*having rescued* my mother"
ἐκ γενομένης... διαφορᾶς: "from a dispute that occurred"
γενομένης: ao. mid. part. of **γίγνομαι**
ἀφίκετο: ao. of **ἀφικνέομαι**, "he arrived"
θύσων: fut. part. showing purpose, "in order to sacrifice"
ἦγε: impf. of **ἄγω**, "he led"
ἐκείνης: gen., "was for *her*"
παρῆσαν: impf. of **παρα-εἰμι**, "were present"
οἴκοθεν μὲν... ἐν δὲ Θεσπιαῖς: "of his friends *those from home...but in Thespiae* he found"
οἱ συνήθεις: "the customary ones"
εὗρε: ao. of **εὑρίσκω**, "he found"
τὸν (sc. **υἱὸν**) **Ἀρχιδάμου**: "the son of Archidamos"
ἐρῶντα: pr. part. of **ἐράω**, "*a lover* of Lysandra"

ἐρῶντα τῆς Σίμωνος καὶ μάλιστα τῶν μνωμένων αὐτὴν εὐημεροῦντα, καὶ Σώκλαρον ἐκ Τιθόρας ἥκοντα τὸν Ἀριστίωνος ἦν δὲ καὶ Πρωτογένης ὁ Ταρσεὺς καὶ Ζεύξιππος ὁ Λακεδαιμόνιος, ξένοι Βοιωτῶν δ' ὁ πατὴρ ἔφη τῶν γνωρίμων τοὺς πλείστους παρεῖναι. δύο μὲν οὖν ἢ τρεῖς ἡμέρας κατὰ πόλιν, ὡς ἔοικεν, ἡσυχῇ πως φιλοσοφοῦντες ἐν ταῖς

Ἀριστίων, -ωνος, ὁ: Aristion
Βοιωτός, -ά, -όν: Boeotian
γνώριμος, -η, -ον: well-known
δύο: two
ἔοικα: be like, seem
ἐράω: to love
εὐημερέω: to prosper, be successful
Ζεύξιππος, -ου, ὁ: Zeuxippos
ἥκω: to have come, be present
ἡμέρα, ἡ: day
ἡσυχῇ: quietly
Λακεδαιμόνιος, -η, -ον: from Lacedaemon, Spartan
μάλιστα: most, above all
μνάομαι: to court, woo
ξένος, ὁ: foreigner
πάρειμι: to be present
πλεῖστος, -η, -ον: most, largest
πόλις, -εως, ἡ: a city
Πρωτογένης, -ους, ὁ: Protogenes
Σίμων, -ωνος, ὁ: Simon
Σώκλαρος, -ου, ὁ: Soclarus
Ταρσεύς, -έως, ὁ: an inhabitant of Tarsus
Τιθόρα, -ας, ἡ: the town of Tithora
τρεῖς, -οι, -αι: three
φιλοσοφέω: to philosophize, pursue knowledge
ὡς: as, how

μνωμένων: pr. part. of **μνάομαι**, "*of those wooing* her (i.e. Lysandra)"
εὐημεροῦντα: pr. part., "being especially successful"
παρεῖναι: pr. inf. of **παρα-εἰμι** in ind. st. after **ἔφη**, "said that most *were present*"
ἡμέρας: acc. of duration, "for 2 or 3 days"

Indirect statement after verbs of saying: accusative + infinitive

Verbs of saying in the *Amatorius* (**φημι, λέγω**) most frequently take the accusative + infinitive construction. The finite verb of direct speech is changed to an infinitive of the same tense of the direct speech. The subject of the verb in direct speech becomes accusative *unless the subject of the indirect speech is the same as the subject of the main verb.* In that case the subject will be nominative if expressed.

Direct speech:	"He is stopping." **παύεται.**
Indirect speech:	She says that he is stopping. **λέγει αὐτόν παύεσθαι** but, He says that he (himself) is stopping. **λέγει (αὐτός) παύεσθαι.**

Circumstantial Participles

Circumstantial participles are added to a noun or a pronoun to set forth some circumstance under which an action takes place. If the noun it modifies has a definite article, a circumstantial particle will never stand in the attributive position. Although agreeing with a noun or pronoun, these participles actually qualify the verb in a sentence. The circumstances can be of the following types: time, manner, means, cause, purpose, concession, condition or attendant circumstance. Although sometimes particles can specify the type of circumstance, often only the context can clarify its force. Here are some examples from the first few pages of the *Amatorius*:

means:

τοιούτων τόπων ἐπιλαβόμενοι γλίχονται τὸν Πλάτωνος Ἰλισσὸν ἐπιγράφεσθαι, "*by having seized upon* such commonplaces they strive to inscribe Plato's Ilissus"

purpose:

ἀφίκετο τῷ Ἔρωτι θύσων, "he arrived *in order to sacrifice* to Love"
concession: **ἐχήρευσε ... καίπερ οὖσα νέα,** "she was bereaved, *although being* young"

cause:

τῷ δὲ Βάκχωνι φίλης ὄντι καὶ συνήθους γυναικὸς υἱῷ, "Bacchon, *since he was* the son of a friend and a related woman"

time:

πράττουσα γάμον ... ἔπαθε αὐτή, "*in the course of arranging* a marriage, she herself suffered"

cause:

ᾐδεῖτο γὰρ ἔφηβος ἔτ' ὢν χήρᾳ συνοικεῖν, "he was ashamed to live with a widow, *since he was still* an ephebe"

with **ὡς** showing an imputed motive:

καθήπτετο τοῦ Ἀνθεμίωνος ὡς προϊεμένου τῇ Ἰσμηνοδώρᾳ τὸ μειράκιον, "he kept upbraiding Anthemios *because, he supposed, he (Anthemius) was delivering* the boy to Ismenodora"

condition (note the negative is **μὴ** not **οὐ**):

πῶς Ἔρως ἔστιν Ἀφροδίτης μὴ παρούσης: "how is Love possible *if Aphrodite is not present*"

attendant circumstance:

λεγομένων τούτων ὁ Πεισίας ἦν δῆλος ἀγανακτῶν: "while these things were being said, Peisias was clearly becoming annoyed."

Note that the last two examples are genitive absolutes, of which there are a large number in the Amatorius (see p. 8).

παλαίστραις καὶ διὰ τῶν θεάτρων ἀλλήλοις συνῆσαν ἔπειτα φεύγοντες ἀργαλέον ἀγῶνα κιθαρῳδῶν, ἐντεύξεσι καὶ σπουδαῖς προειλημμένον, ἀνέζευξαν οἱ πλείους ὥσπερ ἐκ πολεμίας εἰς τὸν Ἑλικῶνα καὶ κατηυλίσαντο παρὰ ταῖς Μούσαις.

They are joined by Anthemion and Peisias, friends of the young Bacchon, who has become involved with the widow Ismenodora.

ἕωθεν οὖν ἀφίκετο πρὸς αὐτοὺς Ἀνθεμίων καὶ Πεισίας ἄνδρες ἔνδοξοι, Βάκχωνι δὲ τῷ καλῷ λεγομένῳ προσήκοντες καὶ τρόπον τινὰ δι' εὔνοιαν ἀμφότεροι τὴν ἐκείνου διαφερόμενοι

ἀγών, -ῶνος, ὁ: a competition, struggle
ἀλλήλων: one another, mutually
ἀμφότερος, -α, -ον: both, together
ἀναζεύγνυμι: to yoke again, break camp
ἀνήρ, ἀνδρός, ὁ: a man, husband
Ἀνθεμίων, -ωνος, ὁ: Anthemion
ἀργαλέος, -α, -ον: painful, grievous, bitter
ἀφικνέομαι: to arrive, reach, come to
Βάκχων, -ωνος, ὁ: Bacchon
διαφέρω: to differ, disagree, quarrel
Ἑλικών, -ῶνος, ὁ: Helicon
ἔνδοξος, -ον: held in esteem, honorable, of standing
ἔντευξις, -εως, ἡ: a meeting with, petition, appeal
ἔπειτα: after that, thereupon
εὔνοια, ἡ: favor, affection
ἕωθεν: from morning, at dawn
θέατρον, τό: a viewing place, theatre
καταυλίζομαι: to make camp
κιθαρῳδός, ὁ: a cithara player, harpist
Μοῦσα, -ης, ἡ: a Muse
παλαίστρα, ἡ: a place for wrestling
Πεισίας, -ου, ὁ: Peisias
πλείων, -ον: more, greater
πολέμιος, -α, -ον: of or belonging to war, hostile
προλαμβάνω: to take before, anticipate, precede
προσήκω: to belong to, be connected with
σπουδή, ἡ: haste, zeal, (*pl.*) rivalries
σύνειμι: be together, assemble, spend time with
τρόπος, ὁ: a turn, way, manner
φεύγω: to flee, escape

συνῆσαν: impf. of **συν-εἰμι**, "they spent time with"
προειλημμένον: perf. part. of **προλαμβάνω** modifying **ἀγῶνα**, "feud *which had been preceded by*" + dat.
ἀνέζευξαν: ao. indic. of **ἀναζεύγνυμι**, "they broke camp" a military expression
οἱ πλείους: "most"
κατηυλίσαντο: ao. of **κατα-αὐλίζομαι**, "they made camp"
τῷ καλῷ λεγομένῳ: "who was said to be handsome"
προσήκοντες: pr. part., "connected to"
τρόπον τινὰ: "in a manner" or "a kind of," construed with **διαφερόμενοι**, "having a kind of falling out"
τὴν ἐκείνου: explaining **εὔνοιαν**, "the goodwill *which they had for that one*"

πρὸς ἀλλήλους. ἦν γὰρ ἐν Θεσπιαῖς Ἰσμηνοδώρα γυνὴ πλούτῳ καὶ γένει λαμπρὰ καὶ νὴ Δία τὸν ἄλλον εὔτακτος βίον. ἐχήρευσε γὰρ οὐκ ὀλίγον χρόνον ἄνευ ψόγου, καίπερ οὖσα νέα καὶ ἱκανὴ τὸ εἶδος. τῷ δὲ Βάκχωνι φίλης ὄντι καὶ συνήθους γυναικὸς υἱῷ πράττουσα γάμον κόρης κατὰ γένος προσηκούσης, ἐκ τοῦ συμπαρεῖναι καὶ διαλέγεσθαι

Eros. Attic red-figure bobbin, ca. 470 BC–450 BC. Louvre, Paris.

ἀλλήλων: one another, mutually
ἄνευ: without (+ *gen.*)
βίος, ὁ: life
γένος, -εος, τό: race, family, stock
γυνή, γυναικός, ἡ: woman, wife
διαλέγω: to speak with, converse
εἶδος, -εος, τό: form, shape, appearance
εὔτακτος, -ον: well-ordered, orderly
Ζεύς, Διός, ὁ: Zeus
Θεσπιαί, αἱ: the town of Thespiae
ἱκανός, -ή, -όν: sufficient, considerable, adequate
Ἰσμηνοδώρα, -ας, ἡ: Ismenodora
καίπερ: although, albeit (+ *part.*)
κόρη, ἡ: a maiden, girl
λαμπρός, -ά, -όν: bright, radiant, conspicuous
νέος, νέα, νέον: young, youthful
ὀλίγος, -η, -ον: few, little, small
πλοῦτος, ὁ: riches, wealth
πράττω: to mange, bring about, effect
προσήκω: to belong to, be connected with
συμπάρειμι: to be present with, be together
συνήθης, -ες: accustomed to one another, intimate
υἱός, ὁ: a son
φίλος, -η, -ον: dear, beloved, (*subst.*) friend
χηρεύω: to be bereaved, be a widow
χρόνος, ὁ: time
ψόγος, ὁ: a fault, blemish, flaw

λαμπρὰ: "conspicuous in" + dat.
νὴ Δία: "by Zeus"
τὸν ἄλλον βίον: acc. of resp., "concerning the rest of her lifestyle"
οὐκ ὀλίγον χρόνον: acc. of duration, "for a long time"
καίπερ + part. is concessive, "*although* being"
τὸ εἶδος: acc. of resp., "in beauty"
τῷ Βάκχωνι ὄντι...υἱῷ: dat. of advantage, "on behalf of Bacchon, who was the son of..."
φίλης καὶ συνήθους: gen. s., "the son *of an intimate friend*"
κατὰ γένος προσηκούσης: "related by birth" (i.e. to Ismenodora)
τοῦ συμπαρεῖναι καὶ διαλέγεσθαι: art. inf. gen., "from being present and conversing"

πολλάκις ἔπαθε πρὸς τὸ μειράκιον αὐτή καὶ λόγους φιλανθρώπους ἀκούουσα καὶ λέγουσα περὶ αὐτοῦ καὶ πλῆθος ὁρῶσα γενναίων ἐραστῶν εἰς τὸ ἐρᾶν προήχθη, καὶ διενοεῖτο μηδὲν ποιεῖν ἀγεννές, ἀλλὰ γημαμένη φανερῶς συγκαταζῆν τῷ Βάκχωνι.

ἀγεννής, -ές: low-born, ignoble,
ἀκούω: to hear
γαμέω: to marry
γενναῖος, -α, -ον: suitable to one's birth, noble
διανοέομαι: to have in mind, intend
ἐραστής, -οῦ, ὁ: a lover
ἐράω: to love
λέγω: to speak, say
λόγος, ὁ: word, speech, (*pl.*) conversation
μειράκιον, τό: a lad, youth
ὁράω: to see
πάσχω: to suffer, feel, experience
πλῆθος, -εος, τό: a great number, a throng, crowd
πολλάκις: many times, often
προάγω: to lead forward, lead on
συνκαταζάω: to live out one's life with
φανερῶς: openly, manifestly
φιλάνθρωπος, -ον: kind, tender

ἔπαθε... αὐτή: ao. of **πάσχω**, "she herself experienced feelings"
ἀκούουσα καὶ λέγουσα καὶ πλῆθος ὁρῶσα: pr. part. nom. s. f., "by hearing, speaking and seeing"
εἰς τὸ ἐρᾶν: art. inf., "to loving"
προήχθη: ao. pas. of **προ-ἄγω**, "she was led forward"
διενοεῖτο: impf. of **διανοέομαι**, "she intended" + inf.
γημαμένη: pr. mid. part. of **γαμέω**, "offering herself in marriage"
συγκαταζῆν: pr. inf. of **συν-κατα-ζάω**, "to spend her life with" + dat.

Note the different meanings of the word **αὐτὸς**:

1. Without the definite article
    a. The nominative forms of the word always are intensive (= Latin *ipse*): **αὐτὸς**: *he himself*, **αὐτοί**, *they themselves*; **ἔπαθε** **<u>αὐτή</u>**: *she herself* had feelings.
    b. The other cases of the word are the unemphatic third person pronouns: him, them, etc. **λέγουσα περὶ <u>αὐτοῦ</u>**: "hearing about *him*." This use is most common in the *Amatorius*.
2. With the definite article
    a. In predicative position, it is also intensive (= Latin *ipse*): **τὸν ἄνδρα αὐτόν**: the man *himself*. **τοὺς ἐρῶντας <u>αὐτοὺς</u>**: the lovers *themselves*.
    b. in attributive position or with no noun, it means "the same": **<u>ταὐτὸ σῶμα</u> πολλοὶ καὶ <u>ταὐτὸ κάλλος</u> ὁρῶσιν**: they see the same body and the same beauty. Note the crasis: **ταὐτὸ = <u>τὸ αὐτὸ</u>**

Ismenodora's interest in Bacchon has stirred up controversy among his family and friends.

παραδόξου δὲ τοῦ πράγματος αὐτοῦ φανέντος, ἥ γε μήτηρ ὑφεωρᾶτο τὸ βάρος τοῦ οἴκου καὶ τὸν ὄγκον ὡς οὐ κατὰ τὸν ἐραστήν τινὲς δὲ καὶ συγκυνηγοὶ τῷ μὴ καθ' ἡλικίαν τῆς Ἰσμηνοδώρας δεδιττόμενοι τὸν Βάκχωνα καὶ σκώπτοντες ἐργωδέστεροι τῶν ἀπὸ σπουδῆς ἐνισταμένων ἦσαν ἀνταγωνισταὶ πρὸς τὸν γάμον. ᾐδεῖτο γὰρ ἔφηβος ἔτ' ὢν χήρᾳ συνοικεῖν οὐ μὴν ἀλλὰ τοὺς ἄλλους ἐάσας, παρεχώρησε τῷ

αἰδέομαι: to be ashamed to do (+ infin.)
ἀνταγωνιστής, -οῦ, ὁ: an opponent, competitor, rival
βάρος, -εος, τό: weight, dignity
γάμος, ὁ: wedding, marriage
δειδίττομαι: to frighten, alarm
ἐάω: to leave alone, ignore
ἐνίστημι: to set against, resist
ἐραστής, -οῦ, ὁ: a lover
ἐργώδης, -ες: irksome, troublesome
ἔφηβος, ὁ: an adolescent, youth
ἡλικία, ἡ: time of life, age
μήτηρ, -ερος, ἡ: mother
ὄγκος, ὁ: a bulk, size, mass, pride
οἶκος, ὁ: a house
παράδοξος, -ον: contrary to opinion, incredible, paradoxical
παραχωρέω: to give up, yield, permit (+ *inf.*)
πρᾶγμα, -ατος, τό: a deed, act, circumstance
σκώπτω: to mock, jeer, scoff at
σπουδάζω: to make haste
σπουδή, ἡ: zeal, trouble, effort
συγκυνηγός, ὁ: a fellow hunter, hunting companion
συνοικέω: to dwell together with, marry
τίνω: to pay a price
ὑφοράω: to suspect, look at with suspicion
φαίνω: to show, reveal, appear
χήρα, ἡ: a widow

πράγματος... φανέντος: gen. abs., "the matter coming to light"
φανέντος: ao. part. of **φαίνω**
ὑφεωρᾶτο: impf. of **ὑπο-ὁράω**, "she looked with suspicion upon"
βάρος καὶ ὄγκον: "dignity and pride"
ὡς (sc. **ὄντα**) **οὐ κατὰ**: **ὡς** + part. giving the ground of **ὑφεωρᾶτο**, "that it was not in accord with..."
τῷ μὴ (sc. **εἶναι**): art. inf. dat. after **δεδιττόμενοι**, "with the not being..."
καθ' ἡλικίαν: "the same age as" + gen.
δεδιττόμενοι: pr. part. of **δειδίσσομαι**, "*scaring* him"
σκώπτοντες: pr. part., "by their jeering"
τῶν ἐνισταμένων: pr. part. gen. pl. of **ἐν-ἵστημι** gen. of comparison after **ἐργωδέστεροι**, "more effective antagonists than *those resisting*"
ἀπὸ σπουδῆς : "from seriousness"
ἔτι ὢν: pr. part. of **εἰμι**, "still being a young man"
ᾐδεῖτο: impf. of **αἰδέομαι**, "he was ashamed to" + inf.
οὐ μὴν ἀλλὰ ... ἐάσας: ao. part. of **ἐάω**, "but nevertheless ignoring"
παρεχώρησε: ao. of **παρα-χωρέω**, "he yielded to" + dat.

Πεισίᾳ καὶ τῷ Ἀνθεμίωνι βουλεύσασθαι τὸ συμφέρον, ὧν ὁ μὲν ἀνεψιὸς αὐτοῦ ἦν πρεσβύτερος, ὁ δὲ Πεισίας αὐστηρότατος τῶν ἐραστῶν· διὸ καὶ πρὸς τὸν γάμον ἀντέπραττε καὶ καθήπτετο τοῦ Ἀνθεμίωνος ὡς προϊεμένου τῇ Ἰσμηνοδώρᾳ τὸ μειράκιον· ὁ δ' ἐκεῖνον οὐκ ὀρθῶς ἔλεγε ποιεῖν, ἀλλὰ τἄλλα

ἀνεψιός, ὁ: a cousin
ἀντιπράττω: to act against, seek to counteract
αὐστηρός, ά, όν: strict, sober, austere
βουλεύω: to deliberate, determine, counsel
γάμος, ὁ: wedding, marriage
διό: wherefore, for which reason
ἐραστής, -οῦ, ὁ: a lover
καθάπτω: to fix upon, attack, upbraid (+ *gen.*)
λέγω: to speak, say
μειράκιον, τό: a lad, youth
ὀρθῶς: rightly, correctly, justly
ποιέω: to make, do
πρεσβύτερος, -α, -ον: elder, older
προίημι: to send forth, give up, deliver
συμφέρον, τό: an advantage

βουλεύσασθαι: ao. inf. after **παρεχώρησε**, "he allowed them *to counsel*"
ὧν ὁ μὲν ἀνεψιὸς... ὁ δὲ: "of whom one was his cousin... the other... ."
ἀντέπραττε: impf. of **ἀντι-πράττω**, "Peisias kept opposing"
καθήπτετο: impf. of **κατα-ἅπτω**, "he kept upbraiding"
ὡς προϊεμένου: (**προ-ἵημι**) pr. part. gen. modifying **Ἀνθεμίωνος** where **ὡς** indicates an imputed motive, "because (he supposed) *he was delivering*"
ὁ δὲ: "but Anthemius"
ἐκεῖνον... ποιεῖν: ind. st. after **ἔλεγε**, "said *that he* (Peisias) *was acting...* ."
τὰ ἄλλα: acc. of resp., "concerning other things"

ὡς + participle: "as though"

The particle **ὡς** with a circumstantial participle of cause or purpose (see p. 12) sets forth the ground of belief on which the main action is taken. It can denote the real or imagined intention of a person without implicating the speaker or writer.

διαλέγονται ὡς πρὸς παρόντας: "they address (their lovers) as though they were present"

κατηγόρει Λαΐδος ὡς οὐ φιλούσης: "he was accusing Lais (on the grounds) that she did not love him"

ἀπέκλινεν τὴν κεφαλὴν ὡς δὴ καθεύδων: "he nodded his head as though he were sleeping"

Ὅμηρον ἐπιμεμψάμενος ὡς (sc. **ὄντα**) **ἀνέραστον**: "having blamed Homer on the grounds that he was ignorant of love"

ἐρώμενον ἔταττε παρ' ἐραστήν ... ὡς μόνον ἀήττητον ὄντα τὸν Ἔρωτα τῶν στρατηγῶν: "he would arrange beloved by lover, on the grounds that Love is the only unconquered general"

χρηστὸν ὄντα μιμεῖσθαι τοὺς φαύλους ἐραστὰς οἴκου καὶ γάμου καὶ πραγμάτων μεγάλων ἀποστεροῦντα τὸν φίλον, ὅπως ἄθικτος αὐτῷ καὶ νεαρὸς ἀποδύοιτο πλεῖστον χρόνον ἐν ταῖς παλαίστραις.

In order to settle the matter, they choose Plutarch and his associates as arbiters.

[3.] **ἵν᾽ οὖν μὴ παροξύνοντες ἀλλήλους κατὰ μικρὸν εἰς ὀργὴν προαγάγοιεν, ὥσπερ διαιτητὰς**

Seated Muse on Helicon. Attic white-ground lekythos. 440-430 BC. Staatliche Antikensammlungen, Munich.

ἄθικτος, -ον: untouched
ἀποδύω: strip off
ἀποστερέω: to rob, steal, defraud
γάμος, ὁ: wedding, marriage
διαιτητής, -οῦ, ὁ: an arbitrator
ἐραστής, -οῦ, ὁ: a lover
μικρός, -ά, -όν: small, little
μιμέομαι: to mimic, imitate
νεαρός, -ά, -όν: young, youthful
οἶκος, ὁ: a house, abode
ὀργή, ἡ: anger
παλαίστρα, ἡ: a palaestra, wrestling place
παροξύνω: to urge, goad, irritate
πλεῖστος, -η, -ον: most, largest, longest
πρᾶγμα, -ατος, τό: a deed, action, circumstance
προάγω: to lead on, progress, advance
φαῦλος, η, ον: trivial, low, base
χρηστός, -ή, -όν: useful, good, serviceable
χρόνος, ὁ: time

χρηστὸν ὄντα: concessive, "although being useful"
μιμεῖσθαι... ἐραστὰς: ind. st. after **ἔλεγε**, "that he was imitating base lovers"
ἀποστεροῦντα: pr. art. acc. with instrumental force, "by depriving his friend of..." + gen.
ὅπως... ἀποδύοιτο: opt. in purpose clause in sec. seq., "in order to keep him stripped"
πλεῖστον χρόνον: acc. of duration, "for the longest time"
ἵνα μὴ... προαγάγοιεν: neg. purpose clause with the optative in secondary sequence, "*lest they advance* into anger"
παροξύνοντες: pr. part. with instrumental force, "by irritating"
κατὰ μικρὸν: "little by little"

ἑλόμενοι καὶ βραβευτὰς τὸν πατέρα καὶ τοὺς σὺν αὐτῷ παρεγένοντο καὶ τῶν ἄλλων φίλων οἷον ἐκ παρασκευῆς τῷ μὲν ὁ Δαφναῖος παρῆν τῷ δ' ὁ Πρωτογένης ἀλλ' οὗτος μὲν ἀνέδην ἔλεγε κακῶς τὴν Ἰσμηνοδώραν ὁ δὲ Δαφναῖος «ὦ Ἡράκλεις» ἔφη «τί οὐκ ἂν τις προσδοκήσειεν, εἰ καὶ Πρωτογένης Ἔρωτι πολεμήσων πάρεστιν ᾧ καὶ παιδιὰ πᾶσα καὶ σπουδὴ περὶ Ἔρωτα καὶ δι' Ἔρωτος,

λήθη μὲν λόγων λήθη δὲ πάτρας,

οὐχ ὡς τῷ Λαΐῳ πέντε μόνον ἡμερῶν ἀπέχοντι τῆς πατρίδος;

αἱρέομαι: to take up, select, choose
ἀνέδην: let loose, freely, without restraint
ἀπέχω: to keep away from
βραβευτής, -οῦ, ὁ: a referee
ἡμέρα, ἡ: day
Ἡρακλέης, ὁ: Heracles
κακῶς: badly, evilly
Λαΐος, ὁ: Laius
λήθη, ἡ: a forgetting, forgetfulness
λόγος, ὁ: word, speech, (pl.) conversation
μόνος, -η, -ον: alone, only
παιδία, ἡ: childhood, play
παραγίγνομαι: be near, attend upon
παρασκευή, ἡ: preparation
πάρειμι: to be present, stand by
πατήρ, ὁ: a father
πατρίς, ἡ: fatherland, home
πέντε: five
πολεμέω: to be at war, make war
προσδοκάω: to expect
σπουδή, ἡ: eagerness, seriousness
φίλος, -η, -ον: dear, beloved, (*subst.*) friend

διαιτητὰς καὶ βραβευτὰς: acc. pl. predicates, "having chosen them to be *judges and arbiters*"
ἑλόμενοι: ao. part. of **αἱρέομαι**
τοὺς σὺν αὐτῷ: "those with him" (his father)
παρεγένοντο: ao. mid. of **παρα-γίγνομαι**, "they drew near"
οἷον ἐκ παρασκευῆς: "as though by prior arrangement"
τῷ μὲν... τῷ δέ: "for one side... for the other side"
παρῆν: impf. of **παρά-εἰμί**, "was at hand"
ἀλλ' οὗτος: "but the latter" (i.e. Protogenes)
ὁ δὲ: "the other" (i.e. Daphnaeus)
τί οὐκ ἂν προσδοκήσειεν: ao. opt. potential, "What might one not expect?"
πολεμήσων: fut. part. expressing purpose, "in order to battle with" + dat.
ᾧ: dat. s. rel. pron. with antecedent Protogenes, "to whom"
παιδιὰ πᾶσα καὶ σπουδή: "all play and serious (time)"
«λήθη...πάτρας»: possibly from Euripides' lost *Chrysippus*, (see *TGF* p. 632)
ὡς τῷ Λαΐῳ... ἀπέχοντι: pr. part. dat. s. of **ἀπο-ἔχω**, "not like Laius who was away from" + gen.; Laius carried off Chrysippus, the son of Pelops, while he was the king's guest.

βραδὺς γὰρ ὁ ἐκείνου καὶ χερσαῖος Ἔρως, ὁ δὲ σὸς ἐκ Κιλικίας Ἀθήναζε

λαιψηρὰ κυκλώσας πτερὰ

διαπόντιος πέτεται, τοὺς καλοὺς ἐφορῶν καὶ συμπλανώμενος.» ἀμέλει γὰρ ἐξ ἀρχῆς ἐγεγόνει τοιαύτη τις αἰτία τῷ Πρωτογένει τῆς ἀποδημίας.

[4.] **γενομένου δὲ γέλωτος, ὁ Πρωτογένης «ἐγὼ δέ σοι δοκῶ» εἶπεν «Ἔρωτι νῦν πολεμεῖν, οὐχ ὑπὲρ Ἔρωτος διαμάχεσθαι πρὸς ἀκολασίαν καὶ ὕβριν αἰσχίστοις πράγμασι**

Ἀθήναζε: to Athens
αἰσχρός, -ά, -όν: shameful, abusive, foul
αἰτία, ἡ: a cause, reason (+ *gen.*)
ἀκολασία, ἡ: licentiousness, intemperance
ἀμελέω: to have no care for, never mind
ἀποδημία, ἡ: a being from home, a going abroad
ἀρχή, ἡ: a beginning, origin, cause
βραδύς, -εῖα, -ύ: slow
γέλως, -ωτος, ὁ: laughter
γίγνομαι: to become
διαμάχομαι: to fight, struggle against
διαπόντιος, -ον: beyond sea
δοκέω: to seem, appear
ἐφοράω: to look upon, look over
Κιλικία, ἡ: Cilicia
κυκλόω: to circle, surround
λαιψηρός, -ά, -όν: light, nimble, swift
πέτομαι: to fly
πολεμέω: to be at war, make war
πρᾶγμα, -ατος, τό: a deed, act, circumstance
πτερόν, τό: feathers
συμπλανάομαι: to wander about
τοιοῦτος, -αύτη, -οῦτο: such as this
ὕβρις, -εως, ἡ: wantonness, insolence
χερσαῖος, -α, -ον: of dry land, by land

ὁ ἐκείνου Ἔρως: "the passion of that one (Laius)"
ὁ δὲ σὸς: "but your (passion)"
«λαιψηρὰ κυκλώσας πτερὰ»: Archilochus fr. 181 West
κυκλώσας: ao. part. nom. s. of **κυκλόω**, "*having circled* on swift wings"
ἐφορῶν: pr. part. nom. of **ἐπι-ὁράω**, "looking upon from above"
ἀμέλει γὰρ ἐξ ἀρχῆς: a parenthetical remark explaining Daphnaeus' comment, "for of course from the beginning ..."
ἀμέλει: imper. of **ἀμελέω**, lit. "never mind" hence, "of course"
ἐγεγόνει: plpf. of **γίγνομαι**, "there *had been* some such cause"
γενομένου δὲ γέλωτος: gen. abs., "a laugh having happened"
σοι δοκῶ: "I seem to you" + inf.
εἰσβιαζομένην: pr. part. acc. s. modifying **ἀκολασίαν καὶ ὕβριν**, "when they are forcing entry into."
αἰσχίστοις πράγμασι καὶ πάθεσιν: dat. of means, "with the foulest deeds and passions"
αἴσχιστα: n. pl. the predicate of **γάμον καὶ σύνοδον**, "Do you call marriage and the union *most foul things*?"

καὶ πάθεσιν εἰς τὰ κάλλιστα καὶ σεμνότατα τῶν ὀνομάτων εἰσβιαζομένην;» καὶ ὁ Δαφναῖος «αἴσχιστα δὲ καλεῖς» ἔφη «γάμον καὶ σύνοδον ἀνδρὸς καὶ γυναικός, ἧς οὐ γέγονεν οὐδ' ἔστιν ἱερωτέρα κατάζευξις;»

Protogenes argues that the union of a man and a woman has nothing to do with love.

«ἀλλὰ ταῦτα μέν» εἶπεν ὁ Πρωτογένης «ἀναγκαῖα πρὸς γένεσιν ὄντα σεμνύνουσιν οὐ φαύλως οἱ νομοθέται καὶ κατευλογοῦσι πρὸς τοὺς πολλούς ἀληθινοῦ δ' Ἔρωτος οὐδ' ὁτιοῦν τῇ γυναικωνίτιδι μέτεστιν, οὐδ' ἐρᾶν ὑμᾶς ἔγωγέ φημι τοὺς γυναιξὶ προσπεπονθότας ἢ παρθένοις, ὥσπερ οὐδὲ μυῖαι

αἰσχρός, -ά, -όν: shameful, abusive, foul
ἀληθινός, -ή, -όν: truthful, genuine
ἀναγκαῖος, -α, -ον: necessary, forced
ἀνήρ, ἀνδρός, ὁ: a man, husband
γένεσις, -εως, ἡ: generation, reproduction
γυναικωνῖτις, ἡ: the women's apartments
γυνή, γυναικός, ἡ: woman, wife
εἰσβιάζομαι: to force one's way in
ἐράω: to love
ἱερός, -ά, -όν: sacred, holy
καλέω: to call, name
καλός, -ή, - όν: beautiful
κατάζευξις, -εως, ἡ: a joining together
κατευλογέω: to praise
μέτειμι: to be among, have a share in
μυῖα, ἡ: a fly
νομοθέτης, -ου, ὁ: a lawmaker
ὄνομα, τό: a name
ὁτιοῦν: whatsoever
πάθος, -εος, τό: something suffered, an emotion, passion
παρθένος, ἡ: a maiden, virgin, girl
προσπάσχω: to have feelings for + *dat.*
σεμνός, -ή, -όν: revered, august, dignified
σεμνύνω: to exalt, magnify
σύνοδος, ἡ: a meeting, union
φαῦλος, η, ον: trivial, low, base
φημι: to say

ἧς: rel. pron. whose antecedent is **σύνοδον**; gen. of comp. after **ἱερωτέρα**, "a union *than which* there has been no holier joining"
γέγονεν: perf. of **γίγνομαι**
ταῦτα μέν: "such things" (i.e. marriage)
ὄντα: pr. part. n. pl. causual, "since they are necessary"
πρὸς τοὺς πολλούς: "to the masses"
οὐδ' ὁτιοῦν... μέτεστιν: "there is no part at all" + gen.
μέτεστιν: pr. of **μετα-εἰμι**
ἐρᾶν ὑμᾶς: pr. inf of **ἐράω** in ind. st. after **φημι**, "that you are in love"
προσπεπονθότας: perf. part. acc. pl. of **προσ-πάσχω** modifying **ὑμᾶς**, "you who have experienced feelings for" + dat.
ὥσπερ οὐδὲ: "just as neither... ."

Semantic doublets

A striking aspect of Plutarch's style is his tendency to deploy semantic couplets, pairs of words that are sometimes nearly identical in meaning. This feature is so characteristic of Plutarch that it has been used as a criterion for establishing the authenticity of some texts.* Besides involving a lot of unusual vocabulary, such phrases can have a very mannered word order. Here is a simple example:

> **ὁ Πρωτογένης «ἐγὼ δέ σοι δοκῶ» εἶπεν «ἔρωτι νῦν πολεμεῖν, οὐχ ὑπὲρ Ἔρωτος διαμάχεσθαι πρὸς ἀκολασίαν καὶ ὕβριν αἰσχίστοις πράγμασι καὶ πάθεσιν εἰς τὰ κάλλιστα καὶ σεμνότατα τῶν ὀνομάτων εἰσβιαζομένην;»**
> Protogenes said, "So you think I am at war with Love now, do you, and not fighting on his side *against lechery and insolence* when they try to force the foulest *acts and passions* into the company of the *most honorable and dignified* of names?"

Here are other examples from sections 1-9:

φιλοτίμως πάνυ καὶ λαμπρῶς: "lavishly and splendidly"
διαφορᾶς καὶ στάσεως: "a difference and a dispute"
τὸ βάρος τοῦ οἴκου καὶ τὸν ὄγκον: "the weight and the dignity of the house"
διαιτητὰς ἑλόμενοι καὶ βραβευτὰς: "choosing as judges and arbiters"
βραδὺς γὰρ ὁ ἐκείνου καὶ χερσαῖος Ἔρως: "his love was sluggish and pedestrian"
σιτευταὶ καὶ μάγειροι: "the caterers and cooks"
ἀφροδισίων ἕνεκα καὶ συνουσίας: "because of sex and intercourse"
σὺν μαλακίᾳ καὶ θηλύτητι: "with softness and effeminacy"
ὥσπερ ἐκ ζάλης καὶ χειμῶνος: "like a gale and a storm"
μετὰ τὰς ἀποδύσεις καὶ ἀπογυμνώσεις: "with disrobings and strippings"
ἀλλὰ λοιδορεῖ καὶ προπηλακίζει: "he rails and vilifies"
ἄκαρπον καὶ ἀτελὲς: "fruitless and unfulfilled"
ἦν δῆλος ἀγανακτῶν καὶ παροξυνόμενος: " he was clearly annoyed and stirred up"
εὐχερείας καὶ θρασύτητος: "coarseness and insolence"
ζυγοῖς καὶ χαλινοῖς: "yokes and bridles"
ὄγκῳ καὶ βάρει: "dignity and weight"
ἐλαφρᾷ καὶ λιτῇ: "simple and unassuming"
ἄρχειν καὶ κρατεῖν: "to rule and dominate"
ὄμφακα καὶ ἄωρον: "immature and unripe"
δι' ἀσθένειαν καὶ μαλακίαν: "weakness and softness"
ἀκαλλῆ καὶ ἄμορφον: "ugly and misshapen"

* See S.-T. Teodorsson, "Plutarch's use of Synonyms: A Typical Feature of His Style." *Rhetorical Theory and Praxis in Plutarch*, ed. L. van der Stockt (Leuven: Peters, 2000), 511-18.

γάλακτος οὐδὲ μέλιτται κηρίων ἐρῶσιν, οὐδὲ σιτευταὶ καὶ μάγειροι φίλα φρονοῦσι πιαίνοντες ὑπὸ σκότῳ μόσχους καὶ ὄρνιθας. ἀλλ' ὥσπερ ἐπὶ σιτίον ἄγει καὶ ὄψον ἡ φύσις μετρίως καὶ ἱκανῶς τὴν ὄρεξιν, ἡ δ' ὑπερβολὴ πάθος ἐνεργασαμένη λαιμαργία τις ἢ φιλοψία καλεῖται οὕτως ἔνεστι τῇ φύσει τὸ δεῖσθαι τῆς ἀπ' ἀλλήλων ἡδονῆς γυναῖκας καὶ ἄνδρας, τὴν δ' ἐπὶ τοῦτο κινοῦσαν ὁρμὴν σφοδρότητι καὶ ῥώμῃ γενομένην

ἄγω: to lead
ἀλλήλων: one another, mutually
ἀνήρ, ἀνδρός, ὁ: a man, husband
γάλα, τό: milk
γίγνομαι: to become, happen
γυνή, γυναικός, ἡ: woman, wife
δέομαι: to lack, need, ask
ενειμι: to be in
ἐνεργάζομαι: to make, produce
ἐράω: to love
ἡδονή, ἡ: delight, pleasure
ἱκανός, -ή, -όν: befitting, sufficing
καλέω: to call
κηρίον, τό: a honeycomb, (*pl.*) honey
κινέω: to move, drive
λαιμαργία, ἡ: gluttony
μάγειρος, ὁ: a cook
μέλιττα, ἡ: a bee
μέτριος, -α, -ον: within measure, moderate
μόσχος, ὁ: a calf
ὄρεξις, -εως, ἡ: desire, appetite
ὁρμή, ἡ: an impulse, appetite
ὄρνις, ὄρνιθος , ὁ: a bird, fowl
ὄψον, τό: cooked meat
πάθος, -εος, τό: something suffered, an emotion, passion
πιαίνω: to make fat, fatten
ῥώμη, ἡ: strength, force
σιτευτής, -οῦ, ὁ: one who feeds cattle
σιτίον, τό: grain, bread
σκότος, -εος, ὁ: darkness
σφοδρότης, -ητος, ἡ: vigor, violence
ὑπερβολή, ἡ: a overshooting, excess, extravagance
φίλος, -η, -ον: dear, beloved, (*subst.*) friend
φιλοψία, ἡ: a love of delicacies
φρονέω: to think, feel
φύσις, -εως, ἡ: nature, state

γάλακτος... κηρίων: gen. after **ἐρῶσιν**, "they love *milk... honey*"
φίλα φρονοῦσι: "feel love toward" + acc.
πιαίνοντες: pr. part., "as they fatten them"
ἐπὶ σιτίον ἄγει: "nature *leads* the appetite *for food*"
πάθος: acc. obj. of **ἐνεργασαμένη**, "a condition" (of the soul)
ἐνεργασαμένη: ao. part of **ἐν-ἐργάζομαι** modifying **ὑπερβολή**, "having produced"
καλεῖται: "is called," taking nom. predicates **λαιμαργία** and **φιλοψία**.
οὕτως ἔνεστι "just so there is within" + dat.
τὸ δεῖσθαι: art. inf. "the need" + gen.
γυναῖκας καὶ ἄνδρας: acc. subj. of **δεῖσθαι**
ἐπὶ τοῦτο: "compelling *toward this* (goal of pleasure)"
τὴν κινοῦσαν ὁρμὴν: note the attributive position of the part., "the force which compels"
σφοδρότητι καὶ ῥώμῃ: dat. of manner, "with vigor and force"
γενομένην: ao. part. of **γίγνομαι** modifying **ὁρμὴν**, "when it has become"

πολλὴν καὶ δυσκάθεκτον οὐ προσηκόντως Ἔρωτα καλοῦσιν.

The goal of love is virtue, not pleasure.

Ἔρως γὰρ εὐφυοῦς καὶ νέας ψυχῆς ἀψάμενος εἰς ἀρετὴν διὰ φιλίας τελευτᾷ ταῖς δὲ πρὸς γυναῖκας ἐπιθυμίαις ταύταις, ἂν ἄριστα πέσωσιν, ἡδονὴν περίεστι καρποῦσθαι καὶ ἀπόλαυσιν ὥρας καὶ σώματος, ὡς ἐμαρτύρησεν Ἀρίστιππος, τῷ κατηγοροῦντι Λαΐδος πρὸς αὐτὸν ὡς οὐ φιλούσης ἀποκρινάμενος, ὅτι καὶ τὸν οἶνον οἴεται καὶ τὸν ἰχθῦν μὴ

ἀποκρίνομαι: to respond, answer
ἀπόλαυσις, -εως, ἡ: enjoyment, fruition
ἅπτω: to fasten, attach to
ἀρετή, ἡ: excellence, virtue
Ἀρίστιππος, -ου, ὁ: Aristippus
ἄριστος, -η, -ον: best
γυνή, γυναικός, ἡ: woman, wife
δυσκάθεκτος, -ον: hard to hold in
ἐπιθυμία, ἡ: desire, yearning, longing
εὐφυής, ές: well-ordered, clever, skilled
ἡδονή, ἡ: delight, enjoyment, pleasure
ἰχθῦς, -ύος, ὁ: a fish
καλέω: to call, name
καρπόω: to harvest
κατηγορέω: to speak against, accuse, denounce
Λαΐς, Λαΐδος, ἡ: Lais, a famous courtesan
μαρτυρέω: to bear witness, give evidence
νέος, νέα, νέον: young, youthful
οἶνος, ὁ: wine
οἴομαι: to suppose, think, imagine
περίειμι: to surpass, remain, result in
πίπτω: to fall, fall out, occur
προσηκόντως: suitably, duly, properly
σῶμα, -ατος, τό: body
τελευτάω: to complete, finish, fulfill
φιλέω: to love, hold dear
φιλία, ἡ: friendship, affection
ψυχή, ἡ: the soul
ὥρα, -ας, ἡ: period, season, time

πολλὴν καὶ δυσκάθεκτον: both acc. s. predicates agreeing with **ὁρμὴν**, "having become *large and uncontrollable*"
προσηκόντως: "properly"
ἀψάμενος: ao. mid. part. of **ἅπτομαι**, "having attached himself to" + gen.
διὰ φιλίας: "through friendship"
ταῖς ἐπιθυμίαις ταύταις: dat. of means, "by these desires"
ἂν (=**ἐάν**) **ἄριστα πέσωσιν**: gen. temporal clause, "if things fall out for the best"
πέσωσιν: ao. subj. of **πίπτω**
περίεστι καρποῦσθαι: "it is possible to harvest"
ὥρας καὶ σώματος: gen., "of a season and of the body" i.e. "temporary and physical"
τῷ κατηγοροῦντι: pr. part. dat. ind. obj. of **ἀποκρινάμενος**, "giving answers *to the man denouncing*" + gen.
ὡς οὐ φιλούσης: after **κατηγοροῦντι**, "because she (Lais) did not love"
ἀποκρινάμενος: ao. part. modifying **Ἀρίστιππος**, "when he answered" + dat.
ὅτι... οἴεται: ind. st. after **ἀποκρινάμενος**, "that he supposed"
τὸν οἶνον...μὴ φιλεῖν: ind. st. after **οἴεται**, "that wine does not love"

φιλεῖν αὐτόν, ἀλλ' ἡδέως ἑκατέρῳ χρῆται· τέλος γὰρ ἐπιθυμίας ἡδονὴ καὶ ἀπόλαυσις. Ἔρως δὲ προσδοκίαν φιλίας ἀποβαλὼν οὐκ ἐθέλει παραμένειν οὐδὲ θεραπεύειν ἐφ' ὥρᾳ τὸ λυποῦν καὶ ἀκμάζον, εἰ καρπὸν ἤθους οἰκεῖον εἰς φιλίαν καὶ

ἀκμάζω: to be in bloom, be at one's prime
ἀποβάλλω: to throw away, shed, lose
ἀπόλαυσις, -εως, ἡ: enjoyment
ἐθέλω: to wish
ἑκάτερος, -α, -ον: each, both
ἐπιθυμία, ἡ: desire, yearning, longing
ἡδέως: with pleasure
ἡδονή, ἡ: delight, pleasure
ἦθος, -εος, τό: character
θεραπεύω: to attend to, care for
καρπός, ὁ: fruit
λυπέω: to pain, distress, grieve
οἰκεῖος, -α, -ον: customary, natural, proper
παραμένω: to remain near, stay, stand by
προσδοκία, ἡ: a looking for, expectation
τέλος, -εος, τό: the fulfillment, object
φιλέω: to love, hold dear
φιλία, ἡ: friendship, affection
χράομαι: to use, enjoy (+ *dat.*)
ὥρα, -ας, ἡ: period, season, time

χρῆται: "he enjoys" + dat.
ἀποβαλὼν: ao. part. of **ἀπο-βάλλω**, "having lost"
ἐφ' ὥρᾳ: "after the season," i.e. "after its prime"
τὸ λυποῦν καὶ ἀκμάζον: pr. part. acc. s. n., "the distressed and fully bloomed (plant)"
καρπὸν ἤθους οἰκεῖον: "the proper fruit of character"
εἰ... οὐκ ἀποδίδωσιν: pr. ind., "if it does not render"

General conditions and temporal clauses

A present general condition has **ἐὰν** (Attic **ἤν** or simply **ἂν**) + subj. in the protasis; present indicative in the apodosis.

A general or indefinite temporal clause in the present has the same form, with **ὅταν** or **ἐπειδὰν** (whenever) instead of **ἐὰν**.

> **ἐπειδὰν γηράσῃ ὁ ἄνθρωπος, οὐκ ἀποθνήσκει**: "When(ever) men become old, they do not die."
> **ἐὰν γηράσῃ ὁ ἄνθρωπος, οὐκ ἀποθνήσκει**: "If (ever) men become old, they do not die."
> **ἂν** (= **ἐάν**) **ἄριστα πέσωσιν, ἡδονὴν περίεστι καρποῦσθαι**: "if (ever) things fall out for the best, it is possible to harvest some pleasure"
> **ἂν** (=**ἐάν**) **ἐπιχέῃ τις, ἀνατήκεται**: "if someone pours (molten copper) over it, it softens"
> **ἴσμεν δεσποτῶν φεύγοντα, ὅταν Ἔρωτα δεσπότην ἐν ψυχῇ κτήσωνται**: "we know they flee their masters when(ever) they take Love as their lord"

ἀρετὴν οὐκ ἀποδίδωσιν. ἀκούεις δέ τινος τραγικοῦ γαμέτου λέγοντος πρὸς τὴν γυναῖκα

μισεῖς; ἐγὼ δὲ ῥᾳδίως μισήσομαι,
πρὸς κέρδος ἕλκων τὴν ἐμὴν ἀτιμίαν.

τούτου γὰρ οὐδέν ἐστιν ἐρωτικώτερος ὁ μὴ διὰ κέρδος ἀλλ' ἀφροδισίων ἕνεκα καὶ συνουσίας ὑπομένων γυναῖκα μοχθηρὰν καὶ ἄστοργον ὥσπερ Στρατοκλεῖ τῷ ῥήτορι Φιλιππίδης ὁ κωμικὸς ἐπεγγελῶν ἐποίησεν

ἀποστρεφομένης τὴν κορυφὴν φιλεῖς μόλις.

ἀκούω: to hear, listen to (+ *gen.*)
ἀποδίδωμι: to give back, return, render
ἀποστρέφω: to turn away, turn one' s back
ἀρετή, ἡ: excellence, virtue
ἄστοργος, -ον: without affection, unloving
ἀτιμία, ἡ: dishonor, disgrace
ἀφροδίσιος, -α, -ον: of Aphrodite, (*subst.*) lust, sex
γαμέτης, -ου, ὁ: a husband, spouse
γυνή, γυναικός, ἡ: woman, wife
ἕλκω: to draw, drag
ἕνεκα: on account of, for the sake of (+ *gen.*)
ἐπεγγελάω: to laugh at (+ *dat.*)
ἐρωτικός, -ή, -όν: amatory, in love
κέρδος, -εος, τό: gain, profit, advantage
κορυφή, ἡ: crown, top of the head
κωμικός, -ή, -όν: comic, of comedy
λέγω: to speak, say
μισέω: to hate
μόλις: scarcely, just
μοχθηρός, -ά, -όν: miserable, wretched
ποιέω: to make, do
ῥᾳδίως: easily, readily, lightly
ῥήτωρ, -ορος, ὁ: orator, rhetorician
Στρατοκλής, ὁ: Stratocles
συνουσία, ἡ: a being with, intercourse
τραγικός, -ή, -όν: tragic, of tragedy
ὑπομένω: to endure, survive
φιλέω: to love, hold dear, kiss
Φιλιππίδης, ὁ: Philippides

«μισεῖς; ἐγὼ...ἀτιμίαν»: *TGF* adespota 401
μισήσομαι: fut. mid. with passive meaning, "*I will be hated* (by you) with ease"
πρὸς κέρδος ἕλκων: "drawing toward profit"
τούτου... ἐρωτικώτερος: "more amatory than this one (the husband in the play)
οὐδέν: "in no way"
ὁ... ὑπομένων: subj. of **ἐστι**, "*the man enduring* a wife"
μὴ διὰ κέρδος: "not for gain"
ἀφροδισίων ἕνεκα: "for the sake of sex"
ἐπεγγελῶν: pr. part. of **ἐπι-ἐν-γελάω**, "laughing at" + dat.
«ἀποστρεφομένης...μόλις»: Philippides fr. 31 (*CAF*); for Stratocles and Philippides, see Plutarch *Demetr.* 894c and 900f
ἀποστρεφομένης: pr. part. gen. s., "of her as she turns away"

If the passion for women is called love, then it is a bastard version of ideal love: the love of boys.

εἰ δ' οὖν καὶ τοῦτο τὸ πάθος δεῖ καλεῖν Ἔρωτα, θῆλυν καὶ νόθον ὥσπερ εἰς Κυνόσαργες συντελοῦντα τὴν γυναικωνῖτιν μᾶλλον δ' ὥσπερ ἀετὸν τινα λέγουσι γνήσιον καὶ ὀρεινόν, ὃν Ὅμηρος «μέλανα» καὶ «θηρευτὴν» προσεῖπεν ἄλλα δὲ γένη νόθων ἐστὶν ἰχθῦς περὶ ἕλη καὶ ὄρνιθας ἀργοὺς λαμβανόντων, ἀπορούμενοι δὲ πολλάκις ἀναφθέγγονταί τι λιμῶδες καὶ ὀδυρτικόν οὕτως εἷς Ἔρως ὁ γνήσιος ὁ παιδικός ἐστιν, οὐ

ἀετός, -οῦ, ὁ: an eagle
ἀναφθέγγομαι: to call out, cry
ἀπορέω: to be at a loss, have no recourse
ἀργός, -ή, -όν: lazy, idle, slow
γένος, -εος, τό: race, stock, family
γνήσιος, -α, -ον: genuine, true
γυναικωνῖτις, ἡ: the women's apartments
δεῖ: it is necessary
εἷς, μία, ἕν: one
ἕλος, -εος, τό: a marsh
θῆλυς , θήλεια, θῆλυ: effeminate, womanly
θηρευτής, -οῦ, ὁ: a hunter
ἰχθῦς, -ύος, ὁ: a fish
καλέω: to call, name
Κυνόσαργες: Cynosarges
λαμβάνω: to take, catch
λιμώδης, -ες: famished, hungry
μέλας, -αινα, -αν: black
νόθος, -η, -ον: bastard, counterfeit
ὀδυρτικός, -ή, -όν: plaintive, querulous
Ὅμηρος, -ου, ὁ: Homer
ὀρεινός, -ή, -όν: mountain, from the mountains
ὄρνις, ὄρνιθος, ὁ: a bird, fowl
πάθος, -εος, τό: something suffered, an emotion, passion
παιδικός, -ή, -όν: of boys
προσλέγω: to speak to, address, name
συντελέω: to contribute toward common expenses

δεῖ καλεῖν: "if it is necessary to name"
θῆλυν καὶ νόθον: (sc. let it be called) "an effeminate and bastard (love)"
ὥσπερ εἰς Κυνόσαργες: "like the Cynosarges gymnasium," a place where non-citizens could exercise
συντελοῦντα (sc. **εἰς**) **τὴν γυναικωνῖτιν**: "classified as a women's quarters." The verb **συν-τελέω** means to "pay taxes" and hence to belong to a class defined by that tax liability
ὥσπερ ἀετόν τινα λέγουσι: "just as they say there is an eagle"
«μέλανα» καὶ «θηρευτὴν»: Homer *Iliad* xxi.252 and xxiv.315
προσεῖπεν: ao. of **προσ-λέγω**, "whom Homer *named*..."
νόθων... λαμβανόντων: gen. pl., "other kinds of *bastards who catch*..."
ἀπορούμενοι: pr. part. of **ἀπορέω**, "being at a loss"
τι λιμῶδες καὶ ὀδυρτικόν: obj. of **ἀναφθέγγονται**, "something famished and plaintive"
ὁ παιδικός: "just so, *boy-love* is the one noble Love"

«πόθῳ στίλβων,» ὡς ἔφη τὸν παρθένιον Ἀνακρέων, οὐδὲ

μύρων ἀνάπλεως καὶ γεγανωμένος,

ἀλλὰ λιτὸν αὐτὸν ὄψει καὶ ἄθρυπτον ἐν σχολαῖς φιλοσόφοις ἤ που περὶ γυμνάσια καὶ παλαίστρας περὶ θήραν νέων ὀξὺ μάλα καὶ γενναῖον ἐγκελευόμενον πρὸς ἀρετὴν τοῖς ἀξίοις ἐπιμελείας. τὸν δ᾽ ὑγρὸν τοῦτον καὶ οἰκουρὸν, ἐν κόλποις διατρίβοντα καὶ κλινιδίοις γυναικῶν, ἀεὶ διώκοντα τὰ μαλθακὰ, καὶ θρυπτόμενον ἡδοναῖς ἀνάνδροις καὶ ἀφίλοις καὶ

ἀεί: always, for ever
ἄθρυπτος, -ον: unbroken, unspoiled
Ἀνακρέων, -οντος, ὁ: Anacreon
ἄνανδρος, -ον: unmanly, lacking men
ἀνάπλεος, -α, -ον: full of, soaked with
ἄξιος, -ία, -ον: worthy of (+ *dat.*)
ἀρετή, ἡ: excellence, virtue
ἄφιλος, -ον: friendless, lacking friends
γανάω: to shine, make bright
γενναῖος, -α, -ον: noble
γυμνάσιον, τό: gymnasium, bodily exercises
διατρίβω: to spend time
διώκω: to pursue
ἐγκελεύω: to urge on
ἐπιμέλεια, ἡ: care, attention
ἡδονή, ἡ: delight, enjoyment, pleasure
θήρα, ἡ: a hunt, chase, pursuit
θρύπτω: to break up, enfeeble, corrupt
κλινίδιον, τό: a bed
κόλπος, ὁ: the bosom
λιτός, -ή, -όν: smooth, plain, simple
μαλθακός, -ή, -όν: soft
μύρον, τό: sweet balm, unguent, balsam
νέος, νέα, νέον: young, youthful
οἰκουρός, -όν: domestic
ὀξύς, -εῖα, -ύ: sharp, keen, clear
ὄψις, -εως, ἡ: look, appearance, aspect
παλαίστρα, ἡ: palaestra, wrestling-school
παρθένιος, -α, -ον: of a maiden, of girls
πόθος, ὁ: a longing, yearning, desire
στίλβω: to glisten
σχολή, ἡ: leisure, rest, school
ὑγρός, -ά, -όν: wet, weak, feeble
φιλόσοφος, ὁ: philosopher

«πόθῳ στίλβων», **«μύρων...γεγανωμένος»**: Anacreon, *PMG* 444
τὸν παρθένιον: "maiden love"
ἀνάπλεως: "full of" + gen.
γεγανωμένος: perf. part. of **γενάω**, "made bright"
λιτὸν αὐτὸν ὄψει: fut. 2. s. mid. of **ὁράω**, "you will see it simple"
φιλοσόφοις: an adj. modifying **σχολαῖς**
περὶ θήραν νέων: "concerning the pursuit of young men"
ὀξὺ μάλα καὶ γενναῖον: "clearly and nobly" (as opposed to the famished cry of the base-born eagles above)
ἐγκελευόμενον: pr. part., "(Love) urging on" + dat.
τοῖς ἀξίοις: after **ἐγκελευόμενον**, "to those who are worthy" + gen.
τὸν δ᾽ ὑγρὸν: "but this feeble (love)" i.e., for women
διατρίβοντα... διώκοντα... θρυπτόμενον: all pr. part. acc. s. describing the love of women, "spending time... pursuing... being corrupted"

ἀνενθουσιάστοις καταβάλλειν ἄξιον, ὡς καὶ Σόλων κατέβαλε δούλοις μὲν γὰρ ἐρᾶν ἀρρένων παίδων ἀπεῖπε καὶ ξηραλοιφεῖν, χρῆσθαι δὲ συνουσίαις γυναικῶν οὐκ ἐκώλυσε καλὸν γὰρ ἡ φιλία καὶ ἀστεῖον, ἡ δ' ἡδονὴ κοινὸν κἀνελεύθερον. ὅθεν οὐ δούλων ἐρᾶν παίδων ἐλευθέριόν ἐστιν οὐδ' ἀστεῖον οὐ συνουσίας γὰρ οὗτος ὁ ἔρως, καθάπερ τῶν γυναικῶν.»

Erastes and Eromenos Kissing. Tondo of an Attic red-figured cup, ca. 480 BC. Louvre, Paris.

ἀνελεύθερος, ον: slavish, servile
ἀνενθουσίαστος, -ον: unimpassioned, lacking inspiration
ἄξιος, -ία, -ον: worthy
ἀπολέγω: to speak out, refuse, forbid
ἄρσην: male
ἀστεῖος, -α, -ον: urban, noble
γυνή, γυναικός, ἡ: woman, wife
δοῦλος, ὁ: a slave, servant
ἐλευθέριος, α, ον: befitting a free man
ἐράω: to love (+ *gen.*)
ἡδονή, ἡ: delight, enjoyment, pleasure
καταβάλλω: to throw down, proscribe
κοινός, -ή, -όν: common, base
κωλύω: to hinder, check, prevent
ξηραλοιφέω: to rub with oil, massage
παῖς, παιδός, ὁ: child, boy
Σόλων, -ωνος, ὁ: Solon
συνουσία, ἡ: a being with, intercourse
φιλία, ἡ: friendship, affection
χράομαι: to use, enjoy

καταβάλλειν ἄξιον: "is worthy to proscribe"
κατέβαλε: ao. of **καταβάλλω**, "just as Solon *proscribed* it"
ἀπεῖπε: ao. of **ἀπο-λέγω**, "he forbade" + dat.
ἐρᾶν καὶ ξηραλοιφεῖν: inf. in ind. com. after **ἀπεῖπε**, "to love or to massage"
χρῆσθαι: inf. ind. com. after **ἐκώλυσε**, "he did not prohibit *to use*" + dat.
καλὸν: nom. s. neut., "a beautiful thing"
κἀνελεύθερον: (=**καὶ ἀνελεύθερον**), "and a slavish thing"
οὐ ἐλευθέριόν ἐστιν: "is it not a suitable thing for free men" + inf.
οὐ συνουσίας: gen. f. s., "For this love is *not of union*"
καθάπερ τῶν γυναικῶν: "just like (the love) of women"

Daphnaeus counters that the love of women is natural and conducive to friendship.

[5.] **ἔτι δὲ πλείονα λέγειν προθυμουμένου τοῦ Πρωτογένους, ἀντικρούσας ὁ Δαφναῖος «εὖ γε νὴ Δί'» ἔφη «τοῦ Σόλωνος ἐμνήσθης; καὶ χρηστέον αὐτῷ γνώμονι τοῦ ἐρωτικοῦ ἀνδρός,**

> **ἔσθ' ἥβης ἐρατοῖσιν ἐπ' ἄνθεσι παιδοφιλήσῃ**
> **μηρῶν ἱμείρων καὶ γλυκεροῦ στόματος.**

πρόσλαβε δὲ τῷ Σόλωνι καὶ τὸν Αἰσχύλον λέγοντα

> **σέβας δὲ μηρῶν ἁγνὸν οὐκ ἐπῃδέσω,**
> **ὦ δυσχάριστε τῶν πυκνῶν φιλημάτων.**

ἁγνός, -ή, -όν: full of religious awe
Αἰσχύλος, -ου, ὁ: Aeschylus
ἀνήρ, ἀνδρός, ὁ: a man, husband
ἄνθος, ὁ: a blossom, flower
ἀντικρούω: to be a hindrance, counteract,
γλυκερός, -ά, -όν: sweet, fresh
γνώμων, -ονος, ὁ: one that knows, a judge, witness
δυσχάριστος, -α, -ον: ungrateful
ἐπαιδέομαι: to be ashamed, revere
ἐρατός, -ή, -όν: lovely, charming
ἐρωτικός, -ή, -όν: amatory, in love
ἔστε: until
ἥβη, ἡ: youthful prime, youth
ἱμείρω: to long for, yearn after, desire
μηρός, ὁ: a thigh, limb
μιμνήσκω: to remind, put in mind (+ *gen.*)
παιδοφιλέω: to be a lover of boys
προθυμέομαι: to be ready, willing, eager
προσλαμβάνω: to gain, add to
πυκνός, -ή, -όν: close, frequent
σέβας, τό: reverence, a feeling of awe
στόμα, -ατος, τό: the mouth, lips
φίλημα, -ατος, τό: a kiss
χράομαι: to use, enjoy

προθυμουμένου τοῦ Πρωτογένους: gen. abs., "P desiring" + inf.
ἀντικρούσας: ao. part. of **ἀντι-κρούω**, "cutting him short"
ἐμνήσθης: ao. pas. with act. meaning of **μιμνήσκω**, "you reminded us of" +gen.
χρηστέον: verbal adj. of **χράομαι**, "it is necessary to use" + dat.
αὐτῷ γνώμονι: "him as a witness"
«ἔσθ' ἥβης...στόματος»: Solon fr. 25 West
ἔστε... παιδοφιλήσῃ: "as long as he loves a boy"
παιδοφιλήσῃ: ao. subj. in indef. temporal clause
ἐρατοῖσιν: epic dat. pl. modifying **ἄνθεσι**, "in the *lovely* flowers"
ἱμείρων: pr. part., "desiring" + gen.
πρόσλαβε: ao. imper. of **προσ-βάλλω**, "add to" + dat.
«σέβας δὲ...φιλημάτων»: Aeschylus fr. 135 (*TGF*)
σέβας μηρῶν: "(my) reverence for (your) thighs"
οὐκ ἐπῃδέσω: ao. 2. s. mid. of **επι-ᾳδέομαι**, "you did not honor" + acc.
δυσχάριστε: voc., "oh ungrateful for" + gen.

ἕτεροι μὲν γὰρ καταγελῶσιν αὐτῶν, εἰ καθάπερ θύτας καὶ μάντεις εἰς τὰ μηρία καὶ τὴν ὀσφὺν ἀποβλέπειν τοὺς ἐραστὰς κελεύουσιν ἐγὼ δὲ παμμέγεθες τοῦτο ποιοῦμαι σημεῖον ὑπὲρ τῶν γυναικῶν εἰ γὰρ ἡ παρὰ φύσιν ὁμιλία πρὸς ἄρρενας οὐκ ἀναιρεῖ τὴν ἐρωτικὴν εὔνοιαν οὐδὲ βλάπτει, πολὺ μᾶλλον εἰκός ἐστι τὸν γυναικῶν ἢ ἀνδρῶν ἔρωτα τῇ φύσει χρώμενον εἰς φιλίαν διὰ χάριτος ἐξικνεῖσθαι.

Eros Holding a Mirror. Terracotta, Myrina, late 1st C. BC. Louvre, Paris.

ἀναιρέω: to take up, raise, take away
ἀνήρ, ἀνδρός, ὁ: a man, husband
ἀποβλέπω: to look upon, regard, attend
ἄρρην, -ενος: male
βλάπτω: to disable, hinder, stop
γυνή, γυναικός, ἡ: woman, wife
εἰκός: like truth, likely
ἐξικνέομαι: to reach, arrive at
ἐραστής, -οῦ, ὁ: a lover
ἐρωτικός, -ή, -όν: amatory
εὔνοια, ἡ: good-will, favor, kindness
θύτης, -ου, ὁ: a sacrificer, priest
καταγελάω: to laugh at, mock (+ *gen.*)
κελεύω: to urge, bid, command
μάντις, -εως, ὁ: one who divines, a seer
μηρίον, , τό: thigh, thigh-bone
ὁμιλία, ἡ: a being together, intercourse, union
ὀσφῦς, -ύος, ἡ: loin
παμμεγέθης, -ες: very great
ποιέω: to make, do; (*mid.*) to deem, consider
σημεῖον, τό: a sign, example, proof
φιλία, ἡ: friendship, affection
φύσις, -εως, ἡ: nature, state
χάρις, -ιτος, ἡ: favor, grace
χράομαι: to use, enjoy

καθάπερ θύτας καὶ μάντεις: "just like priests and seers"
ἀποβλέπειν... κελεύουσιν: "*they urge* lovers *to look at*" + **εἰς** + acc.
παμμέγεθες: n. s. acc. modifying **σημεῖον**, "very great"
ὑπὲρ τῶν γυναικῶν: "in favor of women"
ἡ παρὰ φύσιν ὁμιλία: "the union contrary to nature"
ἀναιρεῖ: pr. of **ἀνα-αἱρέω**, "takes away"
μᾶλλον εἰκός ἐστι: "it is more likely that" + acc. + inf.
τὸν ἔρωτα τῇ φύσει χρώμενον: "the love that uses nature," the acc. phrase is the subject of the inf. **ἐξικνεῖσθαι**
ἐξικνεῖσθαι: pr. inf. of **ἐξ-ἱκνέομαι**, "it is more likely *that it would arrive*"

A woman's yielding to a man is called "favor" and sex without favor is indecent.

χάρις γὰρ οὖν, ὦ Πρωτόγενες, ἡ τοῦ θήλεος ὕπειξις τῷ ἄρρενι κέκληται πρὸς τῶν παλαιῶν ὡς καὶ Πίνδαρος ἔφη τὸν Ἥφαιστον «ἄνευ χαρίτων» ἐκ τῆς Ἥρας γενέσθαι καὶ τὴν οὔπω γάμων ἔχουσαν ὥραν ἡ Σαπφὼ προσαγορεύουσα φησιν, ὅτι

σμίκρα μοι πάις ἔμμεν ἐφαίνεο κἄχαρις.

ὁ δ' Ἡρακλῆς ὑπό τινος ἐρωτᾶται,

βίᾳ δ' ἔπραξας χάριτας ἢ πείσας κόρην;

ἄρρην, -ενος: male
ἄχαρις, -ιτος: without grace, ill-favored
βία, ἡ: strength, force, power
γάμος, ὁ: a wedding, marriage
γίγνομαι: to become
ἐράω: to love
Ἥρα, -ας, ἡ: Hera
Ἥφαιστος, -ου, ὁ: Hephaestus
θῆλυς, θήλεια, θῆλυ: female
καλέω: to call, name
κόρη, ἡ: a maiden, girl
παῖς, παιδός, ὁ/ ἡ: child
παλαιός, -ά, -όν: old in years, ancient
πείθω: to prevail upon, win over, persuade
Πίνδαρος, -ου, ὁ: Pindar
πράττω: to do
προσαγορεύω: to address, greet
Σαπφώ , -οῦς, ἡ: Sappho
σμικρός, -ά, -όν: small, little
ὕπειξις, -εως, ἡ: a yielding, submission
φαίνομαι: to appear, seem
χάρις, -ιτος, ἡ: favor, grace
ὥρα, -ας, ἡ: period, season, time

γὰρ οὖν: "for in fact"
κέκληται: perf. of **καλέω** with the pred. **χάρις**, "is called 'favor'"
πρὸς τῶν παλαιῶν: "by the ancients"
τὸν Ἥφαιστον... γενέσθαι: ind. st. after **ἔφη**, "that Hephaistus was born." The god Hephaistus was born parthenogenetically from Hera in response to the birth of Athena.
«ἄνευ χαρίτων»: perhaps a confusion of Pindar, *Pythians* 2.24 with Hesiod, *Theogony* 975
οὔπω γάμων ἔχουσαν ὥραν: "the girl not yet being the age of marriages"
προσαγορεύουσα: ao. part. nom. s. f., "in addressing her"
«σμίκρα μοι...κἄχαρις»: Sappho fr. 49 Lobel-Page
ἔμμεν: Aeolic inf. of **εἰμι** after **ἐφαίνεο**, "you seemed to be a small child"
ἐφαίνεο: impf. 2 s. of **φαίνομαι**
κἄχαρις: crassis for **καὶ ἄχαρις**, "and graceless"
ἐρωτᾶται: pr. pas. of **ἐρωτάω**, "is asked"
«βίᾳ...κόρην»: *TGF* adespota 402
ἔπραξας: ao. 2 s. of **πράττω**, "did you take your favors?"
πείσας: ao. part. nom. s. with instumental force, "or *by persuading*"
ἡ (sc. **χάρις**) **ἀπὸ τῶν ἀρρένων**: "the favor from males"

ἡ δ' ἀπὸ τῶν ἀρρένων ἀκόντων μὲν μετὰ βίας γινομένη καὶ λεηλασίας, ἂν δ' ἑκουσίως, σὺν μαλακίᾳ καὶ θηλύτητι, «βαίνεσθαι» κατὰ Πλάτωνα

νόμῳ τετράποδος καὶ παιδοσπορεῖσθαι

παρὰ φύσιν ἐνδιδόντων, ἄχαρις χάρις παντάπασι καὶ ἀσχήμων καὶ ἀναφρόδιτος. ὅθεν, οἶμαι, καὶ ὁ Σόλων ἐκεῖνα μὲν ἔγραψε νέος ὢν ἔτι καὶ «σπέρματος πολλοῦ μεστός» ὡς ὁ

ἄκων, -ουσα, -ον: against one's will, unwilling
ἀναφρόδιτος, -ον: without Aphrodite, love-less
ἄρρην, -ενος: male
ἀσχήμων, -ον, -ονος: misshapen, unseemly, shameful
ἄχαρις, -ιτος: without grace, ill-favored
βαίνω: to walk, go, mount
βία, ἡ: strength, force, power
γίγνομαι: to become
γράφω: to write
ἑκούσιος, -α, -ον: voluntary, willing
ἐνδίδωμι: to give in, allow
θηλύτης, -ητος, ἡ: womanishness, delicacy, effeminacy
λεηλασία, ἡ: robbery, brigandry
μαλακία, ἡ: softness, weakness, effeminacy
μεστός, -ή, -όν: full, filled with (+ *gen.*)
νέος, νέα, νέον: young, youthful
νόμος, ὁ: a custom, law, manner
οἴομαι: to suppose, think, imagine
παιδοσπορέω: to beget children, penetrate
παντάπασι: altogether, wholly, absolutely
Πλάτων, -ωνος, ὁ: Plato
σπέρμα, -ατος, τό: seed
τετράπους, -ποδος, ὁ: four-footed animal, cattle
χάρις, -ιτος, ἡ: favor, grace

ἀκόντων μὲν: note the predicative position of the adj., "from males, *when they are unwilling*"
μετὰ βίας γινομένη: pr. part. agreeing with **χάρις** understood, "occurring with force"
ἂν (= **ἐάν**) **δ' ἑκουσίως**: introducing a pr. gen. cond. (sc. **γένηται**), "on the other hand, if ever it happens willingly"
κατὰ Πλάτωνα: "according to Plato" (in the *Phaedrus* 250e)
βαίνεσθαι καὶ παιδοσπορεῖσθαι: after **ἐνδιδόντων**, "to be mounted and penetrated"
παρὰ φύσιν: "against nature"
ἐνδιδόντων: pr. part. gen. pl., "of those allowing" + inf.
ἄχαρις χάρις: nom. s. predicate, " this is an unlovely favor"
ἀναφρόδιτος: "un-Aphrodite-like"
ὅθεν: "whence," "for which reason"
ἐκεῖνα ἔγραψε: ao. of **γράφω**, "Solon wrote those words"
νέος ὢν ἔτι: "while still young"
«σπέρματος πολλοῦ μεστός»: Plato *Laws* viii, 839b

Πλάτων φησί ταυτὶ δὲ πρεσβύτης γενόμενος

> **ἔργα δὲ Κυπρογενοῦς νῦν μοι φίλα καὶ Διονύσου**
> **καὶ Μουσέων, ἃ τίθησ' ἀνδράσιν εὐφροσύνας**

ὥσπερ ἐκ ζάλης καὶ χειμῶνος τῶν παιδικῶν ἐρώτων ἔν τινι γαλήνῃ τῇ περὶ γάμον καὶ φιλοσοφίαν θέμενος τὸν βίον.

Passion for boys and women is the same thing, love. But the latter is more traditional, the former a recent development.

εἰ μὲν οὖν τἀληθὲς σκοποῦμεν, ὦ Πρωτόγενες ἓν καὶ ταὐτόν ἐστι πρὸς παῖδας καὶ γυναῖκας πάθος τὸ τῶν Ἐρώτων εἰ δὲ βούλοιο φιλονεικῶν διαιρεῖν, οὐ μέτρι' ἂν δόξειε ποιεῖν

ἀληθής, -ές: unconcealed, true
ἀνήρ, ἀνδρός, ὁ: a man, husband
βίος, ὁ: life
βούλομαι: to wish, want, choose
γαλήνη, ἡ: a stillness, calm
γάμος, ὁ: wedding, marriage
γίγνομαι: to become
γυνή, γυναικός, ἡ: woman, wife
διαιρέω: to divide, separate, distinguish
Διόνυσος, -ου, ὁ: Dionysus
δοκέω: to seem
εἷς, μία, ἕν: one
ἔργον, τό: a deed, work, production
εὐφροσύνη, ἡ: merriment, cheer
ζάλη, ἡ: squall, surge
Κυπρογενής, -ές: Cyprus-born
μέτριος , -α, -ον: measured, moderate, fair
πάθος, -εος, τό: something suffered, an emotion, passion
παιδικός, -ή, -όν: of boys
παῖς, παιδός, ὁ: child, boy
ποιέω: to make, do
πρεσβύτης, -ατος, ἡ: old age, seniority
σκοπέω: to look after, regard
τίθημι: to place, put, give
φιλονεικέω: to be quarrelsome
φίλος, -η, -ον: dear, beloved
φιλοσοφία, ἡ: philosophy, love of wisdom
χειμών, -ῶνος, ὁ: storm

ταυτὶ: "(he wrote) the following"
πρεσβύτης γενόμενος: "when he (Solon) became an old man"
«ἔργα δὲ...εὐφροσύνας»: Solon fr. 26 West
Κυπρογενοῦς: "Cyprus-born" = Aphrodite
μοι φίλα: "dear to me," predicate with **ἔργα**
ἃ τίθησι: "*which* (works) *provide* to men happiness"
ἐκ ζάλης καὶ χειμῶνος: "from the squall and storm" of (+ gen.)
ἔν τινι γαλήνῃ: "on a calm sea"
τῇ περὶ: specifying **γαλήνῃ**, "a calm sea, *that of marriage and philosophy*"
ὥσπερ... θέμενος: ao. part. mid. of **τίθημι**, "*as though having established* his life"
ἓν καὶ ταὐτόν (=**τὸ αὐτόν**): "*one and the same* passion"
πάθος τὸ τῶν Ἐρώτων: "passion of the (two) Loves"
εἰ δὲ βούλοιο... ἂν δόξειε: optatives in a fut. less vivid cond., "if you were to wish... this boy love would not seem to..."

ὁ παιδικὸς οὗτος, ἀλλ' ὥσπερ ὀψὲ γεγονὼς καὶ παρ' ὥραν τῷ βίῳ νόθος καὶ σκότιος ἐξελαύνειν τὸν γνήσιον Ἔρωτα καὶ πρεσβύτερον. ἐχθὲς γάρ, ὦ ἑταῖρε, καὶ πρῴην μετὰ τὰς ἀποδύσεις καὶ ἀπογυμνώσεις τῶν νέων παραδὺς εἰς τὰ γυμνάσια καὶ προσανατριβόμενος ἡσυχῇ καὶ προσεμβαλών, εἶτα κατὰ μικρὸν ἐν ταῖς παλαίστραις πτεροφυήσας οὐκέτι καθεκτὸς ἐστιν, ἀλλὰ λοιδορεῖ καὶ προπηλακίζει τὸν γαμήλιον ἐκεῖνον καὶ συνεργὸν ἀθανασίας τῷ θνητῷ γένει, σβεννυμένην

ἀθανασία, ἡ: immortality
ἀπογύμνωσις, -εως, ἡ: a stripping bare
ἀπόδυσις, -εως, ἡ: an untying, undressing
βίος, ὁ: life
γαμήλιος, -ον: bridal, conjugal
γίγνομαι: to become
γνήσιος, -α, -ον: genuine, legitimate
γυμνάσιον, τό: gymnasium, bodily exercises
ἐξελαύνω: to drive out from
ἑταῖρος, ὁ: companion, friend
ἐχθές: yesterday
ἡσυχῇ: gently, softy, slightly
θνητός, -ή, -όν: liable to death, mortal
καθεκτός, -ή, -όν: able to be restrained
λοιδορέω: to abuse, revile
νέος, νέα, νέον: young, youthful
νόθος, -η, -ον: bastard
οὐκέτι: no more, no longer
ὀψέ: after a long time, late
παιδικός, -ή, -όν: of boys
παλαίστρα, ἡ: a wrestling-school
παραδύομαι: to creep past, slink past
πρεσβύτερος, -α, -ον: older, elder
προπηλακίζω: to spatter with mud, vilify
προσανατρίβομαι: to rub oneself against
προσεμβάλλω: to throw around, embrace
πρῳος, -α, -ον: early, before
πτεροφυέω: to grow feathers, sprout wings
σβέννυμι: to quench, put out, extinguish
σκότιος, -α, -ον: dark
συνεργός, -όν: working together, helping in work
ὥρα, -ας, ἡ: period, season, time

φιλονεικῶν διαιρεῖν: "by quarrelling to distinguish" after **βούλοιο**
ὥσπερ... νόθος: "like a bastard"
γεγονὼς: perf. part. nom. m. s., "having been born"
παρ' ὥραν τῷ βίῳ: "beyond the season in life"
ἐξελαύνειν: pr. inf. after **δόξειε**, "he would seem to be driving out"
πρῴην: "the day before"
παραδὺς: ao. part. nom. s. m., "having crept past," the subj. is "boy-love"
προσανατριβόμενος: pr. part. of **προς-ἀνα-τρίβομαι**, "rubbing up against"
προσεμβαλών: ao. part. of **προς-εν-βάλλω**, "having embraced"
κατὰ μικρὸν: "little by little"
πτεροφυήσας: ao. part. of **πτερο-φυέω**, "having sprouted feathers"
τὸν γαμήλιον ἐκεῖνον: "that conjugal (love)"
συνεργὸν ἀθανασίας: "fellow worker for immortality"
σβεννυμένην: pr. part. acc. f. modifying **φύσιν**, obj. of **ἐξανάπτοντα**, "our nature which is being extinguished"

ἡμῶν τὴν φύσιν εὐθὺς ἐξανάπτοντα διὰ τῶν γενέσεων.

Boy love uses the pursuit of virtue as a pretext to cover its shame.

οὗτος δ' ἀρνεῖται τὴν ἡδονήν αἰσχύνεται γὰρ καὶ φοβεῖται. δεῖ δέ τινος εὐπρεπείας ἁπτομένῳ καλῶν καὶ ὡραίων πρόφασις οὖν φιλία καὶ ἀρετή. κονίεται δὲ καὶ ψυχρολουτεῖ καὶ τὰς ὀφρῦς αἴρει καὶ φιλοσοφεῖν φησι καὶ σωφρονεῖν

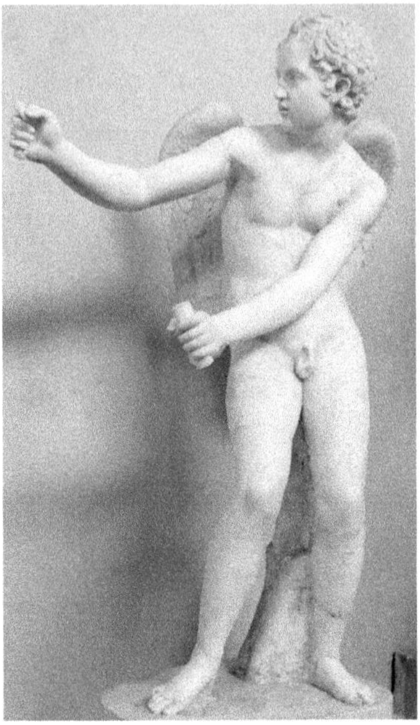

Eros Bending his Bow. Marble, Roman copy of a Greek original of the 4th C. BC. Museo Chiaramonti.

αἱρέω: to take up, raise, lift up
αἰσχύνομαι: to be dishonored, feel shame
ἅπτω: to fasten, bind, attach
ἀρετή, ἡ: excellence, virtue
ἀρνέομαι: to refuse, deny, disown
γένεσις, -εως, ἡ: an origin, generation
ἐξανάπτω: to kindle again
εὐπρέπεια, ἡ: good appearance, dignity
ἡδονή, ἡ: delight, enjoyment, pleasure
καλός, -ή, - όν: beautiful
κονίω: to make dusty, cover with dust or sand
ὀφρῦς, -ύος, ἡ: brow, eyebrow
πρόφασις, -εως, ἡ: motive, plea, pretence
σωφρονέω: to be moderate, show self-control
φιλία, ἡ: friendship, affection
φιλοσοφέω: to philosophize, love wisdom
φοβέομαι: to fear, be afraid
φύσις, -εως, ἡ: nature, state
ψυχρολουτέω: to bathe in cold water
ὡραῖος, -α, -ον: youthful, ripe

ἐξανάπτοντα: pr. part. acc. s. of **ἐξ-ανα-ἅπτω**, "rekindling," modifying "Love" from the previous clauses
οὗτος δ': "but this one (boy-love)"
δεῖ: "there is need to it (i.e. boy-love) of" + gen
ἁπτομένῳ: pr. part. dat. agreeing with the ind. obj. of **δεῖ**, "for attaching itself to" + gen.
πρόφασις: subj. "its *pretext* is"
τὰς ὀφρῦς αἴρει: "it raises its eyebrows," a gesture of disdain
φιλοσοφεῖν φησι καὶ σωφρονεῖν: "claims to be philosophizing and exercising self-control"

ἔξω διὰ τὸν νόμον εἶτα νύκτωρ καὶ καθ' ἡσυχίαν

γλυκεῖ' ὀπώρα φύλακος ἐκλελοιπότος.

εἰ δ', ὥς φησι Πρωτογένης, οὐκ ἔστιν ἀφροδισίων παιδικῶν κοινωνία, πῶς Ἔρως ἔστιν Ἀφροδίτης μὴ παρούσης, ἣν εἴληχε θεραπεύειν ἐκ θεῶν καὶ περιέπειν, τιμῆς τε μετέχειν καὶ δυνάμεως ὅσον ἐκείνη δίδωσιν; εἰ δ' ἔστι τις Ἔρως χωρὶς Ἀφροδίτης, ὥσπερ μέθη χωρὶς οἴνου πρὸς σύκινον πῶμα καὶ κρίθινον, ἄκαρπον αὐτοῦ καὶ ἀτελὲς τὸ ταρακτικὸν ἐστι καὶ πλήσμιον καὶ ἀψίκορον.»

ἄκαρπος, -ον: without fruit, barren
ἀτελής, -ές: without end, unfulfilled
ἀφροδίσιος, -α, -ον: of Aphrodite, sexual, (*subst.*) lust, sex
Ἀφροδίτη, -ης, ἡ: Aphrodite
ἀψίκορος, -ον: quickly satisfied, fickle
γλυκύς, -εῖα, -ύ: sweet, pleasant
δίδωμι: to give
δύναμις, -εως, ἡ: power, ability, strength
ἐκλείπω: to leave, abandon, quit
ἔξω: out, outside, outwardly
ἡσυχία, ἡ: stillness, rest, quiet
θεός, ὁ: a god
θεραπεύω: to be an attendant, serve
κοινωνία, ἡ: communion, association, intercourse
κρίθινος, -η, -ον: made of or from barley
λαγχάνω: to obtain by lot, have a share, be assigned
μέθη, ἡ: drunkenness, inebriation
μετέχω: to partake of, enjoy a share
νόμος, ὁ: a custom, law
νύκτωρ: by night
οἶνος, ὁ: wine
ὀπώρα, ἡ: the harvest
πάρειμι: to be present, attend
περιέπω: to treat with care, wait upon
πλήσμιος, -α, -ον: quick to satisfy
πῶμα, -ατος, τό: drink, draught
σύκινος, -η, -ον: made of or from the fig
ταρακτικόν, τό: perturbation, arousal
τιμή, ἡ: honor, esteem
φημι: to say
φύλαξ, -ακος, ὁ: a guard, watchman
χωρίς: separately, apart (+ *gen.*)

καθ' ἡσυχίαν: "at rest"
«γλυκεῖ'...ἐκλελοιπότος»: *TGF* adespota 403
φύλακος ἐκλελοιπότος: gen. abs., "the guard having abandoned"
ἐκλελοιπότος: perf. part. gen. s. of **ἐκλείπω**
πῶς Ἔρως ἔστιν: "how is Love possible?"
Ἀφροδίτης μὴ παρούσης: gen. abs., "Aphrodite not being present"
παρούσης: pr. part. gen. s. f. from **παρα-εἰμι**
ἣν εἴληχε: perf. 3. s. of **λαγχάνω**, "whom he has been assigned" + inf.
ὅσον ἐκείνη δίδωσιν: "as much as that one (Aphr.) bestows"
εἰ δ' ἔστι: "*if* some Love *is possible*"
μέθη... πρὸς σύκινον πόμα: "like *drunkenness from a fig drink*"
αὐτοῦ... τὸ ταρακτικόν : "*the emotional arousal of it* (Eros) is without fruit, etc."

Peisias attacks the love of women as base.

[6.] **λεγομένων τούτων ὁ Πεισίας ἦν δῆλος ἀγανακτῶν καὶ παροξυνόμενος ἐπὶ τὸν Δαφναῖον μικρὸν δ' αὐτοῦ καταλιπόντος «ὦ Ἡράκλεις» ἔφη «τῆς εὐχερείας καὶ θρασύτητος ἀνθρώπους ὁμολογοῦντας ὥσπερ οἱ κύνες ἐκ τῶν μορίων συνηρτῆσθαι πρὸς τὸ θῆλυ μεθιστάναι καὶ μετοικίζειν τὸν θεὸν ἐκ γυμνασίων καὶ περιπάτων καὶ τῆς ἐν ἡλίῳ καθαρᾶς καὶ ἀναπεπταμένης διατριβῆς εἰς ματρυλεῖα καὶ**

ἀγανακτέω: to feel irritation, be annoyed
ἀναπετάννυμι: to spread out, display
ἄνθρωπος, ὁ: man
γυμνάσιον, τό: gymnasium, place of exercise
δῆλος, -η, -ον: visible, conspicuous, clear
διατριβή, ἡ: a way of spending time
εὐχέρεια, ἡ: looseness, recklessness
ἥλιος, ὁ: the sun
Ἡρακλέης, ὁ: Heracles
θῆλυς, θήλεια, θῆλυ: female
θρασύτης, -ητος, ἡ: boldness, audacity
καθαρός, -ά, -όν: clean, spotless, unsoiled
καταλείπω: to leave, quit, finish
κύων, ἡ: a dog or bitch
λέγω: to speak, say
ματρυλεῖον, τό: brothel
μεθίστημι: to place otherwise, remove
μετοικίζω: to transport to another place
μικρός, -ά, -όν: small, little
μόριον, τό: a part, member, (*pl.*) genitals
ὁμολογέω: to speak together, agree, acknowledge
παροξύνω: to urge, prick, goad
περίπατος, ὁ: a walking about, walking place
συναρτάω: to join together, lock together

λεγομένων τούτων: gen. abs., "these things being said"
ἦν δῆλος: "he was clearly" + part.
αὐτοῦ καταλιπόντος: gen. abs., "him having finished"
καταλιπόντος: ao. part. of **καλα-λείπω.**
μικρὸν: acc. of duration, "for a short time"
τῆς εὐχερείας: gen. exclamation, "what recklessness!" followed by implied ind. st. with acc. + inf.
ἀνθρώπους... μεθιστάναι καὶ μετοικίζειν: implied ind. st., "(to suggest) *that men remove and transport* the god"
μεθιστάναι: pr. inf. of **μετα-ἵστημι**
ὁμολογοῦντας: pr. part. modifying **ἀνθρώπους** and governing the infinitive **συνηρτῆσθαι**, "men *who acknowledge* that they are joined together"
συνηρτῆσθαι: perf. pas. inf. of **συν-αρτάω**
ἐκ περιπάτων: "from lecture halls," literally "walk-around areas"
ἐκ τῆς... διατριβῆς: "from spending time"
ἀναπεπταμένης: perf. part. pas. of **ἀν-πετάννυμι** modifying **διατριβῆς**, "displayed openly"
καθειργνύμενον: perf. part. pas. of **κατα-εἴργνυμι** modifying **τὸν θεὸν**, "closed up"
εἰς ματρυλεῖα: "closed up *into the brothels*, etc., of unbridled women"

κοπίδας καὶ φάρμακα καὶ μαγεύματα καθειργνύμενον ἀκολάστων γυναικῶν ἐπεὶ ταῖς γε σώφροσιν οὔτ' ἐρᾶν οὔτ' ἐρᾶσθαι δήπου προσῆκόν ἐστιν.»

Peisias' outburst prompts Plutarch himself to defend Daphnaeus.

ἐνταῦθα μέντοι καὶ ὁ πατὴρ ἔφη τοῦ Πρωτογένους ἐπιλαβέσθαι καὶ εἰπεῖν

«τόδ' ἐξοπλίζει τοὔπος Ἀργεῖον λεών,

καὶ νὴ Δία Δαφναίῳ συνδίκους ἡμᾶς προστίθησιν οὐ μετριάζων ὁ Πεισίας, ἀλλὰ τοῖς γάμοις ἀνέραστον ἐπάγων καὶ ἄμοιρον ἐνθέου φιλίας κοινωνίαν, ἣν τῆς ἐρωτικῆς πειθοῦς καὶ

ἀκόλαστος, -ον: licentious, intemperate
ἄμοιρος, -ον: without share in
ἀνέραστος, -ον: love-less
Ἀργεῖος, -α, -ον: of or from Argos, Argive
γάμος, ὁ: wedding, marriage
δήπου: doubtless, of course
ἔνθεος, -ον: divinely inspired, holy
ἐξοπλίζω: to arm, equip
ἐπάγω: to bring on, charge
ἐπιλαμβάνω: to lay hold of, seize, attack
ἔπος, -εος, τό: a word
ἐράω: to love
ἐρωτικός, -ή, -όν: amatory
κατείργω: to shut in, close up, hinder
κοινωνία, ἡ: communion, association, union
κοπίς, -ίδος, ἡ: a liar
λαός, ὁ: people, men, host
μάγευμα, -ατος, τό: a charm, spell, philter
μετριάζω: to be moderate, keep measure
πατήρ, ὁ: father
πειθώ, -οῦς, ἡ: persuasion, courtship
προσήκων, -ουσα, - ον: befitting, suitable, appropriate
προστίθημι: to put to, apply
σύνδικος, ὁ: an advocate
σώφρων, -ον: temperate, prudent, decent
φάρμακον, τό: a drug, potion, unguent
φιλία, ἡ: friendship, affection

ταῖς γε σώφροσιν: "for decent women, of course"
οὔτε...ἐρᾶσθαι: inf. explaining **προσῆκόν**, "it is fitting neither *to love nor be loved*"
ἐπιλαβέσθαι: ind. st. after **ἔφη**, "the father said *that he set upon* (+ gen.) and said"
«τόδ' ἐξοπλίζει...λεών»: *TGF* adespota 404
τόδε τοὔπος (=**τὸ ἔπος**): "*this word* armed the Argive host," from a lost tragedy.
λεών: acc. s. of **λαός**
προστίθησιν: pr. 3. s. of **προς-τίθημι**, "makes us advocates" + dat.
οὐ μετριάζων: pr. part. with causal force, "Peisias *since he is not being measured*"
ἀνέραστον...κοινωνίαν: implied ind. st. after **ἐπάγων**, "charging *that this union is loveless*"
τῆς ἐρωτικῆς πειθοῦς καὶ χάριτος ἀπολιπούσης: gen. abs., "once erotic passion and favor has departed"

χάριτος ἀπολιπούσης μονονοὺ ζυγοῖς καὶ χαλινοῖς ὑπ' αἰσχύνης καὶ φόβου μάλα μόλις συνεχομένην ὁρῶμεν.»

Peisias compares Daphnaeus to copper: he is warmed by his proximity to Plutarch, not by Lysandra's beauty.

καὶ ὁ Πεισίας «ἐμοὶ μέν» εἶπεν «ὀλίγον μέλει τοῦ λόγου Δαφναῖον δ' ὁρῶ ταὐτὸν πάσχοντα τῷ χαλκῷ καὶ γὰρ ἐκεῖνος οὐχ οὕτως ὑπὸ τοῦ πυρός, ὡς ὑπὸ τοῦ πεπυρωμένου χαλκοῦ καὶ ῥέοντος, ἂν ἐπιχέῃ τις, ἀνατήκεται καὶ ῥεῖ συνεξυγραινόμενος καὶ τοῦτον οὐκ ἐνοχλεῖ τὸ Λυσάνδρας

αἰσχύνη, ἡ: shame, disgrace, dishonor
ἀνατήκω: to melt, soften
ἀπολείπω: to leave behind, abandon
ἐνοχλέω: to trouble, disquiet, annoy
ἐπιχέω: to pour over
ζυγόν, τό: a yoke
λόγος, ὁ: word, speech, (*pl.*) conversation
μέλω: to be an object of care, concern
μόλις: scarcely
ὀλίγος, -η, -ον: few, little, small
ὁράω: to see
πάσχω: to feel, suffer
πῦρ, πυρός, τό: fire
πυρόω: to burn, heat with fire
ῥέω: to flow, run
συνεξυγραίνω: to moisten, liquefy
συνέχω: to hold together
φόβος, ὁ: fear, panic
χαλινός, ὁ: a bridle, reins
χαλκός, ὁ: copper
χάρις, -ιτος, ἡ: favor, grace

ἀπολιπούσης: ao. part. of **ἀπο-λείπω**
μονονοὺ: (=**μόνον οὐ**), "all but," "well nigh"
μονονοὺ ζυγοῖς καὶ χαλινοῖς: dat. of means with **συνεχομένην**, "all but held together with yokes and reins"
ὑπ' αἰσχύνης καὶ φόβου: **ὑπὸ** + gen. expresses agency, "at the hands of shame and fear"
μάλα μόλις: adv. modifying **συνεχομένην**, "just scarcely"
συνεχομένην: pr. part. agreeing with **κοινωνίαν ἣν** in ind. st. after **ὁρῶμεν**, "a union which we see *is held together*"
ὀλίγον μέλει: "*there is little concern* to me" + gen.
Δαφναῖον… πάσχοντα: ind. st. after **ὁρῶ**, "I see that Daphnaeus is acting like" + dat.
οὐχ οὕτως…ὡς: "for that one (i.e. copper) is *not so much* affected by fire *as* by"
πεπυρωμένου: perf. part. of **πυρόω**, "by bronze *that has been heated*"
ἂν (=ἐάν) ἐπιχέῃ τις: pr. gen. cond., "if someone pours (motlen copper) over it"
ἐπιχέῃ: pr. subj. of **ἐπι-χέω**
ἀνατήκεται καὶ ῥεῖ: "it melts and flows"
συνεξυγραινόμενος: pr. part. of **συν-εξ-ὑγραίνω**, "becoming liquid"
τοῦτον: referring to Daphnaeus

κάλλος, ἀλλὰ συνδιακεκαυμένῳ καὶ γέμοντι πυρὸς ἤδη πολὺν χρόνον πλησιάζων καὶ ἁπτόμενος ἀναπίμπλαται καὶ δῆλός ἐστιν, εἰ μὴ ταχὺ φύγοι πρὸς ἡμᾶς, συντακησόμενος. ἀλλ' ὁρῶ» εἶπε «γιγνόμενον ὅπερ ἂν μάλιστα σπουδάσειεν Ἀνθεμίων, προσκρούοντα τοῖς δικασταῖς καὶ ἐμαυτόν, ὥστε παύομαι.» καὶ ὁ Ἀνθεμίων «ὤνησας» εἶπεν «ὡς ἔδει γ' ἀπ' ἀρχῆς λέγειν τι πρὸς τὴν ὑπόθεσιν.»

ἀναπίμπλημι: to fill up, fill full
ἅπτω: to grasp, hold, touch
ἀρχή, ἡ: a beginning, origin
γέμω: to be full
γίγνομαι: to become, happen, occur
δῆλος, -η, -ον: visible, conspicuous, clear
δικαστής, -οῦ, ὁ: a judge
κάλλος, τό: beauty
λέγω: to speak, say
ὀνίνημι: to profit, benefit, help
παύω: to cause to cease, stop
πλησιάζω: to be near, approach, associate with
προσκρούω: to strike against, offend
πῦρ, πυρός, τό: fire
σπουδάζω: to make haste
συνδιακαίω: to burn up, consume with fire
συντήκω: to liquefy, dissolve, melt
ταχύς, -εῖα, -ύ: quick, swift, fleet
ὑπόθεσις, -εως, ἡ: a foundation, supposition, point
φεύγω: to flee, escape
χρόνος, ὁ: time

συνδιακεκαυμένῳ καὶ γέμοντι: perf. and pr. part. dat. with **πλησιάζων**, "being near to one who is burning and full of" + gen.
πολὺν χρόνον: acc. of duration, "for a long time"
πλησιάζων καὶ ἁπτόμενος: "by being close and touching" + dat.
ἀναπίμπλαται: "is becoming filled" (with fire)
εἰ μὴ φύγοι: ao. opt. in fut. less vivid protasis, "unless he were to flee"
πρὸς ἡμᾶς: "to our side of the argument"
συντακησόμενος: fut. part. mid. after **δῆλός ἐστιν**, "he is clearly *about to become melted*"
γινόμενον ὅπερ: pr. part. in ind. st. after **ὁρῶ**, "I see that this is happening"
ὅπερ ἂν μάλιστα σπουδάσειεν: rel. clause with potential optative, "which Anthemion would like to hasten"
σπουδάσειεν: ao. opt. 3. s. of **σπουδάζω**
προσκρούοντα... ἐμαυτόν: implied ind. st. after **σπουδάσειεν**, "that I be separated from" + dat.
ὥστε παύομαι: result clause, "and so I am ceasing"
ὤνησας: ao. 2. s. of **ὀνίνημι**, "*you benefited*" i.e. "good for you"
ὡς ἔδει: "since it was necessary" + inf.
πρὸς τὴν ὑπόθεσιν: "toward the point"

Peisias cites the wealth of Ismenodora as a negative factor.

[7.] **«λέγω τοίνυν» ὁ Πεισίας ἔφη «προκηρύξας ἐμοῦ γ' ἕνεκα πάσαις γυναιξὶν [ἐρᾶν] ἂν ἐραστήν, ὅτι τῆς γυναικὸς ὁ πλοῦτός ἐστι φυλακτέος τῷ νεανίσκῳ, μὴ συμμίξαντες αὐτὸν ὄγκῳ καὶ βάρει τοσούτῳ λάθωμεν ὥσπερ ἐν χαλκῷ κασσίτερον ἀφανίσαντες. μέγα γὰρ ἂν ἐλαφρᾷ καὶ λιτῇ γυναικὶ μειρακίου συνελθὸντος εἰς ταὐτὸν ἡ κρᾶσις οἴνου δίκην**

ἀφανίζω: to do away with, destroy, loose
βάρος, -εος, τό: weight
γυνή, γυναικός, ἡ: woman, wife
ἐλαφρός, ά, όν: light, gentle, mild
ἕνεκα: on account of, for the sake of
ἐραστής, -οῦ, ὁ: a lover
καττίτερος, ὁ: tin
κρᾶσις, -εως, ἡ: a mixing, blending
λανθάνω: to escape notice, to be unseen
λιτός, -ή, -όν: smooth, plain, simple
μειράκιον, τό: a boy, lad, stripling
νεάνισκος, ὁ: youth, young man
ὄγκος, ὁ: bulk, size, mass
οἶνος, ὁ: wine
πλοῦτος, ὁ: wealth, riches
προκηρύττω: to proclaim, state publicly
συμμίγνυμι: to mix together, mix with
συνέρχομαι: to go with, come together with
ταὐτός, -ή, -όν: identical
φημι: to say
φυλακτέος, -α, -ον: to be watched, to be guarded against
χαλκός, ὁ: copper

προκηρύξας: ao. part. of **προ-κηρύττω**, "having announced in advance"
ἐμοῦ γ' ἕνεκα: "at least as far as I'm concerned"
πάσαις γυναιξὶν: dat. ind. obj. of **προκηρύξας** [**ἐρᾶν**], "to all women"
ἂν (=**ἐάν**) **ἐραστήν** (sc. **ἔχῃ** or **εὕρῃ**): pr. gen. cond. in ind. st. after **προκηρύξας** with apodosis changed to inf., "*if that one has a lover*, that she love him"
ὅτι... ἐστι φυλακτέος: ind. st. after **λέγω**, "*that* the wealth *must be guarded against*"
φυλακτέος: verbal adj. of **φυλλάττω**, used periphrastically with **ἐστι**
τῷ νεανίσκῳ: dat. of agent after the periphrastic expression **ἐστι φυλακτέος**, "by the youth" (i.e. Bachon)
συμμίξαντες: ao. part. nom. pl. of **συν-μίγνυμι**, "by mixing him up with" + dat.
μὴ... λάθωμεν: clause of fearing after **φυλακτέος**, "lest we not notice that" + part.
λάθωμεν: ao. subj. of **λανθάνω**
ἀφανίσαντες: ao. part. of **ἀφανίζω** after **λάθωμεν**, "not notice *we are destroying* him"
ὥσπερ ἐν χαλκῷ κασσίτερον: "like tin in copper"
μέγα γάρ: apodosis of the following cond., "it would be great"
ἂν (=**ἐάν**)... **εἰς ταὐτὸν... ἐπικρατήσῃ**: pr. gen. cond., "if the mixture stays the same"
ἐπικρατήσῃ: ao. subj. of **ἐπι-κρατέω**
μειρακίου συνελθόντος: gen. abs., "the young man having come together with" + dat.
οἴνου δίκην: acc. s. used adverbially, "in the manner of wine (when mixed with water)"

ἐπικρατήσῃ ταύτην δ' ὁρῶμεν ἄρχειν καὶ κρατεῖν δοκοῦσαν οὐ γὰρ ἂν ἀπορρίψασα δόξας καὶ γένη τηλικαῦτα καὶ πλούτους ἐμνᾶτο μειράκιον ἐκ χλαμύδος, ἔτι παιδαγωγεῖσθαι δεόμενον. ὅθεν οἱ νοῦν ἔχοντες αὐτοὶ προΐενται καὶ περικόπτουσιν ὥσπερ ὠκύπτερα τῶν γυναικῶν τὰ περιττὰ χρήματα, τρυφὰς ἐμποιοῦντα καὶ χαυνότητας ἀβεβαίους καὶ κενάς, ὑφ' ὧν ἐπαιρόμεναι πολλάκις ἀποπέτονται κἂν

ἀβέβαιος, -**ον**: uncertain, unsteady, fickle
ἀποπέτομαι: to fly off
ἀπορρίπτω: to throw away, cast off
ἄρχω: to be first, rule
γενος, -**εος**, **τό**: generation, birth
γυνή, **γυναικός**, **ἡ**: woman, wife
δέομαι: to need, require, ask
δοκέω: to expect, think, be determined
δόξα, **ἡ**: a notion, opinion, good repute
ἐμποιέω: to make in, produce, cause
ἐπαίρω: to lift up, excite, induce
ἐπικρατέω: to be victorious, succeed
κενός, -**ή**, -**όν**: empty, vain
κρατέω: to be strong, prevail, dominate
μειράκιον, **τό**: lad, stripling
μνάομαι: to turn one's mind to, court
νοῦς, **νοῦ**, **ὁ**: a mind, sense
παιδαγωγέω: to train, teach, educate
περικόπτω: to cut around, clip, trim
περιττός, -**ή**, -**όν**: excessive, prodigious
πλοῦτος, **ὁ**: wealth, riches
προΐημι: send forth, let go, throw away
τηλικοῦτος, -**αύτη**, -**οῦτον**: of such an age
τρυφή, **ἡ**: softness, luxuriousness, wantonness
χαυνότης, -**ητος**, **ἡ**: looseness, conceit, vanity
χλαμύς, -**ύδος**, **ἡ**: a short mantle worn by ephebes
χρῆμα, -**ατος**, **τό**: a thing that one uses, money
ὠκύπτερος, -**ον**: swift-winged, (*pl. subst.*) flight feathers

---

ταύτην... δοκοῦσαν: ind. st. after **ὁρῶμεν**, "we see *that that one* (Ismenodora) *intends*" + inf.
οὐ γὰρ ἂν... ἐμνᾶτο: pr. contrafactual cond., "she would not be wooing"
ἐμνᾶτο: impf. of **μνάομαι**
ἀπορρίψασα: ao. part. f. s. nom. of **ἀπορρίπτω**, "having cast aside"
γένη τηλικαῦτα: n. pl., "those of similar age"
ἐκ χλαμύδος: "just out of adolescence," a **χλάμυς** being the characteristic garb of an ephebe
δεόμενον: pr. part. modifying **μειράκιον**, "*still needing* to be tutored"
προΐενται: pr. of **προ-ἵημι**, "they throw away"
ἐμποιοῦντα: pr. part. n. pl. modifying **χρήματα**, "which prompts them toward" + acc.
χαυνότητας ἀβεβαίους καὶ κενάς: "vanities unstable and empty"
ὑφ' ὧν: "being induced *by which*"

μένωσι, «χρυσαῖς» ὥσπερ ἐν Αἰθιοπίᾳ «πέδαις δεδέσθαι» βέλτιον ἢ πλούτῳ γυναικός.»

Αἰθιοπία, -ας, ἡ: Ethiopia
βελτίων, -ον: better
δέω: to bind
μένω: to stay, remain
πέδη, ἡ: a fetter, chain
πλοῦτος, ὁ: wealth, riches
χρύσεος, -η, -ον: golden, of gold

κἂν (=**καὶ ἐάν**) **μένωσι**: pr. subj. in pr. gen. cond., "even if they remain"
πέδαις δεδέσθαι: perf. inf., "to be bound with chains"
ὥσπερ ἐν Αἰθιοπίᾳ: Herodotus reports that gold is used for shackles in Ethiopia.
βέλτιον (sc. **ἐστιν**): "it is better" + inf.
ἢ πλούτῳ: "than by the wealth"

Indirect statement after verbs of knowing, perceiving, hearing or showing

In this construction the finite verb of direct speech is changed to a participle of the same tense or aspect. The subject of the verb in direct speech becomes accusative *unless the subject of the indirect speech is the same as the subject of the main verb.* In that case the subject will be nominative if expressed and the participle will also be in the nominative.

Direct speech: "He is stopping."
παύεται.

Indirect speech: She knows that he is stopping.
οἶδε αὔτον παυόμενον.

but,

He knows that he (himself) is stopping.
οἶδε (αὔτος) παυόμενος.

Direct form: **Δαφναῖος ταὐτὸν πάσχει.**
"Daphnaeus is suffering the same thing."

Indirect form: **ὁρῶ Δαφναῖον ταὐτὸν πάσχοντα.**
"I see that D. is suffering the same thing."

ταύτην δ' ὁρῶμεν ἄρχειν καὶ κρατεῖν δοκοῦσαν: "we see that *this one is intending* to rule"

ἴσμεν οὐκ ὀλίγους αἴσχιστα δουλεύσαντας: "we know that not *a few have been enslaved*"

ἐπεὶ δ' ἑώρα μηδὲν ἀντιλεγόντας μηδ' ὀκνούντας: "when she saw that (the servants) were neither *disobeying* nor *resisting*"

τῶν ἄλλων θεῶν νενεμημένην δίχα τὴν δύναμιν ἐν τούτοις ὁρῶμεν: "we see that *the power has been distributed* in two ways"

Protogenes adds that a man should be older.

[8.] **«ἐκεῖνο δ' οὐ λέγεις» ὁ Πρωτογένης εἶπεν «ὅτι κινδυνεύομεν ἀναστρέφειν ἀτόπως καὶ γελοίως τὸν Ἡσίοδον, ἂν ἐκείνου λέγοντος**

> **μήτε τριηκόντων ἐτέων μάλα πόλλ' ἀπολείπων**
> **μήτ' ἐπιθεὶς μάλα πολλὰ γάμος δέ τοι ὥριος οὗτος**
> **ἡ δὲ γυνὴ τέτορ' ἡβώοι, πέμπτῳ δὲ γαμοῖτο**

σχεδὸν ἡμεῖς ἔτεσι τοσούτοις γυναικὶ πρεσβυτέρᾳ, καθαπερεὶ φοίνικας ἢ σῦκ' ἐρινεοῖς, ὄμφακα καὶ ἄωρον ἄνδρα περιάψωμεν.

ἀναστρέφειν: to overturn, reverse
ἀπολείπω: to leave over, want (+ *gen.*)
ἄτοπος, -**ον**: out of place, absurd
ἄωρος, -**ον**: untimely, unripe
γαμέω: to marry
γάμος, **ὁ**: wedding, marriage
γέλοιος, -**α**, -**ον**: laughable, ridiculous
γυνή, **γυναικός**, **ἡ**: woman, wife
ἐπιτίθημι: to put upon, add to
ἐρινεός, **ὁ**: the wild fig-tree
ἔτος, -**εος**, **τό**: a year
ἡβάω: to be in the prime of youth
Ἡσίοδος, -**ου**, **ὁ**: Hesiod
καθαπερεί: just as if
κινδυνεύω: to be in danger, run the risk of
λέγω: to say
ὄμφαξ, -**ακος**: immature, still green
πέμπτος, -**η**, -**ον**: fifth
περιάπτω: to tie, apply to, graft
πρεσβύτερος, -**α**, -**ον**: elder, older
συκάς, -**άδος**, **ἡ**: fig
σχεδόν: close, nearly
τέτορες, -**α**: four
τοσοῦτος, -**αύτη**, -**οῦτο**: so large, so great, so many
τριάκοντα: thirty
φοῖνιξ, -**ικας**, **ἡ**: palm date
ὥριος, -**α**, -**ον**: in season, seasonable, ripe

ἐκεῖνο δ' οὐ λέγεις: "And this you do not mention, namely that"
ὅτι κινδυνεύομεν: ind. st. after **λέγεις**, "that we run the risk of" + inf., also the apodosis of the pr. gen. cond. that follows
ἄν (=**ἐάν**): goes with **περιάψωμεν** (at the end of this sentence, after the quotation)
ἐκείνου λέγοντος: gen. abs., "when (Hesiod) says he"
«μήτε τριηκόντων...γαμοῖτο»: Hesiod *Works and Days* 696
μήτε ἀπολείπων... μήτ' ἐπιθεὶς: ao. part. of **ἀπολείπω** and **ἐπιτίθημι**, "*neither wanting nor having added* many more than 30 years"
γάμος ὥριος: "a seasonable marriage"
ἡβώοι... γαμοῖτο: opt. of **ἡβάω** and **γαμέω** in wishes, "let her reach maturity... let her be married"
τέτορα: (=**τέσσαρα**), "for the fourth (year)"
ἔτεσι τοσούτοις: dat. pl., "*by so many years* older"
καθαπερεὶ φοίνικας ἢ σῦκ' ἐρινεοῖς: "just like date or fig branches on wild-fig trees"
ἄωρον ἄνδρα: "an immature man"
ἄν (=**ἐάν**)... **περιάψωμεν**: ao. subj. 1 pl. of **περι-ἅπτω**, in protasis of pr. gen. cond., "*if we graft* a young man to an older woman"

A proper woman should wait at home to be wooed, not woo a young man.

«ἐρᾶται γὰρ αὐτοῦ νὴ Δία καὶ κάεται » τίς οὖν ὁ κωλύων ἐστὶ κωμάζειν ἐπὶ θύρας, ᾄδειν τὸ παρακλαυσίθυρον, ἀναδεῖν τὰ εἰκόνια, παγκρατιάζειν πρὸς τοὺς ἀντεραστάς; ταῦτα γὰρ ἐρωτικά καὶ καθείσθω τὰς ὀφρῦς καὶ πανσάσθω τρυφῶσα, σχῆμα λαβοῦσα τῶν τοῦ πάθους οἰκείων. εἰ δ' αἰσχύνεται καὶ σωφρονεῖ, κοσμίως οἴκοι καθήσθω περιμένουσα τοὺς μνωμένους καὶ σπουδάζοντας. ἐρᾶν δὲ φάσκουσαν γυναῖκα φυγεῖν τις ἂν ἔχοι καὶ βδελυχθείη, μήτι γε λάβοι γάμου

ἀείδω: to sing
αἰσχύνω: to shame
ἀναδέω: to bind up, tie on
ἀντεραστής, -οῦ, ὁ: a rival in love
βδελύττομαι: to feel nausea, to be sick
εἰκών, -όνος, ἡ: a likeness, image, portrait
ἐράω: to love
ἐρωτικός, -ή, -όν: amatory
Ζεύς, Διός, ὁ: Zeus
θύρα, ἡ: a door
καθίημι: to send down, let fall, lower
καίω: to kindle, set afire
κόσμιος, -α, -ον: well-ordered, regular, moderate
κωλύω: to hinder, check, prevent
κωμάζω: to to revel, make merry
λαμβάνω: to take
μνάομαι: to court, woo
οἰκεῖος, -α, -ον: of the house, domestic, in service
οἴκοι: at home, in the house
ὀφρῦς, -ύος, ἡ: brow, eyebrow
παγκρατιάζω: to box, fight
πάθος, -εος, τό: something suffered, an emotion, passion
παρακλαυσίθυρον, τό: a serenade
παύω: to cause to cease, stop
περιμένω: to wait for, await
σπουδάζω: to be eager, intend seriously
σχῆμα, -ατος, τό: form, figure, appearance
σωφρονέω: be modest
τρυφάω: to live sumptuously
φάσκω: to say, assert, declare
φεύγω: to flee, escape

ἐρᾶται γὰρ αὐτοῦ: "for she loves him," posing a defense he will refute
τίς οὖν ὁ κωλύων: "so who is the one preventing her from" + inf.
τὸ παρακλαυσίθυρον: "the serenade," literally "near the closed door"
ἀναδεῖν τὰ εἰκόνια: after **κωλύων**, "from tying (garlands) on his images"
παγκρατιάζειν: after **κωλύων**, "from fighting all out"
καθείσθω: 3 s. imper. perf. of **κατα-ἵημι**, "*let her lower* her eyebrows"
πανσάσθω: 3 s. imper. ao., "let her cease" + part. (**τρυφῶσα**)
σχῆμα λαβοῦσα: ao. part. f. s., "having taken the appearance" + gen.
οἴκοι καθήσθω: 3 s. ao. imper. of **κατα-ἧμαι**, "let her sit at home"
ἐρᾶν φάσκουσαν: obj. of **φυγεῖν**, "a woman *claiming to love*"
τις ἂν ἔχοι καὶ βδελυχθείη: pot. opt., "anyone would be obliged to (+ inf) and would feel loathing" + acc.
βδελυχθείη: ao. pas. opt. of **βδελύσσω**

ποιησάμενος ἀρχὴν τὴν τοιαύτην ἀκρασίαν.»

ἀκρασία, ἡ: intemperance
ἀρχή, ἡ: a beginning, origin, first cause
ποιέω: to make
τοιοῦτος, -αύτη, -οῦτο: such as this

μήτι γε λάβοι: ao. opt. of **λαμβάνω**, "certainly anyone would not at all accept (her)"

ποιησάμενος: ao. part. of **ποιέω**, "and so having made such intemperance the beginning of marriage"

Indirect statement after verbs of saying: **ὅτι, ὡς** + indicative

Verbs of saying can take the accusative + infinitive construction (see p. 11), but also can take **ὅτι** or **ὡς** + the indicative. In this construction **ὅτι** or **ὡς** is just like the English word "that." The only changes from direct speech are changes to the person and number of the verb and subject.

Direct speech:	"I am stopping." **παύομαι**
Indirect speech:	He says that he is stopping. **λέγει ὅτι παύεται.**
	He said that he was stopping. **εἶπε ὅτι παύεται.**

λέγω ... ὅτι τῆς γυναικὸς ὁ πλοῦτός ἐστι φυλακτέος: "I say that the wealth of the women must be watched out for"

Indirect questions are introduced by the direct or indirect form of interrogative words and follow the same rules as indirect speech introduced by **ὅτι** + the indicative.

Direct question	"Where is the fool going?" **ποῖ ὁ μῶρος βαίνει ;**
Indirect question	He asked where the fool was going. **ἤρετο ὅποι ὁ μῶρος βαίνει.**

Note that in English the tense of the verb in indirect statement or question changes depending on the tense of the main verb, but that in Greek the verb retains the tense of the original statement or question. Compare the two translations of **ὅτι παύεται** in the examples above.

ὁ δ' ἐκεῖνον οὐκ ὀρθῶς ἔλεγε ποιεῖν, ἀλλὰ μιμεῖσθαι τοὺς φαύλους ἐραστάς: He said *that one* was not *acting* properly, but *was imitating* those mean lovers.

Πίνδαρος ἔφη τὸν Ἥφαιστον «ἄνευ χαρίτων» ἐκ τῆς Ἥρας γενέσθαι: Pindar said that *Hephaestus was born* from Hera "with out favor."

Plutarch feels compelled to rebut the charges of Protogenes.

[9.] **παυσαμένου δὲ τοῦ Πρωτογένους, «ὁρᾷς» εἶπεν ὁ πατήρ «ὦ Ἀνθεμίων, ὅτι πάλιν κοινὴν ποιοῦσι τὴν ὑπόθεσιν καὶ τὸν λόγον ἀναγκαῖον ἡμῖν τοῖς οὐκ ἀρνουμένοις οὐδὲ φεύγουσι τοῦ περὶ γάμον Ἔρωτος εἶναι χορευταῖς;» «καὶ ναὶ μὰ Δί'» εἶπεν ὁ Ἀνθεμίων «ἄμυν' οὖν διὰ πλειόνων νῦν αὐτὸς ἐρῶν ἔτι δὲ τῷ πλούτῳ βοήθησον, ᾧ μάλιστα δεδίττεται Πεισίας ἡμᾶς.»**

There is nothing wrong with a wealthy and loving woman.

«τί δ'» εἶπεν ὁ πατὴρ «οὐκ ἂν ἔγκλημα γένοιτο γυναικός, εἰ δι' ἔρωτα καὶ πλοῦτον ἀπορρίψομεν Ἰσμηνοδώραν; βαρεῖα γὰρ

ἀμύνω: to keep off, ward off
ἀναγκαῖος, -α, -ον: forced, necessary
ἀπορρίπτω: to throw away, reject
ἀρνέομαι: to deny, disown
βαρύς, -εῖα, -ύ: heavy, grand
βοηθέω: to assist, come to aid
γίγνομαι: to become
δειδίττομαι: to frighten, alarm
ἔγκλημα, -ατος, τό: an accusation, charge, complaint
ἐράω: to love
κοινός, -ή, -όν: common, public
λέγω: to speak, say
ναί: yes, truly
ὁράω: to see
πάλιν: again
παύω: to cause to cease, stop
πλείων, -ον: more, greater
πλοῦτος, ὁ: wealth, riches
ὑπόθεσις, -εως, ἡ: a foundation, hypothesis, claim
φεύγω: to flee, escape
χορευτής, -οῦ, ὁ: a follower, devotee

παυσαμένου: gen. abs., "Protogenes having ceased"
κοινὴν...ἀναγκαῖον: note the chiastic word order; both adjectives are predicates, "they make the claim *public* and the rebuttal *necessary* to us"
τοῖς οὐκ ἀρνουμένοις οὐδὲ φεύγουσι: pr. part. dat. pl., "to us *who do not deny, nor flee*"
εἶναι: inf. in ind. st. after **ἀρνουμένοις**, "deny *that we are* devotees"
ἄμυνε: pr. imper., "ward them off"
διὰ πλειόνων: "through greater (arguments)"
αὐτὸς ἐρῶν: causal part., "since you yourself love"
βοηθήσον: ao. imper. of **βοηθέω**, "come to the aid of" + dat.
ᾧ δεδίττεται: "*with which he scares* us"
οὐκ ἂν... γένοιτο: ao. potential opt. of **γίγνομαι**, "what accusation would not be against this woman?"
ἀπορρίψομεν: fut. of **ἀπορρίπτω**, "if we shall reject"

καὶ πλουσία τί δ' εἰ καλὴ καὶ νέα; τί δ' εἰ γένει σοβαρὰ καὶ ἔνδοξος; αἱ δὲ σώφρονες οὐ [διὰ τὸ] αὐστηρὸν καὶ κατεγνυπωμένον ἐπαχθὲς [ὄνομα] καὶ δυσκαρτέρητον ἔχουσι, καὶ ποινὰς καλοῦσιν αὐτὰς καὶ τοῖς ἀνδράσιν ὀργιζομένας, ὅτι σωφρονοῦσιν; ἆρ' οὖν κράτιστον ἐξ ἀγορᾶς γαμεῖν Ἀβρότονόν τινα Θρῇσσαν ἢ Βακχίδα Μιλησίαν ἀνέγγυον ἐπαγομένην δι' ὠνῆς καὶ καταχυσμάτων;

Men have been enthralled by lower class women too.

ἀλλὰ καὶ ταύταις ἴσμεν οὐκ ὀλίγους αἴσχιστα δουλεύσαντας.

Ἀβρότονος, ἡ: Abrotonos
ἀγορά, -ῆς, ἡ: a market place, square
αἰσχρός, -ά, -όν: causing shame, abusive
ἀνέγγυος, -ον: not vouched for, unbetrothed
ἀνήρ, ἀνδρός, ὁ: a man, husband
αὐστηρός, -ά, -όν: harsh, bitter, strict
Βακχις, -ιδος, ἡ: Bacchis
γαμέω: to marry
γένος, τό: family, race, type
δουλεύω: to be a slave
δυσκαρτέρητος, -ον: hard to endure
ἔνδοξος, -ον: honorable, eminent, of high repute
ἐπάγω: to bring on, take up
ἐπαχθής, -ές: heavy, ponderous
Θρῇσσα, ἡ: a Thracian woman
καλός, -ή, - όν: beautiful
καταγνυπόομαι: to be weak or lazy
κατάχυσμα, -ατος, τό: that which is poured out, (*pl.*) a shower (of nuts) poured over a new slave or bride
κράτιστος, -η, -ον: strongest, mightiest, best
Μιλήσιος, -α, -ον: Milesian
νέος, νέα, νέον: young, youthful
οἶδα: to know
ὀλίγος, -η, -ον: few, little, small
ὄνομα, τό: a name
ὀργίζω: to anger, irritate
πλούσιος, -α, -ον: rich, wealthy, opulent
ποινή, ἡ: a Fury
σοβαρός, -ά, -όν: impressive, proud
σώφρων, -ον: temperate, prudent, decent
ὠνή, ἡ: a buying, price

τί δ' εἰ καλή: "what if she is beautiful?"
γένει: dat., "by birth"
αἱ δὲ σώφρονες ἔχουσι: "Do modest women not have a reputation for being burdensome because of their austerity and scornfulness?"
κατεγρυπωμένον: perf. part. of **κατα-γρυπόω**, "having turned the nose (in scorn)"
καὶ ποινὰς καλοῦσιν αὐτὰς: "and men call these women furies"
ὀργιζομένας: pr. part., "because they are angry at" + dat.
ἆρ' οὖν κράτιστον: "and so is it better?" + inf.
Ἀβρότονόν τινα Θρῇσσαν: "some Thracian Abrotonos," the name and nationality of Themistocles' mother
ἐπαγομένην: mid. part. of **ἐπι-αγω**, "procuring"
δι' ὠνῆς καὶ καταχυσμάτων: "for money and a handful of nuts"
οὐκ ὀλίγους... δουλεύσαντας: ind. st. after **ἴσμεν**, "that many have been enslaved by" + dat.

αὐλητρίδες δὲ Σάμιαι καὶ ὀρχηστρίδες, Ἀριστονίκα καὶ τύμπανον ἔχουσ' Οἰνάνθη καὶ Ἀγαθόκλεια διαδήμασι βασιλέων ἐπέβησαν. ἡ δὲ Σύρα Σεμίραμις οἰκότριβος μὲν ἦν βασιλικοῦ θεράπαινα παλλακευομένη Νίνου δὲ τοῦ μεγάλου βασιλέως ἐντυχόντος αὐτῇ καὶ στέρξαντος οὕτως ἐκράτησε καὶ κατεφρόνησεν, ὥστ' ἀξιῶσαι καὶ μίαν ἡμέραν αὐτὴν περιιδεῖν ἐν τῷ θρόνῳ καθεζομένην ἔχουσαν τὸ διάδημα καὶ

Ἀγαθόκλεια, -ας, ἡ: Agathoclea
ἀξιόω: to think worthy, ask, demand
Αριστονίκα, -ας, ἡ: Aristonica
αὐλητρίς, -ίδος, ἡ: a flute girl
βασιλεύς, -έως, ὁ: a king, chief
βασιλικός, -ή, -όν: royal, kingly, (*subst.*) palace
διάδημα, -ατος, τό: a headband, crown
εἷς, μία, ἕν: one
ἐντυγχάνω: fall in with, meet with, encounter
ἐπιβαίνω: to go upon, trample
θεραπαινίς, -ίδος, ἡ: a slave girl, handmaid
θρόνος, ὁ: a seat, chair, throne
καθέζομαι: to sit down
καταφρονέω: to look down upon, despise, have contempt
κρατέω: to be strong, be powerful, rule
Νίνος, -ου, ὁ: Ninus
οἴκοτριψ, -ιβος, ὁ: a house slave
Οἰνάνθη, -ης, ἡ: Oenanthe
ὀρχηστρίς, -ίδος, ἡ: a dancing girl
παλλακεύω: to be a concubine
περιεῖδω: to oversee
Σαμιος, -α, -ον: Samian
Σεμίραμις, -εως, ἡ: Semiramis
στέργω: to love
Σύρα, ἡ: a Syrian woman
τύμπανον, τό: a drum

Ἀριστονίκα: an unknown reference
ἔχουσα: "having," translate as "with" + acc.
Οἰνάνθη: the mother of Agathocles
Ἀγαθόκλεια: the mistress of Ptolemy IV
ἐπέβησαν: ao. 3 pl of **ἐπι-βαίνω**, "they have stepped on" + dat.
παλλακευομένη: pr. part. of **παλλακευω**, "being a concubine"
Νίνου... ἐντυχόντος... στέρξαντος: gen. abs., "Ninus encountering and being smitten" + dat.
ἐντυχόντος: ao. part. of **ἐν-τυγχάνω**
στέρξαντος: ao. part. of **στέργω**
οὕτως ἐκράτησε... ὥστ' ἀξιῶσαι: "she ruled him so much that he deemed it worthy"
ὥστ' ἀξιῶσαι: ao. inf. of **ἀξιόω**, result clause
μίαν ἡμέραν: acc. of duration, "for one day"
αὐτὴν περιιδεῖν: ind. st. after **ἀξιῶσαι**, "that see oversee"
καθεζομένην ἔχουσαν... χρηματίζουσαν: all pr. part. modifying **αὐτὴν**, "*sitting* on the throne, *having* the crown... *conducting* public business"

χρηματίζουσαν. δόντος δ᾽ ἐκείνου καὶ κελεύσαντος πάντας ὑπηρετεῖν ὥσπερ αὐτῷ καὶ πείθεσθαι, μετρίως ἐχρῆτο τοῖς πρώτοις ἐπιτάγμασι, πειρωμένη τῶν δορυφόρων ἐπεὶ δ᾽ ἑώρα μηδὲν ἀντιλέγοντας μηδ᾽ ὀκνοῦντας, ἐκέλευσε συλλαβεῖν τὸν Νίνον εἶτα δῆσαι, τέλος δ᾽ ἀποκτεῖναι πραχθέντων δὲ πάντων, ἐβασίλευσε τῆς Ἀσίας ἐπιφανῶς πολὺν χρόνον. ἡ δὲ Βελεστίχη, πρὸς Διός, οὐ βάρβαρον ἐξ ἀγορᾶς γύναιον,

---

ἀγορά, -ῆς, ἡ: the marketplace, square
ἀντιλέγω: to speak against, contradict
ἀποκτείνω: to kill, slay, execute
Ἀσία, ἡ: Asia
βάρβαρος, -ον: barbarous
βασιλεύω: to rule, reign over (+ *gen.*)
Βελεστίχη, -ης ἡ: Belestiche
γύναιος, -α, -ον: female
δέω: to bind, imprison
δορυφόρος, ὁ: a spearman, guard
ἐπίταγμα, -ατος, τό: an injunction, command
ἐπιφανής, -ές: notable, distinguished
Ζεύς, Διός, ὁ: Zeus
κελεύω: to command, order
μέτριος, -α, -ον: within measure, moderate
ὀκνέω: to shrink, hesitate
πείθομαι: to obey
πειράομαι: to make a test of, try out (+ *gen.*)
πράττω: to do
πρῶτος, -η, -ον: first, initial
συλλαμβάνω: to collect, seize
τέλος: finally, in the end
ὑπηρετέω: to serve
χράομαι: to use
χρηματίζω: to negotiate, deal, conduct business

δόντος δ᾽ ἐκείνου καὶ κελεύσαντος: gen. abs., "that one (Ninus) having granted and ordered"

δόντος: ao. part. gen. s. of **δίδωμι**

πάντας ὑπηρετεῖν καὶ πείθεσθαι: ind. com. after **κελεύσαντος**, "all to serve and obey"

ἐχρῆτο: impf of **χράομαι**, "used" + dat.

πειρωμένη: pr. part., "making a test of" +gen.

ἑώρα: 3. s. impf. of **ὁράω**, "she saw"

μηδὲν ἀντιλέγοντας μηδ᾽ ὀκνοῦντας: pr. part. acc. pl. in ind. st. after **ἑώρα**, "that they were resisting not at all nor shrinking"

συλλαβεῖν... δῆσαι... ἀποκτεῖναι: ind. com. after **ἐκέλευσε**, "she ordered *to arrest... to bind... to kill*"

συλλαβεῖν: ao. inf. of **συν-λαμβάνω**

δῆσαι: ao. inf. of **δέω**

πραχθέντων δὲ πάντων: gen. abs., "these things having been done"

πραχθέντων: ao. pas. part. of **πράττω**

πολὺν χρόνον: acc. of duration, "for a ling time"

ἧς ἱερὰ καὶ ναοὺς Ἀλεξανδρεῖς ἔχουσιν, ἐπιγράψαντος δι' ἔρωτα τοῦ βασιλέως «Ἀφροδίτης Βελεστίχης;» ἡ δὲ σύνναος μὲν ἐνταυθοῖ καὶ συνίερος τοῦ Ἔρωτος, ἐν δὲ Δελφοῖς κατάχρυσος ἑστῶσα μετὰ τῶν βασιλέων καὶ βασιλειῶν, ποίᾳ προικὶ τῶν ἐραστῶν ἐκράτησεν;

The weakness of these men caused their ruin, whereas ordinary men have often had good relationships with noble women.

ἀλλ' ὥσπερ ἐκεῖνοι δι' ἀσθένειαν ἑαυτῶν καὶ μαλακίαν ἔλαθον ἑαυτοὺς γενόμενοι λεία γυναικῶν, οὕτω πάλιν ἄδοξοι καὶ πένητες ἕτεροι πλουσίαις γυναιξὶ καὶ λαμπραῖς συνελθόντες

ἄδοξος, -ον: inglorious, unrenowned
Ἀλέξανδρος, -ου, ὁ: Alexander
ἀσθένεια, ἡ: weakness, feebleness
Ἀφροδίτη, ἡ: Aphrodite
βασίλεια, ἡ: a queen, princess
βασιλεύς, -έως, ὁ: a king, chief
Βελεστίχη, -ης ἡ: Belestiche
γυνή, γυναικός, ἡ: woman, wife
Δελφοί, -ῶν, οἱ: Delphi
ἐνταυθοῖ: hither
ἐπιγράφω: to inscribe, dedicate
ἱεράομαι: to be a priest or priestess
ἱερόν, τό: an altar, place of sacrifice
ἵστημι: to make to stand
κατάχρυσος, -ον: overlaid with gold, gilded
κρατέω: to be strong, have power, rule over
λαμπρός, -ά, -όν: noble, eminent
λανθάνω: to escape notice, be unknown
λεία, ἡ: booty, plunder, conquest
μαλακία, ἡ: softness, effeminacy
ναός, ὁ: a temple
πένης, -ητος, ὁ: a poor man
πλούσιος, -α, -ον: rich, wealthy, opulent
ποῖος, -α, -ον: of what nature? of what sort?
προίξ, προικός, ἡ: a gift, dowry
συνέρχομαι: to go with
συνίερος, -ον: having joint sacrifices
σύνναος, -ον: having the same temple

ἧς ἱερὰ... ἔχουσιν: "*whose shrines* the Alexandrians *keep*"
ἐπιγράψαντος...βασιλέως: ao. part. of **ἐπι-γράφω** in gen. abs., "the king having dedicated"
ἡ δὲ σύνναος: "that woman who shares a temple," refering to Phryne of Thespiae (cf. *Mor.* 336, 401; Pausanias X. 15.1)
ἐνταυθοῖ: "here" i.e., in Thespia
κατάχρυσος: "*gilded* statue"
ἑστῶσα: perf. part. nom. s f. of **ἵστημι**, "standing"
ποίᾳ προικὶ: dat., "with what sort of dowry"
ἔλαθον ἑαυτοὺς γενόμενοι: "they didn't notice they were becoming"
ἔλαθον: ao. 3 pl. of **λανθάνω** + part.
συνελθόντες: ao. part nom. pl. of **συν-ἔρχομαι**, "men who have joined with" + dat.

οὐ διεφθάρησαν οὐδ᾽ ὑφῆκάν τι τοῦ φρονήματος, ἀλλὰ τιμώμενοι καὶ κρατοῦντες μετ᾽ εὐνοίας συγκατεβίωσαν. ὁ δὲ συστέλλων τὴν γυναῖκα καὶ συνάγων εἰς μικρόν, ὥσπερ δακτύλιον δακτύλων ἰσχνὸς ὢν μὴ περιρρυῇ δεδιώς, ὅμοιός ἐστι τοῖς ἀποκείρουσι τὰς ἵππους εἶτα πρὸς ποταμὸν ἢ λίμνην ἄγουσι καθορῶσαν γὰρ ἑκάστην τὴν εἰκόνα τῆς ὄψεως ἀκαλλῆ καὶ ἄμορφον, ἀφιέναι τὰ φρυάγματα λέγεται καὶ προσδέχεσθαι τὰς τῶν ὄνων ἐπιβάσεις.

ἄγω: to lead, convey, bring
ἀκαλλής, -ές: without beauty, ugly
ἄμορφος, -ον: misshapen, unsightly
ἀποκείρω: to cut off, shear
ἀφίημι: to send forth
δακτύλιος, ὁ: a ring
δάκτυλος, ὁ: finger
διαφθείρω: to destroy, ruin
εἰκών, -όνος, ἡ: a likeness, reflection
ἐπίβασις, -εως, ἡ: a coming upon, approach, mounting
εὔνοια, ἡ: good-will, favor
ἵππος, ὁ/ ἡ: a horse, mare
ἰσχνός, -ή, -όν: lean, meager, thin
καθοράω: to look down
κρατέω: to be strong, have power, rule
λίμνη, ἡ: a pool of water
ὅμοιος, -α, -ον: like, resembling
ὄνος, ὁ: an ass, donkey
ὄψις, -εως, ἡ: look, appearance
περιρρέω: to fall away, slip off
ποταμός, ὁ: a river, stream
προσδέχομαι: to receive, accept
συνάγω: to bring together, collect
συνκαταβιόω: to live out one' s life with
συστέλλω: to draw in, reduce, diminish
τιμάω: to honor
ὑφίημι: to let down, surrender, loose
φρόνημα, -ατος, τό: spirit, pride, dignity
φρύαγμα, -ατος, τό: neighing, whinnying

οὐ διεφθάρησαν: ao. 3. pl. pas. of **δια-φθείρω**, "they were not destroyed"
ὑφῆκάν: ao. 3 pl. of **ὑπο-ἵημι**, "they did not lose"
συγκατεβίωσαν: ao. 3 pl. of **συν-κατα-βιόω**, "they live out their lives together"
ὁ συστέλλων: "he who diminishes"
ὥσπερ δακτύλιον δακτυλίων ἰσχνὸς ὢν: "*as the one being thin with respect to his finger* (diminishes) his ring"
μὴ περιρρυῇ: ao. subj. of **περιρρέω** in clause of fearing after **δεδιώς**, "fearing *he might lose it*"
ὅμοιός ἐστι: "he is like" + dat.
ἀποκείρουσι: pr. part. dat. pl. of **ἀπο-κείρω** after **ὅμοιος**, "those sheering"
ἄγουσι: pr. part. dat. pl., "then *leading them*"
καθορῶσαν: impf. of **κατα-ὁράω**, "*they look down at* their image"
ἀφιέναι τὰ φρυάγματα: pr. inf. of **ἀπο-ἵημι** in ind. st. after **λέγεται**, "it is said that they let forth neighs"
τὰς... ἐπιβάσεις: "and that they allow *the mountings* of asses"

The wealth of a woman is not a flaw, but requires a man of character not to be corrupted by it.

πλοῦτον δὲ γυναικὸς αἱρεῖσθαι μὲν πρὸ ἀρετῆς ἢ γένους ἀφιλότιμον κἀνελεύθερον, ἀρετῇ δὲ καὶ γένει προσόντα φεύγειν ἀβέλτερον. ὁ μὲν γὰρ Ἀντίγονος ὠχυρωμένῳ τὴν Μουνιχίαν τῷ φρουροῦντι γράφων ἐκέλευε ποιεῖν μὴ μόνον τὸν κλοιὸν ἰσχυρὸν ἀλλὰ καὶ τὸν κύνα λεπτόν, ὅπως ὑφαιρῇ τὰς εὐπορίας τῶν Ἀθηναίων ἀνδρὶ δὲ πλουσίας ἢ καλῆς οὐ προσήκει μηδὲ τὴν γυναῖκα ποιεῖν ἄμορφον ἢ πενιχράν, ἀλλ'

ἀβέλτερος, -α, -ον: good for nothing, silly, stupid
Ἀθηναῖος, -α, -ον: Athenian
αἱρέω: to take up, choose
ἄμορφος, -ον: misshapen, unsightly
ἀνελεύθερος, -ον: servile, mean, base
ἀνήρ, ἀνδρός, ὁ: a man, husband
Ἀντίγονος, -ου, ὁ: Antigonus
ἀρετή, ἡ: goodness, excellence
ἀφιλότιμος, -ον: dishonorable, ignoble
γένος, -ους, τό: race, birth, family
γράφω: to write
εὐπορία, ἡ: an advantage, resource
ἰσχυρός, -ά, -όν: strong, mighty
καλός, -ή, - όν: beautiful
κελεύω: to urge, command, order
κλοιός, ὁ: a dog-collar
κύων, ὁ: a dog
λεπτός, -ή, -όν: small, thin, weak
Μουνιχία, ἡ: Mounichia
ὀχυρόω: to make fast, fortify
πενιχρός, -ά, -όν: poor, needy
πλούσιος, -α, -ον: rich, wealthy, opulent
πλοῦτος, ὁ: wealth
ποιέω: to make, do
προσειμι: to be added to (+ *dat.*)
προσήκω: to belong to, befit
ὑφαιρέω: to draw off, diminish
φεύγω: to flee
φρουρέω: to guard, watch

πλοῦτον: acc. of resp., "because of wealth"
αἱρεῖσθαι: pr. inf., "to choose"
πρὸ ἀρετῆς ἢ γένους: "instead of virtue and family"
προσόντα: pr. part. acc. s. agreeing with **πλοῦτον** and obj. of **φεύγειν**, "to shun wealth *when it is added to*"
φεύγειν ἀβέλτερον (sc. **ἐστι**): "it is foolish to shun"
Ἀντίγονος: Antigonus Gonatas (319-239 BC), a Macedonian general
ὠχυρωμένῳ: perf. mid. part. of **ὀχυρόω**, "the guard *besieging*"
τὴν Μουνιχίαν: an area in the Piraeus that was besieged by Antigonus in 282 BC
τῷ φρουροῦντι: pr. part. of **φρουρέω**, "to the one guarding"
ποιεῖν τὸν κλοιὸν ἰσχυρὸν: ind. com. after **ἐκέλευε**, "to make the collar strong"
καὶ τὸν κύνα λεπτόν: "and the dog thin"
ὅπως ὑφαιρῇ: pr. subj. in purpose clause, "in order to draw away"
ἀνδρὶ: dat. after **προσήκει**, "*for the husband* of a rich and beautiful wife"
οὐ προσήκει μηδὲ: note the two negatives cancel each other, "it is not fitting not to" = "it is fitting for" + dat.
ποιεῖν: inf. after **προσήκει**, "*to make* her ugly..."

ἑαυτὸν ἐγκρατείᾳ καὶ φρονήσει καὶ τῷ μηδὲν ἐκπεπλῆχθαι τῶν περὶ ἐκείνην ἴσον παρέχειν καὶ ἀδούλωτον, ὥσπερ ἐπὶ ζυγοῦ ῥοπὴν τῷ ἤθει προστιθέντα καὶ βάρος, ὑφ' οὗ κρατεῖται καὶ ἄγεται δικαίως ἅμα καὶ συμφερόντως.

As long as both parties can procreate, age is not important.

καὶ μὴν ἡλικία γε πρὸς γάμον καὶ ὥρα τὸ τίκτειν ἔχουσα καὶ τὸ γεννᾶν εὐάρμοστός ἐστιν ἀκμάζειν δὲ τὴν γυναῖκα πυνθάνομαι,» καὶ ἅμα τῷ Πεισίᾳ προσμειδιάσας «οὐδενὸς γάρ» ἔφη «τῶν ἀντεραστῶν πρεσβυτέρα οὐδ' ἔχει πολιάς,

---

ἄγω: to lead or carry, to convey, bring
ἀδούλωτος, **-ον**: unenslaved, unsubdued
ἀκμάζω: to be in full bloom, be at one's prime
ἅμα: at the same time
ἀντεραστής, **-οῦ**, **ὁ**: a rival in love
βάρος, **-εος**, **τό**: weight
γάμος, **ὁ**: wedding, marriage
γεννάω: to beget, father
δικαίως: justly, equally
ἐγκράτεια, **ἡ**: mastery, possession
ἐκπλήττω: to strike out, shock, astonish
εὐάρμοστος, **-ον**: harmonious, proper
ζυγόν, **τό**: a scale, balance
ἦθος, **-εος**, **τό**: character
ἡλικία, **ἡ**: time of life, age
ἴσος, **-η**, **-ον**: equal to, the same as
κρατέω: to be strong, rule
παρέχω: to hold beside, hold fast
πολιά, **ἡ**: grayness of hair
πρεσβύτερος, **-α**, **-ον**: older, elder
προσμειδιάω: to smile
προστίθημι: to put to, put forth, impose
πυνθάνομαι: to learn, come to understand
ῥοπή, **ἡ**: an inclination, tipping
συμφερόντως: profitably
τίκτω: to give birth, bear
φρόνησις, **-εως**, **ἡ**: mindfulness, prudence
ὥρα, **-ας**, **ἡ**: period, season, time

ἑαυτὸν ἐγκρατείᾳ: "by self-possession"
τῷ μηθὲν ἐκπεπλῆχθαι: articular perf. inf. dat. of **ἐκ-πλήττω**, "by not having been overpowered by" + dat.
τῶν περὶ ἐκείνην: gen. of sep., "apart from the things concerning her"
παρέχειν: pr. inf. after **προσήκει**, "*to keep* himself balanced and unsubdued"
προστιθέντα: pr. part. acc. s of **προσ-τίθημι**, "*imposing* weight by his character, like tilting a balance"
ὑφ' οὗ: "*by whom* she is ruled"
συμφερόντως: "profitably"
καὶ μὴν ἡλικία γε: "And it is certainly the case that age..."
ἔχουσα: pr. part agreeing with **ὥρα**, "so long as it is capable of"
τὸ τίκτειν καὶ τὸ γεννᾶν: art. inf., obj. of **ἔχουσα**, "bearing and fathering"
εὐάρμοστός: agreeing with **ἡλικία** and **ὥρα**
ἀκμάζειν: ind. st. after **πυνθάνομαι**, "that she (Ismenodora) is at her peak"
προσμειδιάσας: ao. part. of **προσμειδιάω**, "with a smile to" + dat.
οὐδενὸς: gen. of comparison after **πρεσβυτέρα**, "she is older than no one of her rivals"

ὥσπερ ἔνιοι τῶν Βάκχωνι προσαναχρωννυμένων. εἰ δ' οὗτοι καθ' ὥραν ὁμιλοῦσι, τί κωλύει κἀκείνην ἐπιμεληθῆναι τοῦ νεανίσκου βέλτιον ἡστινοσοῦν νέας; δύσμικτα γὰρ τὰ νέα καὶ δυσκέραστα καὶ μόλις ἐν χρόνῳ πολλῷ τὸ φρύαγμα καὶ τὴν ὕβριν ἀφίησιν, ἐν ἀρχῇ δὲ κυμαίνει καὶ ζυγομαχεῖ καὶ μᾶλλον ἂν Ἔρως ἐγγένηται, καὶ καθάπερ πνεῦμα κυβερνήτου μὴ παρόντος, ἐτάραξε καὶ συνέχεε τὸν γάμον οὔτ' ἄρχειν δυναμένων οὔτ' ἄρχεσθαι βουλομένων.

ἀρχή, ἡ: a beginning, origin
ἄρχω: to rule (+ *gen.*)
ἀφίημι: to send forth, discharge, abandon
βελτίων, -ον: better
βούλομαι: to wish, be willing
δύναμαι: to be able
δυσκέραστος, -ον: hard to temper, difficult to fuse
δύσμικτος, -ον: hard to mix, without affinity
ἐγγίγνομαι: to be born in, be present in
ἔνιοι, -αι, -α: some
ἐπιμελέομαι: to take care of, have charge of, look after
ζυγομαχέω: to struggle together, quarrel
κυβερνήτης, -ου, ὁ: a helmsman, pilot
κυμαίνω: to rise in waves, to swell, storm
κωλύω: to hinder, check, prevent
μόλις: scarcely
νεάνισκος, ὁ: youth, young man
νέος, νέα, νέον: young, youthful
ὁμιλέω: to be in company with, consort with
ὁστισοῦν: anyone whatsoever
πάρειμι: to be present
πνεῦμα, -ατος, τό: a blowing, wind
προσαναχρώννυμαι: communicate with
συγχέω: to pour together, confuse,
ταράττω: to stir, trouble, upset
ὕβρις, -εως, ἡ: wantonness, insolence
φρύαγμα, -ατος, τό: a snorting, insolence
χρόνος, ὁ: time

προσαναχρωννυμένων: pr. part. gen. pl. modifying **ἀντεραστῶν**, "of those associating closely with" + dat.
εἰ οὗτοι: "if these" i.e. the older male lovers of Bacchon
καθ' ὥραν: "in season"
ἐπιμεληθῆναι: ao. pas. inf. of **ἐπιμελέομαι** after **κωλύει**, "what prevents her also from caring for" + gen.
ἡστινοσοῦν (**ἧς-τινος-οὖν**) **νέας**: gen. s. f. after **βέλτιον**, "better than *any young woman*"
τὰ νέα: "young people"
μόλις ἐν χρόνῳ πολλῷ: "only after a long time"
ἀφίησιν: pr. 3 s. (with pl. subject) of **ἀπο-ἵημι**, "they abandon"
ἂν (= **ἐάν**) **Ἔρως ἐγγένηται**: ao. subj. of **ἐν-γίγνομαι** in pr. gen. cond., "and more so if Love is present"
κυβερνήτου μὴ παρόντος: gen. abs., "when a helmsman is not present"
ἐτάραξε: ao. of **ταράττω**, "disturbed"
συνέχεε: impf. of **συν-χέω**, "confounded"
οὔτ' ἄρχειν δυναμένων: "of those not able to rule"
οὔτ' ἄρχεσθαι βουλομένων: "nor willing to be ruled"

No one is his own master completely, so there is no objection to an older woman directing the affairs of a young man.

εἰ δ᾽ ἄρχει βρέφους μὲν ἡ τίτθη, καὶ παιδὸς ὁ διδάσκαλος, ἐφήβου δὲ γυμνασίαρχος, ἐραστὴς δὲ μειρακίου, γενομένου δ᾽ ἐν ἡλικίᾳ νόμος καὶ στρατηγὸς, οὐδεὶς δ᾽ ἄναρκτος οὐδ᾽ αὐτοτελής, τί δεινὸν εἰ γυνὴ νοῦν ἔχουσα πρεσβυτέρα κυβερνήσει νέου βίον ἀνδρός, ὠφέλιμος μὲν οὖσα τῷ φρονεῖν μᾶλλον ἡδεῖα δὲ τῷ φιλεῖν καὶ προσηνής; τὸ δ᾽ ὅλον» ἔφη «καὶ τὸν Ἡρακλέα Βοιωτοὺς ὄντας ἔδει σέβεσθαι καὶ μὴ δυσχεραίνειν τῷ παρ᾽ ἡλικίαν τοῦ γάμου, γιγνώσκοντας ὅτι

ἄναρκτος, -**ον**: ungoverned, without rule
αὐτοτελής, -**ές**: ending in itself, complete in itself
βίος, **ὁ**: life
Βοιωτός, -**ά**, -**όν**: Boeotian
βρέφος, -**εος**, **τό**: an infant
γιγνώσκω: to know
γυμνασίαρχος, **ὁ**: a gymnasiarch, athletic trainer
γυνή, **γυναικός**, **ἡ**: woman, wife
δεῖ: to be necessary
δεινός, -**ή**, -**όν**: fearful, terrible, dreadful
διδάσκαλος, **ὁ**: a teacher, schoolmaster
δυσχεραίνω: to be unable to endure
ἐραστής, -**οῦ**, **ὁ**: a lover
ἔφηβος, **ὁ**: a youth
ἡδύς, -**εῖα**, -**ύ**: sweet
ἡλικία, **ἡ**: time of life, age
Ἡρακλέης, **ὁ**: Heracles
κυβερνάω: to act as pilot, steer
μειράκιον, **τό**: a boy, lad
νέος, **νέα**, **νέον**: young, youthful
νόμος, **ὁ**: custom, law
παῖς, **παιδός**, **ὁ**: a child, boy
πρεσβύτερος, -**α**, -**ον**: elder, older
προσηνής, -**ές**: soft, gentle, kind
σέβομαι: to feel awe, revere
στρατηγός, **ὁ**: a commander, general
τίτθη, **ἡ**: a nurse
φιλέω: to love, have affection (for)
φρονέω: to think, understand, be wise
ὠφέλιμος, -**η**, -**ον**: helping, useful, beneficial

γενομένου δὲ: "*but once he comes of age*, the law and his general (rule)"
νοῦν ἔχουσα: pr. part. f., "a woman *with sense*"
εἰ... κυβερνήσει: fut., "If she shall steer"
τῷ φρονεῖν: art. inf., "she is benefited *by being more sensible*"
τῷ φιλεῖν: art. inf. , "she is sweet *by loving*"
τὸ δ᾽ ὅλον: acc. of resp., "as a whole," "in general"
Βοιωτοὺς ὄντας ἔδει: "it is necessary for us, being Boeotians + inf.
καὶ μὴ δυσχεραίνειν: after **ἔδει**, "and not fail to endure" + dat.
παρ᾽ ἡλικίαν τοῦ γάμου: the whole phrase is put into the dative by the article **τῷ** after **δυσχεραίνειν**, "inequality of marriage"
γιγνώσκοντας: pr. part. acc. pl., "(us) realizing that"

κἀκεῖνος τὴν ἑαυτοῦ γυναῖκα Μεγάραν Ἰολάῳ συνῴκισεν ἑκκαιδεκαέτει τότ' ὄντι τρία καὶ τριάκοντ' ἔτη γεγενημένην.»

The conversation is interrupted by the news that Ismenodora has snatched Bacchon and is keeping him.

[10.] **τοιούτων λόγων, ὁ πατὴρ ἔφη, παρόντων αὐτοῖς, ἐλθεῖν τῷ Πεισίᾳ ἑταῖρον ἐκ πόλεως ἵππῳ θέοντα, πρᾶγμα θαυμαστὸν ἀπαγγέλλοντα τετολμημένον. ἡ γὰρ Ἰσμηνοδώρα, ὡς ἔοικεν, αὐτὸν μὲν οὐκ ἀηδῶς ἔχειν οἰομένη τὸν Βάκχωνα πρὸς τὸν γάμον, αἰσχύνεσθαι δὲ τοὺς ἀποτρέποντας, ἔγνω μὴ προέσθαι τὸ μειράκιον. τῶν οὖν φίλων τοὺς μάλιστα τοῖς**

ἀηδής, -ές: unpleasant, ill-disposed
αἰσχύνω: to disfigure, shame
ἀπαγγέλλω: to report, announce
ἀποτρέπω: to turn away (from), oppose
γιγνώσκω: to know
ἑκκαιδεκαέτης: 16 years old
ἔοικα: be like, resemble
ἑταῖρος, ὁ: a comrade, companion
ἔτος, -εος, τό: a year
θαυμαστός, -ή, -όν: wondrous, marvelous
θέω: to run
Ἰόλαυς, ὁ: Iolaus
ἵππος, ὁ: a horse
μάλιστα: most, especially
μειράκιον, τό: a lad, youth
Μέγαρα, ἡ: Megara
οἴομαι: to suppose, think, deem
πάρειμι: to be present
πόλις, -εως, ἡ: a city
πρᾶγμα, -ατος, τό: that which has been done, a deed, act
προίημι: to send out
συνοικίζω: to make to live with, marry off
τολμάω: to undertake, dare
τρία: three
τριάκοντα: thirty
φίλος, -η, -ον: dear, beloved, (*subst.*) friend

ὅτι...συνῴκισεν: ao. of **συνοικίζω** in ind. st. after **γιγνώσκοντας**, "that he caused (Megara) to marry" + dat.
τότ' ὄντι: "him at that time being 16"
γεγενημένην: perf. part. of **γίγνομαι** modifying **Μεγάραν**, "her having become 33"
λόγων... παρόντων: gen abs., "such discussions being present to them"
ἐλθεῖν: ao. inf. after **ἔφη**, "that a companion came"
θέοντα... ἀπαγγέλλοντα: acc. s. m. agreeing with **ἑταῖρον**, "rushing, reporting"
τετολμημένον: perf. part. of **τολμάω** agreeing with **πρᾶγμα**, "daring"
οὐκ ἀηδῶς ἔχειν οἰομένη: "supposing that Bacchon himself was not ill-disposed"
αἰσχύνεσθαι δὲ: "but that he was ashamed before" + acc.
τοὺς ἀποτρέποντας: "(before) those opposing"
ἔγνω: ao. 3 s. of **γιγνώσκω**, "she decided" + inf.
μὴ προέσθαι: ao. inf. of **προ-ίημι**, "not to release"

βίοις νεαροὺς καὶ συνερῶντας αὐτῇ καὶ τῶν γυναικῶν τὰς συνήθεις μεταπεμψαμένη καὶ συγκροτήσασα παρεφύλαττε τὴν ὥραν, ἣν ὁ Βάκχων ἔθος εἶχεν ἀπιὼν εἰς παλαίστρας παρὰ τὴν οἰκίαν αὐτῆς παρεξιέναι κοσμίως. ὡς οὖν τότε προσῄει μετὰ δυεῖν ἢ τριῶν ἑταίρων ἀληλιμμένος, αὐτὴ μὲν ἐπὶ τὰς θύρας ἀπήντησεν ἡ Ἰσμηνοδώρα καὶ τῆς χλαμύδος ἔθιγε μόνον, οἱ δὲ φίλοι καλὸν καλῶς ἐν τῇ χλαμύδι καὶ τῇ διβολίᾳ συναρπάσαντες εἰς τὴν οἰκίαν παρήνεγκαν ἀθρόοι καὶ τὰς

ἀθρόος, -α, -ον: in a crowd, crowded together
ἀλείφω: to anoint with oil
ἀπαντάω: to encounter, meet
ἄπειμι: to go from, depart, leave
βίος, ὁ: life
διβολία, ἡ: a mantle
δύο: two
ἔθος, -εος, τό: custom, habit
ἑταῖρος, ὁ: a companion, mate
θιγγάνω: to touch, handle
θύρα, ἡ: a gate, door
κοσμίως: well-ordered, regularly
μεταπέμπω: to send after
νεαρός, -ά, -όν: young, youthful
οἰκία, ἡ: a building, house, dwelling
παλαίστρα, ἡ: a palaestra, wrestling-school
παραφέρω: to bring to
παραφυλάττω: to watch, wait
παρεξέρχομαι: to go past
προσέρχομαι: to go forward, approach
συγκροτέω: to set together, organize
συναρπάζω: to seize
συνεράω: to love together with, be sympathetic toward
συνήθης, -ες: accustomed to one another, intimate
τρεις, -οι, -αι: three
φίλος, -η, -ον: dear, beloved, (*subst.*) friend
χλαμύς, -ύδος, ἡ: a cloak
ὥρα, -ας, ἡ: period, season, time

συνερῶντας αὐτῇ: pr. part. acc. pl. of **συνεράω**, "those sympathetic to her"
τοῖς βίοις: dat. pl., "in their lifestyles"
μεταπεμψαμένη: ao. part. of **μεταπέμπω**, "having sent after"
συγκροτήσασα: ao. part. of **συγκροτέω**, "having organized them"
παρεφύλαττε: impf. of **παρα-φυλάττω**, "she was watching"
ἔθος εἶχεν: impf. of **ἔχω**, "when it was Bacchon's custom" + inf.
ἀπιὼν: pr. part. of **ἀπο-ἔρχομαι**, "departing"
παρεξιέναι: pr. inf. of **παρα-εξ-ἔρχομαι** after **ἔθος**, "to pass by"
προσῄει: impf. of **προσ-ἔρχομαι**, "he approached"
ἀληλιμμένος: perf. part. pas. of **ἀλείφω**, "having been annointed" (after his exercise)
ἀπήντησεν: ao. of **ἀπαντάω**, "Ismenodora *met* him"
ἔθιγε: ao. of **θιγγάνω**, "she touched" + gen.
καλὸν καλῶς: "snatching *handsomely the handsome boy*"
συναρπάσαντες: ao. part. of **συν-ἁρπάζω**, "having carried him off"
παρήνεγκαν: ao. 3 pl. of **παρα-φέρω**, "they brought him"

θύρας εὐθὺς ἀπέκλεισαν ἅμα δ᾽ αἱ μὲν γυναῖκες ἔνδον αὐτοῦ τὸ χλαμύδιον ἀφαρπάσασαι περιέβαλον ἱμάτιον νυμφικόν οἰκέται δὲ περικύκλῳ δραμόντες ἀνέστεφον ἐλαίᾳ καὶ δάφνῃ τὰς θύρας οὐ μόνον τὰς τῆς Ἰσμηνοδώρας ἀλλὰ καὶ τὰς τοῦ Βάκχωνος ἡ δ᾽ αὐλητρὶς αὐλοῦσα διεξῆλθε τὸν στενωπόν.

The events prompt varied reactions from the Thespians and their guests.

τῶν δὲ Θεσπιέων καὶ τῶν ξένων οἱ μὲν ἐγέλων, οἱ δ᾽ ἠγανάκτουν καὶ τοὺς γυμνασιάρχους παρώξυνον

Wedding of Thetis and Peleus. Attic red-figure pyxis, ca. 470–460 BC. Louvre, Paris

---

ἀγανακτέω: to feel irritation, be annoyed
ἀναστέφω: to crown, wreath
ἀποκλείω: to shut off, bar, lock
αὐλέω: to play the flute
αὐλητρίς, -ίδος, ἡ: a flute-girl
ἀφαρπάζω: to tear off
γελάω: to laugh
γυμνασίαρχος, ὁ: gymnasiarch, athletic trainer
γυνή, γυναικός, ἡ: a woman, wife
δάφνη, ἡ: laurel
διεξέρχομαι: to go through, pass through
ἐλαία, ἡ: olive
ἐνδίδωμι: to give in
ἔνδον: in, within, in the house, at home
Θεσπιέος, ὁ: a Thespian, inhabitant of Thespiae
θύρα, ἡ: a gate, door
ἱμάτιον, τό: an outer garment, a cloak or mantle
νυμφικός, -ή, -όν: bridal, marriage
ξένος, ὁ: a guest
οἰκέτης, -ου, ὁ: a house-slave, servant
παροξύνω: to urge, spur on, stir up
περιβάλλω: to throw around, put on
περικυκλόω: to en circle, encompass
στενωπός, ὁ: narrow street, lane, ally
τρέχω: to run
χλαμύδιον, τό: a shabby cloak

ἀπέκλεισαν: ao. 3 pl. of **ἀπο κλείω**, "they locked"
ἀφαρπάσασαι: ao. part. nom. pl. f. of **ἀπο-ἁρπάζω**, "having removed"
περιέβαλον: ao. 3 pl. of **περιβάλλω**, "*they threw around* him"
δραμόντες: ao. part. of **τρέχω**, "scurrying"
ἀνέστεφον: impf. 3 pl. of **ἀνα-στεφω**, "*they began decorating* the doors," a standard wedding practice
διεξῆλθε: ao. of **δια-εξ-έρχομαι**, "the flautist *passed through* the lane"
οἱ μὲν, οἱ δέ: "of the Thespians and foreigners, *some... but others*"
ἠγανάκτουν: impf. of **ἀγανακτέω**, "were aggravated"
παρώξυνον: impf. of **παροξύνω**, "were stirring up"

ἄρχουσι γὰρ ἰσχυρῶς τῶν ἐφήβων καὶ προσέχουσι τὸν νοῦν σφόδρα τοῖς ὑπ' αὐτῶν πραττομένοις. ἦν δὲ λόγος οὐδεὶς τῶν ἀγωνιζομένων, ἀλλ' ἀφέντες τὸ θέατρον ἐπὶ τῶν θυρῶν τῆς Ἰσμηνοδώρας ἐν λόγοις ἦσαν καὶ φιλονεικίαις πρὸς ἀλλήλους.

[11.] **ὡς οὖν ὁ τοῦ Πεισίου φίλος ὥσπερ ἐν πολέμῳ προσελάσας τὸν ἵππον αὐτὸ τοῦτο τεταραγμένος εἶπεν, ὅτι Βάκχων' ἥρπακεν Ἰσμηνοδώρα, τὸν μὲν Ζεύξιππον ὁ πατὴρ ἔφη γελάσαι καὶ εἰπεῖν, ὅτε δὴ καὶ φιλευριπίδην ὄντα,**

πλούτῳ χλιδῶσα θνητὰ δ' ὦ γύναι φρόνει

ἀγωνίζομαι: to contend
ἁρπάζω: to snatch away, carry off
ἄρχω: to rule over
ἀφίημι: to send away, discharge, abandon
γελάω: to laugh
γυνή, γυναικός, ἡ: woman, wife
ἔφηβος, ὁ: young man, youth
θέατρον, τό: a place for seeing, theatre
θνητός, -ή, -όν: mortal
θύρα, ἡ: a door
ἵππος, ὁ: a horse
ἰσχυρῶς: strongly, strictly, with force
νοῦς, νοῦ, ὁ: a mind
πλοῦτος, ὁ: riches, wealth
πόλεμος, ὁ: battle, fight, war
πράττω: to do, act
προσελαύνω: to drive, ride up
προσέχω: to hold to, offer
σφόδρα: very, very much
ταράττω: to stir up, trouble
φιλευριπίδης, -ου, ὁ: an admirer of Euripides
φιλονεικία, ἡ: contentiousness
φίλος, -η, -ον: dear, beloved, (*subst.*) friend
φρονέω: to think (on)
χλιδάω: to be soft, revel, luxuriate

προσέχουσι τὸν νοῦν: "they pay attention to" i.e. "guard closely" + dat.
πραττομένοις: pr. pas. part. dat. pl., "the things done"
τῶν ἀγωνιζομένων: "of those contending" (in the *Erotika*, the festival during which these events take place)
ἀφέντες: ao. part. nom. pl. of **ἀπο-ἵημι**, "*having quit* the theatre"
ἐν λόγοις ἦσαν: "they were in conversations and arguments"
προσελάσας: ao. part. of **προσελαύνω**, "having driven his horse"
αὐτὸ τοῦτο: obj. of **εἶπεν**, "he said *this very thing*"
τεταραγμένος: part. perf. pas. of **ταράσσω**, "having been disturbed"
ὅτι ἥρπακεν: perf. act. of **ἁρπάζω**, "namely *that* Ismenodora *has snatched*"
γελάσαι καὶ εἰπεῖν: ao. inf. in ind. disc. after **ἔφη**, "that Zeucippus laughed and said"
ὅτε δὴ καὶ: "since of course"
φιλευριπίδην ὄντα: "being a lover of Euripides"
«πλούτῳ...φρόνει »: Euripides fr. 986 (*TGF*)
χλιδῶσα: pr. part. of **χλιδάω**, "being made soft by" + dat.
θνητὰ φρόνει: nom. s. f. with pr. imper., "think like a mortal!"

Peisias complains bitterly about this contravention of the laws of nature. He and Protogenes depart to help Bacchon.

τὸν δὲ Πεισίαν ἀναπηδήσαντα βοᾶν, «ὦ θεοί, τί πέρας ἔσται τῆς ἀνατρεπούσης τὴν πόλιν ἡμῶν ἐλευθερίας; ἤδη γὰρ εἰς ἀνομίαν τὰ πράγματα διὰ τῆς αὐτονομίας βαδίζει καίτοι γελοῖον ἴσως ἀγανακτεῖν περὶ νόμων καὶ δικαίων, ἡ γὰρ φύσις παρανομεῖται γυναικοκρατουμένη. τί τοιοῦτον ἡ Λῆμνος; ἴωμεν ἡμεῖς, ἴωμεν» εἶπεν «ὅπως καὶ τὸ γυμνάσιον ταῖς γυναιξὶ παραδῶμεν καὶ τὸ βουλευτήριον, εἰ παντάπασιν ἡ πόλις ἐκνενεύρισται.»

ἀγανακτέω: to feel irritation, be annoyed
ἀναπηδάω: to leap up, start up
ἀνατρέπω: to overturn, upset
ἀνομία, ἡ: lawlessness
αὐτονομία, ἡ: autonomy, self-governance
βαδίζω: to walk, makes one' s way
βοάω: to cry aloud, to shout
βουλευτήριον, τό: council chamber
γελοῖος, -α, -ον: laughable, absurd
γυμνάσιον, τό: gymnasium, place of exercise
γυναικοκρατέομαι: to be ruled by women
γυνή, γυναικός, ἡ: woman, wife
δίκαιος, -α, -ον: equal, just, fair
ἐκνευρίζω: to emasculate, unman
ἐλευθερία, ἡ: freedom, licentiousness
θεός, ὁ: a god
Λῆμνος, ἡ: Lemnos
νόμος, ὁ: custom, law
παντάπασι: altogether, in all respects
παραδίδωμι: to hand over, surrender
παρανομέω: to transgress the law, act unlawfully
πέρας, -ατος, τό: an end, limit
πόλις, -εως, ἡ: a city
πρᾶγμα, -ατος, τό: that which has been done, a deed, act
φύσις, -εως, ἡ: nature

ἀναπηδήσαντα: ao. part. acc. s. of **ἀναπηδάω**, "having lept up"
βοᾶν: pr. inf. continuing ind. st. after **ἔφη**, "that Peisias shouted"
ἔσται: fut., "what will be?"
ἀνατρεπούσης: pr. part. f. s. gen. of **ἀνατρέπω**, modifying **ἐλευθερίας**, "of this licentiousness overturning"
γελοῖον (sc. **ἐστι**): "perhaps it is laughable" + inf.
παρανομεῖται: pr. pas. of **παρανομέω**, "nature is transgressed"
γυναικοκρατουμένη: pr. part., "being ruled by women"
ἡ Λῆμνος: Lemnos, where the women slayed the male population
ἴωμεν: jussive pr. subj. of **ἔρχομαι**, "let us go!"
ὅπως... παραδῶμεν: ao. subj. of **παραδίδωμι** in purpose clause, "in order to hand over to" + dat.
ἐκνενεύρισται: perf. pas. of **ἐκ-νευρίζω**, "has been unmanned"

προάγοντος οὖν τοῦ Πεισίου, ὁ μὲν Πρωτογένης οὐκ ἀπελείπετο τὰ μὲν συναγανακτῶν τὰ δὲ πραΰνων ἐκεῖνον

Left alone, the others speculate about Ismenodora's intentions.

ὁ δ' Ἀνθεμίων «νεανικὸν μέν» ἔφη «τὸ τόλμημα καὶ Λήμνιον ὡς ἀληθῶς, αὐτοὶ γάρ ἐσμεν, σφόδρ' ἐρώσης γυναικός,»

καὶ ὁ Σώκλαρος ὑπομειδιῶν «οἴει γὰρ ἁρπαγήν» ἔφη «γεγονέναι καὶ βιασμόν, οὐκ ἀπολόγημα καὶ στρατήγημα τοῦ νεανίσκου νοῦν ἔχοντος, ὅτι τὰς τῶν ἐραστῶν ἀγκάλας διαφυγὼν ἐξηυτομόληκεν εἰς χεῖρας καλῆς καὶ πλουσίας γυναικός;»

ἀγκάλη, ἡ: embrace, clutches
ἀπολείπω: to leave behind
ἀπολόγημα, -ατος, τό: a defense, counter argument
ἁρπαγή, ἡ: a seizure, rape
βιασμός, ὁ: violence
διαφεύγω: to flee, get away from, escape
ἐξαυτομολέω: to desert (from), defect
ἐραστής, -οῦ, ὁ: a lover
ἐράω: to love
νεανικός, -ή, -όν: youthful, fresh, active
νεάνισκος, ὁ: youth, young man
νοῦς, νοῦ, ὁ: a mind
οἴομαι: to suppose, think
πλούσιος, -α, -ον: rich, wealthy, opulent
πραΰνω: to calm
προάγω: to urge on
στρατήγημα, -ατος, τό: act of a general, stratagem, device
συναγανακτέω: to be vexed along with, share in annoyance
Σώκλαρος, ὁ: Soclaros
τόλμημα, -ατος, τό: an adventure, brave deed
ὑπομειδιάω: to smile a little
χείρ, ἡ: the hand

προάγοντος οὖν τοῦ Πεισίου: gen. abs., "with Peisias urging on"
οὐκ ἀπελείπετο: impf. of **ἀπολείπω**, "Protogenes would not leave him
τὰ μὲν συναγανακτῶν: "partly being annoyed at the events"
τὰ δὲ πραΰνων: "partly for *calming* that one"
Λήμνιον: "the audacity is *Lemnos-like*"
ὡς ἀληθῶς: "to speak truly"
αὐτοὶ γάρ ἐσμεν: "for we are just ourselves" (i.e. "just the defenders of marriage")
ἐρώσης: pr. part. gen. s. f. of **ἐράω**, "of a woman *who loves* deeply"
οἴει ἁρπαγήν γεγονέναι: "do you suppose that this was a ravishment"
γεγονέναι: perf. inf. of **γίγνομαι**
οὐκ νεανίσκου νοῦν ἔχοντος: "is this not the act *of a young man having it in mind*"
ὅτι... διαφυγὼν ἐξηυτομόληκεν: implied ind. st. after **νοῦν ἔχοντος**, "that by fleeing he has escaped..."
ἐξηυτομόληκεν: perf. of **ἐξ-αυτομολέω**

«μὴ λέγε ταῦτ'» εἶπεν «ὦ Σώκλαρε, μηδ' ὑπονόει ἐπὶ Βάκχωνος» ὁ Ἀνθεμίων «καὶ γὰρ εἰ μὴ φύσει τὸν τρόπον ἁπλοῦς ἦν καὶ ἀφελής, ἐμὲ γ' οὐκ ἂν ἀπεκρύψατο, τῶν τ' ἄλλων μεταδιδοὺς ἁπάντων, ἔν τε τούτοις ὁρῶν προθυμότατον ὄντα τῆς Ἰσμηνοδώρας βοηθόν Ἔρωτι δὲ

μάχεσθαι χαλεπόν

οὐ «θυμῷ» καθ' Ἡράκλειτον

ὅ τι γὰρ ἂν θελήσῃ, καὶ ψυχῆς ὠνεῖται

καὶ χρημάτων καὶ δόξης. ἐπεί τί κοσμιώτερον Ἰσμηνοδώρας ἐν τῇ πόλει; πότε δ' εἰσῆλθεν ἢ λόγος αἰσχρὸς ἢ πράξεως

αἰσχρός, -ά, -όν: shameful, abusive
ἅπας, ἅπασα, ἅπαν: all, every
ἁπλόος, -η, -ον: simple, plain, straightforward
ἀποκρύπτω: to hide from, keep hidden from
ἀφελής, -ές: artless, simple, naïve
βοηθόος, ὁ: helper, aid
δόξα, ἡ: belief, reputation
ἐθέλω: to will, wish
εἰσέρχομαι: to go into, enter
Ἡράκλειτος, ὁ: Heraclitus
θυμός, ὁ: emotion, anger
κόσμιος, -α, -ον: well-ordered, regular, moderate
μάχομαι: to fight
μεταδίδωμι: to give part of, share with
ὁράω: to see
πόλις, -εως, ἡ: a city
πρᾶξις, -εως, ἡ: a doing, action
πρόθυμος, -ον: ready, willing, eager
τρόπος, ὁ: a turn, way, manner
ὑπονοέω: to think secretly, suspect
φύσις, ἡ: nature
χαλεπός, -ή, -όν: hard to bear, painful, grievous
χρῆμα, -ατος, τό: money
ψυχή, ἡ: soul, life
ὠνέομαι: to buy, purchase

μηδ' ὑπονόει: imper., "and do not suspect!"
καὶ γὰρ εἰ μὴ… ἦν : contrary to fact protasis, "for even if he were not"
οὐκ ἂν ἀπεκρύψατο: contrary to fact apodosis, "he would not have hidden this"
μεταδιδοὺς: pr. part. nom. s. masc. of **μεταδίδωμι**, "he who shares" + gen.
ὁρῶν: pr. part., "and who sees"
ὄντα: pr. part. in ind. st. after **ὁρῶν**, "that I am"
μάχεσθαι χαλεπόν: "it is difficult to fight" + dat.
καθ' Ἡράκλειτον: "according to Heraclitus" of Ephesus, a pre-Socratic philosopher; B 85 (VS)
ὅ τι γὰρ ἂν θελήσῃ: "for whatever (Love) wishes"
θελήσῃ: ao. subj. of **θέλω** in indef. rel. clause
ὠνεῖται: "(Love) purchase with" + gen.
τί κοσμιώτερον: "what is more orderly than" + gen.
πότε δ' εἰσῆλθεν: ao. of **εἰσέρχομαι**, "did ever arrive?"

ὑπόνοια φαύλης ἔθιγε τῆς οἰκίας; ἀλλ' ἔοικε θεία τις ὄντως εἰληφέναι τὴν ἄνθρωπον ἐπίπνοια καὶ κρείττων ἀνθρωπίνου λογισμοῦ.»

Pemptides wonders why the men bother to praise Love. Is Love even a god?

[12.] **καὶ ὁ Πεμπτίδης ἐπιγελάσας «ἀμέλει καὶ σώματός τις» ἔφη «νόσος ἔστιν, ἣν ἱερὰν καλοῦσιν οὐδὲν οὖν ἄτοπον, εἰ καὶ ψυχῆς τὸ μανικώτατον πάθος καὶ μέγιστον ἱερὸν καὶ θεῖον ἔνιοι προσαγορεύουσιν. εἶθ' ὥσπερ ἐν Αἰγύπτῳ ποτὲ γείτονας ἑώρων δύο διαμφισβητοῦντας, ὄφεως**

Αἴγυπτος, ὁ: Egypt
ἀμελέω: to have no care for, be neglectful of
ἀνθρώπινος, -η, -ον: of mankind, human
ἄτοπος, -ον: out of place, odd
γείτων, -ονος, ὁ: a neighbor
διαμφισβητέω: to disagree, argue
εἶτα: then, next
ἔοικα: to seem
ἐπιγελάω: to laugh approvingly
ἐπίπνοια, ἡ: a breathing upon, inspiration
θεῖος, -α, -ον: divine, of the gods
θιγγάνω: to touch
ἱερός, -ά, -όν: holy, sacred
καλέω: to call
κρειττόω: to be stronger (than), overpower
λαμβάνω: to take
λογισμός, ὁ: a reckoning, reason, sense
μανικός, -ή, -όν: frenzied, mad
νόσος, ἡ: sickness, disease, malady
οἰκία, ἡ: a house, dwelling
ὁράω: to see
ὄφις, -εως, ὁ: a serpent, snake
πάθος, -εος, τό: a suffering, affliction
Πεμπτίδης, ὁ: Pemptides
προσαγορεύω: to call
σῶμα, -ατος, τό: a body
ὑπόνοια, ἡ: a suspicion, insinuation
φαῦλος, -η, -ον: low, unsightly, bad
ψυχή, ἡ: soul

ὑπόνοια ἔθιγε: ao. of **θιγγάνω**, "did suspicion touch" + gen.
ὄντως: "really"
εἰληφέναι: perf. inf. of **λαμβάνω** after **ἔοικε**, "some divine inspiration seems *to have taken* her"
λογισμοῦ: gen. of comparison after **κρείττων**, "something greater *than human reckoning*"
ἀμέλει: "never mind" (imper. of **ἀμελέω**)
ἣν ἱερὰν καλοῦσιν: "which they call sacred" (= epilepsy)
οὐδὲν οὖν ἄτοπον, εἰ καὶ: "so it is not unusual if also"
ἔνιοι προσαγορεύουσιν: "*some name* sacred and divine"
ὥσπερ... οὕτως: "just as... just so"
ἑώρων: impf. 1 s. of **ὁράω**, "I saw"
διαμφισβητοῦντας: pr. part. of **διαμφισβητέω**, modifying **γείτονας**, "disputing"

προσερπύσαντος εἰς τὴν ὁδόν, ἀμφοτέρων μὲν ἀγαθὸν δαίμονα καλούντων, ἑκατέρου δ' ἔχειν ἀξιοῦντος ὡς ἴδιον οὕτως ὁρῶν ὑμῶν ἄρτι τοὺς μὲν εἰς τὴν ἀνδρωνῖτιν ἕλκοντας τὸν Ἔρωτα τοὺς δ' εἰς τὴν γυναικωνῖτιν, ὑπερφυὲς καὶ θεῖον ἀγαθόν, οὐκ ἐθαύμαζον, εἰ τηλικαύτην δύναμιν ἔσχε καὶ τιμὴν τὸ πάθος, οἷς ἦν προσῆκον ἐξελαύνειν αὐτὸ πανταχόθεν καὶ κολούειν, ὑπὸ τούτων αὐξανόμενον καὶ σεμνυνόμενον. ἄρτι μὲν οὖν ἡσυχίαν ἦγον ἐν γὰρ ἰδίοις μᾶλλον ἢ κοινοῖς ἑώρων τὴν

ἀγαθός, -ή, -όν: good
ἄγω: to lead
ἀμφότερος, -α, -ον: both
ἀνδρωνῖτις, ἡ: the men's apartment
ἀξιόω: to think worthy (of)
ἄρτι: just, exactly
αὐξάνω: to increase, augment
γυναικωνῖτις, ἡ: the women's apartments
δαίμων, -ονος, ὁ: fortune
δύναμις, -εως, ἡ: power, might, strength
ἑκάτερος, -α, -ον: each, both
ἕλκω: to draw, drag
ἐξελαύνω: to drive out, expel
ἡσυχία, ἡ: stillness, peace, quiet
θαυμάζω: to wonder, marvel, be surprised
θεῖος, -α, -ον: divine, of the gods
ἴδιος, -α, -ον: one's own, individual, private
καλέω: to call
κοινός, -ή, -όν: common
κολούω: to restrict, dock, curtail
ὁδός, ἡ: a way, road, journey
ὁράω: to see
πάθος, -εος, τό: something suffered, an emotion, passion
πανταχόθεν: from all places, from all quarters
προσέρπω: to crawl or slither forth
προσήκων, -ουσα, -ον: belonging to
σεμνύνω: to exalt, magnify
τηλικοῦτος, -αύτη, -οῦτον: so much, so great
τιμή, ἡ: honor, esteem
ὑπερφυής, -ές: enormous, huge

ὄφεως προσερπύσαντος: ao. part. of **προσ-έρπω**, gen. abs., "a snake having crawled before them"
ἀμφοτέρων... καλούντων: gen. abs., "both calling"
ἑκατέρου... ἀξιοῦντος: gen. abs., "each thinking himself worthy" + inf.
ὡς ἴδιον: "as his own"
τοὺς μὲν... ἕλκοντας: ind. st. after **ὁρῶν**, "that of you *some dragging* (Love) to..."
τοὺς δ': "others (dragging) him to..."
εἰ τηλικαύτην δύναμιν ἔσχε: "if the passion had so much power"
οἷς ἦν προσῆκον: "for those *for whom it was fitting to*" + inf., the antecedent of **οἷς** is **τούτων** below
αὐτὸ: (= **τὸ πάθος**)
αὐξανόμενον καὶ σεμνυνόμενον: pr. part. acc. s. n. agreeing with **τὸ πάθος**, causal, "*since it is is magnified and esteemed* by these very people"
ἡσυχίαν ἦγον: impf. of **ἄγω**, "I kept quiet"
ἑώρων: impf. 1 s. of **ὁράω**, "I saw"

ἀμφισβήτησιν οὖσαν νυνὶ δ᾽ ἀπηλλαγμένος Πεισίου, ἡδέως ἂν ὑμῶν ἀκούσαιμι πρὸς τί βλέψαντες ἀπεφήναντο τὸν Ἔρωτα θεὸν οἱ πρῶτοι τοῦτο λέξαντες.»

Another messenger arrives from Ismenodora summoning Anthemion, who departs.

[13.] **παυσαμένου δὲ τοῦ Πεμπτίδου καὶ τοῦ πατρὸς ἀρξαμένου τι περὶ τούτων λέγειν, ἕτερος ἧκεν ἐκ πόλεως, τὸν Ἀνθεμίωνα μεταπεμπομένης τῆς Ἰσμηνοδώρας ἐπέτεινε γὰρ ἡ ταραχή, καὶ τῶν γυμνασιάρχων ἦν διαφορά, τοῦ μὲν οἰομένου δεῖν τὸν Βάκχωνα ἀπαιτεῖν τοῦ δὲ πολυπραγμονεῖν οὐκ ἐῶντος. ὁ μὲν οὖν Ἀνθεμίων ἀναστὰς ἐβάδιζεν**

ἀκούω: to hear
ἀμφισβήτησις, -εως, ἡ: a dispute, controversy, debate
ἀνίστημι: to make to stand up, raise up
ἀπαιτέω: to demand, reclaim
ἀπαλλάττω: to set free, release, deliver
ἀποφαίνω: to show forth, display, assert
ἄρχω: to be first, begin
βαδίζω: to go, walk
βλέπω: to see
γυμνασίαρχος, ὁ: gymnasiarch, athletic trainer
δεῖ: it is necessary
διαφορά, ἡ: difference, disagreement
ἐάω: to let, permit, allow
ἐπιτείνω: to stretch out, increase
ἥκω: to come, be present
μεταπέμπω: to send after, send for, summon
νυνί: now, at this moment
οἴομαι: to suppose, think, deem, imagine
πατήρ, ὁ: a father
παύομαι: to cease
πόλις, -εως, ἡ: a city
πολυπραγμονέω: to meddle
πρῶτος, -η, -ον: first
ταραχή, ἡ: trouble, disorder, confusion

ἀμφισβήτησιν οὖσαν: ind. st. after **ἑώρων**, "that the dispute was"
ἐν ἰδίοις...κοινοῖς: "among private people...rather than public affairs"
ἀπηλλαγμένος: perf. part. of **ἀπαλλάσσω**, "having been delivered from" + gen.
ἂν ἀκούσαιμι: ao. potential opt. of **ἀκούω**, "I would like to hear"
πρὸς τί βλέψαντες: ao. part., "regarding what," i.e. "based on what"
ἀπεφήναντο: ao. mid. of **ἀπο-φαίνω**, "they declared'
οἱ λέξαντες: ao. part., "those who spoke"
παυσαμένου Πεμπτίδου: gen. abs., "once Pemptides had ceased"
τοῦ πατρὸς ἀρξαμένου: gen. abs., "my father had begun" + inf.
ἧκεν: impf. of **ἥκω**, "arrived"
μεταπεμπομένης τῆς Ἰσμηνοδώρας: gen. abs., "Ismenadora summoning" + acc.
ἐπέτεινε: impf. of **ἐπιτείνω**, "was becoming protracted"
τοῦ μὲν οἰομένου δεῖν: gen. abs., "one supposing it necessary" + inf.
τοῦ δὲ οὐκ ἐῶντος: pr. part. of **ἐάω** gen. abs., "another not allowing" +inf.
ἀναστὰς: ao. part. nom. s. masc. intransitive of **ἀνα-ἵστημι**, "*standing up* he began to leave"

Plutarch answers Pemptides that it is inappropriate to question the divinity of Love. Our common faith is enough.

ὁ δὲ πατὴρ τὸν Πεμπτίδην ὀνομαστὶ προσαγορεύσας «μεγάλου μοι δοκεῖς ἅπτεσθαι» εἶπεν «καὶ παραβόλου πράγματος, ὦ Πεμπτίδη, μᾶλλον δ᾽ ὅλως τὰ ἀκίνητα κινεῖν τῆς περὶ θεῶν δόξης ἣν ἔχομεν, περὶ ἑκάστου λόγον ἀπαιτῶν καὶ ἀπόδειξιν ἀρκεῖ γὰρ ἡ πάτριος καὶ παλαιὰ πίστις, ἧς οὐκ ἔστιν εἰπεῖν οὐδ᾽ ἀνευρεῖν τεκμήριον ἐναργέστερον

οὐδ᾽ εἰ δι᾽ ἄκρας τὸ σοφὸν εὕρηται φρενός,

ἀλλ᾽ ἕδρα τις αὕτη καὶ βάσις ὑφεστῶσα κοινὴ πρὸς εὐσέβειαν,

ἀκίνητος, -η, -ον: unmoved, immovable
ἄκρος, -α, -ον: sharp
ἀνευρίσκω: to find out, discover
ἀπαιτέω: to demand
ἀπόδειξις, -εως, ἡ: a showing, proof
ἅπτω: to fasten, engage
ἀρκέω: to ward off, keep off
βάσις, -εως, ἡ: step, base, foundation
δόξα, ἡ: a notion, belief
ἕδρα: a seat, position
ἕκαστος, -η, -ον: every, each
ἐναργής, -ές: visible, palpable
εὑρίσκω: to find
εὐσέβεια, ἡ: reverence, piety, religion
κινέω: to move, change
κοινός, -ή, -όν: common
ὅλως: wholly, entirely
ὀνομαστί: by name
παλαιός, -ά, -όν: old in years
παράβολος, - ον: hazardous, perilous
πάτριος, -α, -ον: paternal, of one's father
πίστις, -εως, ἡ: trust, belief, faith
πρᾶγμα, -ατος, τό: a deed, act, matter
προσαγορεύω: to address
σοφός, -ή, -όν: wise, cunning
τεκμήριον, τό: a sure sign, proof
ὑφίστημι: to place or set under
φρήν, φρενός, ἡ: mind, wit

ἅπτεσθαι: pr. inf. mid. after **δοκεῖς**, "you seem *to have touched on*" + gen.
μᾶλλον δ᾽: "rather"
κινεῖν: pr. inf. also after **δοκεῖς**, "*and to move* completely the unmovable"
τῆς δόξης: gen. s. f., "the immovable matters *of our opinion*"
λόγον ἀπαιτῶν: pr. part., "by demanding a reason"
ἧς: rel. pron. gen. s. f. gen. of comparison after **ἐναργέστερον**, "stronger *than which*"
οὐκ ἔστιν: "it is not possible" + inf.
ἀνευρεῖν: ao. inf. of **ἀνα-εὑρίσκω**, "to find"
«οὐδ᾽...φρενός»: Euripides, *Bacchae*, 203
οὐδ᾽ εἰ...εὕρηται: perf. indic. of **εὑρίσκω**, "*not even if* wisdom *is found*"
δι᾽ ἄκρας φρενός: "through sharp thought"
αὕτη: referring to **πίστις**, "this faith"
ὑφεστῶσα: perf. part. of **ὑπο-ἵστημι**, "established" agreeing with **βάσις**

ἐὰν ἐφ' ἑνὸς ταράττηται καὶ σαλεύηται τὸ βέβαιον αὐτῆς καὶ νενομισμένον, ἐπισφαλὴς γίγνεται πᾶσι καὶ ὕποπτος.

He cites the example of Euripides who revised an agnostic line in one of his plays.

ἀκούεις δὲ δήπου τὸν Εὐριπίδην, ὡς ἐθορυβήθη ποιησάμενος ἀρχὴν τῆς Μελανίππης ἐκείνης,

Ζεύς, ὅστις ὁ Ζεύς, οὐ γὰρ οἶδα πλὴν λόγῳ,

μεταλαβὼν δὲ χορὸν ἄλλον (ἐθάρρει δ' ὡς ἔοικε τῷ δράματι γεγραμμένῳ πανηγυρικῶς καὶ περιττῶς) ἤλλαξε τὸν στίχον

ἀκούω: to hear
ἀλλάττω: to change, alter
ἀρχή, ἡ: a beginning, origin, cause
βέβαιος, -α, -ον: firm, steady, certain
γίγνομαι: to become, occur, happen
γράφω: to write, compose
δρᾶμα, -ατος, τό: a play, drama
ἐπισφαλής, -ές: liable to fall, unstable, precarious
Ζεύς, Διός, ὁ: Zeus
θαρσέω: to take courage, be confident
θορυβέω: to make a noise, cause an uproar
λόγος, ὁ: a word, report
μεταλαμβάνω: to take afterwards
Μελανίππη, ἡ: Melanippe
νομίζω: to hold as a custom or usage, to practice
οἶδα: to know
ὅστις: any one, whoever
πανηγυρικός, -ή, -όν: fit for a public festival
περιττός, -ή, -όν: prodigious, elaborate
πλήν: more than, except (+ *gen.*)
ποιέω: to make
σαλεύω: to rock, shake
στίχος, ὁ: a verse, line
ταράττω: to stir up, trouble
ὕποπτος, -ον: looked down upon, suspect
χορός, ὁ: a round dance

ἐὰν ταράττηται καὶ σαλεύηται: pr. subj. in pr. gen. cond., "if it is disturbed and shaken"
αὐτῆς: "of it" (i.e. faith)
νενομισμένον: perf. part. of **νομίζω**, "established"
γίγνεται πᾶσι: "it would become in all ways"
ἐθορυβήθη: ao. pas. 3 s. of **θορυβέω**, "how he caused an uproar"
ποιησάμενος: ao. part., "by making"
Μελανίππης: a lost play of Euripides
«Ζεύς...λόγῳ»: Euripides fr. 480-1 (*TGF*)
ὅστις ὁ Ζεύς: "whoever Zeus is"
μεταλαβὼν: ao. part. of **μεταλαμβάνω**, "having received"
ἐθάρρει: impf. of **θαρσέω**, "he had confidence in" + dat.
πανηγυρικῶς καὶ περιττῶς: adverbs after **γεγραμμένῳ**, "*suitably and excellently* composed"
ὡς ἔοικε: parenthetical, "so it seems"
ἤλλαξε: ao. of **ἀλλάττω**, "he changed"

ὡς νῦν γέγραπται

Ζεύς, ὡς λέλεκται τῆς ἀληθείας ὕπο.

τί οὖν διαφέρει τὴν περὶ τοῦ Διὸς δόξαν ἢ τῆς Ἀθηνᾶς ἢ τοῦ Ἔρωτος εἰς ἀμφίβολον τῷ «λόγῳ» θέσθαι ἢ καὶ ἄδηλον;

Love is not a newcomer, nor a barbarian intruder.

οὐ γὰρ νῦν αἰτεῖ πρῶτον βωμὸν ὁ Ἔρως καὶ θυσίαν οὐδ' ἔπηλυς ἔκ τινος βαρβαρικῆς δεισιδαιμονίας, ὥσπερ Ἄτται τινὲς καὶ Ἀδώνιοι λεγόμενοι, δι' ἀνδρογύνων καὶ γυναικῶν παραδύεται κρύφα τιμὰς οὐ προσηκούσας καρπούμενος, ὥστε παρεισγραφῆς δίκην φεύγειν καὶ νοθείας τῆς ἐν θεοῖς.

ἄδηλος, -ον: unknown, obscure
Ἄδωνις, -ιδος, ὁ: Adonis
Ἀθήνη, ἡ: Athena
αἰτέω: to ask, beg
ἀλήθεια, ἡ: the truth
ἀμφίβολος, -ον: doubtful, ambiguous
ἀνδρόγυνος, ὁ: a man-woman, hermaphrodite
βαρβαρικός, -ή, -όν: barbaric, foreign
βωμός, ὁ: an altar
γράφω: to write
δεισιδαιμονία, ἡ: fear of the gods, superstition
διαφέρω: to differ, dispute
δίκη, ἡ: a charge
δόξα, ἡ: a belief
ἔπηλυς, -υδος, ὁ: incomer, intruder
Ζεύς, Διός, ὁ: Zeus
θυσία, ἡ: an offering, sacrifice
καρπόω: to bear fruit, (pass.) to reap
κρύφα: in secret
λέγω: to say, speak
λόγος, ὁ: word, speech, (*pl.*) conversation
νοθεία, ἡ: birth out of wedlock, bastardry
παραδύομαι: to creep past, slink by
παρεισγραφή, ἡ: illegal registration
προσήκω: to be fitting
τίθημι: to set, put, place
τιμή, ἡ: honor
φεύγω: to flee

λέλεκται: perf. pas. of **λέγω**, "as it is declared"
ὕπο: the accent indicates it governs the noun before it, "by the truth"
εἰς ἀμφίβολον θέσθαι: ao. inf. of **τίθημι** after **διαφέρει**, "what is the point *to put* (the belief) *into doubt*"
«λόγῳ»: dat. of means, "by this 'report'"
οὐ γὰρ νῦν αἰτεῖ: "for Love is not just now seeking"
ἔπηλυς: "foreigner or immigrant" like the eastern religions named next
Ἄτται: Attis was originally a Phygian god
Ἀδώνιοι: Adonis was originally a Phoenician god
οὐδ'... παραδύεται κρύφα: "nor does he secretly creep"
τιμὰς οὐ προσηκούσας: "honors not befitting"
ὥστε... δίκην φεύγειν: "so that he flees the charge" +gen.

ἀλλ' ὅταν Ἐμπεδοκλέους ἀκούσῃς λέγοντος, ὦ ἑταῖρε,

καὶ Φιλότης ἐν τοῖσιν ἴση μῆκός τε πλάτος τε,
τὴν σὺ νόῳ δέρκευ, μηδ' ὄμμασιν ἧσο τεθηπώς

ταῦτ' οἴεσθαι χρὴ λέγεσθαι περὶ Ἔρωτος οὐ γάρ ἐστιν ὁρατὸς ἀλλὰ δοξαστὸς ἡμῖν ὁ θεὸς οὗτος ἐν τοῖς πάνυ παλαιοῖς ὧν ἂν περὶ ἑκάστου τεκμήριον ἀπαιτῇς, παντὸς ἁπτόμενος

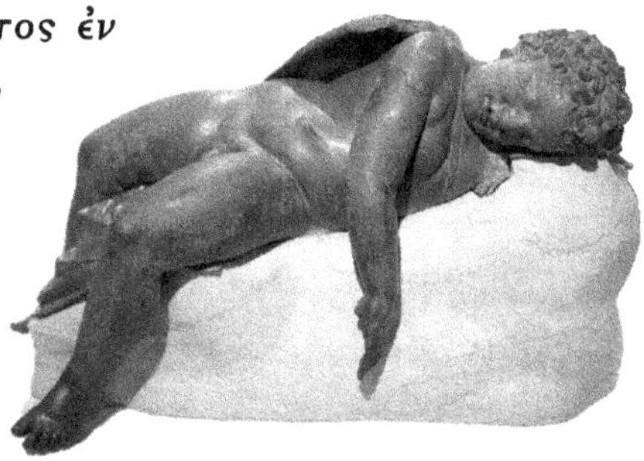

Eros Sleeping. Bronze, 3rd C BC to 1st C AD. Metropolitan Museum of Art, New York.

ἀκούω: to hear
ἀπαιτέω: to demand
ἅπτω: to fasten, engage, attack
δέρκομαι: to look, observe
δοξαστός, -ή, -όν: matter of opinion, conjectural
ἕκαστος, -η, -ον: every, each
Ἐμπεδοκλῆς, ὁ: Empedocles
ἧμαι: to sit
ἴσος, -η, -ον: equal, the same
μῆκος, -εος: length
νοῦς, νοῦ, ὁ: a mind
οἴομαι: to suppose, think, deem, imagine
ὄμμα, τό: the eye
ὁρατός, -ή, -όν: visible, evident
παλαιός, -ά, -όν: old, ancient
πλάτος, ὁ: width
τέθηπα: to be astonished or amazed
τεκμήριον, τό: a sure sign, proof
φιλότης, -ητος, ἡ: friendship, love, affection
χρή: it is fated, necessary

Ἐμπεδοκλέους: Empedocles (490-430 BC), a pre-Socratic philosopher, who posited two primal forces, Love and Strife
ὅταν... ἀκούσῃς: ao. subj. in gen. temp. clause, "whenever you hear"
«καὶ Φιλότης...τεθηπώς»: Empedocles B 17, B 20 (*VS*)
τὴν: "her" (**Φιλότης**)
δέρκου: imperative, "*look* with your mind"
ὄμμασιν: dat. pl., "with your eyes"
μηδὲ... ἧσο: imperative of **ἧμαι**, "do not sit"
τεθηπώς: perf. part. of **τέθηπα**, "being amazed"
οἴεσθαι χρὴ: "it is necessary to suppose"
ταῦτ'... λέγεσθαι: ind. st. after **οἴεσθαι**, "that these things are said"
οὐ γάρ ἐστιν ὁρατὸς ἀλλὰ δοξαστὸς: "for this god is not visible, but is subject to belief"
ἂν (=ἐὰν)... ἀπαιτῇς: pr. subj. 2. s. of **ἀπαιτέω** in fut. more vivid cond., "if you seek"
ἁπτόμενος: pr. part. nom. s. m., "touching (to test)" + gen.

ἱεροῦ καὶ παντὶ βωμῷ σοφιστικὴν ἐπάγων πεῖραν, οὐδέν' ἀσυκοφάντητον οὐδ' ἀβασάνιστον ἀπολείψεις

Aphrodite is a powerful goddess, but only together with Love.

πόρρω γὰρ οὐκ ἄπειμι

> **τὴν δ' Ἀφροδίτην οὐχ ὁρᾷς ὅση θεός;**
> **ἥδ' ἐστὶν ἡ σπείρουσα καὶ διδοῦς' ἔρον,**
> **οὗ πάντες ἐσμὲν οἱ κατὰ χθόν' ἔκγονοι.**

«ζείδωρον» γὰρ αὐτὴν Ἐμπεδοκλῆς, «εὔκαρπον» δὲ Σοφοκλῆς ἐμμελῶς πάνυ καὶ πρεπόντως ὠνόμασαν. ἀλλ' ὅμως τὸ μέγα τοῦτο καὶ θαυμαστὸν Ἀφροδίτης μὲν ἔργον, Ἔρωτος δὲ

ἀβασάνιστος, -ον: un-tortured
ἀπέρχομαι: to go forth
ἀπολείπω: to leave
ἀσυκοφάντητος, -ον: un-prosecuted
Ἀφροδίτη, ἡ: Aphrodite
βωμός, ὁ: an altar
δίδωμι: to give
ἔκγονος, -ον: born, sprung from
ἐμμελῶς: harmoniously
Ἐμπεδοκλῆς, ὁ: Empedocles
ἐπάγω: to bring on
ἔρος, ὁ: love
εὔκαρπος, -ον: rich in fruit, fruitful
ζείδωρος, -ον: life-giving
θαυμαστός, -ή, -όν: wondrous, marvelous
ἱερόν, τό: a temple
ὀνομάζω: to call, name
πεῖρα, -ας, ἡ: a trial, enquiry
πόρρω: forward, further
πρεπόντως: fittingly, aptly
σοφιστικός, -ή, -όν: sophistic
Σοφοκλῆς, -έους, ὁ: Sophocles
σπείρω: to sow
χθών, χθονός, ἡ: the earth

ἐπάγων: pr. part., "*leading* an inquiry into" + dat.
ἀσυκοφάντητον: "unmaligned"
ἀβασάνιστον: "untested (by torture)"
ἀπολείψεις: fut. of **ἀπολείπω** in the apodosis of the fut. more vivid cond., "*you will leave* nothing"
«τὴν δ' Ἀφροδίτην...ἔκγονοι»: Euripides fr. 898 (*TGF*); cf. Hyppolytus 449
οὐχ ὁρᾷς ὅση: "do you not see how great"
διδοῦσα: pr. part. of **δίδωμι**, "who gives desire"
οὗ: rel. pron. gen. of origin, agreeing with **ἔρον**, "the desire *from which*"
«ζείδωρον»: Empedocles B 151 (*VS*)
«εὔκαρπον»: Sophocles fr. 763 (*TGF*)
ὠνόμασαν: ao. of **ὀνομάζω**, "Empedocles named her... Sophocles named her..."
Ἀφροδίτης μὲν ἔργον: "this great thing is *the work of Aphrodite*"

πάρεργόν ἐστιν Ἀφροδίτης συμπαρόντος μὴ συμπαρόντος δὲ κομιδῇ τὸ γιγνόμενον ἄζηλον ἀπολείπεται καὶ «ἄτιμον κἄφιλον». ἀνέραστος γὰρ ὁμιλία καθάπερ πεῖνα καὶ δίψα πλησμονὴν ἔχουσα πέρας εἰς οὐδὲν ἐξικνεῖται καλόν ἀλλ' ἡ θεὸς Ἔρωτι τὸν κόρον ἀφαιροῦσα τῆς ἡδονῆς φιλότητα ποιεῖ καὶ σύγκρασιν. διὸ Παρμενίδης

Venus of Arles. Roman marble, late 1st C BC. Louvre, Paris. Possibly a copy of the *Aphrodite of Thespiae* by Praxiteles. (cf. *Eros Farnese p. 5*) Photo: Marie-Lan Nguyen

ἄζηλος, -ον: unenviable, dreary
ἀνέραστος, -ον: without love
ἀπολείπω: to leave behind
ἄτιμος, -ον: unhonored, dishonored
ἀφαιρέω: to take away, remove
ἄφιλος, -ον: without friends, friendless
γίγνομαι: to become, occur, happen
δίψα, -ης, ἡ: thirst
ἐξικνέομαι: to reach, arrive at
ἡδονή, -ης, ἡ: pleasure
κομιδῇ: wholly
κόρος, ὁ: satiety, insolence
ὁμιλία, ἡ: intercourse
πάρεργος, -ον: secondary, subordinate, incidental
Παρμενίδης, ὁ: Parmenides
πεῖνα, -ης, ἡ: hunger
πέρας, -ατος, τό: an end
πλησμονή, ἡ: a filling, satisfaction
σύγκρασις, -εως, ἡ: a mixing together, fusion
συμπάρειμι: march beside, go together
φιλότης, -ητος, ἡ: friendship, affection

Ἔρωτος δὲ... συμπαρόντος: "but is a secondary activity *of Love, when he accompanies* Aphrodite"
μὴ συμπαρόντος δὲ: gen. abs., "but if (Love) is not standing by"
τὸ γιγνόμενον: "*the event* (i.e. sex) remains"
κἄφιλον: crassis = **καὶ ἄφιλον**, the phrase is from Aeschylus, *Choephori* 295
πλησμονὴν ἔχουσα πέρας: "by having fullness as an endpoint"
ἐξικνεῖται: "*arrives to* nothing good"
ἡ θεὸς ἀφαιροῦσα: pr. part. of **ἀπο-αἱρέω**, "*the goddess, taking away* satiety"
Ἔρωτι: "by means of Love"
Παρμενίδης: Parmenides of Elea, a pre Socratic philosopher, flourished in the early 5th C. BC. He was the author of a cosmogonical poem.

μὲν ἀποφαίνει τὸν Ἔρωτα τῶν Ἀφροδίτης ἔργων πρεσβύτατον, ἐν τῇ κοσμογονίᾳ γράφων

πρώτιστον μὲν Ἔρωτα θεῶν μητίσατο πάντων.

Ἡσίοδος δὲ φυσικώτερον ἐμοὶ δοκεῖ ποιεῖν Ἔρωτα πάντων προγενέστατον, ἵνα πάντα δι' ἐκεῖνον μετάσχῃ γενέσεως.

Love has been slandered like other gods.

ἂν οὖν τὸν Ἔρωτα τῶν νενομισμένων τιμῶν ἐκβάλλωμεν, οὐδ' αἱ τῆς Ἀφροδίτης κατὰ χώραν μενοῦσιν. οὐδὲ γὰρ τοῦτ' ἔστιν εἰπεῖν, ὅτι τῷ μὲν Ἔρωτι λοιδοροῦνταί τινες, ἀπέχονται δ'

ἀπέχω: to keep away from
ἀποφαίνω: to declare
Ἀφροδίτη, ἡ: Aphrodite
γένεσις, -εως, ἡ: an origin, generation
γράφω: to write
ἐκβάλλω: to throw out
ἔργον, τό: a deed, work, production
Ἡσίοδος, -ου, ὁ: Hesiod
κοσμογονία, ἡ: cosmogony, creation the world
λοιδορέω: to abuse, revile (+ *dat.*)
μένω: to stay, remain
μετέχω: to take part in, share in
μητίομαι: to devise, contrive
νομίζω: to hold as a custom, believe
ποιέω: to make, do
πρέσβυς: old, ancient
προγενής, -ές: first-born, primeval
πρώτιστος, -η, -ον: the very first
τιμή, ἡ: honor, esteem
φυσικός, -ή, -όν: natural, scientific
χώρα, ἡ: a place, position

τῶν ἔργων: "the most ancient *of the works* of Aphrodite"
«πρώτιστον...πάντων»: Parmenides B 13 (*VS*)
μητίσατο: unaugmented ao. of **μητίομαι**, "(Aphrodite) *devised* Love first"
Ἡσίοδος: cf. Hesiod *Theogony* 120
φυσικώτερον: adv., "more philosophically," The early philosophers were known as *Physikoi*, "naturalists"
προγενέστατον: "oldest"
ἵνα πάντα... μετάσχῃ: ao. subj. of **μετα-ἔχω**, "in order that all things share in" + gen.
ἂν (ἐὰν)... ἐκβάλλωμεν: pr. subj. in protasis of fut. more vivid cond., "If we deprive Love of" + gen.
νενομισμένων: perf. part. gen. pl. of **νομίζω**, "the *customary* honors"
αἱ τῆς Ἀφροδίτης: "the ceremonies of Aphrodite"
μενοῦσιν: fut., "will not remain"
οὐδὲ ἔστιν: "nor is it possible" + inf.
ἀπέχονται: pr. mid. of **ἀπέχω**, "but *they stay away from*" + gen.

ἐκείνης, ἀλλ᾽ ἀπὸ μιᾶς σκηνῆς ἀκούομεν

ἔρως γὰρ ἀργὸν κἀπὶ τοιούτοις ἔφυ

καὶ πάλιν

ὦ παῖδες, ἥ τοι Κύπρις οὐ Κύπρις μόνον,
ἀλλ᾽ ἔστι πολλῶν ὀνομάτων ἐπώνυμος.
ἔστιν μὲν Ἅιδης, ἔστι δ᾽ ἄφθιτος βία,
ἔστιν δὲ λύσσα μανιάς

ὥσπερ οὐδὲ τῶν ἄλλων θεῶν σχεδὸν ἀλοιδόρητος οὐδεὶς ἐκπέφευγε τὴν εὐλοιδόρητον ἀμαθίαν.

Ἅιδης, ὁ: Hades
ἀκούω: to hear
ἀλοιδόρητος, -ον: unrivaled
ἀμαθία, ἡ: ignorance
ἀργός, -ή, -όν: lazy, idle
ἄφθιτος, -ον: undying, imperishable
βία, ἡ: strength, force, power
ἐκφεύγω: to escape
ἐπώνυμος, -ον: named, called after (+ *gen.*)
εὐλοιδόρητος, -ον: reproachful, slanderous
Κύπρις, -ιδος, ἡ: Cypris
λύσσα, ἡ: rage, fury
μανία, ἡ: madness, frenzy
ὄνομα, τό: a name
παῖς, παιδός, ὁ: a child, boy
σκηνή, -ῆς, ἡ: a scene, stage
σχεδόν: close, nearly
φύω: to bring forth, produce

«ἔρως...ἔφυ»: from Euripides' *Danae* (lost), fr. 322 (*TGF*)
ἀργὸν: pred. of **ἔρως**, "love is *a lazy thing*"
κἀπὶ = **καὶ ἐπὶ**
ἔφυ: "*he flourishes* in such people"
«ὦ παῖδες...μανιάς»: Sophocles fr. 855, 754 (*TGF*)
οὐ Κύπρις μόνον, ἀλλ᾽ ἔστι: "*is not only known as Kypris, but* by many names"
λύσσα μανιάς: "the rage of frenzy"
οὐδὲ... οὐδεὶς ἐκπέφευγε: perf. of **ἐκ-φεύγω**, "nor has any ever escaped" + acc.

Even Ares, the opposite of Love, has been slandered.

σκόπει δὲ τὸν Ἄρην καθάπερ ἐν πίνακι χαλκῷ τὴν ἀντικειμένην ἐκ διαμέτρου τῷ Ἔρωτι χώραν ἔχοντα πηλίκας εἴληχε τιμὰς ὑπ᾽ ἀνθρώπων καὶ πάλιν ὅσα κακῶς ἀκούει,

τυφλὸς γάρ, ὦ γυναῖκες, οὐδ᾽ ὁρῶν Ἄρης
συὸς προσώπῳ πάντα τυρβάζει κακά.

καὶ «μιαιφόνον» Ὅμηρος αὐτὸν καλεῖ καὶ «ἀλλοπρόσαλλον» ὁ δὲ Χρύσιππος ἐξηγούμενος τοὔνομα τοῦ θεοῦ κατηγορίαν ποιεῖ

ἀκούω: to hear
ἀλλοπρόσαλλος, -ον: changing, fickle
ἀντίκειμαι: to be set against, lie opposite
Ἄρης, Ἄρεος, ὁ: Ares
γυνή, γυναικός, ἡ: woman, wife
διάμετρος, -ον: diametrically opposed
ἐξηγέομαι: to explain, interpret
κακός, -ή, -όν: bad, evil
κατηγορία, ἡ: an indictment, charge
λαγχάνω: to obtain by lot
μιαίφονος, -ον: bloodthirsty, murderous
Ὅμηρος, -ου, ὁ: Homer
ὄνομα, τό: a name
ὁράω: to see
ὅσος, -η, -ον: how much?
πηλίκος, -η, -ον: how great, how large?
πίναξ, -ακος, ὁ: a plank, tablet
πρόσωπον, τό: a face, appearance
σκοπέω: to look at
σῦς, συός, ὁ: a pig
τιμή, ἡ: honor, esteem
τυρβάζω: to trouble, stir up
τυφλός, -ή, -όν: blind
χάλκεος, -έα, -εον: of bronze, brazen
Χρύσιππος, ὁ: Chrysippus
χώρα, ἡ: the space, position

σκόπει δὲ: imper., "*just look at* Ares"
ἐν πίνακι χαλκῷ: "on a bronze tablet"
τὴν ἀντικειμένην... χώραν: "the place opposite to" + dat.
ἔχοντα: pr. part. agreeing with **τὸν Ἄρην**, "*with* such great honors"
εἴληχε: perf. of **λαγχάνω**, "he has obtained"
καὶ πάλιν: "and still"
κακῶς ἀκούει: "he hears (spoken) badly" i.e. how many insults he hears
«τυφλὸς...κακά»: Sophocles fr. 754 (*TGF*)
συὸς προσώπῳ: "with the face of a swine"
«μιαιφόνον»...«ἀλλοπρόσαλλον»: Homer *Iliad* v.31, 831
ἀλλο-πρόσ-αλλον: "favoring now one, now another," "fickle"
Χρύσιππος: Chysippus of Soli (279-206 BC) was head of the Stoic school, cf. *SVF* II 1094
ἐξηγούμενος: pr. part. of **ἐξηγέομαι**, "expounding"
τοὔνομα = τὸ ὄνομα

καὶ διαβολήν ἀναιρεῖν γὰρ εἶναι τὸν Ἄρην φησίν, ἀρχὰς διδοὺς τοῖς τὸ μαχητικὸν ἐν ἡμῖν καὶ διάφορον καὶ θυμοειδὲς Ἄρην κεκλῆσθαι νομίζουσιν.

Some consider gods to be merely abstract qualities; or conversely, that our emotions are gods.

ἕτεροι δ' αὖ φήσουσι τὴν Ἀφροδίτην ἐπιθυμίαν εἶναι καὶ τὸν Ἑρμῆν λόγον καὶ τέχνας τὰς Μούσας καὶ φρόνησιν τὴν Ἀθηνᾶν. ὁρᾷς δήπου τὸν ὑπολαμβάνοντα βυθὸν ἡμᾶς ἀθεότητος, ἂν εἰς πάθη καὶ δυνάμεις καὶ ἀρετὰς διαγράφωμεν ἕκαστον τῶν θεῶν;»

ἀθεότης, -ητος, ἡ: ungodliness, atheism
Ἀθήνη, ἡ: Athena
ἀναιρέω: to raise, destroy
ἀρετή, ἡ: excellence, virtue
ἀρχή, ἡ: a beginning, origin, foundation
αὖ: again, once more
Ἀφροδίτη, ἡ: Aphrodite
βυθός, ὁ: depth
διαβολή, ἡ: an accusation, slander
διαγράφω: to mark out by lines, delineate
διάφορος, -ον: disputative, argumentative
δίδωμι: to give
δύναμις, -εως, ἡ: power
ἕκαστος, -η, -ον: every, each
ἐπιθυμία, ἡ: desire, yearning, longing
Ἑρμῆς, -οῦ, ὁ: Hermes
θυμοειδής, -ές: high-spirited, courageous
καλέω: to call
μαχητικός, -ή, -όν: inclined to battle, quarrelsome
Μοῦσα, -ης, ἡ: the Muse
νομίζω: to hold as a custom, to use customarily
ὁράω: to see
πάθος, -εος, τό: something suffered, an emotion, passion
ποιέω: to make, do
τέχνη, ἡ: art, skill
ὑπολαμβάνω: to take up from under
φρόνησις, -εως, ἡ: wisdom

ἀναιρεῖν γὰρ εἶναι: ind. st. after **φησίν**, "he says that 'Ares' is from **ἀναιρέω** (destroy)"
διδοὺς: pr. part. nom. s. m. of **δίδωμι**
τοῖς... νομίζουσι: "to those believing that" + acc. + inf.
τὸ μαχητικὸν... Ἄρην κεκλῆσθαι: ind. st. after **νομίζουσι**, "that our innate pugnaciousness is called Ares"
κεκλῆσθαι: perf. pas. inf. of **καλέω**
τὸν ὑπολαμβάνοντα βυθὸν: "*the depth* of atheism *overtaking* us"
εἰς πάθη: "*into passions*, powers and virtues"
ἂν (ἐὰν)... διαγράφωμεν: pr. subj. in pr. gen. cond., "if we delineate"

[14.] **«ὁρῶ» εἶπεν ὁ Πεμπτίδης «ἀλλ' οὔτε πάθη τοὺς θεοὺς ποιεῖν ὅσιον οὔτε αὖ πάλιν τὰ πάθη θεοὺς νομίζειν.»**

καὶ ὁ πατήρ «τί οὖν» ἔφη «τὸν Ἄρην, θεὸν εἶναι νομίζεις ἢ πάθος ἡμέτερον;»

ἀποκριναμένου δὲ τοῦ Πεμπτίδου θεὸν ἡγεῖσθαι τὸν Ἄρην κοσμοῦντα τὸ θυμοειδὲς ἡμῶν καὶ ἀνδρῶδες, ἀνακραγὼν ὁ πατήρ «εἶτ'» ἔφη «τὸ μὲν παθητικόν, ὦ Πεμπτίδη, καὶ πολεμικὸν καὶ ἀντίπαλον θεὸν ἔχει, τὸ δὲ φιλητικὸν καὶ κοινωνικὸν καὶ συνελευστικὸν ἄθεόν ἐστι; καὶ κτείνοντας μὲν ἄρα καὶ κτεινομένους ἀνθρώπους ὅπλα τε καὶ βέλη καὶ τειχομαχίας καὶ λεηλασίας

ἄθεος, -ον: without a god
ἀνακράζω: to cry out
ἀνδρώδης, -ες: like a man, manly
ἄνθρωπος, ὁ: a man
ἀντίπαλος, -ον: wrestling
ἀποκρίνω: to respond, answer
αὖ: again, once more
βέλος, -εος, τό: an arrow
εἶτα: then, next
ἡγέομαι: to go before, lead the way
ἡμέτερος, -α, -ον: our
θυμοειδής, -ές: high-spirited, courageous
κοινωνικός, -ή, -όν: communal
κοσμέω: to order, arrange
κτείνω: to kill, slay
λεηλασία, ἡ: robbery
νομίζω: to hold as a custom, to use customarily
ὅπλον, τό: a weapon
ὅσιος, -α, -ον: holy, sacred
παθητικός, -ή, -όν: subject to feeling, suffering
πάθος, -εος, τό: something suffered, an emotion, passion
Πεμπτίδης, ὁ: Pemptides
ποιέω: to make, do
πολεμικός, -ή, -όν: warlike
συνελευστικός, -ή, -όν: social
τειχομαχία, ἡ: a siege
φιλητικός, -ή, -όν: disposed to love

ὅσιον (sc. **ἐστιν**): "*it is holy* neither to... nor to..." + inf.
πάθη τοὺς θεοὺς: note the position of the article distinguishing subj. from predicate, "to make the god passions, or the passions gods"
τὸν Ἄρην... εἶναι νομίζεις: "do you believe Ares to be..."
ἀποκριναμένου δὲ τοῦ Πεμπτίδου: gen. abs., "Pemptides having answered"
ἡγεῖσθαι: pr. in. after **ἀποκριναμένου**, "that he believed"
κοσμοῦντα: pr. part. agreeing with **θεὸν**, "a god who adorned"
ἀνακραγὼν: ao. part. of **ἀνακράζω**,"having cried out"
θεὸν ἔχει: "has a divinity"
ἄθεόν ἐστι: "is without a divinity"
κτείνοντας καὶ κτεινομένους: acc. pl. obj. of **ἐφορῶν**,"men *killing and being killed*"

ἔστι τις ἐφορῶν καὶ βραβεύων θεὸς Ἐνυάλιος καὶ Στράτιος

Since there are patron gods of hunting and other activities, there should be one for love.

πάθους δὲ γάμου καὶ φιλότητος εἰς ὁμοφροσύνην καὶ κοινωνίαν τελευτώσης οὐδεὶς θεῶν μάρτυς οὐδ' ἐπίσκοπος οὐδ' ἡγεμὼν ἢ συνεργὸς ἡμῖν γέγονεν; ἀλλὰ δορκάδας μὲν θηρεύουσι καὶ λαγωοὺς καὶ ἐλάφους ἀγρότερός τις συνεπιθωΰσσει καὶ συνεξορμᾷ θεός, εὔχονται δ' Ἀρισταίῳ δολοῦντες ὀρύγμασι καὶ βρόχοις λύκους καὶ ἄρκτους,

ὃς πρῶτος θήρεσσιν ἔπηξε ποδάγρας

ἀγρότερος, -**α**, -**ον**: wild
ἄρκτος, **ἡ**: a bear
βραβεύω: to act as a judge
βρόχος, **ὁ**: a noose, snare
γάμος, **ὁ**: wedding, marriage
γίγνομαι: to become, occur, happen
δολόω: to trap, ensnare
δορκάς, -**άδος**, **ἡ**: a roebuck, a kind of deer
ἔλαφος, **ὁ**: a deer
ἐπίσκοπος, -**ον**: watching over
εὔχομαι: to pray, offer prayers
ἐφοράω: to oversee, observe
ἡγεμών, -**όνος**, **ἡ**: one who leads
θήρ, **θηρός**, **ἡ**: a wild beast
θηρεύω: to hunt
κοινωνία, **ἡ**: communion, fellowship
λαγῶς, -**ώ**, **ὁ**: hare, rabbit
λύκος, **ὁ**: a wolf
μάρτυς, -**υρος**, **ὁ**: a witness
ὁμοφροσύνη, **ἡ**: unity of mind and feeling
ὄρυγμα, -**ατος**, **τό**: a trench, pit
πάθος, -**εος**, **τό**: something suffered, an emotion, passion
πήγνυμι: to make fast, set
ποδάγρα, **ἡ**: a snare-trap
πρῶτος, -**η**, -**ον**: first
συνεξορμάω: to help to urge on
συνεπιθωΰττω: to shout
συνεργός, -**όν**: working together, helping in work
τελευτάω: to complete, finish, accomplish
φιλότης, -**ητος**, **ἡ**: friendship, love, affection

ἔστι τις... θεὸς: "there is a god who..."
ἐφορῶν καὶ βραβεύων: "watching over and judging"
Ἐνυάλιος καὶ Στράτιος: epithets of Ares
τελευτώσης: pr. part. gen. s. f. of **τελευτάω** agreeing with **φιλότητος**, "love *that* ends in... ." + **εἰς** + acc.
οὐδεὶς θεῶν μάρτυς: "no one of the gods has become a witness of" + gen.
γέγονεν: perf. of **γίγνομαι**, "has become"
θηρεύουσι: pr. part. dat. pl. ind. obj. of **συνεξορμᾷ**, "for those hunting"
ἀγρότερός τις θεός: "some huntress goddess"
συνεπιθωΰσσει καὶ συνεξορμᾷ: "shouts and urges them on"
Ἀρισταίῳ: Aristaeus, son of Apollo and the huntress Cyrene
«ὃς πρῶτος...ποδάγρας»: unknown, *SH* 1147
θήρεσσιν: epic dat. pl. of **θήρ**, "for wild beasts"
ἔπηξε: ao. of **πήγνυμι**, "he first *set* traps"

ὁ δ' Ἡρακλῆς ἕτερον θεὸν παρακαλεῖ μέλλων ἐπὶ τὸν ὄρνιν αἴρεσθαι τὸ τόξον, ὡς Αἰσχύλος φησίν,

ἀγρεὺς δ' Ἀπόλλων ὀρθὸν ἰθύνοι βέλος

ἀνδρὶ δὲ τὸ κάλλιστον ἐπιχειροῦντι θήραμα φιλίαν ἑλεῖν οὔτε θεὸς οὔτε δαίμων ἀπευθύνει καὶ συνεφάπτεται τῆς ὁρμῆς; ἐγὼ μὲν γὰρ οὐδὲ δρυὸς οὐδὲ μορίας οὐδ' ἣν Ὅμηρος «ἡμερίδα» σεμνύνων προσεῖπεν ἀκαλλέστερον ἔρνος οὐδὲ φαυλότερον

ἀγρεύς, -έως, ὁ: a hunter
αἱρέω: to take up, raise, lift up
ἀκαλλής, -ές: without charms
ἀνήρ, ἀνδρός, ὁ: a man, husband
ἀπευθύνω: to guide straight
Ἀπόλλων, -ωνος, ὁ: Apollo
βέλος, -εος, τό: an arrow
δαίμων, -ονος, ὁ: spirit, divinity
δρῦς, ἡ: an oak tree
ἐπιχειρέω: to put one's hand to, set out
ἔρνος, -εος, τό: a sprout, shoot
ἡμερίς, -ίδος, ἡ: the cultivated vine
Ἡρακλέης, ὁ: Heracles
θήραμα , -ατος, τό: prey, spoils
ἰθύνω: to straighten
μέλλω: to intend to, be about to, be going to (+ *inf.*)
μορία, ἡ: the sacred olive
Ὅμηρος, -ου, ὁ: Homer
ὀρθός, -ή, -όν: straight, right
ὁρμή, ἡ: an attack, effort
ὄρνις, ὁ: a bird
παρακαλέω: to call upon
προσεῖπον: to speak to
σεμνύνω: to exalt
συνεφάπτομαι: to take part with, aid
τόξον, τό: a bow
φαῦλος, -η, -ον: easy, slight
φιλία, ἡ: friendly love, affection, friendship

μέλλων: pr. part. nom. s., "as he was about to" + inf.
ἐπὶ τὸν ὄρνιν: "against the bird"
αἴρεσθαι: pr. inf., "*to raise* his bow"
«ἀγρεὺς...βέλος»: from Aeschylus' *Prometheus Lyomenos* (lost), fr. 200 (*TGF*)
ἰθύνοι: pr. opt. wish for future, "may Apollo guide"
τὸ κάλλιστον θήραμα φιλίαν: "the most beautiful quarry, friendship"
ἐπιχειροῦντι: pr. part. dat. s., "to the man *trying*" + inf.
ἑλεῖν: ao. inf. of **αἱρέω**, "to capture"
συνεφάπτεται: pr. of **συν-ἐπι-ἅπτομαι**, "no god joins in holding" + gen.
ἐγὼ μὲν γὰρ οὐδὲ... ἡγοῦμαι: "for I at least do not believe that..."
οὐδὲ δρυὸς οὐδὲ μορίας: gen. of comparison after **ἀκαλλέστερον**, "more uncharming than oak or mulberry"
ἣν Ὅμηρος... προσεῖπεν: "or that which Homer called"
φυτὸν ἄνθρωπον (sc. **εἶναι**): ind. st.after **ἡγοῦμαι**, "I don't think *that the human plant is* less charming"
ἀκαλλέστερον ἔρνος οὐδὲ φαυλότερον: "is a less charming nor more worthless than" + gen.

ἡγοῦμαι φυτὸν ἄνθρωπον, ὦ φίλε Δαφναῖε, βλαστήσεως ὁρμὴν ἔχοντα διαφαίνουσαν ὥραν καὶ κάλλος ἅμα σώματος καὶ ψυχῆς.»

The nurturing of young people is more important than cultivating plants.

[15.] **καὶ ὁ Δαφναῖος «τίς δ' ἄλλως» εἶπεν «ὦ πρὸς τῶν θεῶν;»**

«οὗτοι νὴ Δί'» ἔφη «πάντες» ὁ πατήρ «οἱ νομίζοντες ἀρότου καὶ σπόρου καὶ φυτείας ἐπιμέλειαν θεοῖς προσήκειν. ἦ γὰρ οὐ νύμφαι τινὲς αὐτοῖς δρυάδες εἰσὶν

ἰσοδένδρου τέκμαρ αἰῶνος λαχοῖσαι

Eros and Silenus. Fragment of a terracotta relief. 1st C AD. Bibliothèque nationale, Paris.

αἰών, -ῶνος, ὁ: life, lifetime
ἄλλως: in another way, otherwise
ἅμα: together with (+ *gen.*)
ἄροτος, ὁ: plowing
βλάστησις, -εως, ἡ: budding, sprouting
διαφαίνω: to show through, reveal
δρυάς, -άδος, ἡ: a dryad, tree nymph
ἐπιμέλεια, ἡ: care, attention
ἡγέομαι: to go before, lead the way
ἰσόδενδρος, -ον: equal to that of a tree
κάλλος, -ους, τό: beauty
λαγχάνω: to obtain by fate
νομίζω: to hold as a custom, to use customarily
νύμφη, ἡ: a nymph
ὁρμή, ἡ: a bursting forth
προσήκω: to befit, be worthy of
σπόρος, ὁ: sowing
σῶμα, -ατος, τό: a body
τέκμαρ, τό: a limit, end
φίλος, -η, -ον: dear, beloved, (*subst.*) friend
φυτεία, ἡ: planting
φυτόν, τό: that which has grown, a plant
ψυχή, ἡ: a soul

ἔχοντα: pr. part. agreeing with **ἄνθρωπον**, "since (man) has"
διαφαίνουσαν: acc. s. f. part. agreeing with **ὁρμὴν**, "an impulse *showing forth* beauty"
ὥραν: "in season"
τίς δ' ἄλλως: "who (thinks) otherwise?"
οἱ νομίζοντες:pr. part. nom. pl., "all those believing that" + acc. + inf.
ἐπιμέλειαν θεοῖς προσήκειν: ind. st. after **νομίζοντες**, "that the care is appropriate to the gods"
ἦ γὰρ οὐ: "for indeed are there not"
λαχοῖσαι: ao. part. nom. pl. f. of **λαγχάνω**, "*being allotted* a boundary"

δενδρέων δὲ νομὸν Διόνυσος πολυγαθὴς αὐξάνοι,
ἁγνὸν φέγγος ὀπώρας

κατὰ Πίνδαρον μειρακίων δ' ἄρα καὶ παίδων ἐν ὥρᾳ καὶ ἄνθει πλαττομένων καὶ ῥυθμιζομένων τροφαὶ καὶ αὐξήσεις οὐδενὶ θεῶν ἢ δαιμόνων προσήκουσιν, οὐδ' ἔστιν ᾧ μέλει φυόμενον ἄνθρωπον εἰς ἀρετὴν ὀρθὸν ἐλθεῖν καὶ μὴ παρατραπῆναι μηδὲ κλασθῆναι τὸ γενναῖον ἐρημίᾳ κηδεμόνος ἢ κακίᾳ τῶν προστυγχανόντων;

ἁγνός, ή, όν: holy, pure
ἄνθος, ὁ: a blossom, flower
ἄρα: (*introducing a question*)
ἀρετή, ἡ: excellence, virtue
αὐξάνω: to increase
αὔξησις, -εως, ἡ: growth, increase
γενναῖος, -α, -ον: noble
δαίμων, -ονος, ὁ: spirit, divinity
δένδρεον, τό: a tree
Διόνυσος, ὁ: Dionysus
ἐρημία, ἡ: a solitude, lack
ἔρχομαι: to come or go
κακία, ἡ: badness, evil
κηδεμών, -όνος, ὁ: a protector, guardian
κλάω: to break, snap off
μειράκιον, τό: a boy, lad
μέλω: to be a care for
νομός, ὁ: a pasture, orchard
ὀπώρα, ἡ: the autumn
ὀρθός, -ή, -όν: straight
παῖς, παιδός, ὁ: a child, boy
παρατρέπω: to turn aside, deviate
Πίνδαρος, -ου, ὁ: Pindar
πλάττω: to form, mould, shape
πολυγηθής, -ές: much-rejoicing
προσήκω: to belong to, concern
προστυγχάνω: to meet with, hit upon
ῥυθμίζω: to educate, train
τροφή, ἡ: nourishment
φέγγος, -εος, τό: light, splendor
φύω: to produce, grow
ὥρα, -ας, ἡ: period, season, time

αὐξάνοι: pr. opt., "*may* Dionysus *increase*"
ὀπώρας: gen. s., "of the harvest season"
κατὰ Πίνδαρον: Pindar fr. 165, 153
μειρακίων... ῥυθμιζομένων: gen. abs., "when young men and boys being formed and shaped"
προσήκουσιν: "are appropriate to" + dat.
οὐδ' ἔστιν ᾧ μέλει: "nor is there a god to whom it is a care" + inf.
ἐλθεῖν καὶ μὴ παρατραπῆναι μηδὲ κλασθῆναι: ao. inf. after **μέλει**, "that the growing man come to... and not be turned aside... nor be broken off"
ἐλθεῖν; ao. inf. of **ἔρχομαι**
παρατραπῆναι: ao. inf. pas. of **παρατρέπω**
κλασθῆναι: ao. inf. pas. of **κλάω**
τὸ γενναῖον: "the inborn quality" acc. subj. of **κλασθῆναι**
ἐρημίᾳ: dat., "by lack of" + gen.
κακίᾳ: dat., "by the depravity of" + gen.
προστυγχανόντων: pr. part. gen. pl., "of those encountering (him)"

Indeed, divinities care for men when they are born and when they die.

ἢ καὶ τὸ λέγειν ταῦτα δεινόν ἐστι καὶ ἀχάριστον, ἀπολαύοντάς γε τοῦ θείου τοῦ φιλανθρώπου πανταχόσε νενεμημένου καὶ μηδαμοῦ προλείποντος ἐν χρείαις, ὧν ἀναγκαιότερον ἔνιαι τὸ τέλος ἢ κάλλιον ἔχουσιν; ὥσπερ εὐθὺς ἡ περὶ τὴν γένεσιν ἡμῶν οὐκ εὐπρεπὴς οὖσα δι᾽ αἵματος καὶ ὠδίνων, ὅμως ἔχει θεῖον ἐπίσκοπον Εἰλείθυιαν καὶ Λοχείαν ἦν δέ που μὴ γενέσθαι κρεῖττον ἢ γενέσθαι κακόν,

Eros and Psyche. Roman fresco from 1st C AD, Pompeii. Photo: Stefano Bolognini

αἷμα, -ατος, τό: blood
ἀναγκαῖος, -α, -ον: necessary
ἀπολαύω: to have enjoyment of, profit from
ἀχάριστος, -ον: ungrateful, unpleasant
γένεσις, -εως, ἡ: an origin, birth
δεινός, -ή, -όν: fearful, terrible
ἔνιοι, -αι , -α: some
ἐπίσκοπος, ὁ: overseer, guardian
εὐπρεπής, -ές: lovely, pretty
κακός, -ή, -όν: bad
κρείττων, -ον: better
μηδαμοῦ: nowhere
νέμω: to deal out, dispense
πανταχόσε: everywhere
πού: somewhere, anywhere
προλείπω: to leave behind, forsake, abandon
τέλος, εος, τό: an end, fulfillment
φιλάνθρωπος, -ον: loving mankind, benevolent
χρεία, ἡ: use, advantage, service
ὠδίς, -ῖνος, ἡ: labor pains

τὸ λέγειν: art. inf. subj. of **δεινόν ἐστι**
ἀπολαύοντας: pr. part. acc. pl. agreeing with the implied subj. of **τὸ λέγειν**, "is it not awful (for them) to say, *while they are enjoying the benefits of...*" + gen.
νενεμημένου: perf. part. of **νέμω** agreeing with **θείου**, "having distributed"
μηδαμοῦ προλείποντος ἐν χρείαις: "(the god) never leaving (us) in our necessities"
ὧν ἔνιαι: "*of which* (necessities) some have"
ἀναγκαιότερον ἔνιαι τὸ τέλος: "*purpose more necessary* than pleasant."
ἡ περὶ τὴν γένεσιν (sc. **χρεία**): "the necessity *concerning birth*"
οὖσα: pr. part. nom. s. f., "which is..."
Εἰλείθυιαν: the goddess of childbirth
Λοχείαν: an epithet of Artemis prayed to for a safe delivery
ἦν... κρεῖττον: "it would be better (that a man)..." + inf.
ἢ γενέσθαι κακόν: "than to be born badly"

ἁμαρτάνοντα κηδεμόνος ἀγαθοῦ καὶ φύλακος. οὐ μὴν οὐδὲ νοσοῦντος ἀνθρώπου θεὸς ἀποστατεῖ τὴν περὶ τοῦτο χρείαν καὶ δύναμιν εἰληχώς, ἀλλ' οὐδ' ἀποθανόντος ἔστι δέ τις ἐκεῖ κομιστὴρ ἐνθένδε καὶ ἀρωγὸς ἐν τέλει γενομένων κατευναστὴς καὶ ψυχοπομπός, ὥσπερ ὁ Ὕπνος,

> **οὐ γάρ με Νὺξ ἔτικτε δεσπότην λύρας,**
> **οὐ μάντιν οὐδ' ἰατρόν, ἀλλὰ ἡγήτορα**
> **ψυχαῖς.**

καὶ τὰ τοιαῦτα πολλὰς ἔχει δυσχερείας.

ἀγαθός, -ή, -όν: good
ἁμαρτάνω: to fail, go wrong
ἄνθρωπος, ὁ: man
ἀποθνήσκω: to die
ἀποστατέω: to depart from, abandon
ἀρωγός, -ή, -όν: aiding, helping
δεσπότης, -ου, ὁ: a master, lord
δύναμις, -εως, ἡ: power, strength, authority
δυσχέρεια, ἡ: annoyance, unpleasantness
ἐνθένδε: hence
ἡγήτωρ, -ορος, ὁ: a leader
ἰατρός, ὁ: a healer, physician
κατευναστής, -οῦ, ὁ: one who leads to bed, a chamberlain
κηδεμών, -όνος, ὁ: protector, guardian
κομιστήρ, -ῆρος, ὁ: bearer
λαγχάνω: to obtain by lot
λύρα, ἡ: lyre
μάντις, -εως, ὁ: a seer, prophet
νοσέω: to be sick
νύξ, νυκτός, ἡ: the night
τέλος, -εος, τό: fulfillment, completion, end
τίκτω: to bring into the world, bear
Ὕπνος, ὁ: Sleep
φύλαξ, -ακος, ὁ: a watcher, guard
χρεία, ἡ: use, advantage, function
ψυχή, ἡ: breath
ψυχοπομπός, ὁ: conductor of souls

ἁμαρτάνοντα: pr. part. acc. s. modifying the implied subject of **γενέσθαι**, "because he is missing" + gen.
οὐ μὴν: "surely not," **οὐδὲ** is emphatic
ἀποστατεῖ: pr., "deserts" + gen.
νοσοῦντος ἀνθρώπου: gen. after **ἀποστατεῖ**, "a man who is sick"
εἰληχώς: perf. part. nom. s. m. of **λαγχάνω**, "(the god) *having obtained* the function"
περὶ τοῦτο: i.e., sickness
οὐδ' (sc. **ἀνθρώπου**) **ἀποθανόντος**: "not even when a man dies"
ἐν τέλει γενομένων: ao. part. of **γίγνομαι**, "of those who have become in that state" i.e., dead
«οὐ γάρ με...ψυχαῖς»: *TGF* adespota 405
δεσπότην λύρας: "did not bear me a *master of the lyre*," the god is Hermes
τὰ τοιαῦτα: "such things" i.e. these functions"

The work of Love is more important than these.

ἐκείνου δ' οὐκ ἔστιν εἰπεῖν ἔργον ἱερώτερον οὐδ' ἅμιλλαν ἑτέραν οὐδ' ἀγῶνα θεῷ πρέπειν μᾶλλον ἐφορᾶν καὶ βραβεύειν ἢ τὴν περὶ τοὺς καλοὺς καὶ ὡραίους ἐπιμέλειαν τῶν ἐρώντων καὶ δίωξιν οὐδὲν γάρ ἐστιν αἰσχρὸν οὐδ' ἀναγκαῖον, ἀλλὰ πειθὼ καὶ χάρις ἐνδιδοῦσα «πόνον ἡδύν» ὡς ἀληθῶς «κάματόν τ' εὐκάματον» ὑφηγεῖται πρὸς ἀρετὴν καὶ φιλίαν, οὔτ' ἄνευ θεοῦ τὸ προσῆκον τέλος λαμβάνουσαν, οὔτ' ἄλλον ἔχουσαν ἡγεμόνα καὶ δεσπότην θεὸν ἀλλὰ τὸν Μουσῶν καὶ Χαρίτων καὶ Ἀφροδίτης ἑταῖρον Ἔρωτα.

ἀγών, -ῶνος, ὁ: a competition, gathering
αἰσχρός, -ά, -όν: shameful
ἅμιλλα, -ης, ἡ: a contest
ἀναγκαῖος, -α, -ον: forced
ἄνευ: without
ἀρετή, ἡ: excellence, virtue
βραβεύω: to act as a judge, umpire
δεσπότης, -ου, ὁ: a master, lord
δίωξις, -εως, ἡ: chase, pursuit
ἐνδίδωμι: to give to, grant, lend
ἐπιμέλεια, ἡ: care, attention
ἐράω: to love
ἑταῖρος, ὁ: a comrade, companion
εὐκάματος, -ον: of easy labor, easy
ἐφοράω: to oversee, observe
ἡγεμών, -όνος, ἡ: one who leads, a guide
ἡδύς, -εῖα, -ύ: sweet
ἱερωτός, -ή, -όν: consecrated
κάματος, ὁ: toil, labor
λαμβάνω: to take, attain
Μοῦσα, -ης, ἡ: a Muse
πειθώ, -οῦς, ἡ: persuasion
πόνος, ὁ: work
πρέπω: to be clearly seen
προσήκων, -ουσα, -ον: belonging to, befitting
τέλος, -εος, τό: a fulfillment, completion, goal
ὑφηγέομαι: to guide, lead the way
φιλία, ἡ: friendly love, affection, friendship
Χάρις, -ιτος, ἡ: a Grace
χάρις, -ιτος, ἡ: favor, grace
ὡραῖος, -α, -ον: in season, ripe, at prime

ἐκείνου: gen., "of that one" i.e. a god
ἔστιν εἰπεῖν: "it is not possible to say"
ἱερώτερον... μᾶλλον: comparatives leading up to **ἢ τὴν ἐπιμέλειαν**, "more sacred... more fitting to a god than the care of lovers"
ἐφορᾶν καὶ βραβεύειν: pr. inf. after **πρέπειν**, "fitting for a god to oversee and judge"
ἐνδιδοῦσα: pr. part. nom. s. f. agreeing with **πειθὼ** and **χάρις**, "persuasion and grace *rendering*"
«πόνον ἡδύν...εὐκάματον»: Euripides, *Bacchae* 66
ὡς ἀληθῶς: "truly"
ὑφηγεῖται: pr. of **ὑπο-ἡγέομαι**, "guides"
λαμβάνουσαν: pr. part. acc. s. f. agreeing with **φιλίαν**, "*reaching* its goal"
ἔχουσαν: pr. part. acc. s. f., "*having* no other"

γλυκὺ γὰρ θέρος ἀνδρὸς ὑποσπείρων πραπίδων πόθῳ

κατὰ τὸν Μελανιππίδην, τὰ ἥδιστα μίγνυσι τοῖς καλλίστοις ἢ πῶς» ἔφη «λέγομεν, ὦ Ζεύξιππε;»

[16.] **κἀκεῖνος «οὕτως» ἔφη «νὴ Δία παντὸς μᾶλλον ἄτοπον γὰρ ἀμέλει τοὐναντίον.»**

There are four types of friendship, one of which is love. All require a divine protector.

«ἐκεῖνο δ'» ὁ πατήρ «οὐκ ἄτοπον» εἶπεν «εἰ τέσσαρα γένη τῆς φιλίας ἐχούσης, ὥσπερ οἱ παλαιοὶ διώρισαν, τὸ φυσικὸν πρῶτον εἶτα τὸ συγγενικὸν ἐπὶ τούτῳ καὶ τρίτον τὸ

ἀμέλει: never mind
ἄτοπος, -ον: out of place, strange, unnatural
γένος, -εος, τό: type
γλυκύς, -εῖα, -ύ: sweet
διορίζω: to divide, distinguish
εἶτα: next
ἐναντίος, -α, -ον: opposite
ἡδύς, -εῖα, -ύ: sweet
θέρος, -εος, τό: harvest, crop
μίγνυμι: to mix, mingle
παλαιός, -ά, -όν: old, ancient
πόθος, ὁ: a longing, yearning, desire
πραπίδες, αἱ: the heart
συγγενικός, -ή, -όν: congenital, hereditary
τέτταρες, -ων: four
τρίτος, -η, -ον: the third
ὑποσπείρω: to sow secretly
φιλία, ἡ: friendly love, affection, friendship
φυσικός, -ή, -όν: natural, native

«γλυκὺ γὰρ...πόθῳ»: Melanippides *PMG* 763
ἀνδρὸς... πραπίδων πόθῳ: "(Eros) sowing secretly a delightful harvest *within the desire of hearts of a man*"
κατὰ τὸν Μελανιππίδην: Melanippides of Melos, a 5th C. lyric poet
μίγνυσι: pr. 3. s. of **μίγνυμι**, "Eros mingles"
ἢ πῶς... λέγομεν: a rhetorical question , "or how do we speak?" i.e. "is this what we mean?"
οὕτως: "exactly!"
παντὸς μᾶλλον: "more than anything"
τοὐναντίον: (= **τὸ ἐναντίον**), "the opposite"
ἀμέλει: imper. of **ἀμελέω**, "don't worry" i.e. doubtless
τῆς φιλίας ἐχούσης: gen abs., "if *friendship has* four kinds"
διώρισαν: ao. 3. pl. of **δια-ὁρίζω**, "the ancients *defined*"

ἑταιρικὸν καὶ τελευταῖον τὸ ἐρωτικόν, ἔχει τούτων ἕκαστον ἐπιστάτην θεὸν ἢ φίλιον ἢ ξένιον ἢ ὁμόγνιον καὶ πατρῷον μόνον δὲ τὸ ἐρωτικὸν ὥσπερ δυσιεροῦν ἀνόσιον καὶ ἀδέσποτον ἀφεῖται, καὶ ταῦτα πλείστης ἐπιμελείας καὶ κυβερνήσεως δεόμενον;»

«ἔχει καὶ ταῦτα» ὁ Ζεύξιππος εἶπεν «οὐ μικρὰν ἀλογίαν.»

As Plato argues, there are two kinds of madness, one of which is inspired by divinity.

«ἀλλὰ μήν» ὁ πατὴρ ἔφη «τά γε τοῦ Πλάτωνος ἐπιλάβοιτ' ἂν τοῦ λόγου καὶ παρεξιόντος. μανία γὰρ ἡ μὲν

ἀδέσποτος, -ον: without a master
ἀλογία, ἡ: absurdity, confusion
ἀνόσιος, -α, -ον: unholy, profane
ἀφίημι: to send away
δέομαι: to lack, need, ask
δυσιερέω: to have bad omens in a sacrifice
ἕκαστος, -η, -ον: every, each
ἐπιλαμβάνω: to sustain
ἐπιμέλεια, ἡ: care, attention
ἐπιστάτης, -ου, ὁ: overseer, attendant, patron
ἐρωτικός, -ή, -όν: amatory
ἑταιρικός, -ή, -όν: of a companion
κυβέρνησις, -εως, ἡ: steering, guidance
μανία, ἡ: madness, frenzy
ξένιος, -α, -ον: of a guest, hospitable
ὁμόγνιος, -ον: of the same race
παρέξειμι: to pass alongside
πατρῷος, -α, -ον: of one's father
πλεῖστος, -η, -ον: most, largest
τελευταῖος, -α, -ον: last
φίλιος, -α, -ον: of or for a friend, friendly

τελευταῖον: "the final one" i.e., the 4th
ἔχει τούτων ἕκαστον: "each (**γένος**) of these has"
μόνον δὲ τὸ ἐρωτικὸν: "but only the erotic kind"
δυσιεροῦν: pr. part. nom. s. n. of **δυσ-ἱερέω**, "as though being of bad auspices"
ἀφεῖται: pr. 3 s. pas. of **ἀπο-ἵημι**, "is neglected"
ταῦτα: acc. of resp., "with regard to these things"
δεόμενον: pr. part. modifying **τὸ ἐρωτικόν**, "being in need of" + gen.
οὐ μικρὰν ἀλογίαν: "no small nonsense"
ἐπιλάβοιτο ἂν: ao. opt. of **ἐπιλαμβάνω** with potential force, "P's doctrine *might sustain*" + gen.
παρεξιόντος: pr. part. gen. s. of **παρα-ἐξ-ἔρχομαι**, "passing alongside" i.e., although being a digression
μανία γὰρ ἡ μὲν: "there is a madness, the one..."

ἀπὸ σώματος ἐπὶ ψυχὴν ἀνεσταλμένη δυσκρασίαις τισὶν ἢ συμμίξεσιν ἢ πνεύματος βλαβεροῦ περιφερομένου τραχεῖα καὶ χαλεπὴ καὶ νοσώδης ἑτέρα δ' ἐστὶν οὐκ ἀθείαστος οὐδ' οἰκογενής, ἀλλ' ἔπηλυς ἐπίπνοια καὶ παρατροπὴ τοῦ λογιζομένου καὶ φρονοῦντος κρείττονος δυνάμεως ἀρχὴν ἔχουσα καὶ κίνησιν, ἧς τὸ μὲν κοινὸν ἐνθουσιαστικὸν καλεῖται πάθος ὡς γὰρ ἔμπνουν τὸ πνεύματος πληρωθὲν ἔμφρον δὲ τὸ

ἀθείαστος, -ον: uninspired, without (divine) inspiration
ἀναστέλλω: to raise up
βλαβερός, -ά, -όν: harmful, noxious
δύναμις, -εως, ἡ: power, force
δυσκρασία, ἡ: bad temperament
ἔμπνους, -ουν: breathing
ἔμφρων, -ον: sensible
ἐνθουσιαστικός, -ή, -όν: inspired
ἔπηλυς, -υδος, ὁ: foreigner
ἐπίπνοια, ἡ: a breathing upon, inspiration
καλέω: to call
κίνησις, -εως, ἡ: movement, motion
κοινός, -ή, -όν: common, in general
κρείττων, -ον: stronger, higher
λογίζομαι: to reason, be rational
νοσώδης, -ες: sickly, diseased
οἰκογενής, -ές: produced from within,
πάθος, -εος, τό: an emotion, passion
παρατροπή, ἡ: a turning away
περιφέρω: to carry around
πληρόω: to make full, fill up
πνεῦμα, -ατος, τό: a blowing, breath
σύμμιξις, -εως, ἡ: commixture
σῶμα, -ατος, τό: a body
τραχύς, -εῖα, -ύ: savage, rough
φρονέω: to think, understand
χαλεπός, -ή, -όν: harsh, painful, grievous
ψυχή, ἡ: a soul, life

ἀνεσταλμένη: perf. part. of **ἀνα-στέλλω**, "having arisen"
δυσκρασίαις τισὶν ἢ συμμίξεσιν: dat. of means, "by certain bad temperaments and mixtures"
πνεύματος βλαβεροῦ περιφερομένου: gen. abs., "a noxious exhalation being put into circulation"
τραχεῖα καὶ χαλεπὴ καὶ νοσώδης: predicate nom. agreeing with **μανία**
ἑτέρα δ' ἐστὶν: "but there is a second madness"
ἔπηλυς ἐπίπνοια: "an external inspiration"
παρατροπὴ: "a turning away from" + gen.
ἀρχὴν ἔχουσα: agreeing with **μανία**, "having an origin"
ἧς: rel. pron. gen. with antecedent **μανία**, "the common experience *of which*"
τὸ ἐνθουσιαστικὸν: "enthusiasm," lit. "having a god within," as it is explained below
ὡς γὰρ... οὕτως: "for just as... so also"
τὸ πληρωθὲν: ao. part. pas. nom. s. n., "the having been filled with" + gen. with pred. adj. **ἔμπνουν**

φρονήσεως, οὕτως ὁ τοιοῦτος σάλος ψυχῆς ἐνθουσιασμὸς ὠνόμασται μετοχῇ καὶ κοινωνίᾳ θειοτέρας δυνάμεως

There are several kinds of this divine madness or enthusiasm.

ἐνθουσιασμοῦ δὲ τὸ μαντικὸν ἐξ Ἀπόλλωνος ἐπιπνοίας καὶ κατοχῆς, τὸ δὲ βακχεῖον ἐκ Διονύσου,

κἀπὶ Κυρβάντεσι χορεύσατε

φησὶ Σοφοκλῆς τὰ γὰρ μητρῷα καὶ πανικὰ κοινωνεῖ τοῖς βακχικοῖς ὀργιασμοῖς.

Ἀπόλλων, -ωνος, ὁ: Apollo
Βακχικός, -ή, -όν: Bacchic
Διόνυσος, ὁ: Dionysus
δύναμις, -εως, ἡ: power, force
ἐνθουσιασμός, ὁ: inspiration, enthusiasm
ἐπίπνοια, ἡ: a breathing upon, inspiration
θεῖος, -α, -ον: divine, of the gods
κατοχή, ἡ: a holding, possession
κοινωνέω: to have a share in, have in common
κοινωνία, ἡ: communion, association
Κύρβας, -αντος, ὁ: a Corybant
μαντικός, -ή, -όν: prophetic, oracular
μετοχή, ἡ: participation, communion
μητρῷος, -α, -ον: of the mother, maternal
ὀνομάζω: to name, call
ὀργιασμός, ὁ: celebration of orgies, sacred revels
πανικός, -ή, -όν: of Pan
σάλος, ὁ: a tossing, agitation
Σοφοκλῆς, -έους, ὁ: Sophocles
τοιοῦτος, -αύτη, -οῦτο: such as this
φρόνησις, -εως, ἡ: a minding, sense
χορεύω: to dance
ψυχή, ἡ: the soul

τὸ φρονήσεως (sc. **πληρωθὲν**): "the having been filled with sense" with pred. adj. **ἔμφρον**
τοιοῦτος σάλος ψυχῆς: "this sort of agitation of the soul"
ὠνόμασται: perf. pas. of **ὀνομάζω**, "is named"
The point is the parallelism between the names **ἔμ-πνουν**, **ἔμ-φρον**, and **εν-θουσιασμός**
μετοχῇ καὶ κοινωνίᾳ: dat. of means, "by sharing and communion with" + gen.
ἐνθουσιασμοῦ: gen., "*of enthusiasm*, there is the mantic kind and the Bacchic kind"
ἐπιπνοίας καὶ κατοχῆς: gen. after **ἐξ**, "from the inspiration and possession"
«κἀπὶ...χορεύσατε»: Sophocles fr. 778 (*TGF*)
κἀπὶ: (= **καὶ ἐπὶ**), among the Corybantes, followers of Cybele
χορεύσατε: ao. imper., "dance!"
τὰ γὰρ μητρῷα: "for the rites of the Great Mother (Cybele)"
τὰ πανικὰ: "the rites of Pan"

τρίτη δ' ἀπὸ Μουσῶν λαβοῦσ' ἁπαλὴν καὶ ἄβατον ψυχὴν

τὸ ποιητικὸν καὶ μουσικὸν ἐξώρμησε καὶ ἀνερρίπισεν. ἡ δ' ἀρειμάνιος αὕτη λεγομένη καὶ πολεμικὴ παντὶ δῆλον ὅτῳ θεῶν ἀνίεται καὶ βακχεύεται

ἄχορον ἀκίθαριν δακρυογόνον Ἄρη
βοάν τ' ἔνδημον ἐξοπλίζουσα.

The last kind of divine enthusiasm is love for boys and women.

λείπεται δὲ τῆς ἐξαλλαγῆς ἐν ἀνθρώπῳ καὶ παρατροπῆς οὐκ

ἄβατος, -η, -ον: pure, virgin
ἀκίθαρις, -ι: without the lyre
ἀναρριπίζω: to rekindle
ἄνθρωπος, ὁ: man
ἀνίημι: to send up, let go
ἁπαλός, -ή, -όν: soft, tender
ἀρειμάνιος: "Ares-mad," war-crazed
Ἄρης, Ἄρεος, ὁ: Ares
ἄχορος, -ον: without dance
βακχεύω: to celebrate in a frenzy
βοή, ἡ: a cry, shout
δακρυογόνος, -ον: author of tears
δῆλος, -η, -ον: visible, clear, evident
ἔνδημος, -ον: at home, among the people
ἐξαλλαγή, ἡ: a change, alteration
ἐξοπλίζω: to call to arms
ἐξορμάω: to excite
λαμβάνω: to take
λείπω: to leave
μουσικός, -ή, -όν: musical
Μοῦσα, -ης, ἡ: the Muse
παρατροπή, ἡ: deviation, aberration
ποιητικός, -ή, -όν: poetic, creative
πολεμικός, -ή, -όν: of war
τρίτος, -η, -ον: third
ψυχή, ἡ: the soul

«τρίτη δ'...ψυχὴν»: Plato *Phaedrus*, 245a
λαβοῦσα: ao. part. nom. s. f. of **λαμβάνω**, modifying **μανία** understood, "the third madness *having taken*"
ἐξώρμησε: ao. of **ἐξ-ὁρμάω**, "excited"
ἀνερρίπισεν: ao. of **ἀνα-ῥιπίζω**, "rekindled"
ἡ δ' ἀρειμάνιος: "as for this one (sc. **μανία**) called **'**the war-madness**'**"
παντὶ δῆλον (sc. **ἐστι**): "it is clear to all," the switch to the impersonal construction is a slight anacoluthon
ὅτῳ: dat., "*for which* of the gods" i.e. Ares
ἀνίεται: pr. of **ἀνα-ἵημι**, "the frenzy *is released*"
«ἄχορον...ἐξοπλίζουσα»: Aeschylus, *Supplices* 681
Ἄρη: acc. s.
ἐξοπλίζουσα: pr. part. agreeing with **μανία** understood, "calling to arms"
ἔνδημον: "within the people" i.e., "civil war"
λείπεται: pr. pas. of **λείπω**, "there is left"

ἀμαυρὸν οὐδ᾽ ἡσυχαῖον, ὦ Δαφναῖε, μόριον, ὑπὲρ οὗ βούλομαι τουτονὶ Πεμπτίδην ἐρέσθαι [...]

τίς καλλίκαρπον θύρσον ἀνασείει θεῶν,

τὸν φιλητικὸν τοῦτον περὶ παῖδας ἀγαθοὺς καὶ σώφρονας γυναῖκας ἐνθουσιασμὸν πολὺ δριμύτατον ὄντα καὶ θερμότατον;

Nothing can counter the power of erotic madness.

ἢ γὰρ οὐχ ὁρᾷς, ὡς ὁ μὲν στρατιώτης τὰ ὅπλα θεὶς πέπαυται τῆς πολεμικῆς μανίας,

τοῦ μὲν ἔπειτα
γηθόσυνοι θεράποντες ἀπ᾽ ὤμων τεύχε᾽ ἕλοντο

ἀγαθός, -ή, -όν: good
αἱρέω: to take
ἀμαυρός, -ά, -όν: dim, obscure
ἀνασείω: to shake
βούλομαι: to wish
γηθόσυνος, -η, -ον: joyful, glad
γυνή, γυναικός, ἡ: woman, wife
δριμύς, -εῖα, -ύ: piercing, sharp, keen
ἐνθουσιασμός, ὁ: inspiration, enthusiasm
ἔπειτα: thereupon
ἐρωτάω: to ask, enquire
ἡσυχαῖος, -α, -ον: gentle, peaceful
θεράπων, -οντος, ὁ: a servant, attendant
θερμός, -ή, -όν: hot, warm
θύρσος, ὁ: the thyrsus, wand
καλλίκαρπος, -ον: with beautiful fruit
μανία, ἡ: madness, frenzy
μόριον, τό: a piece, portion
ὅπλον, τό: a weapon
ὁράω: to see
παύω: to make to cease
πολεμικός, -ή, -όν: of war
στρατιώτης, -ου, ὁ: a recruit, soldier
σώφρων, -ον: temperate, prudent, chaste
τεῦχος, -εος, τό: armor
τίθημι: to set, put, place
φιλητικός, -ή, -όν: disposed to love
ὦμος, ὁ: shoulder

μόριον: "a member" (of a class) + gen., "an example of a modification"
οὐκ ἀμαυρὸν οὐδ᾽ ἡσυχαῖον: agreeing with **μόριον**, "neither inconspicuous nor gentle"
ὑπὲρ οὗ: "about which"
ἐρέσθαι: ao. inf. of **ἐρωτάω** after **βούλομαι**, "I wish *to ask*"
«τίς καλλίκαρπον...θεῶν»: *TGF* adespota 406
θύρσον: a wand carried by devotees of Dionysus
τὸν φιλητικὸν (ἐνθουσιασμὸν): "this affectionate enthusiasm"
ὄντα: pr. part. agreeing with **ἐνθουσιασμὸν**, "which is..."
ἢ γὰρ οὐχ ὁρᾷς: "for do you not see..." anticipating an affirmative answer
θεὶς: ao. part. nom. s. m. of **τίθημι**, "having set aside"
πέπαυται: perf. of **παύω**, "has ceased from" + gen.
«τοῦ μὲν...ἕλοντο»: Homer *Iliad* vii.121-2
ἀπ᾽... ἕλοντο: ao. of **ἀπο-αἱρέω**, "*they remove* his armor *from*" + gen.

καὶ κάθηται τῶν ἄλλων ἀπόλεμος θεατής, ταυτὶ δὲ τὰ βακχικὰ καὶ κορυβαντικὰ σκιρτήματα τὸν ῥυθμὸν μεταβάλλοντες ἐκ τροχαίου καὶ τὸ μέλος ἐκ Φρυγίου πραΰνουσι καὶ καταπαύουσιν, ὡς δ᾽ αὔτως ἡ Πυθία τοῦ τρίποδος ἐκβᾶσα καὶ τοῦ πνεύματος ἐν γαλήνῃ καὶ ἡσυχίᾳ διατελεῖ; τὴν δ᾽ ἐρωτικὴν μανίαν τἀνθρώπου καθαψαμένην ἀληθῶς καὶ διακαύσασαν οὐ μοῦσά τις οὐκ ἐπῳδὴ θελκτήριος οὐ τόπου μεταβολὴ καθίστησιν ἀλλὰ καὶ παρόντες ἐρῶσι καὶ

ἄνθρωπος, ὁ: man
ἀπόλεμος, -ον: unwarlike, unfit for war
Βακχικός, -ή, -όν: Bacchic
γαλήνη, ἡ: stillness, calm
διακαίω: to set flame, burn through
διατελέω: to bring to an end, finish
ἐκβαίνω: to step away from
ἐπῳδή, ἡ: a charm, spell
ἐράω: to love
ἐρωτικός, -ή, -όν: amatory
ἡσυχία, ἡ: rest, quiet
θεατής, -οῦ, ὁ: one who watches, a spectator
θελκτήριος, -ον: magical, enchanting
καθάπτω: to fasten, fix upon
κάθημαι: to sit
καθίστημι: to set down, settle, restore
καταπαύω: to come to rest, put to an end
Κορυβαντικός, -ή, -όν: Corybantic
μανία, ἡ: madness, frenzy
μέλος, -εος, τό: a tune, mode
μεταβάλλω: to change over
μεταβολή, ἡ: a change
Μοῦσα, -ης, ἡ: the Muse
πάρειμι: to be present
πνεῦμα, -ατος, τό: a breathing
πραΰνω: to calm, grow mild
Πυθία, ἡ: the Pythia, priestess of Pythian Apollo
ῥυθμός, ὁ: measure, rhythm
σκίρτημα, -ατος, τό: a dance
τόπος, ὁ: a place
τρίπους, -ποδος, ὁ: tripod
τροχαῖος, -α, -ον: trochaic
φρύγιος, -α, -ον: Phrygian

θεατής: "an unwarlike *spectator* of" + gen.
ταυτὶ δὲ: "and just so"
μεταβάλλοντες: pr. part., "*changing* the rhythm"
ἐκ τροχαίου: "from the trochaic and Phygian modes," which are considered to be more frenzied
πραΰνουσι: "they become calm"
ὡς δ᾽ αὔτως: "and in the same way"
ἐκβᾶσα: ao. part. of **ἐκ-βαίνω**, agreeing with **ἡ Πυθία**, "stepping off" + gen.
διατελεῖ: "*ends* in peace and quiet"
καθαψαμένην: ao. part. of **κατα-ἅπτω** agreeing with **μανίαν**, "having taken hold of" + gen.
διακαύσασαν: ao. part. of **δια-καύω** agreeing with **μανίαν**, "*having inflamed* him"
οὐ τόπου μεταβολὴ: "no change of place," subj. of **καθίστησιν**
καθίστησιν: pr. of **κατα-ἵστημι**, "*restores* a man (gen.) from erotic madness (acc.)"
παρόντες (παρα-εἰμι) ἐρῶσι: "being present they love"

ἀπόντες ποθοῦσι καὶ μεθ' ἡμέραν διώκουσι καὶ νύκτωρ θυραυλοῦσι, καὶ νήφοντες καλοῦσι τοὺς καλοὺς καὶ πίνοντες ᾄδουσι.

The images of the beloved are burned permanently into the mind.

καὶ οὐχ ὥς τις εἶπεν αἱ ποιητικαὶ φαντασίαι διὰ τὴν ἐνάργειαν ἐγρηγορότων ἐνύπνιά εἰσίν, ἀλλὰ μᾶλλον αἱ τῶν ἐρώντων, διαλεγομένων ὡς πρὸς παρόντας, ἀσπαζομένων, ἐγκαλούντων. ἡ γὰρ ὄψις ἔοικε τὰς μὲν ἄλλας φαντασίας ἐφ'

ἀείδω: to sing
ἄπειμι: to be absent
ἀσπάζομαι: to greet, embrace
διαλέγω: to speak with, converse
διώκω: to pursue
ἐγείρω: to awaken, be awake
ἐγκαλέω: to call in, invoke
ἐνάργεια, ἡ: clearness, distinctness, vividness
ἐνύπνιον, τό: a dream
ἔοικα: to seem
ἐράω: to love
θυραυλέω: to camp out by the door
καλέω: to call
νήφω: to be sober
νύκτωρ: by night
ὄψις, -εως, ἡ: appearance, sight
πάρειμι: to be present
πίνω: to drink
ποθέω: to long, yearn
ποιητικός, -ή, -όν: poetic, creative
φαντασία, ἡ: imagination, images

ἀπόντες (**ἀπο-εἰμι**) **ποθοῦσι**: "being absent they long for"
θυραυλοῦσι: "they encamp by the door" (**θύρα αὐλέω**)
νήφοντες: pr. part., "being sober"
πίνοντες: "while drinking"
ὥς τις εἶπεν: parenthetical, "as someone says"
διὰ τὴν ἐνάργειαν: "because of their vividness"
ἐγρηγορότων: perf. part. gen. pl. of **ἐγείρω**, "of those awake"
ἀλλὰ μᾶλλον: "but rather they are"
αἱ (sc. **φαντασίαι**) **τῶν ἐρώντων**: "the fantasies of lovers"
διαλεγομένων ὡς πρὸς παρόντας: "who are addressing (their lovers) as though they were present"
διαλεγομένων, **ἀσπαζομένων**, and **ἐγκαλούντων** are all part. gen. pl. agreeing with **τῶν ἐρώντων**
ἔοικε: "seems to" + inf.
τὰς μὲν ἄλλας: "*other sorts of* fantasies"

ὑγροῖς ζωγραφεῖν, ταχὺ μαραινομένας καὶ ἀπολειπούσας τὴν διάνοιαν αἱ δὲ τῶν ἐρωμένων εἰκόνες ὑπ᾽ αὐτῆς οἷον ἐν ἐγκαύμασι γραφόμεναι διὰ πυρὸς εἴδωλα ταῖς μνήμαις ἐναπολείπουσι κινούμενα καὶ ζῶντα καὶ φθεγγόμενα καὶ παραμένοντα τὸν ἄλλον χρόνον. ὁ μὲν γὰρ Ῥωμαῖος Κάτων ἔλεγε τὴν ψυχὴν τοῦ ἐρῶντος ἐνδιαιτᾶσθαι τῇ τοῦ ἐρωμένου [ἔμοιγε δὲ δοκοῦσιν ἐνεῖναι τῇ τοῦ ἐρῶντος ψυχῇ τοῦ ἐρομένου] καὶ τὸ εἶδος καὶ τὸ ἦθος καὶ ὁ βίος καὶ αἱ πράξεις,

---

ἀπολείπω: to leave behind
βίος, ὁ: life
γράφω: to write
διάνοια, ἡ: a thought, mind
ἔγκαυμα, -ατος, τό: a burn
εἶδος, -εος, τό: form, shape, figure
εἴδωλον, τό: an image, phantom
εἰκών, -όνος, ἡ: a likeness, image
ἐναπολείπω: to leave behind in
ἐνδιαιτάομαι: to live in, endure in
ἐνίημι: to let go in
ἐράω: to love
ζάω: to live
ζωγραφέω: to paint
ἦθος, -εος, τό: character
Κάτων, -ονος, ὁ: Cato
κινέω: to move
λέγω: to say
μαραίνω: to quench, waste away, disappear
μνήμη, ἡ: a remembrance, memory
παραμένω: to stay beside, remain with
πρᾶξις, -εως, ἡ: doing, action
πῦρ, πυρός, τό: fire
Ῥωμαῖος, -α, -ον: Roman
ταχύς, -εῖα, -ύ: quick, swift, fleet
ὑγρός, -ά, -όν: wet, moist, fluid
φθέγγομαι: to utter, speak
χρόνος, ὁ: time

ἐφ᾽ ὑγροῖς ζωγραφεῖν: "to paint on water," i.e., to do something fleeting
μαραινομένας καὶ ἀπολειπούσας: pr. part. acc. pl. agreeing with **φαντασίας**, "*quickly diminishing and slipping from* the mind"
αἱ δὲ τῶν: "but the images of the beloved"
ὑπ᾽ αὐτῆς: "by it" referring back to **ὄψις**
ἐναπολείπουσι: pr. of **ἐν-ἀπο-λείπω**, "they leave behind"
κινούμενα... ζῶντα... φθεγγόμενα... παραμένοντα: all pr. part. n. pl. agreeing with **εἴδωλα**, "images that are moving, living, speaking and remaining"
τὸν ἄλλον χρόνον: acc. of duration of time
Ῥωμαῖος Κάτων: Cato the Elder (234-149 BC)
τὴν ψυχὴν... ἐνδιαιτᾶσθαι: pr. inf. in ind. st. after **ἔλεγε**, "used to say *that the soul dwells*"
τῇ (sc. **ψυχῇ**) **τοῦ ἐρωμένου**: "in the soul of the beloved"
There is a lacuna after **ἐρωμένου** and in two other places in this passage. There is some similarity to a passage in Plato's *Phaedrus* (252e-253e), from which the bracketed supplements are supplied.
δοκοῦσιν ἐν-εῖναι: "they seem to be in" the subject is **τὸ εἶδος καὶ τὸ ἦθος** etc.

ὑφ' ὧν ἀγόμενος ταχὺ συναιρεῖ πολλὴν ὁδόν, ὥσπερ οἱ Κυνικοὶ λέγουσι

> **σύντονον ὁμοῦ καὶ σύντομον εὑρηκέναι πορείαν ἐπ' ἀρετήν**

καὶ γὰρ ἐπὶ τὴν φιλίαν [ἡγεῖται καὶ ἀρετὴν ἡ ψυχὴ] καθάπερ ἐπὶ κύματος τοῦ πάθους ἅμα θεῷ φερομένη λέγω δὴ κεφάλαιον, ὡς οὔτ' ἀθείαστον ὁ τῶν ἐρώντων ἐνθουσιασμός ἐστιν οὔτ' ἄλλον ἔχει θεὸν ἐπιστάτην καὶ ἡνίοχον ἢ τοῦτον, ᾧ νῦν ἑορτάζομεν καὶ θύομεν.

ἄγω: to lead
ἀθείαστος, -ον: uninspired
ἅμα: together with (+ *dat.*)
ἀρετή, ἡ: excellence, virtue
ἐνθουσιασμός, ὁ: inspiration, enthusiasm
ἑορτάζω: to keep festival, celebrate rites
ἐπιστάτης, -ου, ὁ: overseer, attendant
ἐράω: to love
εὑρίσκω: to find
ἡγέομαι: to go before, lead
ἡνίοχος: one who holds the reins, a driver
θύω: to offer sacrifice
καθάπερ: as though (+ *part.*)
κεφάλαιος, -α, -ον: principle, summary
κῦμα, -ατος, τό: a wave
Κυνικός, ὁ: Cynic
ὁδός, ἡ: a way, road, journey
ὁμοῦ: at the same time, together
πάθος, -εος, τό: something suffered, an emotion, passion
πορεία, ἡ: a journey, passage
συναιρέω: to seize, undertake
σύντομος, -ον: short
σύντονος, -ον: strained, straight
ταχύς, -εῖα, -ύ: quick, swift, fleet
φέρω: to bear, carry
φιλία, ἡ: friendly love, affection, friendship

ὑφ' ὧν ἀγόμενος: "being led by which"
συναιρεῖ: pr. of **συν-αἱρέω**, "he (the lover) undertakes a long journey"
σύντονον ὁμοῦ καὶ σύντομον: "*straight and short* journey"
εὑρηκέναι: perf. inf. of **εὑρίσκω** in ind. st. after **λέγουσι**, "claim *to have found*"
ἐπὶ τὴν φιλίαν: "the soul is led *to friendship*"
ἐπὶ κύματος τοῦ πάθους: "borne along *upon a wave of passion*"
λέγω κεφάλαιον: "I summarize"
οὔτ' ἄλλον... ἢ τοῦτον: continuation of ind. st. after **λέγω**, "*nor* does it (enthusiasm) *have any other* overseer *than this one*"
ᾧ νῦν: "to whom now" (i.e. at the festival of Eros which is the setting of the dialogue)

Gods are principally distinguished by their powers and benefits. The benefits of Aphrodite are cheap without love.

ὅμως δ᾽ ἐπεὶ δυνάμει καὶ ὠφελείᾳ μάλιστα θεοῦ[ς διακρίνομεν] καθότι καὶ τῶν ἀνθρωπίνων ἀγαθῶν δύο ταῦτα, βασιλείαν καὶ ἀρετήν, θειότατα καὶ νομίζομεν καὶ ὀνομάζομεν, ὥρα σκοπεῖν πρότερον, εἴ τινι θεῶν ὁ Ἔρως ὑφίεται δυνάμεως. καίτοι

μέγα μὲν σθένος ἁ Κύπρις ἐκφέρεται νίκας

ὥς φησι καὶ Σοφοκλῆς, μεγάλη δ᾽ ἡ τοῦ Ἄρεος ἰσχύς καὶ τρόπον τινὰ τῶν ἄλλων θεῶν νενεμημένην δίχα τὴν δύναμιν ἐν τούτοις ὁρῶμεν ἡ μὲν γὰρ οἰκειωτικὴ πρὸς τὸ καλὸν ἡ δ᾽

ἀγαθός, -ή, -όν: good
ἀνθρώπινος, -η, -ον: of man, human
ἀρετή, ἡ: excellence, virtue
Ἄρης, Ἄρεος, ὁ: Ares
βασιλεία, ἡ: a kingship, royalty
διακρίνω: separate, distinguish
δίχα: in two ways
δύναμις, -εως, ἡ: power, ability, strength
ἐκφέρω: to carry away
θεῖος, -α, -ον: divine, of the gods
ἰσχύς, -ύος, ἡ: strength
καθότι: in what manner
Κύπρις, -ιδος, ἡ: Cypris
νέμω: to deal out, distribute, dispense
νίκη, ἡ: victory
νομίζω: to hold as a custom, to use customarily
οἰκειωτικός, -ή, -όν: appropriative, adapting
ὀνομάζω: to name, call
ὁράω: to see
πρότερος: first
σθένος, -εος, τό: strength, might
σκοπέω: to look at
Σοφοκλῆς, -έους, ὁ: Sophocles
τρόπος, ὁ: a manner, course, way
ὑφίημι: to let down, submit, be inferior
ὠφέλεια, ἡ: help, benefit

δυνάμει καὶ ὠφελείᾳ: dat. of means, "we distinguished gods *by their power and benefit*"
καθότι (= **κατα-ὅ-τι**) **καὶ**: "in the same manner also"
ταῦτα (sc. **εἶναι**) **θειότατα**: ind. st. after **νομίζομεν**, "we believe these two things to be the most divine"
ὥρα (sc. **ἐστι**) **σκοπεῖν**: "it is the season to consider"
εἴ... ὑφίεται: pr. of **ὑπο-ἵημι** in ind. quest. after **σκοπεῖν**, "whether Eros is inferior to" + dat.
«μέγα μὲν...νίκας»: Sophocles, *Trachiniae* 497
σθένος: acc. of resp. with **μέγα**
ἁ Κύπρις: = **ἡ Κύπρις**, Aphrodite.
τρόπον τινὰ: acc. of resp., "in some manner"
νενεμημένην: perf. part. acc. s. of **νέμω** in ind. st. after **ὁρῶμεν**, "we see that the power of the gods *is divided*"
ἡ μὲν γὰρ... ἡ δὲ: "*the one* towards beauty, *the other* towards shame"

ἀντιτακτικὴ πρὸς τὸ αἰσχρὸν ἀρχῆθεν ἐγγέγονε ταῖς ψυχαῖς, ὥς που καὶ Πλάτων [διεῖλε τῆς ψυχῆς] τὰ εἴδη. σκοπῶμεν οὖν εὐθύς, ὅτι τῆς Ἀφροδίτης τοὔργον ἔρω[τος μὴ παρόν]τος ὤνιόν ἐστι δραχμῆς, καὶ οὔτε πόνον οὐδεὶς οὔτε κίνδυνον ἀφροδισίων ἕνεκα μὴ ἐρῶν ὑπέμεινε. καὶ ὅπως ἐνταῦθα μὴ Φρύνην ὀνομάζωμεν, ὦ ἑταῖρε, ἢ Λαΐς τις ἢ Γναθαίνιον

ἐφέσπερον δαίουσα λαμπτῆρος σέλας

αἰσχρός, -ά, -όν: shameful
ἀντιτακτικός, -ή, -όν: fit for resisting
ἀρχῆθεν: from the beginning
Ἀφροδίσιος, -α, -ον: belonging to Aphrodite, sexual
Ἀφροδίτη, ἡ: Aphrodite
δαίω: to kindle
διαιρέω: to separate, distinguish
δραχμή, ἡ: a drachma
ἐγγίγνομαι: to be born in, be innate
εἶδος, -εος, τό: a form
ἕνεκα: on account of, for the sake of
ἐράω: to love
ἐφέσπερος, -ον: evening
κίνδυνος, ὁ: a danger, risk
λαμπτήρ, -ῆρος, ὁ: a lantern
ὀνομάζω: to address, name
Πλάτων, -ωνος, ὁ: Plato
πόνος, ὁ: work, labor
πού: somewhere, anywhere
σέλας, -αος, τό: a bright flame, light
σκοπέω: to look at, consider
ὑπομένω: to endure, survive
ψυχή, ἡ: soul
ὤνιος, -α, -ον: able to be bought, for sale

ἐγγέγονε: perf. of **ἐν-γίγνομαι**, "is inborn" + dat.
διεῖλε: ao. of **δια-αἰρέω**, "as Plato *distinguishes*"
σκοπῶμεν; pr. subj. jussive, "let us consider"
τοὔργον: crassis for **τὸ ἔργον**, "*the work* of Aphrodite"
ἔρωτος μὴ παρόντος: gen. abs., "if Love is not present"
δραχμῆς: gen. of price, "for a drachma"
οὐδεὶς οὔτε: the double negative is emphatic, "no one ever"
μὴ ἐρῶν: pr. part. of **ἐράω** with conditional force, "if not in love"
ὑπέμεινε: impf. of **ὑπο-μείνω**, "no one *usually endures* either..."
ὅπως ἐνταῦθα: "since we are *here*" (i.e. in Thespiae)
μὴ Φρύνην ὀνομάζωμεν: pr. subj. jussive, "let us not name Ph." Phryne was a famous courtesan from Thespia, hence the aposiopesis
Λαΐς τις ἢ Γναθαίνιον: other typical names for courtesans
«ἐφέσπερον...σέλας»: *TGF* adespota 407
ἐφέσπερον: from **ἐπι-ἕσπερος**, "at evening"
δαίουσα: pr. part. f. agreeing with **Γναθαίνιον**, "kindling"

ἐκδεχομένη καὶ καλοῦσα παροδεύεται πολλάκις

ἐλθὼν δ' ἐξαπίνης ἄνεμος

σὺν ἔρωτι πολλῷ καὶ πόθῳ ταὐτὸ τοῦτο τῶν Ταντάλου λεγομένων ταλάντων καὶ τῆς αὐτοῦ ἀρχῆς ἀντάξιον ἐποίησεν. οὕτως ἀσθενὴς καὶ ἀψίκορός ἐστιν ἡ τῆς Ἀφροδίτης χάρις, Ἔρωτος μὴ ἐπιπνεύσαντος.

People treat sex causally and even pander their wives and mistresses.

ἔτι δὲ μᾶλλον κἀκεῖθεν ἂν συνίδοις πολλοὶ γὰρ ἀφροδισίων ἑτέροις ἐκοινώνησαν, οὐ μόνον ἑταίρας ἀλλὰ καὶ γαμετὰς

ἄνεμος, ὁ: wind
ἀντάξιος, -α, -ον: worth just as much as
ἀρχή, ἡ: a kingdom
ἀσθενής, -ές: without strength, weak, feeble
ἀφροδίσιος, -α, -ον: belonging to Aphrodite, sexual
Ἀφροδίτη, ἡ: Aphrodite
ἀψίκορος, -ον: quickly sated
γαμετή, ἡ: a married woman, wife
ἐκδέχομαι: to receive, welcome
ἐκεῖθεν: from that place, thence
ἐξαπίνης: suddenly
ἐπιπνέω: to breathe upon, inspire
ἑταίρα, ἡ: a courtesan
καλέω: to call, summon
κοινωνέω: to have in common, share
παροδεύω: to pass by
πόθος, ὁ: a longing, desire
ποιέω: to make
σύνοιδα: to share in knowledge, be cognizant
τάλαντον, τό: a balance, wealth
Τάνταλος, ὁ: Tantalus
χάρις, -ιτος, ἡ: favor, grace

ἐκδεχομένη καὶ καλοῦσα: pr. part. concessive, "although welcoming and calling"
παροδεύεται: from **παρα-οδεύω**, "she is passed by"
« ἐλθὼν...ἄνεμος»: Homer *Iliad*, xvii.57
ἐλθὼν: ao. part., "but a wind *having come*"
ταὐτὸ (= **τὸ αὐτὸ**) **τοῦτο**: acc. obj. of **ἐποίησεν**, "this very same thing" (i.e. the object of desire)
ἀντάξιον: predicate adj., "make this thing *equal in value to*" + gen.
τῶν Ταντάλου λεγομένων ταλάντων: "the wealth said to be Tantalus'" note the pun on **Τάνταλος /τάλαντος**
τῆς αὐτοῦ ἀρχῆς: "and of his kingdom"
Ἔρωτος μὴ ἐπιπνεύσαντος: gen. abs. with conditional force, "*unless Eros has inspired* it
ἔτι δὲ μᾶλλον: "even more"
κἀκεῖθεν: (= **καὶ ἐκεῖθεν**), "also from this"
ἂν συνίδοις: potential ao. opt. of **συν-ὁράω**, "you would comprehend"
ἐκοινώνησαν: ao. of **κοινωνέω**, "many share (+ *gen.*) with (+ *dat.*)"
οὐ μόνον... ἀλλὰ καὶ: "not only... but even"

προαγωγεύοντες ὥσπερ καὶ ὁ Ῥωμαῖος ἐκεῖνος, ὦ ἑταῖρε, Γάλβας εἱστία Μαικήναν ὡς ἔοικεν, εἶθ' ὁρῶν διαπληκτιζόμενον ἀπὸ νευμάτων πρὸς τὸ γύναιον, ἀπέκλινεν ἡσυχῇ τὴν κεφαλὴν ὡς δὴ καθεύδων· ἐν τούτῳ δὴ τῶν οἰκετῶν τινος προσρυέντος ἔξωθεν τῇ τραπέζῃ καὶ τὸν οἶνον ὑφαιρουμένου, διαβλέψας «κακόδαιμον» εἶπεν

οὐκ οἶσθ' ὅτι μόνῳ Μαικήνᾳ καθεύδω;

τοῦτο μὲν οὖν ἴσως οὐ δεινόν ἐστιν· ἦν γὰρ ὁ Γάλβας

ἀποκλίνω: to nod
Γάλβας, -α, ὁ: Galba
γύναιον, τό: "the little woman"
δεινός, -ή, -όν: fearful, terrible
διαβλέπω: to look straight ahead
διαπληκτίζομαι: to wrangle with, embrace
ἔξωθεν: from outside
ἑστιάω: to receive in one' s home, to entertain
ἡσυχῇ: gently
καθεύδω: to sleep
κακοδαίμων, -ον: ill-fated, miserable, wretched
κεφαλή, ἡ: the head
μόνος, -η, -ον: alone, only
Μαικήνας, -α, ὁ: Maecenas
νεῦμα, -ατος, τό: a nod, signal
οἰκέτης, -ου, ὁ: a house-slave
οἶνος, ὁ: wine
ὁράω: to see
προαγωγεύω: to prostitute
προσρέω: to float in
Ῥωμαῖος, -α, -ον: Roman
τράπεζα, -ης, ἡ: four-legged a table, dining room
ὑφαιρέω: to steal

ὦ ἑταῖρε: vocative, "my friend"
εἱστία: 3 s. impf. of **ἑστιάω** (with no augment), "used to entertain"
Μαικήναν: Maecenas (70-8 BC), the famous Augustan patron
εἶθ' ὁρῶν: (= **εἶτα ὁρῶν**), "then seeing"
διαπληκτιζόμενον: pr. part. in ind. st. after **ὁρῶν**, "that Maecenas was smitten"
τὸ γύναιον: "the little woman," a contemptuous diminutive of **γυνή**
ἀπέκλινεν: impf., "he started nodding"
ὡς δὴ: "as though" + part.
ἐν τούτῳ δὴ: (sc. **χρόνῳ**), "in this very moment"
τινος προσρυέντος: gen. abs., "one of the servants having crept towards" + dat.
προσρυέντος: ao. part. of **προσρέω**
ὑφαιρουμένου: pr. part. also in gen. abs. with **τινος**, "and *stealing* some wine"
διαβλέψας: ao. part. nom. s. of **δια-βλέπω**, "having noticed"
οὐκ οἶσθα ὅτι: "do you not know that"
μόνῳ Μαικήνᾳ: dat. of interest, "only for Maecenas"
τοῦτο μὲν... ἐν δ' Ἄργει: "while this is... still in Argos... ."

γελωτοποιός. ἐν δ' Ἄργει Νικόστρατος ἀντεπολιτεύσατο πρὸς Φάυλλον ἐπιδημήσαντος οὖν Φιλίππου τοῦ βασιλέως, ἐπίδοξος ἦν διὰ τῆς γυναικὸς ὁ Φάυλλος ἐκπρεποῦς οὔσης, εἰ συγγένοιτο τῷ Φιλίππῳ, διαπράξασθαί τινα δυναστείαν αὑτῷ καὶ ἀρχήν. αἰσθομένων δὲ τῶν περὶ Νικόστρατον τοῦτο καὶ παρὰ τὰς θύρας τῆς οἰκίας περιπατούντων, ὁ Φάυλλος ὑποδήσας τὴν γυναῖκα κρηπῖσι καὶ χλαμύδα περιθεὶς καὶ καυσίαν Μακεδονικήν, ὡς ἕνα τῶν βασιλικῶν νεανίσκων παρεισέπεμψε λαθοῦσαν.

αἰσθάνομαι: to perceive, apprehend
ἀντιπολιτεύομαι: to be a political opponent
ἀρχή, ἡ: a beginning, origin, cause
βασιλεύς, -έως, ὁ: a king
βασιλικός, -ή, -όν: royal
γελωτοποιός, -όν: foolish, ridiculous
γυνή, γυναικός, ἡ: woman, wife
διαπράττω: to pass over
δυναστεία, ἡ: power, lordship
ἐκπρεπής, -ές: distinguished, preeminent
ἐπιδημέω: to be among the people, be in town
ἐπίδοξος, -ον: likely, expected
θύρα, ἡ: a door
καυσία, ἡ: a hat
κρηπίς, -ῖδος, ἡ: a boot
λανθάνω: to escape notice, to be unnoticed
Μακεδονικός, -ή, -όν: Macedonian
νεάνισκος, ὁ: youth, young man
οἰκία, ἡ: a building, house
παρεισπέμπω: to send past, slip by
περιπατέω: to walk up and down, patrol
περιτίθημι: to place round, dress
συγγίγνομαι: to be with, be intimate with
ὑποδέω: to shoe
χλαμύς, -ύδος: a short mantle

ἀντεπολιτεύσατο: ao. of **ἀντι-πολιτεύω**, "was a political opponent"
ἐπιδημήσαντος Φιλίππου: gen. abs., "when Phillip was visiting," Phillip V of Macedon (238-179 BC)
ἐπιδημήσαντος: ao. part. of **ἐπιδημέω**
ἐπίδοξος ἦν: "Phaullus *was likely*" + inf.
ἐκπρεποῦς οὔσης: gen. s. agreeing with **γυναικὸς**, "since she was beautiful"
εἰ συγγένοιτο: pr. opt. of **συν-γίγνομαι** in gen. cond., "if she could become intimate with" +dat.
διαπράξασθαί: ao. inf. of **δια-πράττω** after **ἐπίδοξος**, "he was likely *to obtain*"
αὑτῷ = ἑ-αυτῷ: reflexive pron., "for himself"
αἰσθομένων δὲ τῶν περὶ Νικόστρατον : gen. abs., "*those around Nicostratus perceiving* this"
αἰσθομένων: ao. part. of **αἰσθάνομαι**
περιπατούντων: pr. part. also in gen. abs. with **τῶν περὶ Νικόστρατον**, "patrolling"
ὑποδήσας: ao. part. of **ὑπο-δέω**, "having dressed her with" + dat.
περιθεὶς: ao. part. of **περι-τίθημι**, "*having placed around* her" + acc.
ὡς ἕνα (sc. **οὖσαν**): "as though being one ..."
παρεισέπεμψε: ao. of **παρα- ἐισ-πέμπω**, "he slipped her by"
λαθοῦσαν: ao. part. acc. s. f. of **λανθάνω**, "escaping the notice" i.e. secretly

But lovers will never sell the affection of their beloved for any price.

ἆρ᾽ οὖν, ἐραστῶν τοσούτων γεγονότων καὶ ὄντων, οἶσθ᾽ ἐπὶ ταῖς τοῦ Διὸς τιμαῖς προαγωγὸν ἐρωμένου γενόμενον; ἐγὼ μὲν οὐκ οἶμαι πόθεν γάρ, ὅπου καὶ τοῖς τυράννοις ἀντιλέγων μὲν οὐδεὶς οὔτ᾽ ἀντιπολιτευόμενός ἐστιν, ἀντερῶντες δὲ πολλοὶ καὶ φιλοτιμούμενοι περὶ τῶν καλῶν καὶ ὡραίων; ἀκούετε γὰρ ὅτι καὶ Ἀριστογείτων ὁ Ἀθηναῖος καὶ Ἀντιλέων ὁ Μεταποντῖνος καὶ Μελάνιππος ὁ Ἀκραγαντῖνος οὐ διεφέροντο τοῖς τυράννοις, πάντα τὰ πράγματα λυμαινομένους καὶ

ἀκούω: to hear
ἀντεράω: to be a rival in love
ἀντιλέγω: to speak against, contradict
ἀντιπολιτεύομαι: to be a political opponent
Ἀριστογείτων, ὁ: Aristogeiton
διαφέρω: to dispute, quarrel
Ζεύς, Διός, ὁ: Zeus
λυμαίνομαι: to outrage, maltreat
οἴομαι: to suppose, think, imagine
πόθεν: whence?
πρᾶγμα, -ατος, τό: a deed, act
προαγωγός: a pander, pimp
τιμή, ἡ: honor, esteem
τύραννος, ὁ: an absolute ruler, tyrant
φιλοτιμέομαι: to contend in rivalry
ὡραῖος, -α, -ον: youthful, ripe

ἆρα οὖν, οἶσθα: "and so do you know..."
ἐραστῶν τοσούτων γεγονότων καὶ ὄντων: gen. abs., "when there have been and are so many lovers (of boys)"
γεγονότων: perf. part. of **γίγνομαι**
προαγωγὸν ἐρωμένου γενόμενον: ao. part. in ind. st. after **οἶσθα**, "that there was anyone who became a pimp of his beloved"
ἐπὶ... τιμαῖς: "for the favors"
πόθεν γάρ, ὅπου καὶ: "for whence (would this come) when no one even..."
ἀντιλέγων μὲν οὐδεὶς... ἀντερῶντες δὲ πολλοὶ: "on the one hand there is no one who contradicts (+ dat.), but there are many erotic rivals"
Ἀριστογείτων ὁ Ἀθηναῖος: celebrated in Athenian lore as a tyranicide because of an erotic quarrel. The story is cited by Thucydides as an example of mythmaking in *Hist.* 6,45.
Ἀντιλέων ὁ Μεταποντῖνος: unknown
Μελάνιππος ὁ Ἀκραγαντῖνος: unknown
ὅτι οὐ διεφέροντο: impf. of **δια-φέρω**, "that they didn't used to quarrel with" + dat.

παροινοῦντας ὁρῶντες ἐπεὶ δὲ τοὺς ἐρωμένους αὐτῶν ἐπείρων, ὥσπερ ἱεροῖς ἀσύλοις καὶ ἀθίκτοις ἀμύνοντες ἠφείδησαν ἑαυτῶν. λέγεται καὶ Ἀλέξανδρος ἐπιστεῖλαι Θεοδώρῳ Πρωτέου ἀδελφῷ

> **πέμψον μοι τὴν μουσουργὸν δέκα τάλαντα**
> **λαβών, εἰ μὴ ἐρᾷς αὐτῆς**

ἑτέρου δὲ τῶν ἑταίρων Ἀντιπατρίδου μετὰ ψαλτρίας ἐπικωμάσαντος, ἡδέως διατεθεὶς πρὸς τὴν ἄνθρωπον ἐρέσθαι

ἀδελφός, -οῦ, ὁ: a brother
ἄθικτος, -ον: untouched
Ἀλέξανδρος, -ου, ὁ: Alexander
ἀμύνω: to ward off, defend
ἄσυλος, -ον: safe from violence, inviolate
ἀφειδέω: to be without care, be reckless
δέκα: ten
διατίθημι: to dispose
ἐπικωμάζω: to rush in as a reveler, attend a party
ἐπιστέλλω: to send a message
ἐράω: to love
ἐρωτάω: to ask, enquire
ἑταῖρος, ὁ: a comrade, companion
ἱερόν, τό: a shrine
λαμβάνω: to take
λέγω: to say, tell
μουσουργός, ἡ: a music player
ὁράω: to see
παροινέω: to act drunkenly
πειράω: to try, make an attempt on
πέμπω: to send, dispatch
τάλαντον, τό: a talent
ψάλτρια, ἡ: a lyre-girl

πάντα τὰ πράγματα: acc. of respect, "in all matters"
λυμαινομένους καὶ παροινοῦντας: pr. part. in ind. st. after **ὁρῶντες**, "seeing that they were acting outrageously and behaving like drunks"
ὁρῶντες: pr. part. with concessive force, "despite seeing that"
ἐπείρων: impf. of **πειράω**, "when the made attempts on" + acc.
ὥσπερ ἀμύνοντες: "as though defending" + dat.
ἠφείδησαν: ao. of **ἀφειδέω** + gen., "they did not spare themselves"
λέγεται ἐπιστεῖλαι: ao. inf. of **ἐπι-στέλλω**, "Alexander is said to have sent a message to" + dat.
πέμψον: ao. imper. of **πέμπω**, "send"
λαβών: ao. part. of **λαμβάνω**, "taking in exchange"
εἰ μὴ ἐρᾷς: pr. subj. in fut. more vivid cond., "*unless you love* her"
ἑτέρου... ἐπικωμάσαντος: ao. part. of **ἐπικωμάζω**, "another was once partying"
μετὰ ψαλτρίας: "with a lyre player"
ἡδέως διατεθεὶς: ao. part. pas. nom. s. of **δια-τίθημι** agreeing with **Ἀλέξανδρος**, "having been disposed sweetly"
ἐρέσθαι: ao. inf. of **ἐρωτάω** after **λέγεται**, "Alexander is said *to have asked*"

τὸν Ἀντιπατρίδην

οὐ δήπου σὺ τυγχάνεις ἐρῶν ταύτης;

τοῦ δὲ «καὶ πάνυ» φήσαντος, εἰπών

ἀπόλοιο τοίνυν κακὸς κακῶς

ἀποσχέσθαι καὶ μὴ θιγεῖν τῆς γυναικός.»

Symposium scene with aulos player. Attic red-figure bell-krater, ca. 420 BC. National Archeological Museum of Spain, Madrid. Photo: Marie-Lan Nguyen

---

ἀπέχω: to keep off, hold back
ἀπόλλυμι: to destroy
γυνή, γυναικός, ἡ: woman, wife
ἐράω: to love
θιγγάνω: to touch
κακός, -ή, -όν: bad, evil
τυγχάνω: to happen to

οὐ δήπου: "surely you do not"
ἐρῶν: pr. part. after **τυγχάνεις**, "happen *to love* her"
τοῦ δὲ... φήσαντος: gen. abs., "him having said"
εἰπών: ao. part. nom. s. agreeing with **Ἀλέξανδρος**, "having replied"
ἀπόλοιο: ao. opt. of **ἀπόλλυμι** in wish for the future, "*may you die* badly"
ἀποσχέσθαι καὶ μὴ θιγεῖν: ao. inf. still dependent on **λέγεται**, "is said to have kept away and not to have touched" + gen.
ἀποσχέσθαι: ao. inf. of **ἀπο-ἔχω**
θιγεῖν: ao. inf. of **θιγγάνω**

Eros provides powerful benefits in the sphere of war.

[17.] **«σκόπει τοίνυν αὖθις» ἔφη «τοῖς ἀρηίοις ἔργοις ὅσον Ἔρως περίεστιν, οὐκ ἀργὸς ὤν, ὡς Εὐριπίδης ἔλεγεν, οὐδ᾽ ἀστράτευτος οὐδ᾽**

ἐν μαλακαῖσιν ἐννυχεύων παρειαῖς νεανίδων.

ἀνὴρ γὰρ ὑποπλησθεὶς Ἔρωτος οὐδὲν Ἄρεος δεῖται μαχόμενος πολεμίοις, ἀλλὰ τὸν αὑτοῦ θεὸν ἔχων συνόντα

πῦρ καὶ θάλασσαν καὶ πνοὰς τὰς αἰθέρος
περᾶν ἕτοιμος

ὑπὲρ τοῦ φίλου οὗπερ ἂν κελεύῃ. τῶν μὲν γὰρ τοῦ Σοφοκλέους

αἰθήρ, -έρος, ὁ: ether, the upper air
ἀργός, -ή, -όν: lazy, idle
ἄρειος, -α, -ον: of Ares, martial
Ἄρης, Ἄρεος, ὁ: Ares
ἀστράτευτος, -ον: never having seen service
αὖθις: again
ἐννυχεύω: to sleep, spend the night
ἔργον, τό: a deed, work
ἑτοῖμος, -ον: ready, prepared
θάλαττα, ἡ: the sea
κελεύω: to urge bid, command
μαλακός, -ή, -όν: soft, tender
μάχομαι: to fight
νεᾶνις, -ιδος, ἡ: a young woman, girl
ὅσος, -η, -ον: how much, how great?
παρειά, ἡ: the cheek
περάω: to try
περίειμι: to be around, be superior to (+ *dat.*)
πνοή, -ῆς, ἡ: a blowing, breeze
πολέμιος, -α, -ον: of war
πῦρ, πυρός, τό: fire
σκοπέω: to look at, consider
σύνειμι: to be together with
ὑποπίμπλημι: to fill
φίλος, -η, -ον: dear, beloved, (*subst.*) friend

σκόπει: pr. imper. of **σκοπέω**, "consider"
ὅσον... περίεστιν: pr. of **περί-εἰμι**, "by how much Eros excels"
οὐκ ἀργὸς ὤν: "since he is not lazy"
«ἐν μαλακαῖσιν...νεανίδων»: Sophocles, *Antigone* 783
ἐννυχεύων: "spending his nights"
ὑποπλησθεὶς: ao. part. pas. of **ὑπο-πιμπλήμι**, "for a man *having been filled with*" + *gen.*
δεῖται : "does not need" + gen.
τὸν αὑτοῦ θεὸν: "having *his own god*"
συνόντα: pr. part. acc. s., "who is with him"
«πῦρ καὶ...ἕτοιμος»: *TGF* adespota 408
περᾶν: pr. inf. of **περάω** epexegetic inf. after **ἕτοιμος**, "he is ready *to traverse*"
οὗπερ ἂν κελεύῃ: pr. subj. in indef. rel. clause, "wherever he may summon him"

Νιοβιδῶν βαλλομένων καὶ θνησκόντων ἀνακαλεῖταί τις οὐδένα βοηθὸν ἄλλον οὐδὲ σύμμαχον ἢ τὸν ἐραστήν,

ὦ [φίλτατ' αἰτῶ σ'] ἀμφ' ἐμοὶ στεῖλαι [πέπλον].

The story of Cleomachus and his beloved is an inspiring example.

Κλεόμαχον δὲ τὸν Φαρσάλιον ἴστε δήπουθεν ἐξ ἧς αἰτίας ἐτελεύτησεν ἀγωνιζόμενος.»

«οὐχ ἡμεῖς γοῦν» οἱ περὶ Πεμπτίδην ἔφασαν «ἀλλ» ἡδέως ἂν πυθοίμεθα.»

«καὶ γὰρ ἄξιον» ἔφη ὁ πατήρ «ἧκεν ἐπίκουρος Χαλκιδεῦσι τοῦ Θεσσαλικοῦ, πολέμου πρὸς Ἐρετριεῖς ἀκμάζοντος καὶ τὸ

ἀγωνίζομαι: to contend, fight
αἰτέω: to ask
αἰτία, ἡ: a reason, cause
ἀκμάζω: to be in full bloom, be at one's height
ἀνακαλέω: to call upon, call out to
ἄξιος, -ία, -ον: worth as much, worthy
βάλλω: to throw, shoot (arrows)
βοηθός, ὁ: helper, aid
γοῦν: at least then, at any rate
δήπουθεν: doubtless
ἐπίκουρος, ὁ: an aid, ally
ἐραστής, -οῦ, ὁ: a lover
ἥκω: to have come, be present
θνήσκω: to die, be killed
οἶδα: to know
πέπλος, ὁ: a robe
πόλεμος, ὁ: a war
πυνθάνομαι: to learn
στέλλω: to arrange, array, place around
σύμμαχος, ὁ: an ally
τελευτάω: to finish, bring to an end

Νιοβιδῶν βαλλομένων καὶ θνησκόντων: gen. abs., "when the Niobids were being struck and were dying"

ἀνακαλεῖταί τις: "one of them called upon" + acc.

οὐδένα… ἄλλον… ἢ: acc. obj. of **ἀνακαλεῖταί**, "*no* help or ally *other than*"

«ὦ…[πέπλον]»: Sophocles fr. 410 (*TGF*)

στεῖλαι: ao. inf. of **στέλλω** after **αἰτῶ**, "I ask you *to put* around me"

ἴστε: pr. 2 s., "you know"

δήπουθεν: "doubtless"

ἐξ ἧς αἰτίας: "from what cause"

ἐτελεύτησεν: ao. of **ἐτελεύτησεν τελευτέω**, " he died"

ἂν πυθοίμεθα: ao. pot. opt. of **πυνθάνομαι**, "we would like to learn"

καὶ γὰρ ἄξιον: "indeed it is worth (telling)"

ἧκεν ἐπίκουρος… τοῦ Θεσσαλικοῦ: "Cleomachus arrived with the Thessalian force as a supporter to" + dat.

πολέμου… ἀκμάζοντος: gen. abs., "their war against the Eretreans being at its height" (Modern scholars call this the "Lelantine War")

μὲν πεζὸν ἐδόκει τοῖς Χαλκιδεῦσιν ἐρρῶσθαι, τοὺς δ᾽ ἱππέας μέγ᾽ ἔργον ἦν ὤσασθαι τῶν πολεμίων παρεκάλουν δὴ τὸν Κλεόμαχον ἄνδρα λαμπρὸν ὄντα τὴν ψυχὴν οἱ σύμμαχοι πρῶτον ἐμβάλλειν εἰς τοὺς ἱππέας. ὁ δ᾽ ἠρώτησε παρόντα τὸν ἐρώμενον, εἰ μέλλοι θεᾶσθαι τὸν ἀγῶνα φήσαντος δὲ τοῦ νεανίσκου καὶ φιλοφρόνως αὐτὸν ἀσπασαμένου καὶ τὸ κράνος ἐπιθέντος, ἐπιγαυρωθεὶς ὁ Κλεόμαχος καὶ τοὺς ἀρίστους τῶν Θεσσαλῶν συναγαγὼν περὶ αὐτὸν ἐξήλασε λαμπρῶς καὶ

ἀγών, -ῶνος, ὁ: a contest, battle
ἄριστος, -η, -ον: best
ἀσπάζομαι: to greet, embrace
ἐμβάλλω: to throw in, charge
ἐξελαύνω: to drive out, lead out
ἐπιγαυρόομαι: to be proud, exalt
ἐπιτίθημι: to place upon
ἔργον, τό: a deed, work
ἐρωτάω: to ask
θεάομαι: to look at, view, watch
Θεσσαλός, -ά, -όν: Thessalian
ἱππεύς, -ῆος, ὁ: a horseman, cavalry
κράνος, -εος, τό: a helmet
λαμπρός, -ά, -όν: bright, brilliant, illustrious
μέλλω: to intend to, be going to (+ *inf.*)
νεάνισκος, ὁ: youth, young man
παρακαλέω: to call to, entreat
πάρειμι: to be present
πεζός, ὁ: a foot soldier, infantry
πολέμιος, -α, -ον: hostile, enemy
ῥώννυμι: to strengthen
σύμμαχος, ὁ: an ally
συνάγω: to bring together, collect
φιλόφρων, -ον: kindly, tender
ὠθέω: to push back, repulse

ἐρρῶσθαι: ao. inf. mid. of **ῥώννυμι** after **ἐδόκει**, "the infantry seemed *to be strong*"
μέγ᾽ ἔργον ἦν: "it was a difficult task" + inf.
ὤσασθαι: ao. inf. of **ὠθέω**, "*to push back* the cavalry"
παρεκάλουν: impf. of **παρα-καλέω**, "the allies *summoned him*"
ἄνδρα λαμπρὸν ὄντα: pr. part. acc. s., "since he was a brilliant man"
τὴν ψυχὴν: acc. of resp., "in spirit"
ἐμβάλλειν: pr. inf. in ind. com. after **παρεκάλουν**, "they ordered him *to charge*"
ἠρώτησε: ao. of **ἐρωταω**, "he asked"
παρόντα: acc. s., "his beloved, *who was present*"
εἰ μέλλοι: pr. opt. in ind. quest. in sec. seq. after **ἠρώτησε**, "whether he intended to" + inf.
φήσαντος δὲ τοῦ νεανίσκου... ἀσπασαμένου... ἐπιθέντος: gen. abs., "the youth having affirmed... bidding farewell... having placed"
ἐπιθέντος: ao. part. of **ἐπι-τίθημι**
ἐπιγαυρωθεὶς: ao. part. pas. of **ἐπι-γαυρόομαι**, "exulting"
περὶ αὐτὸν: reflexive, "around himself"
ἐξήλασε: ao. of **ἐξ-ελαύνω**, "he charged"

προσέπεσε τοῖς πολεμίοις, ὥστε συνταράξαι καὶ τρέψασθαι τὸ ἱππικόν ἐκ δὲ τούτου καὶ τῶν ὁπλιτῶν φυγόντων, ἐνίκησαν κατὰ κράτος οἱ Χαλκιδεῖς. τὸν μέντοι Κλεόμαχον ἀποθανεῖν συνέτυχε τάφον δ' αὐτοῦ δεικνύουσιν ἐν ἀγορᾷ Χαλκιδεῖς, ἐφ' οὗ μέχρι νῦν ὁ μέγας ἐφέστηκε κίων καὶ τὸ παιδεραστεῖν πρότερον ἐν ψόγῳ τιθέμενοι τότε μᾶλλον ἑτέρων ἠγάπησαν καὶ ἐτίμησαν. Ἀριστοτέλης δὲ τὸν μὲν Κλεόμαχον ἄλλως ἀποθανεῖν

ἀγαπάω: to love, be fond of
ἀγορά, -ῆς, ἡ: the market place
ἄλλως: in another way, otherwise
ἀποθνήσκω: to die
δείκνυμι: to point out, display
ἐφίστημι: to set upon
ἱππικός, -ή, -όν: of the horse, cavalry
κίων, -ονος, ὁ: a pillar
κράτος, -εος, τό: strength, might
μέχρι: up to, as far as
νικάω: to conquer, prevail, win
ὁπλίτης, -ου, ὁ: hoplite, heavily armed soldier
παιδεραστέω: to practice pederasty, be a lover of boys
πολεμέω: to be at war or go to war, make war
πολέμιος, -α, -ον: hostile, enemy
προσπίτνω: to fall upon (+ *dat.*)
πρότερος: earlier, former
συνταράττω: to throw into confusion, confound
συντυγχάνω: to meet with, happen, befall
τάφος, -εος, τό: a tomb
τίθημι: to set, put, place
τιμάω: to honor
τρέπω: to turn, route
φεύγω: to flee, run away
ψόγος, ὁ: blame, fault, censure

προσέπεσε: ao. of **προσ-πίπτω**, "he fell upon" + dat.
ὥστε συνταράξαι καὶ τρέψασθαι: result clause, "so that they were confounded and routed"
συνταράξαι: ao. inf. of **συν-ταράττω**
τρέψασθαι: ao. inf. of **τρέπω**
ἐκ δὲ τούτου: "from this" i.e. as a result of this
τῶν ὁπλιτῶν φυγόντων: gen. abs., "the hoplites having fled"
φυγόντων: ao. part. of **φεύγω**
ἀποθανεῖν συνέτυχε: "it happened that Kleomachus died"
συνέτυχε: ao. of **συν-τυγχάνω**
ἀποθανεῖν: ao. inf. of **ἀποθνήσκω**
ἐφ' οὗ: "next to which"
μέχρι νῦν: "up to the present"
ἐφέστηκε: perf. of **ἐπι-ἵστημι**, "is standing"
τὸ παιδεραστεῖν: art. inf. acc. obj. of **τιθέμενοι**, "pederasty"
τότε μᾶλλον ἑτέρων: "subsequently more than others"
ἠγάπησαν: ao. of **ἀγαπάω**, "they esteem"
Κλεόμαχον ἀποθανεῖν: ao. inf. in ind. st. after **φησι**, "Aristotle claims *that Kleomachus died* otherwise"

φησι, κρατήσαντα τῶν Ἐρετριέων τῇ μάχῃ τὸν δ' ὑπὸ τοῦ ἐρωμένου φιληθέντα τῶν ἀπὸ Θρᾴκης Χαλκιδέων γενέσθαι, πεμφθέντα τοῖς ἐν Εὐβοίᾳ Χαλκιδεῦσιν ἐπίκουρον ὅθεν ᾄδεσθαι παρὰ τοῖς Χαλκιδεῦσιν

> **ὦ παῖδες, οἳ χαρίτων τε καὶ πατέρων λάχετ' ἐσθλῶν,**
> **μὴ φθονεῖθ' ὥρας ἀγαθοῖσιν ὁμιλίαν**
> **σὺν γὰρ ἀνδρείᾳ καὶ ὁ λυσιμελὴς Ἔρως**
> **ἐνὶ Χαλκιδέων θάλλει πόλεσιν.**

ἀγαθός, -ή, -όν: good, brave
ἀείδω: to sing
ἀνδρεία, ἡ: manliness, courage
ἐπίκουρος, ὁ: an aid, ally
Ἐρέτρια, ἡ: Eretria
ἐσθλός, -ή, -όν: good
Εὔβοια, ἡ: Euboea
θάλλω: to bloom, abound
Θρᾴκη, ἡ: Thrace
κρατέω: to be mighty, be victorious
λαγχάνω: to obtain
λυσιμελής, -ές: limb-relaxing
μάχη, ἡ: battle, fight, combat
ὁμιλία, ἡ: a being together, intercourse, company
παῖς, παιδός, ὁ: child, boy
πατήρ, ὁ: a father
πέμπω: to send, dispatch
πόλις, -εως, ἡ: a city
φθονέω: to be envious, begrudge
φιλέω: to love, regard with affection
χάρις, -ιτος, ἡ: favor, grace
ὥρα, -ας, ἡ: period, season, time

κρατήσαντα: ao. part. acc. s. agreeing with **Κλεόμαχον**, "after having conquered" + gen.
ὑπὸ τοῦ ἐρωμένου: "by his (Cleomachus') beloved"
τὸν δ'... φιληθέντα... γενέσθαι: ao. inf. of **γίγνομαι** in ind. st. after **φησι**, "that *the one who was embraced was* one of the Chalcideans"
φιληθέντα: ao. part. pas. acc. s. of **φιλέω**
πεμφθέντα: ao. part. pas. acc. s. of **πέμπω** modifying **τὸν φιληθέντα**, "*who had been sent* as a support to" + dat.
ὅθεν: "whence"
ᾄδεσθαι: pr. inf. after **φησι**, "Ar. says *that it is sung*"
«ὦ παῖδες...πόλεσιν»: *PMG* 873
λάχετο: unaugmented 2 pl. ao. of **λαγχάνω**, "you who obtained"
μὴ φθονεῖθ': (= **φθονεῖτε**) imper. of **φθονέω**, "do not begrudge to" + dat.
ἀγαθοῖσιν: (= **ἀγαθοῖς**), "to brave men"
ὥρας: gen. s., "of your youth"
ἐνὶ πόλεσιν: dat. pl., "*in the cities* of Chalkis"

Ἄντων ἦν ὄνομα τῷ ἐραστῇ, τῷ δ' ἐρωμένῳ Φίλιστος, ὡς ἐν τοῖς Αἰτίοις Διονύσιος ὁ ποιητὴς ἱστόρησε.

Other examples of the power of love in battle.

παρ' ὑμῖν δ', ὦ Πεμπτίδη, τοῖς Θηβαίοις οὐ πανοπλίᾳ ὁ ἐραστὴς ἐδωρεῖτο τὸν ἐρώμενον ἐς ἄνδρας ἐγγραφόμενον; ἤλλαξε δὲ καὶ μετέθηκε τάξιν τῶν ὁπλιτῶν ἐρωτικὸς ἀνὴρ Παμμένης, Ὅμηρον ἐπιμεμψάμενος ὡς ἀνέραστον, ὅτι κατὰ φῦλα καὶ

Oscillum with Couple Kissing. Roman terracotta from Tarsus. Louvre, Paris.

ἀλλάττω: to alter, change
ἀνέραστος, -ον: not loved, unknowing of love
ἀνήρ, ἀνδρός, ὁ: a man, husband
δωρέω: to give, present as a gift
ἐγγράφω: to register, enroll
ἐπιμέμφομαι: to cast blame upon, censure
ἐραστής, -οῦ, ὁ: a lover
ἐρώμενος, -ου, ὁ: beloved
ἐρωτικός, -ή, -όν: amatory
ἱστορέω: to inquire, examine, give an account
μετατίθημι: to place differently, transpose
Ὅμηρος, -ου, ὁ: Homer
ὄνομα, τό: a name
ὁπλίτης, -ου, ὁ: hoplite, heavily armored soldier
πανοπλία, ἡ: the full suit of armor
ποιητής, -οῦ, ὁ: one who makes, a poet
τάξις, -εως, ἡ: an arrangement, battle line
φῦλον, τό: a race, tribe

Διονύσιος: "Dionysius the poet in his *Origins.*" This unknown author gave a different account of the Cleomachus episode.
ἱστόρησε: ao. of **ἱστορέω**, "recounted"
οὐ ἐδωρεῖτο: impf. of **δωρέω**, "doesn't a lover *usually bestow* his beloved with?" + dat.
ἐγγραφόμενον: pr. part. acc. s., "when he is enrolled as a man"
ἤλλαξε: ao. of **ἀλλάττω**, "he altered"
μετέθηκε: ao. of **μετα-τίθημι**, "he changed"
Παμμένης: Pammenes, a contemporary of Epaminondas
ἐπιμεμψάμενος" ao. part. of **ἐπι-μέμφομαι**, "having blamed"
ὡς ἀνέραστον: "on the grounds that he was ignorant of love"
κατὰ φῦλα: "according to tribe"

φρήτρας συνελόχιζε τοὺς Ἀχαιούς, οὐκ ἐρώμενον ἔταττε παρ' ἐραστήν, ἵν' οὕτω γένηται τὸ

ἀσπὶς δ' ἀσπίδ' ἔρειδε κόρυς δὲ κόρυν,

ὡς μόνον ἀήττητον ὄντα τὸν Ἔρωτα τῶν στρατηγῶν. καὶ γὰρ φυλέτας καὶ οἰκείους καὶ νὴ Δία γονεῖς καὶ παῖδας ἐγκαταλείπουσιν ἐραστοῦ δ' [ἐνθέου] δὲ καὶ ἐρωμένου μέσος οὐδεὶς πώποτε διεξῆλθε πολέμιος οὐδὲ διεξήλασεν ὅπου καὶ μηδὲν δεομένοις ἔπεισιν ἐπιδεικνύναι τὸ φιλοκίνδυνον κἀφιλόψυχον ὡς Θήρων ὁ Θεσσαλὸς προσβαλὼν τὴν χεῖρα τῷ

ἀήττητος, -*ον*: unconquered, unconquerable
ἀσπίς, -*ίδος*, *ἡ*: a round shield
ἀφιλόψυχος, -*ον*: not cowardly, without fear of death
Ἀχαιός, -*ά*, -*όν*: Achaean
γονεύς, -*έως*, *ὁ*: a father
διεξελαύνω: to drive, ride, march through
διεξέρχομαι: to go through, pass through
ἐγκαταλείπω: to leave behind, desert
ἔνθεος, -*ον*: inspired
ἐπέρχομαι: to attack
ἐπιδείκνυμι: to show, exhibit
ἐραστής, -*οῦ*, *ὁ*: a lover
ἐρείδω: to lean upon, prop up
ἐρώμενος, -*ου*, *ὁ*: beloved
Θεσσαλός, -*ά*, -*όν*: Thessalian
Θήρων, *ὁ*: Theron
κόρυς, -*υθος*, *ἡ*: a helmet
μέσος, -*η*, -*ον*: middle, in the middle
οἰκεῖος, -*α*, -*ον*: from one's house, related
παῖς, *παιδός*, *ὁ*: child, son
πολέμιος, -*α*, -*ον*: of war, enemy
προσβάλλω: to throw against
πώποτε: ever yet
στρατηγός, *ὁ*: a general
συλλοχίζω: to incorporate, arrange in order
τάττω: to arrange, station
φιλοκίνδυνος, -*ον*: fond of danger, adventurous
φράτρα, *ἡ*: a brotherhood, clan
φυλέτης, -*ου*, *ὁ*: a tribesman
χείρ, *χειρός*, *ἡ*: a hand

ἵν' οὕτω γένηται: ao. subj. of **γίγνομαι** in purpose clause, "in order for it to become"
«ἀσπὶς...κόρυν»: Homer, *Iliad* xiii.131
ἔρειδε: unaugmented impf. of **ἐρείδω**, "was leaning"
ὡς μόνον... ὄντα: "inasmuch as Love is the only"
μέσος: + gen., "between"
διεξῆλθε: ao. of **δια-ἔρχομαι**, "no one *has forced between*"
οὐδὲ διεξήλασεν: ao. of **δια-ἐλαύνω**, "no one *has driven between*"
ὅπου καὶ: "even when"
μηδὲν δεομένοις: pr. part. dat. pl., "to them not needing to" + inf.
ἔπεισιν: pr. of **ἐπι-ἔρχομαι**, "they attack"
τὸ κἀφιλόψυχον: (= **καὶ ἀ-φιλό-ψυχον**), the obj. of **ἐπιδεικνύναι**, "to show *the not-loving-life*"
προσβαλὼν: ao. part. of **προσ-βάλλω**, "*having placed* his hand *on*" + dat.

τοίχῳ τὴν εὐώνυμον καὶ σπασάμενος τὴν μάχαιραν ἀπέκοψε τὸν ἀντίχειρα προκαλούμενος τὸν ἀντεραστήν. ἕτερος δέ τις ἐν μάχῃ πεσὼν ἐπὶ πρόσωπον, ὡς ἔμελλε παίσειν αὐτὸν ὁ πολέμιος, ἐδεήθη περιμεῖναι μικρόν, ὅπως μὴ ὁ ἐρώμενος ἴδῃ κατὰ νώτου τετρωμένον.

The heroes of old were also susceptible to love.

οὐ μόνον τοίνυν τὰ μαχιμώτατα τῶν ἐθνῶν ἐρωτικώτατα, Βοιωτοὶ καὶ Λακεδαιμόνιοι καὶ Κρῆτες, ἀλλὰ καὶ τῶν παλαιῶν: ὁ Μελέαγρος, ὁ Ἀχιλλεὺς, ὁ Ἀριστομένης, ὁ Κίμων, ὁ Ἐπαμεινώνδας καὶ γὰρ οὗτος ἐρωμένους ἔσχεν Ἀσώπιχον

ἀντεραστής, -οῦ, ὁ: a rival in love
ἀντίχειρ, -χειρος, ὁ: the thumb
ἀποκόπτω: to cut off
Βοιωτός, -ά, -όν: Boeotian
δέομαι: to need, require, ask, beg
ἔθνος, -εος, τό: a people, group
ἐρώμενος, -ου, ὁ: beloved
ἐρωτικός, -ή, -όν: amatory
εὐώνυμος, -ον: left
Κρής: Cretan
Λακεδαιμόνιος: Spartan
μάχαιρα, -ης, ἡ: a dagger
μάχη, ἡ: battle, fight, combat
μάχιμος, -ος, -ον: battle-ready, warlike
μέλλω: to be going to, be about to (+ *inf.*)
μικρός, -ά, -όν: small, little
νῶτον, τό: the back
παίω: to strike, deliver a blow
παλαιός, -ά, -όν: old, ancient
περιμένω: to wait
πίπτω: to fall, fall down
πολέμιος, -α, -ον: of war, enemy
προκαλέω: to call forth, challenge
πρόσωπον, τό: a face
σπάω: to draw, unsheathe
τιτρώσκω: to wound, slay
τοῖχος, ὁ: a wall

σπασάμενος: ao. part. of **σπάω**, "*having drawn* his sword"
ἀπέκοψε: ao. of **ἀπο-κόπτω**, "he cut off"
προκαλούμενος: pr. part. of **προ-καλέω**, "challenging"
πεσὼν: ao. part. of **πίπτω**, "having fallen"
παίσειν: fut. inf. of **παίω** after **ἔμελλε**, "as the enemy was about *to strike*"
ἐδεήθη: ao. pas. with middle meaning of **δέομαι**, "he begged'
ὅπως μὴ ὁ ἐρώμενος ἴδῃ: ao. subj. of **ὁράω** in neg. purp. clause, "lest his beloved see"
τετρωμένον: perf. part. of **τρώσκω**, "having been wounded"
τῶν παλαιῶν: "the bravest *of the ancient heroes*"
οὐ μόνον...ἀλλὰ καὶ: "not only...but also"
καὶ γὰρ οὗτος: "Indeed this one" (i.e. Epaminondas)

καὶ Καφισόδωρον, ὃς αὐτῷ συναπέθανεν ἐν Μαντινείᾳ καὶ τέθαπται πλησίον. τὸν δ' [Ἀσωπιχον] φοβερώτατον γενόμενον τοῖς πολεμίοις καὶ δεινότατον ὁ πρῶτος ὑποστὰς καὶ πατάξας Εὔκναμος Ἀμφισσεὺς ἡρωικὰς ἔσχε τιμὰς παρὰ Φωκεῦσιν. Ἡρακλέους δὲ τοὺς μὲν ἄλλους ἔρωτας ἔργον ἐστὶν εἰπεῖν διὰ πλῆθος Ἰόλαον δὲ νομίζοντες ἐρώμενον αὐτοῦ γεγονέναι μέχρι νῦν σέβονται καὶ τιμῶσιν, ἔρωτος ὅρκους τε καὶ πίστεις ἐπὶ τοῦ τάφου παρὰ τῶν ἐρωμένων λαμβάνοντες. λέγεται δὲ καὶ τὴν Ἄλκηστιν ἰατρικὸς ὢν ἀπεγνωσμένην σῷσαι τῷ Ἀδμήτῳ

ἀπογιγνώσκω: to despair, give up hope
δεινός, -ή, -όν: terrible, dread
ἔργον, τό: a deed, work, production
ἐρώμενος, -ου, ὁ: beloved
Ἡρακλέης, ὁ: Heracles
ἡρωικός, -ή, -όν: of a hero, heroic
θάπτω: to honor with funeral rites, bury
ἰατρικός, -ή, -όν: medical, of a healer
λαμβάνω: to take
μέχρι: to this point, even so far
νομίζω: to hold as a custom, to use customarily
ὅρκος, ὁ: an oath
πατάττω: to beat, strike
πίστις, -εως, ἡ: trust, faith
πλῆθος, -εος, τό: a great number, multitude
πλήσιος, -α, -ον: near, close to, next to
πολέμιος, -α, -ον: of war, enemy
πρῶτος, -η, -ον: first
σέβομαι: to revere, worship
συναποθνήσκω: to die together with
τάφος, -εος, τό: a tomb
τιμάω: to honor
τιμή, ἡ: honor, esteem
ὑφίστημι: to place under
φοβερός, -ά, -όν: fearful, inspiring fear
Φωκεύς: Phocaean

ὃς συναπέθανεν: ao. of **συν-ἀποθνήσκω**, "Caphisodosus, who *died together with*" + dat.
τέθαπται: perf. of **θάπτω**, "is buried"
τὸν δ': "but the other" (i.e. of Epaminondas' beloveds)
γενόμενον: ao. part. of **γίγνομαι**, "since he was"
ὑποστὰς: ao. part. nom. s. of **ὑπο-ἵστημι**, "the first man standing up to him" (Asopichos)
πατάξας: ao. part. of **πατάσσω**, "having struck him"
ἔσχε: ao. of **ἔχω**, "received"
ἔργον ἐστὶν εἰπεῖν: "it is difficult to say"
διὰ πλῆθος: "because of their great number"
γεγονέναι: perf. inf. of **γίγνομαι** after **νομίζοντες**, "believing Iolaus to have been"
μέχρι νῦν: "up to the present"
ὅρκους... λαμβάνοντες: "taking oaths"
λέγεται: "Herakles is said..." + inf.
ἀπεγνωσμένην: perf. part. of **ἀπο-γιγνώσκω** agreeing with **Ἄλκηστιν**, "having been given up for lost"

χαριζόμενος, ἐρῶντι μὲν αὐτῷ τῆς γυναικός, ἐρωμένου δ' αὐτοῦ γενομένου καὶ γὰρ τὸν Ἀπόλλωνα μυθολογοῦσιν ἐραστὴν γενόμενον

Ἀδμήτῳ παραθητεῦσαι μέγαν εἰς ἐνιαυτόν.

Although women have no part in war, love makes them heroic too.

εὖ δέ πως ἐπὶ μνήμην ἦλθεν ἡμῖν Ἄλκηστις. Ἄρεος γὰρ οὐ πάνυ μέτεστι γυναικί, ἡ δ' ἐξ Ἔρωτος κατοχὴ προάγεταί τι τολμᾶν παρὰ φύσιν καὶ ἀποθνήσκειν. εἰ δέ πού τι καὶ μύθων

Scenes from the Myth of Alcestis. Roman marble sarcophagus from Ostia, 2nd C AD. Vatican Museums.

ἀποθνήσκω: to die
Ἀπόλλων, -ωνος, ὁ: Apollo
Ἄρης, Ἄρεος, ὁ: Ares
γυνή, γυναικός, ἡ: woman, wife
ἐνιαυτός, ὁ: a year
ἐραστής, -οῦ, ὁ: a lover
ἐρώμενος, -ου, ὁ: beloved
κατοχή, ἡ: a holding, possession
μέτειμι: to go among, have a part in
μνήμη, ἡ: a remembrance, memory
μυθολογέω: to tell myths
μῦθος, ὁ: a tale, myth
παραθητεύω: to serve
προάγω: to lead forward, drive on
σῴζω: to save
τολμάω: to bear, endure
φύσις, -εως, ἡ: nature
χαρίζω: to please, gratify

σῶσαι: ao. inf. after **λέγεται**, "*to have saved* Alcestis"
χαριζόμενος: "*doing a favor* for Admetus"
ἐρῶντι μὲν: pr. part. modifying **Ἀδμήτῳ**, "while Admetus loving" + gen.
ἐρωμένου δ' αὐτοῦ γενομένου: gen. abs., "but himself (i.e. Admetus) having been (Heracles') beloved"
γενόμενον: ao. part. agreeing with **Ἀπόλλωνα**, "having become the lover"
«Ἀδμήτῳ...ἐνιαυτόν»: anonymous fr. 380 Schneider
παραθητεῦσαι: ao. inf. in ind. st. after **μυθολογοῦσιν**, "*that Apollo served*" + dat.
μέγαν εἰς ἐνιαυτόν: "for a mighy year"
εὖ δέ... ἦλθεν: "it is good that her name came"
οὐ μέτεστι: pr. of **μετα-εἶμι**, "*there is no share* for a woman of" + gen.
τι τολμᾶν: pr. inf. after **προάγεται**, "leads them *to dare something*"
καὶ ἀποθνήσκειν: inf. after **προάγεται**, "even to die"

πρὸς πίστιν ὄφελός ἐστι, δηλοῖ τὰ περὶ Ἄλκηστιν καὶ Πρωτεσίλεων καὶ Εὐρυδίκην τὴν Ὀρφέως, ὅτι μόνῳ θεῶν ὁ Ἅιδης Ἔρωτι ποιεῖ τὸ προσταττόμενον καίτοι πρός γε τοὺς ἄλλους, ὥς φησι Σοφοκλῆς, ἅπαντας

οὔτε τοὐπιεικὲς οὔτε τὴν χάριν
οἶδεν, μόνην δ' ἔστερξε τὴν ἁπλῶς δίκην

αἰδεῖται δὲ τοὺς ἐρῶντας καὶ μόνοις τούτοις οὔκ ἐστιν ἀδάμαστος οὐδ' ἀμείλιχος. ὅθεν ἀγαθὸν μέν, ὦ ἑταῖρε, τῆς ἐν Ἐλευσῖνι τελετῆς μετασχεῖν ἐγὼ δ' ὁρῶ τοῖς Ἔρωτος ὀργιασταῖς καὶ μύσταις ἐν Ἅιδου βελτίονα μοῖραν οὖσαν,

---

ἀγαθός, -ή, -όν: good
ἀδάμαστος, -ον: inflexible
αἰδέομαι: to be ashamed, respect
Ἅδης, ὁ: Hades
ἀμείλιχος, -ον: implacable, relentless
ἁπλῶς: singly, only
βελτίων, -ον: better
δῆλος, -η, -ον: visible, conspicuous, clear
Ἐλευσίς, -ῖνος, ἡ: Eleusis
ἐπιεικής, -ές: fitting, suitable
ἐράω: to love
μετέχω: to partake of, share in
μοῖρα, -ας, ἡ: a portion, lot
μόνος, -η, -ον: alone
μύστης, -ου, ὁ: one initiated
οἶδα: to know
ὁράω: to see
ὀργιαστής, -οῦ, ὁ: one who celebrates
ὄφελος, τό: advantage, help
πίστις, -εως, ἡ: trust, faith
προστάττω: to command
Σοφοκλῆς, -έους, ὁ: Sophocles
στέργω: to love
τελετή, ἡ: a initiation rite
χάρις, -ιτος, ἡ: favor, grace

εἴ τι... ὄφελος ἐστι: "if there is any profit" + gen.
δηλοῖ ὅτι: with subj. **τὰ περὶ** etc., "these *make it clear* that"
Ἄλκηστιν, Πρωτεσίλεων, Εὐρυδίκην: all were brought back from death for their lovers
ποιεῖ τὸ προσταττόμενον: pr. part., "that Hades *does what is commanded* for" + dat.
«οὔτε τοὐπιεικὲς...δίκην»: Sophocles fr. 703 (*TGF*)
τοὐπιεικὲς: (= **τὸ ἐπιεικὲς**), "fair"
τὴν ἁπλῶς δίκην: "unadorned justice"
οὔκ ἐστιν ἀδάμαστος: "he (Hades) is not inflexible to" + dat.
μετασχεῖν: ao. inf. of **μετα-ἔχω** after **ἀγαθὸν** (**ἐστι**), "it is good *to participate*" + gen.
βελτίονα μοῖραν οὖσαν: pr. part. in ind. st. after **ὁρῶ**, "I see *that there is a better portion* for" + dat.

Ancient stories that tell of lovers returning from Hades hint at Love's power.

οὔτι τοῖς μύθοις πειθόμενος οὐ μὴν οὐδ' ἀπιστῶν παντάπασιν εὖ γὰρ δὴ λέγουσι, καὶ θείᾳ τινὶ τύχῃ ψαύουσι τἀληθοῦς οἱ λέγοντες ἐξ Ἅιδου τοῖς ἐρωτικοῖς ἄνοδον εἰς φῶς ὑπάρχειν, ὅπῃ δὲ καὶ ὅπως ἀγνοοῦσιν, ὥσπερ ἀτραποῦ διαμαρτόντες ἣν πρῶτος ἀνθρώπων διὰ φιλοσοφίας Πλάτων κατεῖδε. καίτοι λεπταί τινες ἀπορροαὶ καὶ ἀμυδραὶ τῆς ἀληθείας ἔνεισι ταῖς Αἰγυπτίων ἐνδιεσπαρμέναι μυθολογίαις, ἀλλ' ἰχνηλάτου δεινοῦ δέονται καὶ μεγάλα μικροῖς ἑλεῖν δυναμένου.

ἀγνοέω: not to know, to be ignorant of
Αἰγύπτιος, -α, -ον: Egyptian
αἱρέω: to pick up, grasp
ἀλήθεια, ἡ: the truth
ἀληθής, -ές: true
ἀμυδρός, -ά, -όν: indistinct, dim, obscure
ἄνοδος, ἡ: a way up
ἀπιστέω: to doubt, be without faith
ἀπορροή, ἡ: a stream
ἀτραπός, ἡ: a path
δεινός, -ή, -όν: fearful, terrible, keen
δέομαι: to need, require, ask, beg
διαμαρτάνω: to go astray from
δύναμαι: to be able
ἐνδιασπείρω: to scatter about, disperse
ἐρωτικός, -ή, -όν: amatory
θεῖος, -α, -ον: divine, of the gods
ἰχνηλάτης, -ου, ὁ: a tracker, hunter
κατεῖδον: to look down upon, behold, perceive
λεπτός, -ή, -όν: small, slight
μικρός, -ά, -όν: small, little
μυθολογία, ἡ: mythology, legend
μῦθος, ὁ: a tale, myth
ὅπῃ: by which way
πείθω: to win over, persuade
Πλάτων, -ωνος, ὁ: Plato
πρῶτος, -η, -ον: first
τύχη, ἡ: fortune, chance
ὑπάρχω: to be establish, be permitted
φιλοσοφία, ἡ: love of wisdom, philosophy
φῶς, φωτός, τό: light, daylight
ψαύω: to touch (+ *gen.*)

οὔτι πειθόμενος: "not completely persuaded by" + dat.
οὐ μὴν οὐδ' ἀπιστῶν: "nor indeed disbelieving completely"
θείᾳ τινὶ τύχῃ: "by some divine chance"
ἄνοδον... ὑπάρχειν: pr. inf. in ind. st. after **λέγουσι**, "those saying *that the road up is permitted to*" + dat.
ὅπῃ δὲ καὶ ὅπως: "by what way and how"
διαμαρτόντες: ao. part. of **δια-ἁμαρτάνω**, "having missed" + gen.
ἣν: rel pron. whose antecedent is **ἀτραποῦ**, "the path *which* Plato first discerned"
κατεῖδε: ao. of **κατα-ὁράω**
ἔν-εισι: "are in" + dat.
ἐνδιεσπαρμέναι: perf. part. of **ἐν-δια-σπείρω** agreeing with **ἀπορροαὶ**, "dispersed throughout"
δέονται: "they require" + gen
ἑλεῖν: ao. inf. of **αἱρέω** after **δυναμένου**, "able *to draw*"
μεγάλα μικροῖς: obj. of **ἑλεῖν**, "great things from small things"
ἑλεῖν δυναμένου: pr. part. modifying **ἰχνηλάτου**, "being able to draw"

Love bestows the greatest benefits on lovers themselves, making them more generous and high-minded.

διὸ ταῦτα μὲν ἐῶμεν, μετὰ δὲ τὴν ἰσχὺν τοῦ Ἔρωτος οὖσαν τοσαύτην ἤδη τὴν πρὸς ἀνθρώπους εὐμένειαν καὶ χάριν ἐπισκοπῶμεν, οὐκ εἰ πολλὰ τοῖς χρωμένοις ἀγαθὰ περιποιεῖ (δῆλα γάρ ἐστι ταῦτά γε πᾶσιν) ἀλλ' εἰ πλείονα καὶ μείζονα τοὺς ἐρῶντας αὐτοὺς ὀνίνησιν ἐπεί, καίπερ ὢν ἐρωτικὸς ὁ Εὐριπίδης, τὸ σμικρότατον ἀπεθαύμασεν εἰπὼν

ποιητὴν δ' ἄρα
Ἔρως διδάσκει, κἂν ἄμουσος ᾖ τὸ πρίν.

συνετόν τε γὰρ ποιεῖ, κἂν ῥᾴθυμος ᾖ τὸ πρίν καὶ ἀνδρεῖον,

ἀγαθός, -ή, -όν: good
ἄμουσος, -ον: without the Muses, without art, rude
ἀνδρεῖος, -α, -ον: manly, brave
ἄνθρωπος, ὁ: a man
ἀποθαυμάζω: to marvel much at
δῆλος, -η, -ον: visible, clear, evident
διδάσκω: to teach
ἐάω: to allow, permit
ἐπισκοπέω: to look at, inspect, examine
ἐράω: to love
ἐρωτικός, -ή, -όν: amatory
εὐμένεια, ἡ: goodwill, benevolence
ἰσχύς, -ύος, ἡ: strength
καίπερ: although
μικρός, -ά, -όν: small, little
ὀνίνημι: to profit, benefit, help
περιποιέω: to obtain, procure
πλείων, -ον: more, greater
ποιητής, -οῦ, ὁ: one who makes, a poet
πρίν: before
ῥάθυμος, -ον: carefree, easy
συνετός, -ή, -όν: intelligent, clever, wise
τοσοῦτος, -αύτη, -οῦτο: so large, so great
χάρις, -ιτος, ἡ: favor, grace
χράομαι: to use, enjoy

ἐῶμεν: pr. jussive subj. of **ἐάω**, "let us grant these things"
μετὰ... ἤδη: "after already..." this clause assumes a form of **σκοπέω** to govern the acc. + part. clause, "after already (seeing) that the strength of Love is so great"
ἐπισκοπῶμεν: pr. jussive sub. of **ἐπι-σκοπέω**, "let us consider (next)"
οὐκ εἰ περιποιεῖ: ind. quest. after **ἐπισκοπῶμεν**, "*not whether it secures* goods *for*" + dat.
δῆλα γάρ ἐστι: parenthetical, "for these (goods) are obvious to all"
ἀλλ' εἰ: continuation of indi. quest., "*but whether* it benefits"
καίπερ ὢν: part. with concessive force, "*although being* erotic"
τὸ σμικρότατον: "the very smallest thing"
ἀπεθαύμασεν: ao. of **ἀπο-θαυμάζω**, "he marveled"
«ποιητὴν δ'...πρίν»: from Euripides' lost *Stheneboae*, fr. 663 (*TGF*)
κἂν (sc. **ᾖ**): (= **καὶ ἄν**), pr. gen. cond., "even if he was"
τὸ πρίν: "before"
κἂν (=**καὶ ἄν**) **ῥᾴθυμος ᾖ**: subj. in pr. gen., "even if he was dull"
ἀνδρεῖον (sc. **ποιεῖ**) **τὸν ἄτολμον**: "makes the coward brave"

ᾗ λέλεκται, τὸν ἄτολμον, ὥσπερ οἱ τὰ ξύλα πυρακτοῦντες ἐκ μαλακῶν ἰσχυρὰ ποιοῦσι. δωρητικὸς δὲ καὶ ἁπλοῦς καὶ μεγαλόφρων γίγνεται πᾶς ἐραστής, κἂν γλίσχρος πρότερον, τῆς μικρολογίας καὶ φιλαργυρίας δίκην σιδήρου διὰ πυρὸς ἀνιεμένης ὥστε χαίρειν τοῖς ἐρωμένοις διδόντας, ὡς παρ' ἑτέρων οὐ χαίρουσιν αὐτοὶ λαμβάνοντες. ἴστε γὰρ δήπου, ὡς Ἀνύτῳ τῷ Ἀνθεμίωνος, ἐρῶντι μὲν Ἀλκιβιάδου, ξένους δ' ἑστιῶντι φιλοτίμως καὶ λαμπρῶς, ἐπεκώμασεν ὁ Ἀλκιβιάδης

ἀνίημι: to send forth, let go
ἁπλοῦς, -ῆ, -οῦν: single-minded
ἄτολμος, -ον: spiritless, cowardly
γίγνομαι: to become, occur, happen
γλίσχρος, -α, -ον: mean, miserly
δίδωμι: to give
δίκη, ἡ: justice, law
δωρητικός, -ή, -όν: concerned with giving, generous
ἐπικωμάζω: to rush in as a reveler, enter drunkenly
ἐραστής, -οῦ, ὁ: a lover
ἐράω: to love
ἐρώμενος, -ου, ὁ: beloved
ἑστιάω: to receive in one' s house, to entertain
ἰσχυρός, -ά, -όν: strong, mighty
λαμβάνω: to take
λαμπρός, -ά, -όν: bright, brilliant
λέγω: to speak, say
μαλακός, -ή, -όν: soft, tender, pliant
μεγαλόφρων, -ον: high-minded, noble
μικρολογία, ἡ: pettiness, meanness
ξένος, ὁ: foreigner, guest
ξύλον, τό: wood
πρότερος: before
πῦρ, πυρός, τό: fire
πυρακτέω: to temper, to harden in the fire
σίδηρος, ὁ: iron
φιλαργυρία, ἡ: love of money, greed
φιλότιμος, -ον: eager, zealous
χαίρω: to rejoice, be glad, be delighted

ᾗ λέλεκται: perf. of **λέγω**, "which *has been said*"
πυρακτοῦντες: pr. part. of **πυρακτέω**, "just as those tempering"
ἐκ μαλακῶν: "make strong *from weak*"
κἂν (sc. **ᾖ**) **γλίσχρος**, "even if he was miserly"
πᾶς ἐραστής: subj. of **γίγνεται**, "*every lover* becomes"
τῆς μικρολογίας... ἀνιεμένης: gen. abs., "his pettiness yielding"
ἀνιεμένης: pr. part. of **ἀνα-ἵημι**
δίκην: acc. of resp., "in the manner of" + gen.
ὥστε χαίρειν: result clause, "so that they enjoy"
διδόντας: pr. part. acc. pl. agreeing with the subject of **χαίρειν**, "they enjoy *giving* to" + dat.
ὡς... χαίρουσιν: "as much as they themselves enjoy"
λαμβάνοντες: pr. part. after **χαίρουσιν**, "enjoy *receiving*"
ἴστε γὰρ δήπου: "certainly you know"
ὡς Ἀνύτῳ... ἐπεκώμασεν: ao. of **ἐπι-κομπάζω** ind. st. after **ἴστε** , "how Alcibiades while reveling burst in upon Anytus"
ἐρῶντι μὲν... ξένους δ' ἑστιῶντι: pr. part. dat. s. agreeing with **Ἀνύτῳ**, "who was in love with Alcibiades... and who was once entertaining guests"

καὶ λαβὼν ἀπὸ τῆς τραπέζης εἰς ἥμισυ τῶν ἐκπωμάτων ἀπῆλθεν. ἀχθομένων δὲ τῶν ξένων καὶ λεγόντων «ὑβριστικῶς σοι κέχρηται καὶ ὑπερηφάνως τὸ μειράκιον.»

«φιλανθρώπως μὲν οὖν» ὁ Ἄνυτος εἶπε «πάντα γὰρ ἐξῆν αὐτῷ λαβεῖν, ὁ δὲ κἀμοὶ τοσαῦτα καταλέλοιπεν.»

[18.] ἡσθεὶς οὖν ὁ Ζεύξιππος «ὦ Ἡράκλεις» εἶπεν «ὡς ὀλίγου διελύσατο πρὸς Ἄνυτον τὴν ἀπὸ Σωκράτους καὶ φιλοσοφίας πατρικὴν ἔχθραν, εἰ πρᾶος ἦν οὕτω περὶ ἔρωτα καὶ γενναῖος.»

ἀπέρχομαι: to go away, depart
ἄχθομαι: to be vexed, be annoyed
γενναῖος, -α, -ον: noble
διαλύω: to dissolve
ἔκπωμα, -ατος, τό: a drinking cup
ἔξεστι: it is possible
ἔχθρα, ἡ: hatred, enmity, feud
ἥδομαι: to enjoy oneself, be delighted
ἥμισυς, -εια, -υ: half
Ἡρακλέης, ὁ: Heracles
καταλείπω: to leave behind
λαμβάνω: to take
μειράκιον, τό: a lad, youth
ξένος, ὁ: foreigner, guest
ὀλίγος, -η, -ον: few, little, scanty, small
πατρικός, -ή, -όν: paternal, hereditary
πρᾶος, -ον: soft, gentle
Σωκράτης, ὁ: Socrates
τοσοῦτος, -αύτη, -οῦτο: so large, so much
τράπεζα, -ης, ἡ: a table
ὑβριστικός, -ή, -όν: wanton, insolent, outrageous
ὑπερήφανος, -ον: arrogant, haughty
φιλάνθρωπος, -ον: benevolent, kindly
φιλοσοφία, ἡ: love of wisdom, philosophy
χράομαι: to use, deal with, treat

λαβὼν: ao. part. of **λαμβάνω**, "Alcibiades *having taken*"
εἰς ἥμισυ: "up to half" + gen.
ἀπῆλθεν: ao. of **ἀπο-ἔρχομαι**, "he departed"
ἀχθομένων δὲ τῶν ξένων: gen. abs., "*the guests becoming incensed* and saying"
κέχρηται: perf. of **χράομαι**, "he has treated" + dat.
ἐξῆν αὐτῷ: impf. of **ἐξ-εἰμι**, "it was possible for him to" + inf.
λαβεῖν: ao. inf. of **λαμβάνω**, "to take"
κἀμοὶ: (= **καὶ ἐμοί**), "for me too"
καταλέλοιπεν: perf. of **κατα-λοίπω**, "he has left behind the same amount"
ἡσθεὶς: ao. part. pas. of **ἥδομαι**, "being delighted"
ὀλίγου: gen. of degree of diff., "by a little"
διελύσατο: ao. mid. of **δια-λύω**, "this has dissolved"
ἀπὸ Σωκράτους: Anytus was the principle prosecutor in the trial of Socrates.
πατρικὴν ἔχθραν: obj. of **διελύσατο**, "my ancestral dispute"

Love improves one's temperament and makes one brave.

«εἶεν» εἶπεν ὁ πατήρ «ἐκ δὲ δυσκόλων καὶ σκυθρωπῶν τοῖς συνοῦσιν οὐ ποιεῖ φιλανθρωποτέρους καὶ ἡδίους;

αἰθομένου γὰρ πυρὸς γεραρώτερον οἶκον ἰδέσθαι

καὶ ἄνθρωπον ὡς ἔοικε φαιδρότερον ὑπὸ τῆς ἐρωτικῆς θερμότητος. ἀλλ' οἱ πολλοὶ παράλογόν τι πεπόνθασιν ἂν μὲν ἐν οἰκίᾳ νύκτωρ σέλας ἴδωσι, θεῖον ἡγοῦνται καὶ θαυμάζουσι ψυχὴν δὲ μικρὰν καὶ ταπεινὴν καὶ ἀγεννῆ ὁρῶντες ἐξαίφνης ὑποπιμπλαμένην φρονήματος, ἐλευθερίας, φιλοτιμίας,

---

ἀγεννής, -ές: ignoble, low-born
αἴθω: to light up, kindle
γεραρός, -ά, -όν: majestic
δύσκολος, -α, -ον: difficult, unpleasant
ἐλευθερία, ἡ: freedom, liberty
ἐξαίφνης: suddenly
ἐρωτικός, -ή, -όν: amatory
ἡγέομαι: to go before, lead the way
ἡδύς, -εῖα, -ύ: sweet
θαυμάζω: to wonder, be astounded
θεῖος, -α, -ον: divine, of the gods
θερμότης, -ητος, ἡ: heat
μικρός, -ά, -όν: small, little
νύκτωρ: by night
οἰκία, ἡ: a building, house, dwelling
οἶκος, ὁ: a house, abode, dwelling
ὁράω: to see
παράλογος, -ον: unexpected, unreasonable
πάσχω: to experience, suffer
πῦρ, πυρός, τό: fire
σέλας, -αος, τό: a bright flame, light
σκυθρωπός, -ή, -όν: looking sad, sullen
σύνειμι: to be with
ταπεινός, -ή, -όν: low, base
ὑποπίμπλημι: to fill with
φαιδρός, -ά, -όν: bright, radiant
φιλάνθρωπος, -ον: benevolent, kindly
φιλοτιμία, ἡ: munificence, kindness
φρόνημα, -ατος, τό: high spirit, pride
ψυχή, ἡ: the soul

εἶεν: opt. of **εἰμι**, "Well OK then"
ἐκ δὲ δυσκόλων: "from (men who are) unpleasant"
οὐ ποιεῖ: "*doesn't (Love) make* (men) more generous" + dat.
τοῖς συνοῦσιν: pr. part. dat. pl. ind. obj. of **ποιεῖ**, "to those associating with them"
«αἰθομένου γὰρ...ἰδέσθαι»: attributed to Homer in *The Contest of Homer and Hesiod*
αἰθομένου γὰρ πυρὸς: gen. abs., "with the fire gleaming"
ἰδέσθαι: epexegetic inf. after **γεραρώτερον**, "makes a house more cheerful *to see*"
ἄνθρωπον: another object of **ποιεῖ**, "makes *a man* more radiant"
ὡς ἔοικε: parenthetical, "so it seems"
τι πεπόνθασιν: perf. of **πάσχω**, "the many *have experienced something* paradoxical"
ἂν ἴδωσι: ao. subj. in pr. gen. cond., "if they see"
ψυχὴν... ὑποπιμπλαμένην: pr. part. in ind. st. after **ὁρῶντες**, "but when they see that a soul is filled" + gen.

χάριτος, ἀφειδίας, οὐκ ἀναγκάζονται λέγειν ὡς ὁ Τηλέμαχος

ἦ μάλα τις θεὸς ἔνδον.

ἐκεῖνο δ'» εἶπεν ὁ Δαφναῖος «πρὸς Χαρίτων οὐ δαιμόνιον; ὅτι τῶν ἄλλων ὁ ἐρωτικὸς ὀλίγου δεῖν ἁπάντων περιφρονῶν, οὐ μόνον ἑταίρων καὶ οἰκείων, ἀλλὰ καὶ νόμων καὶ ἀρχόντων καὶ βασιλέων, φοβούμενος δὲ μηδὲν, μηδὲ θαυμάζων, μηδὲ θεραπεύων, ἀλλὰ καὶ τὸν «αἰχματὰν κεραυνὸν» οἷος ὢν ὑπομένειν, ἅμα τῷ τὸν καλὸν ἰδεῖν

ἔπτηξ' ἀλέκτωρ δοῦλον ὣς κλίνας πτερόν,

αἰχμητής, -οῦ, ὁ: a spearman
ἀλέκτωρ, -ορος, ἡ: a cock, rooster
ἅμα: at the same time as, together with (+ *dat.*)
ἀναγκάζω: to force, compel
ἄρχων, -οντος, ὁ: a ruler
ἀφειδία, ἡ: generosity, charity
βασιλεύς, -έως, ὁ: a king
βασίλη, ἡ: queen, princess
δαιμόνιος, -α, -ον: divine, miraculous
δέω: to lack
δοῦλος, -α, -ον: servile, enslaved
ἔνδον: in, within
ἐρωτικός, -ή, -όν: amatory
ἑταῖρος, ὁ: a comrade, companion
ἦ: in truth, truly
θαυμάζω: to wonder, marvel at
θεραπεύω: to do service, honor
κεραυνός, ὁ: a thunderbolt
κλίνω: to droop
νόμος, ὁ: a law
οἰκεῖος, -α, -ον: of one' s house, related
ὀλίγος, -η, -ον: few, little, small
περιφρονέω: to think about
πτερόν, τό: feather, wing
πτήττω: to cower, flinch
ὑπομένω: to endure, survive
φοβέομαι: to fear
Χάρις, -ιτος, ἡ: a Grace
χάρις, -ιτος, ἡ: favor, grace

λέγειν: pr. inf. after **ἀναγκάζονται**, "they are compelled *to say*"
«ἦ μάλα...ἔνδον»: Homer, *Odyssey* xix.40
ἐκεῖνο... οὐ δαιμόνιον: "is that not wonderful?"
ὅτι... : "is it not wonderful *that...*" the verb of the clause is **ἔπτηξε** in the quotation below
ὀλίγου δεῖν: "to be lacking by a little" with **ἁπάντων**, "*almost* everything"
περιφρονῶν: pr. part. concessive, "although the lover *despises*" + gen.
ἀλλὰ καὶ: "but even"
οἷος ὢν: concessive, "even though being able" + inf.
ἅμα: "at the same time as" + dat., i.e. "as soon as"
τῷ ἰδεῖν: art. inf. dat. with **ἅμα**, "*the seeing* his handsome one"
«ἔπτηξ'...πτερόν»: Phrynichus fr. 17 (*TGF*)
ἔπτηξε: ao. of **πτάσσω**, "he flinched"
ἀλέκτωρ ὣς: "like a cock"
κλίνας: ao. part. of **κλίνω**, "*drooping* his slavish wing"

καὶ τὸ θράσος ἐκκέκλασται καὶ κατακέκοπται οἱ τὸ τῆς ψυχῆς γαῦρον.

Sappho, inflamed with love, poured out fiery poems.

ἄξιον δὲ Σαπφοῦς παρὰ ταῖς Μούσαις μνημονεῦσαι τὸν μὲν γὰρ Ἡφαίστου παῖδα Ῥωμαῖοι Κᾶκον ἱστοροῦσι πῦρ καὶ φλόγας ἀφιέναι διὰ τοῦ στόματος ἔξω ῥεούσας αὕτη δ' ἀληθῶς μεμιγμένα πυρὶ φθέγγεται καὶ διὰ τῶν μελῶν ἀναφέρει τὴν ἀπὸ τῆς καρδίας θερμότητα

Μούσαις εὐφώνοις ἰωμένη τὸν ἔρωτα

ἀναφέρω: to bring or carry up
ἄξιος, -ία, -ον: worthy, proper (+ *inf.*)
ἀφίημι: to send forth, emit
γαῦρος, τό: pride
ἐκκλάω: to break
ἔξω: out from
εὔφωνος, -ον: sweet-voiced
Ἥφαιστος, -ου, ὁ: Hephaestus
θερμότης, -ητος, ἡ: heat
θράσος, -εος, τό: courage, boldness
ἰάομαι: to heal, cure
ἱστορέω: to inquire, relate
καρδία, ἡ: the heart
κατακόπτω: to cut down
μέλος, -εος, τό: a poetic phrase, lyric
μίγνυμι: to mix, mingle
μνημονεύω: to call to mind, remember (+ *gen.*)
Μοῦσα, -ης, ἡ: a Muse
παῖς, παιδός, ὁ: a child, boy
πῦρ, πυρός, τό: fire
ῥέω: to flow, run, stream
Ῥωμαῖος, -α, -ον: Roman
Σαπφώ , -οῦς, ἡ: Sappho
στόμα, -ματος, τό: a mouth
φθέγγομαι: to utter, speak
φλόξ, φλογός, ἡ: a flame
ψυχή, ἡ: the soul

ἐκκέκλασται: perf. of **ἐν-κλάω**, "is broken"
κατακέκοπται: perf. of **κατα-κόπτω**, "is cut off"
οἱ: dat. of 3 pers. pron., "*his* pride"
ἄξιον (sc. **ἐστι**): "it is worthwhile to" + inf.
μνημονεῦσαι: ao. inf. of **μνημονεύω**, "*to remember* Sappho"
παρὰ ταῖς Μούσαις: "since we are *at the Muses' shrine*"
Κᾶκον... ἀφιέναι: pr. inf. of **ἀπο-ἵημι** in ind. st. after **ἱστοροῦσι**, "the Romans relate *that Cacus released*"
ῥεούσας: pr. part. acc. f. pl. of **ῥέω** agreeing with **φλόγας**, "flowing"
αὕτη: "but that one" i.e., Sappho
μεμιγμένα: perf. part. n. pl. of **μίγνυμι**, "(words) *mixed* with fire"
«Μούσαις...ἔρωτα»: Philoxenus *PMG* 822
Μούσαις εὐφώνοις: dat. pl., "with sweet-voiced Muses"
ἰωμένη: pr. part. of **ἰάω**, "healing"

Bust of Sappho. Roman marble copy of Hellenistic original, found at Smyrna. Istanbul Archeological Museum, Istanbul. Photo: Bjørn Tørrissen

κατὰ Φιλόξενον. ἀλλ' εἴ τι μὴ διὰ Λύσανδραν, ὦ Δαφναῖε, τῶν παλαιῶν ἐκλέλησαι παιδικῶν, ἀνάμνησον ἡμᾶς, ἐν οἷς ἡ καλὴ Σαπφὼ λέγει τῆς ἐρωμένης ἐπιφανείσης τήν τε φωνὴν ἴσχεσθαι καὶ φλέγεσθαι τὸ σῶμα καὶ καταλαμβάνειν ὠχρότητα καὶ πλάνον αὐτὴν καὶ ἴλιγγον. λεχθέντων οὖν ὑπὸ τοῦ Δαφναίου τῶν μελῶν ἐκείνων,

---

ἀναμιμνήσκω: to remind
ἐκλανθάνω: to escape notice, cause to forget
ἐπιφαίνω: to show, display
ἐράω: to love
ἴλιγγος, ὁ: a spinning, agitation
ἴσχω: to hold, check, restrain
καταλαμβάνω: to seize, overtake
λέγω: to speak, say
μέλος, -εος, τό: a poetic phrase, lyric
παιδικός, ὁ: dear boy
παλαιός, -ά, -όν: old, ancient
πλάνος, ὁ: a leading astray, wandering
Σαπφώ , -οῦς, ἡ: Sappho
σῶμα, -ατος, τό: body
φλέγω: to burn, burn up
φωνή, ἡ: voice
ὠχρότης, -ητος, ἡ: paleness

εἴ τι μὴ... ἐκλέλησαι: perf. 2 s. of **ἐκ-λανθάνω**, "unless you have forgotten" + gen.
ἀνάμνησον: ao. imper. of **ἀνα-μιμνήσκω**, "remind us"
ἐν οἷς: "in which (songs)"
τῆς ἐρωμένης ἐπιφανείσης: gen. abs., "when her beloved appears"
φωνὴν ἴσχεσθαι: pr. inf. of **ἴσχω** in ind. st. after **λέγει**, "that her voice is stopped"
φλέγεσθαι τὸ σῶμα: "that her body burns"
καταλαμβάνειν ὠχρότητα: "*that paleness overtakes* her"
λεχθέντων τῶν μελῶν: gen. abs., "and so these songs having been spoken"
λεχθέντων: ao. part. pas. of **λέγω**

ὡς [γὰρ ἔς σ' ἴδω βροχε', ὥς με, φώναι-
σ' οὐδ' ἔν ἔτ' εἴκει
ἀλλ' ἄκαν μὲν γλῶσσα ἔαγε λέπτον
δ' αὔτικα χρῷ πῦρ ὑπαδεδρόμηκεν.
... χλωροτέρα δὲ ποίας
ἔμμι, τεθνάκην δ' ὀλίγω 'πιδεύης
φαίνομαι]

ὑπολαβὼν ὁ πατήρ «ταῦτ'» εἶπεν «ὦ πρὸς τοῦ Διός, οὐ θεοληψία καταφανής; οὗτος οὐ δαιμόνιος σάλος τῆς ψυχῆς; τί τοσοῦτον ἡ Πυθία πέπονθεν ἀψαμένη τοῦ τρίποδος; τίνα τῶν

ἅπτω: to fasten, cling to
βραχύς, -εῖα, -ύ: short, brief
γλῶσσα, ἡ: a tongue
δαιμόνιος, -α, -ον: divine, miraculous
θεοληψία, ἡ: inspiration
καταφανής, -ές: clearly seen, evident
λεπτός , ή, όν: small, slight
πάσχω: to feel, to suffer
ποία, ἡ: grass
Πυθία, ἡ: the Pythia
σάλος, ὁ: a tossing, agitation
τρίπους, -ποδος, ὁ: tripod
ὑπολαμβάνω: to resume
χλωρός, -ά, -όν: green, pale
χρώς, χρωτός, ὁ: skin

'ὡς... φαίνομαι: The lines supplied from Sappho's famous poem on the effects of love (Campbell 1967, fr. 31) are the best fit for the lacuna. The dialect is Aeolic. Here is Lattimore's translation: "Let me only glance where you are, the voice dies, I can say nothing. But my lips are stricken to silence, underneath my skin the tenuous flame suffuses.... I am paler than the grass; I feel that death has come near me."

ἴδω: ao. subj., "whenever I see you"

βρόχε(α): = **βράχε(α)**, "briefly"

φώναισ(αι): ao. inf. of **φωνέω** with impersonal **εἴκει**, "it is possible *to speak* nothing"

ἄκαν = **ἀκήν**: adv., "silently"

ἔαγε: perf. of **ἄγνυμι**, "is broken"

ὑπαδεδρόμηκεν = **ὑποδεδρόμηκεν**: perf. of **ὑπο-τρέχω**, "has suffused"

ἔμμι = **εἰμι**

τεθνάκην = **τεθνάναι**: perf. inf. of **θνήσκω** after **φαίνομαι**, "I seem to be dead"

ὀλίγω 'πιδεύης = **ὀλίγου ἐπιδεύης**: "lacking by a little" i.e. "almost"

ὑπολαβὼν: ao. part. of **ὑπολαμβάνω**, "having resumed"

πέπονθεν: perf. of **πάσχω**, "*has she experienced* so great a thing?

ἀψαμένη: ao. part. of **ἅπτω**, "having touched" + gen.

ἐνθεαζομένων οὕτως ὁ αὐλὸς καὶ τὰ μητρῷα καὶ τὸ τύμπανον ἐξίστησιν; ἡμῖν ταὐτὸ σῶμα πολλοὶ καὶ ταὐτὸ κάλλος ὁρῶσιν, εἴληπται δ' εἷς ὁ ἐρωτικός διὰ τίν' αἰτίαν; οὐ γὰρ μανθάνομέν γέ που τοῦ Μενάνδρου λέγοντος οὐδὲ συνίεμεν,

καιρός ἐστιν ἡ νόσος
ψυχῆς, ὁ πληγεὶς δ' [οὖν ἑκὼν] τιτρώσκεται

ἀλλ' ὁ θεὸς αἴτιος τοῦ μὲν καθαψάμενος τὸν δ' ἐάσας.

αἰτία, ἡ: a cause
αἴτιος, -α, -ον: to blame, culpable
αὐλός, ὁ: a flute
ἐάω: to allow, release
ἑκών , ἑκοῦσα, ἑκόν: willing, voluntary
ἐνθεάζω: to be inspired
ἐξίστημι: to put out, drive out of senses, excite
ἐρωτικός, -ή, -όν: amatory
καθάπτω: to fasten, fix upon
καιρός, ὁ: proportion, allotment, advantage
κάλλος, -ους, τό: beauty
λαμβάνω: to take
μανθάνω: to learn
μητρῷος, -α, -ον: of a mother, maternal
νόσος, ἡ: sickness, disease
ὁράω: to see
πλήττω: to strike
συνίημι: to let go with
σῶμα, -ατος, τό: body
τιτρώσκω: to wound
τύμπανον, τό: a kettledrum
ψυχή, ἡ: soul

τίνα τῶν ἐνθεαζομένων: "whom of those inspired ones"
οὕτως... ἐξίστησιν: pr. 3 s. (despite the plural subject) of **ἐξ-ἵστημι**, "does the flute cause to be beside themselves" i.e. be in ecstasy
τὰ μητρῷα: "the (songs) of their Phrygian mother (Cybele)"
ταὐτὸ: (= **τὸ αὐτό**), "many *the same* body, and *the same* beauty"
εἴληπται: perf. of **λαμβάνω**, "only one *is captured*"
οὐ γὰρ... γέ που: "for surely not at all"
συνίεμεν: pr. of **συν-ἵημι**, "nor *do we understand*"
«καιρός ...τιτρώσκεται»: Menander fr. 541 (*CAF*)
καιρός: "is an *advantage*"
πληγεὶς: ao. part. nom. s. of **πλήττω**, "he who has been struck" (i.e. by Love)
καθαψάμενος: ao. part. of **κατα-ἅπτω**, "but *having pounced on* this one"
ἐάσας: ao. part. of **ἐάω**, "*having released* that one"

The poets, legislators and philosophers are the sources of our beliefs, but have different ideas of divinity.

ὃ τοίνυν ἐν ἀρχῇ καιρὸν εἶχε ῥηθῆναι μᾶλλον, οὐδὲ νῦν

ὅτι νῦν ἦλθεν ἐπὶ στόμα

κατ᾽ Αἰσχύλον, ἄρρητον ἐάσειν μοι δοκῶ καὶ γάρ ἐστι παμμέγεθες. ἴσως μὲν γάρ, ὦ ἑταῖρε, καὶ τῶν ἄλλων ἁπάντων, ὅσα μὴ δι᾽ αἰσθήσεως ἡμῖν εἰς ἔννοιαν ἥκει, τὰ μὲν μύθῳ τὰ δὲ νόμῳ τὰ δὲ λόγῳ πίστιν ἐξ ἀρχῆς ἔσχηκε τῆς δ᾽ οὖν περὶ θεῶν δόξης καὶ παντάπασιν ἡγεμόνες καὶ διδάσκαλοι γεγόνασιν ἡμῖν οἵ τε ποιηταὶ καὶ οἱ νομοθέται καὶ τρίτον

αἴσθησις, -εως, ἡ: perception by the senses
Αισχύλος, -ου, ὁ: Aeschylus
ἄρρητος, -η, -ον: unspoken, unsaid
ἀρχή, ἡ: a beginning, origin, source
διδάσκαλος, ὁ: a teacher, master
δόξα, ἡ: belief
ἐάω: to allow, permit
ἔννοια, ἡ: a thought, notion, conception
ἡγεμών, -όνος, ἡ: one who leads, a guide
ἥκω: to have come, be present
ἴσως: equally, likewise
καιρός, ὁ: due measure, timeliness
μῦθος, ὁ: a myth, legend
νομοθέτης, -ου, ὁ: a lawgiver
νόμος, ὁ: a custom, law
παμμεγέθης, -ες: very great, immense
παντάπασι: altogether, wholly
πίστις, -εως, ἡ: trust, faith
ποιητής, -οῦ, ὁ: one who makes, a poet
στόμα, -ατος, τό: the mouth, lips
τρίτος, -η, -ον: the third

ὃ... καιρὸν εἶχε: impf. of **ἔχω**, "(something) which would have been more profitable" + inf.
ῥηθῆναι: ao. inf. pas. of **λέγω**, "to have been said"
οὐδὲ νῦν: "nor even now"
«ὅτι νῦν...στόμα»: Aeschylus fr. 351
ἦλθεν: ao. of **ἔρχομαι**, "*it came* to my mouth"
ἄρρητον ἐάσειν: after **δοκῶ**, "do I think *to leave it unspoken*"
ὅσα: nom. pl. n. pron. whose antecedent is **ἁπάντων**, "of all things, *whatever* does not come through our senses"
τὰ μὲν... τὰ δὲ νόμῳ : "*some* by myth, *some* by law, *some* by reason"
ἔσχηκε: perf. of **ἔχω**, "*have had* trust from the beginning"
γεγόνασιν: perf. of **γίγνομαι**, "they have been" its subject is **οἵ τε ποιηταὶ** etc.; the predicate is **ἡγεμόνες καὶ διδάσκαλοι**

οἱ φιλόσοφοι, τὸ μὲν εἶναι θεοὺς ὁμοίως τιθέμενοι, πλήθους δὲ πέρι καὶ τάξεως αὐτῶν οὐσίας τε καὶ δυνάμεως μεγάλα διαφερόμενοι πρὸς ἀλλήλους. ἐκεῖνοι μὲν γὰρ οἱ τῶν φιλοσόφων

ἄνοσοι καὶ ἀγήραοι
πόνων τ' ἄπειροι, βαρυβόαν
πορθμὸν πεφευγότες Ἀχέροντος

ὅθεν οὐ προσίενται ποιητικὰς Ἔριδας οὐ Λιτάς, οὐ Δεῖμον οὐδὲ Φόβον ἐθέλουσι θεοὺς εἶναι καὶ παῖδας Ἄρεος ὁμολογεῖν

ἀγήραος, -ον, -ων: unaging, without decay
ἄνοσος, -ον: without sickness, healthy
ἄπειρος, -ον: without experience, free from
Ἄρης, Ἄρεος, ὁ: Ares
Ἀχέρων, -οντος, ὁ: Acheron, river of woe
βαρυβόας, -ου, ὁ: heavy-sounding, harsh
δειμός, ὁ: fear, terror
διαφέρω: to differ, disagree
δύναμις, -εως, ἡ: power, ability, strength
ἐθέλω: to wish
ἔρις, -ιδος, ἡ: strife
λιτή, ἡ: a prayer
ὅμοιος, -α, -ον: similar, alike
ὁμολογέω: to agree
οὐσία, ἡ: substance, nature
πλῆθος, -εος, τό: a great number, multitude
ποιητικός, -ή, -όν: creative, poetic
πόνος, ὁ: work, toil
πορθμός, ὁ: a ferry passage, crossing
προσίημι: to let come, admit
τάξις, -εως, ἡ: an arrangement, rank
τίθημι: to set, place, assert
φεύγω: to flee, take flight, run away
φιλόσοφος, ὁ: a lover of wisdom, philosopher
φόβος, ὁ: panic, flight

ὁμοίως τιθέμενοι: pr. part. of **τίθημι**, "in like manner establishing"
τὸ μὲν εἶναι: art. inf. obj. of **τιθέμενοι**, "*the existence* of the gods"
πλήθους δὲ πέρι: note the accent on **πέρι**, "about their number"
οὐσίας τε καὶ δυνάμεως: (sc. **πέρι**), "about their nature and power"
διαφερόμενοι: "*differing* among themselves"
ἐκεῖνοι...τῶν φιλοσόφων: "those (gods) of the philosophers (are)..."
«ἄνοσοι καὶ...Ἀχέροντος»: Pindar fr. 143
ἄπειροι: "without experience of" + gen.
πεφευγότες: perf. part. of **φεύγω**, "having escaped"
ὅθεν: "whence" i.e. "for which reason"
οὐ προσίενται: pr. of **προσ-ῖημι**, "they (the philosophers) do not admit"
οὐ Δεῖμον...Φόβον εἶναι: ind. st. after **ὁμολογεῖν**, "nor do they wish to agree *that Fear and Panic are* gods"

μάχονται δὲ περὶ πολλῶν καὶ τοῖς νομοθέταις, ὥσπερ Ξενοφάνης Αἰγυπτίους ἐκέλευσε τὸν Ὄσιριν, εἰ θνητὸν νομίζουσι, μὴ τιμᾶν ὡς θεόν, εἰ δὲ θεὸν ἡγοῦνται μὴ θρηνεῖν. αὖθις δὲ ποιηταὶ καὶ νομοθέται, φιλοσόφων ἰδέας τινὰς καὶ ἀριθμοὺς μονάδας τε καὶ πνεύματα θεοὺς ποιουμένων, οὔτ᾽ ἀκούειν ὑπομένουσιν οὔτε συνιέναι δύνανται. πολλὴν δ᾽ ὅλως ἀνωμαλίαν ἔχουσιν αἱ δόξαι καὶ διαφοράν.

Bust of a Philosopher. 2nd C AD Roman marble copy of Greek original from 3rd C.BC. Louvre, Paris. Photo: Marie-Lan Nguyen

---

Αἰγύπτιος, -α, -ον: Egyptian
ἀκούω: to hear
ἀνωμαλία, ἡ: unevenness, variance
ἀριθμός, ὁ: a number
αὖθις: again
διαφορά, ἡ: difference, distinction
δόξα, ἡ: a belief, opinion
δύναμαι: to be able
ἡγέομαι: to lead the way, consider
θνητός, -ή, -όν: liable to death, mortal
θρηνέω: to mourn, lament
ἰδέα, ἡ: form
κελεύω: to urge, command, order
μάχομαι: to fight
μονάς, -άδος, ἡ: singularity, monad
νομίζω: to hold as a custom, to believe
νομοθέτης, -ου, ὁ: a lawgiver
Ὄσιρις, ὁ: Osiris
πνεῦμα, -ατος, τό: a breath, spirit
ποιέω: to make
ποιητής, -οῦ, ὁ: one who makes, a poet
συνίημι: to bring together, understand
τιμάω: to honor
ὑπομένω: to remain, stay
φιλόσοφος, ὁ: a lover of wisdom, philosopher

μάχονται: "they disagree with" + dat.
Αἰγυπτίους... μὴ τιμᾶν: ind. com. after **ἐκέλευσε** and also the apodosis of a simple cond., "Xenophanes ordered *the Egyptians not to honor* Osiris"
μὴ θρηνεῖν: ind. com., "and not to mourn (Osiris)"
φιλοσόφων... ποιουμένων: gen. abs., "*since the philosophers make* the gods to be"
ὑπομένουσιν: "the poets and lawgivers do not endure to" + inf.
δύνανται: "nor are able to" + inf.

Just as ancient Athens had three parties, but were all agreed to put their affairs in the hands of Solon, so also the philosophers, poets and legislators all agree only on Love.

ὥσπερ οὖν ἦσάν ποτε τρεῖς στάσεις Ἀθήνησι, Παράλων, Ἐπακρίων, Πεδιέων, χαλεπῶς ἔχουσαι καὶ διαφερόμεναι πρὸς ἀλλήλας ἔπειτα δὲ πάντες ἐν ταὐτῷ γενόμενοι καὶ τὰς ψήφους λαβόντες ἤνεγκαν πάσας Σόλωνι, καὶ τοῦτον εἵλοντο κοινῇ διαλλακτὴν καὶ ἄρχοντα καὶ νομοθέτην, ὃς ἔδοξε τῆς ἀρετῆς ἔχειν ἀδηρίτως τὸ πρωτεῖον οὕτως αἱ τρεῖς στάσεις αἱ περὶ θεῶν διχοφρονοῦσαι καὶ ψῆφον ἄλλην ἄλλη φέρουσαι καὶ

ἀδήριτος, -ον: without dispute
Ἀθῆναι, -ῶν, αἱ: the city of Athens
αἱρέω: to take up, elect
ἀρετή, ἡ: excellence, virtue
ἄρχων, -οντος, ὁ: a ruler, archon
διαλλακτής, -οῦ, ὁ: a mediator
διαφέρω: to differ, disagree
διχοφρονέω: to hold different opinions
ἐπάκριος, -α, -ον: on the heights
κοινός, -ή, -όν: common, shared in common
λαμβάνω: to take
νομοθέτης, -ου, ὁ: a lawgiver
πάραλος, -ον: by the sea
πεδιεύς: of the plains
πρωτεῖον, τό: the chief rank, first place
Σόλων, -ωνος, ὁ: Solon
στάσις, -εως, ἡ: a position, faction
τρεις, -οι, -αι: three
φέρω: to bear
χαλεπός, -ή, -όν: hard to bear, painful, grievous
ψῆφος, ἡ: the voting pebble, a vote

συνιέναι: pr. inf. of ***συν-ἵημι***, "to understand"
ὅλως: "generally"
χαλεπῶς ἔχουσαι: "having difficulties"
ἐν ταὐτῷ = τῷ αὐτῷ, "in the same (place)"
γενόμενοι: ao. part. of ***γίγνομαι***, "having become"
λαβόντες: ao. part. of ***λαμβάνω***, "*having cast* their votes"
ἤνεγκαν: ao. of ***φέρω***, "they brought all to" + dat.
εἵλοντο: ao. mid. of ***αἱρέω***, "*they elected* him to be" + acc.
ὃς ἔδοξε... ἔχειν: "who seemed to have"
ἀδηρίτως: "indisputably"
οὕτως: "just so" introducing the comparison between Eros and Solon
διχοφρονοῦσαι, φέρουσαι, δεχόμεναι: pr. part. nom. pl. f., "the three parties *differing in opinion, casting* a different vote, not *receiving*"
ἄλλην ἄλλη: "*each* casting a *different* vote"

μὴ δεχόμεναι ῥᾳδίως τὸν ἐξ ἑτέρας, περὶ ἑνὸς βεβαίως ὁμογνωμονοῦσι, καὶ κοινῇ τὸν Ἔρωτα συνεγγράφουσιν εἰς θεοὺς ποιητῶν οἱ κράτιστοι καὶ νομοθετῶν καὶ φιλοσόφων «ἀθρόᾳ φωνᾷ μέγ᾽ ἐπαινέοντες» ὥσπερ ἔφη «τὸν Πιττακὸν» ὁ Ἀλκαῖος αἱρεῖσθαι τοὺς Μυτιληναίους «τύραννον». ἡμῖν δὲ βασιλεὺς καὶ ἄρχων καὶ ἁρμοστὴς ὁ Ἔρως ὑφ᾽ Ἡσιόδου καὶ Πλάτωνος καὶ Σόλωνος ἀπὸ τοῦ Ἑλικῶνος εἰς τὴν Ἀκαδήμειαν ἐστεφανωμένος κατάγεται καὶ κεκοσμημένος εἰσελαύνει πολλαῖς συνωρίσι φιλίας καὶ κοινωνίας, οὐχ οἵαν

ἀθρόος, -α, -ον: crowded together, all at once
αἱρέω: to take up, elect
Ἀκαδήμεια, ἡ: the Academy
ἁρμοστής, -οῦ, ὁ: a governor
ἄρχων, -οντος, ὁ: a ruler, archon
βασιλεύς, -έως, ὁ: a king
βέβαιος, -α, -ον: firm, sure, certain
δέχομαι: to take, accept
εἰσελαύνω: to drive in, march in
Ἑλικών, -ῶνος, ὁ: Helicon
ἐπαινέω: to approve, applaud, commend
Ἡσίοδος, -ου, ὁ: Hesiod
κατάγω: to lead down, bring down
κοινός, -ή, -όν: common, shared in common
κοινωνία, ἡ: communion, partnership
κοσμέω: to arrange, adorn
κράτιστος, -η, -ον: strongest, mightiest, greatest
Μυτιληναίος, -α, -ον: of Mitylene
νομοθέτης, -ου, ὁ: a lawgiver
ὁμογνωμονέω: to be of one mind, come to agreement
ποιητής, -οῦ, ὁ: one who makes, a poet
ῥᾴδιος, -α, -ον: easy, ready
Σόλων, -ωνος, ὁ: Solon
στεφανόω: to crown
συνεγγράφω: to enroll
συνωρίς, -ίδος, ἡ: a pair of horses
τύραννος, ὁ: an absolute ruler, tyrant
φιλία, ἡ: friendly love, affection, friendship
φιλόσοφος, ὁ: a lover of wisdom, philosopher
φωνή, ἡ: a sound, voice

περὶ ἑνὸς ὁμογνωμονοῦσι: "about one they agree"
συνεγγράφουσιν εἰς: pr. of **συν-ἐν-γράφω**, "*they in common enroll* Eros *into*"
«ἀθρόᾳ φωνᾷ...τύραννον »: Alcaeus fr. 348 Lobel-Page
ἐπαινέοντες: pr. part. uncontracted of **ἐπαινέω**, "*praising* him greatly"
αἱρεῖσθαι τοὺς Μυτιληναίους: pr. inf. in ind. st. after **ἔφη**, "just as Alcaeus said *that the Mytilenians elected* Pittacus"
ἀπὸ τοῦ Ἑλικῶνος εἰς τὴν Ἀκαδήμειαν: "from Helicon (the home of the Muses) to the Academy (the home of philosophers)
ἐστεφανωμένος: perf. part. of **στεφανόω**, "having been crowned"
κεκοσμημένος: perf. part. of **κοσμέω**, "richly adorned"
εἰσελαύνει: "enters in triumph"
πολλαῖς συνωρίσι: dat. pl., "with many 2-horse chariots"
οὐχ οἵαν: "*not the sort* (of friendship) Euripides says"

Εὐριπίδης φησὶν

ἀχαλκεύτοισιν ἐζεῦχθαι πέδαις,

ψυχρὰν οὗτός γε καὶ βαρεῖαν ἐν χρείᾳ περιβαλὼν ὑπ' αἰσχύνης ἀνάγκην, ἀλλ' ὑποπτέρου φερομένης ἐπὶ τὰ κάλλιστα τῶν ὄντων καὶ θειότατα, περὶ ὧν ἑτέροις εἴρηται βέλτιον.»

Greek Quadriga. Attic black-figure neck-amphora., ca. 540 BC. Staatliche Antikensammlungen, Minich. Photo: Matthias Kabel

αἰσχύνη , **ἡ**: shame disgrace, dishonor
ἀνάγκη, **ἡ**: force, constraint, necessity
ἀχάλκευτος, **-ον**: not forged of metal
βαρύς, **-εῖα**, **-ύ**: heavy
βελτίων, **-ον**: better
ζεύγνυμι: to yoke, put to
θεῖος, **-α**, **-ον**: divine, of the gods
πέδη, **ἡ**: a fetter, bond
περιβάλλω: to throw around, dress
ὑπόπτερος, **-ον**: winged
φέρω: to bear
χρεία, **ἡ**: use, advantage, service
ψυχρός, **-ά**, **-όν**: cold

«ἀχαλκεύτοισιν...πέδαις»: Euripides fr. 595 (*TGF*)
ἀχαλκεύτοισιν πέδαις: dat. pl., "with fetters not forged with metal"
ἐζεῦχθαι: perf. inf. pas. after **φησὶν**, "to have been bound"
οὗτός γε: "for that one" (i.e. Euripides)
ψυχρὰν καὶ βαρεῖαν... ἀνάγκην: "a necessity that is cold and heavy"
περιβαλὼν ἀνάγκην: ao. part. of **περι-βάλλω**, "cloaking (friendship) with a necessity"
ὑπ' αἰσχύνης: "because of shame"
ὑποπτέρου: gen. s. f. agreeing with **φιλίας** understood, "but rather a *winged* friendship carrying itself toward"
τῶν ὄντων: "of things that are"
περὶ ὧν: "about which things"
εἴρηται: perf. of **λέγω**, "*it has been discussed* better by others"

Soclarus asks Plutarch to expand on the Egyptian wisdom about love.

[19.] **εἰπόντος δὲ ταῦτα τοῦ πατρός, ὁ Σώκλαρος «ὁρᾷς» εἶπεν «ὅτι δεύτερον ἤδη τοῖς αὐτοῖς περιπεσών, οὐκ οἶδ' ὅπως βίᾳ σαυτὸν ἀπάγεις καὶ ἀποστρέφεις, οὐ δικαίως χρεωκοπῶν, εἴ γε δεῖ τὸ φαινόμενον εἰπεῖν, ἱερὸν ὄντα τὸν λόγον; καὶ γὰρ ἄρτι τοῦ Πλάτωνος ἅμα καὶ τῶν Αἰγυπτίων ὥσπερ ἄκων ἀψάμενος παρῆλθες καὶ νῦν ταὐτὰ ποιεῖς. τὰ μὲν οὖν «ἀριζήλως εἰρημένα» Πλάτωνι, μᾶλλον δὲ ταῖς θεαῖς ταύταις διὰ Πλάτωνος, ὦγαθέ «μηδ' ἂν κελεύωμεν εἴπῃς ᾗ δ'**

ἀγαθός, -ή, -όν: good
ἀέκων, -ουσα, -ον: against one's will, unwilling
Αἰγύπτιος, -α, -ον: Egyptian
ἀπάγω: to lead away, divert
ἀποστρέφω: to turn around, turn back
ἅπτω: to fasten, join
ἀρίζηλος, ον: conspicuous, distinct, famous
βία, ἡ: strength, force, power
δεύτερος, -α, -ον: second
δίκαιος, -α, -ον: equal, fair, just
θεά, ἡ: a goddess
ἱερός, -ά, -όν: sacred, holy
κελεύω: to urge, bid, command
ὁράω: to see
παρέρχομαι: to pass by, go aside
πατήρ, ὁ: a father
περιπίπτω: to fall around, encounter
Πλάτων, -ωνος, ὁ: Plato
ποιέω: to make, do
φαίνω: to bring to light, make apparent
χρεωκοπέω: to cheat, defraud

εἰπόντος πατρός: gen. abs., "my father having spoken"
ὁρᾷς δεύτερον ἤδη: "do you see that for the second time already"
τοῖς αὐτοῖς: "the same things"
περιπεσὼν: ao. part. of **περι-πίπτω**, "having encountered" + dat.
οὐκ οἶδ' ὅπως: parenthetical, "I don't know how"
χρεωκοπῶν: pr. part. of **χρεωκοπέω**, "*defrauding* the argument"
εἴ γε δεῖ... εἰπεῖν: parenthetical, "*if indeed it is necessary to speak* about the phenomenon"
ἱερὸν ὄντα: "the argument *which is holy*"
ἄρτι... ἀψάμενος: ao. part. of **ἅπτω**, "in fact just now having touched on" + gen.
ὥσπερ ἄκων: "as if unwilling"
παρῆλθες: ao. of **παρα-ἔρχομαι**, "you passed by"
ταὐτὰ: (= **τὰ αὐτὰ**), "the same things"
τὰ εἰρημένα: perf. part. pas. of **λέγω**, "*the things spoken* by Plato," "his words"
«ἀριζήλως εἰρημένα»: Homer *Odyssey* xii.453
μᾶλλον δὲ: "*or rather* by the goddesses"
«μηδ' ἂν κελεύωμεν εἴπῃς»: Plato *Phaedrus* 235d
μηδ' εἴπῃς: ao. subj. prohibition, "don't say them"
ἂν (=ἐάν) κελεύωμεν: pr. subj. in fut. more vivid cond., "even if we order you"

ὑπηνίξω τὸν Αἰγυπτίων μῦθον εἰς ταὐτὰ τοῖς Πλατωνικοῖς συμφέρεσθαι περὶ Ἔρωτος, οὐκ ἔστι σοι μὴ διακαλύψαι μηδὲ διαφῆναι πρὸς ἡμᾶς ἀγαπήσομεν δέ, κἂν μικρὰ περὶ μεγάλων ἀκούσωμεν.»

The Egyptians recognize an earthly and heavenly love, like the Greeks, but they believe the sun is a third love.

δεομένων δὲ καὶ τῶν ἄλλων ἔφη ὁ πατὴρ ὡς Αἰγύπτιοι δύο μὲν Ἕλλησι παραπλησίως Ἔρωτας, τόν τε πάνδημον καὶ τὸν οὐράνιον, ἴσασι, τρίτον δὲ νομίζουσιν Ἔρωτα τὸν ἥλιον, Ἀφροδίτην [δὲ τὴν γῆν] ἔχουσι μάλα σεβάσμιον.

ἀγαπάω: to love, enjoy
Αἰγύπτιος, -α, -ον: Egyptian
ἀκούω: to hear
Ἀφροδίτη, ἡ: Aphrodite
γῆ, ἡ: earth
δέομαι: to need, require, ask, beg
διακαλύπτω: to reveal
διαφαίνω: to show, display
Ἕλλην: Greek
ἥλιος, ὁ: the sun
μικρός, -ά, -όν: small, little
μῦθος, ὁ: a tale, myth
νομίζω: to hold as a custom, to think
οἶδα: to know
οὐράνιος, -ον: heavenly
πάνδημος, -ον: of or belonging to the people
παραπλήσιος, -α, -ον: resembling, like (+ *dat.*)
Πλατωνικός, -ή, -όν: Platonic, of Plato
σεβάσμιος, -α, -ον: reverend, venerable, august
συμφέρω: to bring together, compare
ταὐτός, -ή, -όν: identical
τρίτος, -η, -ον: third
ὑπαινίττομαι: to intimate, hint at

ᾗ: dat. s. f. of rel. pron. in adverbial sense, "where"
ὑπηνίξω: ao. 2 s. mid. of **ὑπο-αινίττομαι**, "where *you have hinted*"
τὸν μῦθον... συμφέρεσθαι: pr. inf. in ind. st. after **ὑπηνίξω**, "that the myth of the Egyptians accord with"
οὐκ ἔστι (= **πάρεστι**) **σοι**: "it is not possible for you to" + inf.
διακαλύψαι: ao. inf. of **δια-καλύπτω** after **ἔστι**, "not *to reveal*"
διαφῆναι: ao. inf. pas. after **ἔστι**, "not *to show*"
ἀγαπήσομεν: fut. of **ἀγαπάω** in fut. more vivid cond., "we will be greatful"
κἂν (=**καὶ ἐάν**)... **ἀκούσωμεν**: ao. subj. of **ἀκούω**, "even if we hear"
δεομένων... ἄλλων: gen. abs., "others begging"
ἴσασι: 3 pl. of **οἶδα**, "that the Egyptians know"
τρίτον... τὸν ἥλιον (sc. **εἶναι**): "they consider *the sun to be a third Love*"
ἔχουσι: "*the hold* the earth to be Aphrodite"

«ἡμεῖς δὲ πολλὴν μὲν Ἔρωτος ὁμοιότητα πρὸς τὸν ἥλιον, οὐδεμίαν δ᾽ Ἀφροδίτης πρὸς τὴν γῆν ὁρῶμεν οὖσαν πῦρ μὲν γὰρ οὐδέτερόν ἐστιν ὥσπερ οἴονταί τινες, αὐγὴ καὶ θερμότης γλυκεῖα καὶ γόνιμος, καὶ ἡ μὲν ἀπ᾽ ἐκείνου φερομένη σώματι παρέχει τροφὴν καὶ φῶς καὶ αὔξησιν, ἡ δ᾽ ἀπὸ τούτου ψυχαῖς. ὡς δ᾽ ἥλιος ἐκ νεφῶν καὶ μεθ᾽ ὁμίχλην θερμότερος, οὕτως Ἔρως μετ᾽ ὀργῆς καὶ ζηλοτυπίας ἐρωμένου διαλλαγέντος ἡδίων καὶ δριμύτερος ἔτι δ᾽ ὥσπερ ἥλιον ἅπτεσθαι καὶ σβέννυσθαι δοκοῦσιν ἔνιοι, ταὐτὰ καὶ περὶ

ἅπτω: to set aflame, kindle
αὐγή, ἡ: gleaming light, radiance
αὔξησις, -εως, ἡ: growth, increase
γῆ, ἡ: earth
γλυκύς, -εῖα, -ύ: sweet, pleasant
γόνιμος, -η, -ον: productive, fruitful
διαλλάττω: to make up, reconcile
δριμύς, -εῖα, -ύ: piercing, sharp, pungent
ἔνιοι, -αι, -α: some
ζηλοτυπία, ἡ: jealousy, rivalry
ἡδύς, -εῖα, -ύ: sweet
ἥλιος, ὁ: the sun
θερμός, -ή, -όν: hot, warm
θερμότης, -ητος, ἡ: heat
νέφος, -εος, τό: a cloud
οἴομαι: to suppose, think, imagine
ὁμίχλη, ἡ: fog, mist
ὁμοιότης, -ητος, ἡ: likeness, resemblance
ὁράω: to see
ὀργή, ἡ: anger
οὐδέτερος, -α, -ον: neither
παρέχω: to furnish, provide, supply
πῦρ, πυρός, τό: fire
σβέννυμι: to quench, extinguish
σῶμα, -ατος, τό: a body
τροφή, ἡ: nourishment, food
φέρω: to bear
φῶς, φωτός, τό: light
ψυχή, ἡ: the soul

πολλὴν μὲν... οὐδεμίαν δέ: "we see that there is *great* similarity of Love to the sun, *none at all* of Aphrodite to the earth"
οὖσαν: pr. part. acc. agreeing with **ὁμοιότητα** in ind. st. after **ὁρῶμεν**
οὐδέτερόν: "*neither* is fire"
αὐγὴ καὶ θερμότης: "a radiance and warmth:
γλυκεῖα καὶ γόνιμος: "that is sweet and fruitful"
ἡ μὲν ἀπ᾽ ἐκείνου: "one from the former" (Eros)
παρέχει: "provides nourishment to" + dat.
ἡ δ᾽ ἀπὸ τούτου: "one from the latter" (Aphrodite)
ὡς δ᾽ ἥλιος... οὕτως Ἔρως: "just as the sun after fog, so also Eros after anger"
ἐρωμένου διαλλαγέντος: gen. abs., "when the beloved is reconciled"
διαλλαγέντος: ao. part. of **διαλλαττω**
ἡδίων καὶ δριμύτερος: "more pleasant and stinging"
ἅπτεσθαι καὶ σβέννυσθαι: pr. inf. pas. of **ἅπτω** and **σβέννυμι** after **δοκοῦσιν**, "some think the sun to be extinguished and illumined"

Ἔρωτος ὡς θνητοῦ καὶ ἀβεβαίου διανοοῦνται. καὶ μὴν οὔτε σώματος ἀγύμναστος ἕξις ἥλιον, οὔτ᾽ Ἔρωτα δύναται φέρειν ἀλύπως τρόπος ἀπαιδεύτου ψυχῆς ἐξίσταται δ᾽ ὁμοίως ἑκάτερον καὶ νοσεῖ, τὴν τοῦ θεοῦ δύναμιν οὐ τὴν αὑτοῦ μεμφόμενον ἀσθένειαν. πλὴν ἐκείνῃ γε δόξειεν ἂν διαφέρειν, ᾗ δείκνυσιν ἥλιος μὲν ἐπὶ γῆς τὰ καλὰ καὶ τὰ αἰσχρὰ τοῖς ὁρῶσιν Ἔρως δὲ μόνων τῶν καλῶν φέγγος ἐστὶ καὶ πρὸς ταῦτα μόνα τοὺς ἐρῶντας ἀναπείθει βλέπειν καὶ στρέφεσθαι, τῶν δ᾽ ἄλλων πάντων ὑπερορᾶν.

ἀβέβαιος, -ον: uncertain, unsteady
ἀγύμναστος, -ον: unexercised, untrained
αἰσχρός, -ά, -όν: shameful, ugly
ἄλυπος, -ον: without pain, uninjured
ἀναπείθω: to bring over, convince
ἀπαίδευτος, -ον: uneducated
ἀσθένεια, ἡ: lack of strength, weakness
βλέπω: to see
δείκνυμι: to show, display
διανοέω: to have in mind, believe
διαφέρω: to differ, dispute
δύναμαι: to be able
δύναμις, -εως, ἡ: power, might, strength
ἑκάτερος, -α, -ον: each, both
ἕξις, -εως, ἡ: a condition, constitution
ἐξίστημι: to put out of place, change
ἐράω: to love
ἥλιος, ὁ: the sun
θνητός, -ή, -όν: liable to death, mortal
μέμφομαι: to blame, censure, find fault with
μόνος, -η, -ον: alone
νοσέω: to be sick, fall ill
ὅμοιος, -α, -ον: like, similar
ὁράω: to see
πλήν: yet
στρέφω: to turn to
σῶμα, -ατος, τό: a body
τρόπος, ὁ: a direction, habit, temper
ὑπεροράω: to overlook
φέγγος, -εος, τό: light, splendor, luster
φέρω: to bear, endure
ψυχή, ἡ: the soul

ταὐτὰ: "the same things"
ὡς θνητοῦ (sc. **ὄντος**): "that he is mortal" after **διανοοῦνται**
καὶ μὴν: "and finally"
σώματος ἀγύμναστος ἕξις... τρόπος ἀπαιδεύτου ψυχῆς: each is the subj. of **δύναται φέρειν**, as **ἥλιον... Ἔρωτα** is each the object
ἐξίσταται: pr. of **ἐξ-ΐστημι**, "each one *changes* in like manner"
μεμφόμενον: pr. part. nom. n. of **μέμφομαι** agreeing with **ἑκάτερον**, " each one *blaming* the power"
οὐ τὴν αὑτοῦ: refl., "*not its own* weakness"
δόξειεν ἂν: ao. opt. pot. of **δοκέω**, "they might seem to" + inf.
πλὴν ἐκείνῃ... ᾗ: "yet they might seem to differ in that way... when"
τοῖς ὁρῶσιν: pr. part. dat. pl. after **δείκνυσι**, "when the sun shows *to those seeing*"
βλέπειν καὶ στρέφεσθαι... ὑπερορᾶν: pr. inf. after **ἀναπείθει**, "he persuades lovers to look at and turn towards... but to overlook"

Aphrodite is dependent on Love, just as the moon depends on the sun.

γῆν δὲ κατ᾽ οὐδέν, σελήνην δ᾽ Ἀφροδίτην καλοῦντες ἅπτονταί τινος ὁμοιότητος καὶ γὰρ θεία καὶ οὐρανία καὶ μίξεως χώρα τοῦ ἀθανάτου πρὸς τὸ θνητόν, ἀδρανὴς δὲ καθ᾽ ἑαυτὴν καὶ σκοτώδης ἡλίου μὴ προσλάμποντος, ὥσπερ Ἀφροδίτη μὴ παρόντος Ἔρωτος. ἐοικέναι μὲν οὖν Ἀφροδίτῃ σελήνην, ἥλιον δὲ Ἔρωτι τῶν ἄλλων θεῶν μᾶλλον εἰκός ἐστιν, οὐ μὴν εἶναί γε παντάπασι τοὺς αὐτούς: οὐ γὰρ ψυχῇ σῶμα ταὐτὸν ἀλλ᾽ ἕτερον, ὥσπερ ἥλιον μὲν ὁρατὸν Ἔρωτα δὲ νοητόν.

ἀδρανής, -**ές**: inactive, powerless
ἀθάνατος, -**η**, -**ον**: undying, immortal
ἅπτω: to fasten, bind fast
Ἀφροδίτη, **ἡ**: Aphrodite
γῆ, **ἡ**: earth
εἰκός: likely, reasonable
ἔοικα: it seems
ἥλιος, **ὁ**: the sun
θεῖος, -**α**, -**ον**: divine, of the gods
θνητός, -**ή**, -**όν**: liable to death, mortal
καλέω: to call
μίξις, -**εως**, **ἡ**: mixing, mingling
νοητός, -**ή**, -**όν**: perceptible to the mind, thinkable
ὁμοιότης, -**ητος**, **ἡ**: likeness, resemblance
ὁρατός, -**ή**, -**όν**: able to be seen, visible
οὐράνιος, -**ον**: heavenly
παντάπασι: altogether, wholly
πάρειμι: to be present
προσλάμπω: to shine upon
σελήνη, **ἡ**: the moon
σκοτώδης, -**ες**: dark
σῶμα, -**ατος**, **τό**: body
ταὐτός, -**ή**, -**όν**: identical
χώρα, **ἡ**: a place, space
ψυχή, **ἡ**: the soul

καλοῦντες ἅπτονταί: "those who call touch on," this phrase governs both clauses, "those who call Aphrodite 'earth' touch on nothing, those who call Aphrodite 'moon' touch on some similarity"
καὶ γὰρ θεία: "for indeed the moon is divine"
καθ᾽ ἑαυτὴν: "powerless *by itself*"
ἡλίου μὴ προσλάμποντος: gen. abs., "if the sun is not shining"
μὴ παρόντος Ἔρωτος: gen. abs., "just like Aphrodite, *Eros not being present*"
ἐοικέναι... σελήνην: perf. inf. of **ἔοικα** after **εἰκός ἐστιν**, "it is likely that the moon resembles" + dat.
μᾶλλον: "more than" + gen.
οὐ μὴν εἶναί γε: also after **εἰκός ἐστιν**, "but that they are certainly not"
τοὺς αὐτούς: "the same"
ταὐτὸν: = **τὸ αὐτὸν**: "the same thing as" + dat.

The sun shows us sensible things, but Love causes us to recollect the realities of the more real world of intelligible things.

εἰ δὲ μὴ δόξει πικρότερον λέγεσθαι, καὶ τἀναντία φαίη τις ἂν ἥλιον Ἔρωτι ποιεῖν ἀποστρέφει γὰρ ἀπὸ τῶν νοητῶν ἐπὶ τὰ αἰσθητὰ τὴν διάνοιαν, χάριτι καὶ λαμπρότητι τῆς ὄψεως γοητεύων καὶ ἀναπείθων ἐν ἑαυτῷ καὶ περὶ αὑτὸν αἰτεῖσθαι τὰ τ᾽ ἄλλα καὶ τὴν ἀλήθειαν, ἑτέρωθι δὲ μηδέν

δυσέρωτες δὴ φαινόμεθ᾽ ὄντες
τοῦδ᾽, ὅ τι τοῦτο στίλβει κατὰ γῆν

ὡς Εὐριπίδης φησὶ

αἰσθητός, -ή, -όν: perceptible by the senses, sensible
αἰτέω: to ask, demand
ἀλήθεια, ἡ: truth
ἀναπείθω: to convince
ἀποστρέφω: to turn
γῆ, ἡ: earth
γοητεύω: to bewitch, beguile
διάνοια, ἡ: a thought, mind
δύσερως, -ωτος: sick with love
ἐναντίος, -α, -ον: opposite
ἑτέρωθι: elsewhere
ἥλιος, ὁ: the sun
λαμπρότης, -ητος, ἡ: brilliance, splendor
νοητός, -ή, -όν: perceptible to the mind, thinkable
ὄψις, -εως, ἡ: look, appearance, vision
πικρός, -ά, -όν: pointed, sharp
στίλβω: to glisten
φαίνομαι: to appear, seem
χάρις, -ιτος, ἡ: favor, grace

εἰ μὴ δόξει: fut. of **δοκέω**, "unless it will seem," a parenthetical expression
λέγεσθαι: pr. inf. pas. epexegetic after **πικρότερον**, "harsher *to be said*"
φαίη τις ἂν: pot. opt. of **φημι**, "someone might say" + acc. + inf.
τἀναντία: (= **τὰ ἐναντία**), "the opposite to" + dat.
ἥλιον ποιεῖν: ind. st. after **φαίη**, "*that the sun does* the opposite"
ἀποστρέφει γὰρ: "for (the sun) turns the mind away"
ἀπὸ τῶν νοητῶν ἐπὶ τὰ αἰσθητὰ: "from intelligibles toward sensibles"
γοητεύων: pr. part., "by beguiling"
ἀναπείθων: pr. part., "by persuading" + inf.
ἐν ἑαυτῷ... αἰτεῖσθαι: pr. inf. pass., "to be sought in (the sun) itself"
τὰ τ᾽ ἄλλα καὶ: "*other things, but especially* the truth"
ἑτέρωθι: "*from elsewhere* nothing"
«δυσέρωτες...ἄλλου βιότου»: Euripides *Hyppolytus*, 193-5
φαινόμεθα ὄντες: "we are clearly being"
τοῦδε: "lovesick *for this*"
ὅ τι τοῦτο στίλβει: "whatever glistens"

δι᾽ ἀπειροσύνην ἄλλου βιότου

μᾶλλον δὲ λήθην ὧν ὁ Ἔρως ἀνάμνησίς ἐστιν.

Love reveals to us the beauty of that true world from which we have come to this world of appearances.

ὥσπερ γὰρ εἰς φῶς πολὺ καὶ λαμπρὸν ἀνεγρομένων ἐξοίχεται πάντα τῆς ψυχῆς τὰ καθ᾽ ὕπνους φανέντα καὶ διαπέφευγεν, οὕτω τῶν γενομένων ἐνταῦθα καὶ μεταβαλόντων ἐκπλήττειν ἔοικε τὴν μνήμην καὶ φαρμάττειν τὴν διάνοιαν ὁ ἥλιος, ὑφ᾽ ἡδονῆς καὶ θαύματος ἐκλανθανομένων ἐκείνων. καίτοι τό γ᾽ ὕπαρ ὡς ἀληθῶς ἐκεῖ καὶ περὶ ἐκεῖνα τῆς ψυχῆς ἐστι, δευρὶ δὲ

ἀνάμνησις, -εως, ἡ: a calling to mind, recollection
ἀνεγείρω: to wake up, rouse
ἀπειροσύνη, ἡ: inexperience
βίοτος, ὁ: life
δεῦρο: hither, to this place
διάνοια, ἡ: a thought, mind
διαφεύγω: to flee away, escape
ἐκλανθάνω: to escape notice utterly, cause to forget
ἐκπλήττω: to strike out, drive away
ἐξοίχομαι: to have gone out, be quite gone
ἡδονή, ἡ: delight, enjoyment, pleasure
ἥλιος, ὁ: the sun
θαῦμα, -ατος, τό: a wonder, marvel
λαμπρός, -ά, -όν: bright, brilliant, radiant
λήθη, ἡ: a forgetting, forgetfulness
μεταβάλλω: to throw into a different position, to turn quickly
μνήμη, ἡ: a remembrance, memory
ὕπαρ, ὕπαρος, τό: a waking vision
ὕπνος, ὁ: sleep, slumber
φαίνομαι: to appear, seem
φαρμάττω: to drug
φῶς, φωτός, τό: light, daylight
ψυχή, ἡ: the soul

μᾶλλον δὲ: "or rather"
(sc. **διά**) **λήθην**: "on account of forgetfulness" + gen.
ὧν: rel. pron., "of the things *of which*"
(sc. **ἡμῶν**) **ἀνεγρομένων**: ao. part. of **ἀνα-ἐγείρω**, gen. abs., "just as when we are awakened"
πάντα τὰ φανέντα: ao. part. pas. of **φαίνομαι**, "everything that had appeared"
διαπέφευγεν: perf. of **δια-φεύγω**, "and *has fled*"
οὕτω: "just so"
(sc. **ἡμῶν**) **γενομένων καὶ μεταβαλόντων**: gen. abs., "when we are born here and have changed"
γενομένων: ao. part. of **γίγνομαι**
μεταβαλόντων: ao. part. of **μετα-βάλλω**
ἔοικε... ὁ ἥλιος: "the sun seems to" + inf.
ἐκλανθανομένων ἐκείνων: gen. abs., "the former things having been forgotten"
τό γ᾽ ὕπαρ: "the waking reality"
ἐκεῖ καὶ περὶ ἐκεῖνα: "is there and about those things"
δευρὶ δὲ: "*but here* (in this life)"

[τ' ὄναρ διά] τῶν ἐνυπνίων ἀσπάζεται καὶ τέθηπε τὸ κάλλιστον καὶ θειότατον.

ἀμφὶ δὲ οἱ δολόεντα φιλόφρονα χεῦεν ὄνειρα,

πᾶν ἐνταῦθα πειθομένῃ τὸ καλὸν εἶναι καὶ τίμιον, ἂν μὴ τύχῃ θείου καὶ σώφρονος Ἔρωτος ἰατροῦ καὶ σωτῆρος καὶ ἡγεμόνος ὃς διὰ σωμάτων ἀφικόμενος ἀγωγὸς ἐπὶ τὴν ἀλήθειαν ἐξ Ἅιδου καί «τὸ ἀληθείας πεδίον», οὗ τὸ πολὺ καὶ καθαρὸν καὶ ἀψευδὲς ἵδρυται κάλλος, ἀσπάσασθαι καὶ

ἀγωγός, -όν: leading, (*subst.*) a guide
ἀλήθεια, ἡ: the truth
ἀσπάζομαι: to welcome, greet, embrace
ἀφικνέομαι: to come to, arrive
ἀψευδής, -ές: truthful, genuine, sincere
δολόεις, -εσσα, -εν: subtle, wily, cunning
ἐνύπνιον, τό: a thing seen in sleep, dream
ἡγεμών, -όνος, ἡ: a leader, guide
θεῖος, -α, -ον: divine, of the gods
ἰατρός, ὁ: a healer, physician
ἱδρύω: to seat
καθαρός, -ά, -όν: clean, spotless, unsoiled
κάλλος, -ους, τό: beauty
ὄναρ , τό: a dream, vision
ὄνειρον, τό: a dream
πεδίον, τό: a plain
πείθω: to win over, persuade
σῶμα, -ατος, τό: body
σωτήρ, -ῆρος, ὁ: a savior
σώφρων, -ον: temperate, decent, chaste
τέθηπα: to be astonished, be amazed
τίμιος, -ον: valued, honored
τυγχάνω: to happen upon, meet with
φιλόφρων, -ον: kindly, friendly, pleasant
χέω: to pour

διά τῶν ἐνυπνίων: "through dreams"
τέθηπε: perf., "is astonished"
«ἀμφὶ…ὄνειρα»: *SH* 1148
ἀμφὶ δὲ οἱ: "and around him"
χεῦεν: unaugmented impf. of **χέω**, "he poured"
πειθομένῃ (sc. **ψυχῇ**): pr. part. pass., "to the soul *having been persuaded* that"
πᾶν ἐνταῦθα…εἶναι: ind. st. after **πειθομένῃ**, "that everything here is the good"
ἂν (=**ἐάν**) **μὴ τύχῃ**: ao. subj. of **τυγχάνω**, "unless it happens upon" + gen.
ὃς διὰ σωμάτων ἀφικόμενος: ao. part. of **ἀφικνέομαι**, "who having arrived through bodies"
οὗ… ἵδρυται: "*where* pure beauty *is established*"
ἀσπάσασθαι: ao. inf. of **ἀσπάζομαι**, "to embrace"

συγγενέσθαι διὰ χρόνου ποθοῦντας ἐξαναφέρων καὶ ἀναπέμπων εὐμενὴς οἷον ἐν τελετῇ παρέστη μυσταγωγός.

Love approaches our souls through bodily forms, like teachers of geometry.

ἐνταῦθα δὲ πάλιν πεμπομένων αὐτῇ μὲν οὐ πλησιάζει ψυχῇ καθ' ἑαυτήν, ἀλλὰ διὰ σώματος. ὡς δὲ γεωμέτραι παισὶν οὔπω δυναμένοις ἐφ' ἑαυτῶν τὰ νοητὰ μυηθῆναι τῆς ἀσωμάτου καὶ ἀπαθοῦς οὐσίας εἴδη πλάττοντες ἁπτὰ καὶ ὁρατὰ μιμήματα

ἀναπέμπω: to send up
ἀπαθής, -ές: unmoved, unaffected
ἁπτός, -ή, -όν: subject to the sense of touch
ἀσώματος, -ον: unembodied, incorporeal
γεωμέτρης, -ου, ὁ: a geometer
δύναμαι: to be able
εἶδος, -εος, τό: that which is seen, form, shape, figure
ἐξαναφέρω: to bear up, raise up
εὐμενής, -ές: well-disposed, kindly
μίμημα, -ατος, τό: an imitation, copy
μυέω: to initiate
μυσταγωγός, ὁ: one who initiates into mysteries, a mystagogue
νοητός, -ή, -όν: perceptible to the mind, conceptual
ὁρατός, -ή, -όν: to be seen, visible
οὐσία, ἡ: substance, nature
παῖς, παιδός, ὁ: a child
παρίστημι: to stand up beside
πέμπω: to send, dispatch
πλάττω: to form, mould, shape
πλησιάζω: to bring near, approach
ποθέω: to long for, yearn
συγγίγνομαι: to be with, have intercourse
σῶμα, -ατος, τό: body
τελετή, ἡ: a initiation rite
χρόνος, ὁ: time
ψυχή, ἡ: the soul

συγγενέσθαι: ao. inf. of **συν-γίγνομαι**, "to have sex"
ποθοῦντας: pr. part. acc. pl. of **ποθέω** object of **ἐξαναφέρων καὶ ἀναπέμπων**, "those desiring" + inf.
ἐξαναφέρων καὶ ἀναπέμπων: pr. part. nom. s. m. agreeing with **ὃς** (i.e. Love), "*raising up and sending up* those desiring"
εὐμενὴς: modifying **ἀγωγὸς**, "a kindly guide"
οἷον... παρέστη μυσταγωγός: "as a mystic guide stands by in the initiation"
παρέστη: ao. of **παρα-ἵστημι**
(sc. **ἡμῶν**) **πεμπομένων**: gen. abs., "*when we are being sent* back here"
αὐτῇ: "at this point"
οὐ πλησιάζει: "(Love) does not approach" + dat.
ὡς δὲ... οὕτως: "just as... just so" an analogy between geometry teachers and Eros
οὔπω δυναμένοις: dat. pl., "to those not yet able" + inf.
ἐφ' ἑαυτῶν: "on their own"
μυηθῆναι: ao. inf. pas. of **μυέω**, "to be initiated"
τὰ νοητὰ... εἴδη: n. pl., "*the intelligible forms* of incorporeal being"
πλάττοντες... προτείνουσιν: "by fashioning, they present"
ἁπτὰ καὶ ὁρατὰ: "*touchable and visible* imitations of" + gen.

σφαιρῶν καὶ κύβων καὶ δωδεκαέδρων προτείνουσιν οὕτως ἡμῖν ὁ οὐράνιος Ἔρως ἔσοπτρα καλῶν καλά, θνητὰ μέντοι θεῶν παθητὰ καὶ νοητῶν αἰσθητὰ μηχανώμενος ἔν τε σχήμασι καὶ χρώμασι καὶ εἴδεσι νέων ὥρᾳ στίλβοντα δείκνυσι καὶ κινεῖ τὴν μνήμην ἀτρέμα διὰ τούτων ἀναφλεγομένην τὸ πρῶτον. ὅθεν διὰ σκαιότητος ἔνιοι φίλων καὶ οἰκείων, σβεννύναι πειρωμένων βίᾳ καὶ ἀλόγως τὸ πάθος, οὐδὲν ἀπέλαυσαν αὐτοῦ

αἰσθητός, -ή, -όν: perceptible by the senses
ἄλογος, -ον: irrational, unreasonable
ἀναφλέγω: to light up, rekindle
ἀπολαύω: to have enjoyment of, benefit from
ἀτρέμα: gently, softly
βία, ἡ: strength, force, violence
δείκνυμι: to show, display, exhibit
δωδεκάεδρον, τό: dodecahedron, figure with twelve surfaces
εἶδος, -εος, τό: that which is seen, form, shape
εἴσοπτρον, τό: a mirror
ἔνιοι, -αι, -α: some
θνητός, -ή, -όν: liable to death, mortal
κινέω: to set in motion, to move
κύβος, ὁ: cube
μηχανάομαι: to contrive, devise
μνήμη, ἡ: a remembrance, memory
νέος, νέα, νέον: young, youthful
νοητός, -ή, -όν: perceptible to the mind, conceptual
οἰκεῖος, -α, -ον: of the house, related
οὐράνιος, -ον: heavenly
παθητός, -ή, -όν: passive, mutable, physical
πάθος, -εος, τό: something suffered, an emotion, passion
πειράω: to attempt, endeavor, try
προτείνω: to place before, offer
σβέννυμι: to quench, put out
σκαιότης, -ητος, ἡ: awkwardness
στίλβω: to glisten, gleam
σφαῖρα, -ας, ἡ: a ball, sphere
σχῆμα, -ατος, τό: figure, appearance
φίλος, -η, -ον: dear, beloved, (*subst.*) friend
χρῶμα, -ατος, τό: color
ὥρα, -ας, ἡ: period, season, prime

οὕτως: "just so"
μηχανώμενος: "Love, *by contriving* beautiful mirrors of beautiful things"
θνητὰ μέντοι θεῶν παθητὰ: "mortal experiences of the gods"
νοητῶν αἰσθητὰ: "perceptible experiences of intelligibles"
ἔν τε σχήμασι... νέων: "in the figures, colors and forms of youths"
ὥρᾳ στίλβοντα: "radiant in their prime" although it more properly applies to the youths themselves (**νέων**), **στίλβοντα** is made to agree grammatically with their images (**αἰσθητὰ** or **ἔσοπτρα**)
δείκνυσι: "Love *shows*"
κινεῖ τὴν μνήμην: "Love *excites the memory*"
ἀναφλεγομένη: pr. part. acc. s., "kindled"
διὰ σκαιότητος...φίλων: "because of the awkwardness of friends"
ἔνιοι: subj. of **ἀπέλαυσαν** below, "*some* derived no benefit"
πειρωμένων: pr. part agreeing with **φίλων καὶ οἰκείων**, "*trying* by force" + inf.
ἀπέλαυσαν: ao. of **ἀπο-λαύω**, "they enjoyed"

χρηστὸν ἀλλ᾽ ἢ καπνοῦ καὶ ταραχῆς ἐνέπλησαν ἑαυτοὺς ἢ πρὸς ἡδονὰς σκοτίους καὶ παρανόμους ῥυέντες ἀκλεῶς ἐμαράνθησαν.

Those who subdue the raging element in love by sober reason achieve a transcendent beauty.

ὅσοι δὲ σώφρονι λογισμῷ μετ᾽ αἰδοῦς οἷον ἀτεχνῶς πυρὸς ἀφεῖλον τὸ μανικόν, αὐγὴν δὲ καὶ φῶς ἀπέλιπον τῇ ψυχῇ μετὰ θερμότητος, οὐ σεισμόν, ὥς τις εἶπε, κινούσης ἐπὶ σπέρμα καὶ ὄλισθον ἀτόμων ὑπὸ λειότητος καὶ γαργαλισμοῦ θλιβομένων,

---

αἰδώς, -οῦς, ἡ: shame, modesty, self-respect
ἀκλεής, -ές: inglorious, shameful
ἀπολείπω: to leave behind
ἀτεχνῶς: without artifice, literally
ἄτομον, τό: an atom, indivisible particle
αὐγή, ἡ: light, radiance
ἀφαιρέω: to take away, exclude, separate
γαργαλισμός, ὁ: tickling, light touch
ἐμπίμπλημι: to fill up
ἡδονή, ἡ: delight, enjoyment, pleasure
θερμότης, -ητος, ἡ: heat
θλίβω: to press, squeeze
καπνός, ὁ: smoke
κινέω: to set in motion, move
λειότης, -ητος, ἡ: smoothness
λογισμός, ὁ: a reckoning, reasoning
μανικός, -ή, -όν: mad, raging
μαραίνω: to quench, whither
ὄλισθος, ὁ: slipperiness
παράνομος, -ον: lawless, illicit
πῦρ, πυρός, τό: fire
ῥέω: to flow, stream, run
σεισμός, ὁ: a shaking, shock
σκότιος, -α, -ον: dark
σπέρμα, -ατος, τό: a seed
σώφρων, -ον: temperate, prudent, chaste
ταραχή, ἡ: trouble, disorder, confusion
φῶς, φωτός, τό: light, daylight
χρηστός, -ή, -όν: useful, serviceable
ψυχή, ἡ: the soul

ἐνέπλησαν: ao. of **ἐν-πίμπλημι**, "they filled themselves with" + gen. (subj. still **ἔνιοι**)
πρὸς…ῥυέντες: pr. part. of **ῥύω**, "drawing themselves toward pleasure"
ἐμαράνθησαν: ao. pas. of **μαραίνομαι**, "they withered away" (subj. still **ἔνιοι**)
ὅσοι… ἀφεῖλον: ao. of **ἀπο-αἱρέω**, "*whoever has excluded* the raging element"
οἷον ἀτεχνῶς πυρὸς: "as if it really were fire"
ἀπέλιπον: ao. of **ἀπο-λείπω**, "*they left behind* in the soul"
ὥς τις εἶπε: "as someone said" referring to Epicurus and his Atomist theories
κινούσης: pr. part. gen. s. f. of **κινέω** agreeing with **θερμότητος**, "the heat *setting in motion*"
οὐ σεισμόν… καὶ ὄλισθον: acc. obj. of **κινούσης**, "*not a shaking and slipperiness* of atoms"
ἀτόμων… θλιβομένων: pr. part., "of atoms being squeezed"

διάχυσιν δὲ θαυμαστὴν καὶ γόνιμον ὥσπερ ἐν φυτῷ βλαστάνοντι καὶ τρεφομένῳ καὶ πόρους ἀνοίγουσαν εὐπειθείας καὶ φιλοφροσύνης, οὐκ ἂν εἴη πολὺς χρόνος, ἐν ᾧ τό τε σῶμα τὸ τῶν ἐρωμένων παρελθόντες ἔσω φέρονται καὶ ἅπτονται τοῦ ἤθους, ἐκκαλούμενοι τὰς ὄψεις καθορῶσι καὶ συγγίνονται διὰ λόγων τὰ πολλὰ καὶ πράξεων ἀλλήλοις, ἂν περίκομμα τοῦ καλοῦ καὶ εἴδωλον ἐν ταῖς διανοίαις ἔχωσιν εἰ δὲ μή, χαίρειν ἐῶσι καὶ τρέπονται πρὸς ἑτέρους ὥσπερ αἱ μέλιτται πολλὰ

ἀνοίγνυμι: to open
ἅπτω: to fasten, attach
βλαστάνω: to bud, sprout
γόνιμος, **-η**, **-ον**: productive, fruitful
διάνοια, **ἡ**: a thought, mind
διάχυσις, **-εως**, **ἡ**: diffusion, circulation
ἐάω: to allow, permit
εἴδωλον, **τό**: an image
ἐκκαλέω: to call out, summon from
ἐράω: to love
ἔσω: to the inside, inward
εὐπείθεια, **ἡ**: obedience
ἔχω: to have, hold
ἦθος, **-εος**, **τό**: character
θαυμαστός, **-ή**, **-όν**: wonderful, marvelous
καθοράω: to look down, discern
μέλιττα, **-ης**, **ἡ**: a bee
ὄψις, **-εως**, **ἡ**: look, appearance, aspect
παρέρχομαι: to pass by, go beyond
περίκομμα, **-ατος**, **τό**: a form, pattern
πόρος, **ὁ**: a path, access, passage
πρᾶξις, **-εως**, **ἡ**: a doing, action
συγγίγνομαι: to be with, have intercourse
σῶμα, **-ατος**, **τό**: a body
τρέπω: to turn
τρέφω: to grow
φέρω: to bear, carry
φιλοφροσύνη, **ἡ**: friendliness, affection
φυτόν, **τό**: that which has grown, a plant
χαίρω: to be glad
χρόνος, **ὁ**: time

διάχυσιν δὲ: also acc. obj. of **κινούσης**, "but rather setting in motion *a diffusion*"
βλαστάνοντι: pr. part., "as in a *sprouting* plant"
ἀνοίγουσαν: pr. part. acc. s. agreeing with **διάχυσιν**, "a diffusion *opening* paths of" + gen.
οὐκ ἂν εἴη: pot. opt., "*nor would it be* a long time"
παρελθόντες: ao. part. of **παρα-ἔρχομαι**, "*passing beyond* the body of the beloved"
ἔσω φέρονται: "they are carried inside"
ἐκκαλούμενοι: pr. part. of **ἐκ-καλέομαι**, "*summoning* their sight *away from* (the body)"
καθορῶσι: pr. of **κατα-ὁράω**, "they see clearly"
τὰ πολλὰ: acc. resp., "for the most part"
ἂν... ἔχωσιν: pr. subj. in pr. gen. cond., "if they have"
εἰ δὲ μή (sc. **ἔχωσιν**): "*if not*, they dismiss them"
χαίρειν ἐῶσι: "they allow them to say goodbye"
ὥσπερ αἱ μέλιτται: "just like bees do"

τῶν χλωρῶν καὶ ἀνθηρῶν μέλι δ' οὐκ ἐχόντων ἀπολιπόντες ὅπου δ' ἂν ἔχωσιν ἴχνος τι τοῦ θείου καὶ ἀπορροὴν καὶ ὁμοιότητα σαίνουσαν, ὑφ' ἡδονῆς καὶ θαύματος ἐνθουσιῶντες καὶ περισπῶντες, εὐπαθοῦσι τῇ μνήμῃ καὶ ἀναλάμπουσι πρὸς ἐκεῖνο τὸ ἐράσμιον ἀληθῶς καὶ μακάριον καὶ φίλιον ἅπασι καὶ ἀγαπητόν.

Poets touch on some serious aspects of the nature of Love.

[20.] **τὰ μὲν οὖν πολλὰ ποιηταὶ προσπαίζοντες ἐοίκασι τῷ θεῷ γράφειν περὶ αὐτοῦ καὶ ᾄδειν ἐπικωμάζοντες, ὀλίγα δὲ εἴρηται μετὰ σπουδῆς αὐτοῖς, εἴτε κατὰ νοῦν καὶ λογισμὸν**

ἀγαπητός, -ή, -όν: beloved
ἀείδω: to sing
ἀναλάμπω: to flame up, shine
ἀνθηρός, -ά, -όν: flowering, blooming
ἀπολείπω: to leave behind, abandon
ἀπορροή, ἡ: a flowing out, emanation
γράφω: to write
εἴτε...εἴτε: either...or
ἐνθουσιάζω: to be inspired, be rapt
ἔοικα: to seem
ἐπικωμάζω: to rush in like as a reveler, act drunkenly
ἐράσμιος, -ον: lovely
εὐπαθέω: to enjoy oneself, be happy
ἡδονή, ἡ: delight, pleasure
θαῦμα, -ατος, τό: a wonder, marvel
θεῖος, -α, -ον: divine, of the gods
ἴχνος, -εος, τό: a track, trace
λογισμός, ὁ: a reckoning, reasoning
μακάριος, -α, -ον: blessed, happy
μέλι, -ιτος, τό: honey
μνήμη, ἡ: a remembrance, memory
νοῦς, νοῦ, ὁ: a mind
ὀλίγος, -η, -ον: few, little, small
ὁμοιότης, -ητος, ἡ: likeness, resemblance
περισπάω: to draw to oneself
ποιητής, -οῦ, ὁ: one who makes, a poet
προσπαίζω: to play with, make fun
σαίνω: to beguile
σπουδή, ἡ: haste, zeal, earnestness
φίλιος, -α, -ον: of or for a friend, friendly
χλωρός, -ά, -όν: green, fresh

τῶν... οὐκ ἐχόντων: "many kinds *of flowers not having honey*"
ἀπολιπόντες: ao. part. of **ἀπο-λείπω**, "having left behind," agreeing with the subject of the main clause, not with **μέλιτται.**
ὅπου δ' ἂν ἔχωσιν: pr. subj. of **ἔχω** in a gen. temp. clause, "wherever they have"
σαίνουσαν: pr. part. acc. f., "*beguiling* likeness"
ἐνθουσιῶντες: pr. part. of **ἐν-θουσιάω**, "being inspired"
περισπῶντες: pr. part. of **περι-σπάω**, "drawing to themselves"
τὰ μὲν οὖν πολλὰ: "for the most part"
ἐοίκασι: "poets *seem* to" + inf.
προσπαίζοντες... ἐπικωμάζοντες: pr. part., "*by joking about* (+ dat) and *reveling*"
ὀλίγα δὲ εἴρηται: "*but a few things are said* by them"
εἴρηται: perf. of **λέγω**

εἴτε σὺν θεῷ τῆς ἀληθείας ἁψαμένοις ὧν ἕν ἐστι καὶ τὸ περὶ τῆς γενέσεως

δεινότατον θέων
τὸν γέννατ' εὐπέδιλλος Ἶρις
χρυσοκόμᾳ Ζεφύρῳ μίγεισα

εἰ μή τι καὶ ὑμᾶς ἀναπεπείκασιν οἱ γραμματικοί, λέγοντες πρὸς τὸ ποικίλον τοῦ πάθους καὶ τὸ ἀνθηρὸν γεγονέναι τὴν εἰκασίαν.» καὶ ὁ Δαφναῖος «πρὸς τί γάρ» ἔφη «ἕτερον;»

ἀναπείθω: to bring over, convince
ἀνθηρός, -ά, -όν: flowering, blooming
ἅπτω: to fasten, attach
γένεσις, -εως, ἡ: an origin, source, birth
γεννάω: to bear, beget
γραμματικός, ὁ: a grammarian, critic
δεινός, -ή, -όν: fearful, terrible
εἰκασία, ἡ: a likeness, image
εἷς, μία, ἕν: one
εὐπέδιλλος, -α, -ον: well-sandaled
Ζέφυρος, ὁ: Zephyrus, the west wind
θεός, ὁ: a god
Ἶρις, -ιδος, ἡ: Iris
μίγνυμι: to mix, mingle
πάθος, -εος, τό: something suffered, an emotion, passion
ποικίλος, -η, -ον: many-colored, dappled
χρυσόκομος, -ον: golden-haired

σὺν θεῷ: "with the god's help"
ἁψαμένοις: ao. part. dat. pl. of **ἅπτω** agreeing with **αὐτοῖς**, "having grasped" + gen.
ὧν ἕν: "*of which things one* is"
«δεινότατον...μίγεισα»: Alcaeus fr. 227 Lobel-Page
δεινότατον: "*most fierce* of the gods"
τὸν γέννατο: "whom Iris bore"
μίγεισα: pr. part. of **μίγνυμι**, "mingling with" + dat.
ἀναπεπείκασιν: perf. of **ἀνα-πείθω**, "unless *they have persuaded* you"
γεγονέναι τὴν εἰκασίαν: perf. inf. of **γίγνομαι** in ind. st. after **λέγοντες**, "by saying *that this comparison was produced* in reference to the dappled brilliance" i.e. was a figurative representation of that brilliance
πρὸς τί γάρ ἕτερον: "*to what else* would it refer?"

Like a rainbow, Love refracts the memories of lovers to the true beauty of the other world.

«ἀκούετ'» εἶπεν ὁ πατήρ «οὕτω γὰρ βιάζεται τὸ φαινόμενον λέγειν. ἀνάκλασις δή που τὸ περὶ τὴν ἶρίν ἐστι τῆς ὄψεως πάθος, ὅταν ἡσυχῇ νοτερῷ λείῳ δὲ καὶ μέτριον πάχος ἔχοντι προσπεσοῦσα νέφει τοῦ ἡλίου ψαύσῃ κατ' ἀνάκλασιν, καὶ τὴν περὶ ἐκεῖνον αὐγὴν ὁρῶσα καὶ τὸ φῶς δόξαν ἡμῖν ἐνεργάσηται τοῦ φαντάσματος ὡς ἐν τῷ νέφει ὄντος. τοῦτο δὴ τὸ ἐρωτικὸν μηχάνημα καὶ σόφισμα περὶ τὰς εὐφυεῖς καὶ

ἀνάκλασις, -εως, ἡ: a bending back, refraction
αὐγή, ἡ: radiance, light
βιάζω: to constrain, force
δόξα, ἡ: a notion
ἐνεργάζομαι: to produce in
ἐρωτικός, -ή, -όν: amatory
εὐφυής, -ές: well-formed, shapely
ἥλιος, ὁ: the sun
ἡσυχῇ: gently
ἶρις, -ιδος, ἡ: a rainbow
λεῖος, -α, -ον: smooth, plain, light
μέτριος, -α, -ον: within measure, moderate
μηχάνημα, -ατος, τό: a device, trick
νέφος, -εος, τό: a cloud
νοτερός, -ά, -όν: wet, damp, moist
ὁράω: to see
ὄψις, -εως, ἡ: look, appearance, aspect
πάθος, -εος, τό: something suffered, an experience
πάχος, -εος, τό: thickness
προπίπτω: to fall upon
σόφισμα, -ατος, τό: a skilful act, ruse
φαινόμενον, τό: appearance, phenomenon
φάντασμα, -ατος, τό: an appearance, illusion
φῶς, φωτός, τό: light, daylight
ψαύω: to touch

δή που: "of course"
τὸ... τῆς ὄψεως πάθος: "the experience of vision," subj. of **ἐστι**
ὅταν... ψαύσῃ: ao. subj. of **ψαύω**, "whenever (vision) touches" + gen.
ἡσυχῇ... προσπεσοῦσα: ao. part. of **προσ-πίπτω**, "(vision) gently falling upon" + dat.
μέτριον πάχος ἔχοντι νέφει: obj. of **προσπεσοῦσα**, "a cloud having a moderate thickness"
κατ' ἀνάκλασιν: "by refraction"
ὁρῶσα: pr. part., "(vision) seeing"
περὶ ἐκεῖνον: "around that (sun)"
ἐνεργάσηται: ao. sub. of **ἐν-ἐργάζομαι** also with **ὅταν** , "and whenever the light *produces in* us the notion"
ὡς... ὄντος: "that it is actually," agreeing with **φαντάσματος**
περὶ τὰς εὐφυεῖς καὶ φιλοκάλους ψυχὰς: "on noble and beauty-loving souls"

φιλοκάλους ψυχὰς ἀνάκλασιν ποιεῖ τῆς μνήμης ἀπὸ τῶν ἐνταῦθα φαινομένων καὶ προσαγορευομένων καλῶν εἰς τὸ θεῖον καὶ ἐράσμιον καὶ μακάριον ὡς ἀληθῶς ἐκεῖνο καὶ θαυμάσιον καλόν.

But the many experience mere images of beauty.

ἀλλ᾽ οἱ πολλοὶ μὲν ἐν παισὶ καὶ γυναιξὶν ὥσπερ ἐν κατόπτροις εἴδωλον αὐτοῦ φανταζόμενον διώκοντες καὶ ψηλαφῶντες οὐδὲν ἡδονῆς μεμιγμένης λύπῃ δύνανται λαβεῖν βεβαιότερον ἀλλ᾽ οὗτος ἔοικεν ὁ τοῦ Ἰξίονος ἴλιγγος εἶναι καὶ πλάνος, ἐν νέφεσι κενὸν ὥσπερ σκιαῖς θηρωμένου τὸ ποθούμενον ὥσπερ οἱ

ἀνάκλασις, -εως, ἡ: a bending back, refraction
βέβαιος, -α, -ον: firm, certain, solid
γυνή, γυναικός, ἡ: woman, wife
διώκω: to pursue
δύναμαι: to be able
εἴδωλον, τό: an image
ἐράσμιος, -ον, -η, -ον: lovely
ἡδονή, ἡ: delight, pleasure
θαυμάσιος, -ον: wondrous, marvelous
θηράω: to chase
ἴλιγγος, ὁ: a spinning round, whirling
Ἰξίων, -ονος, ὁ: Ixion
κάτοπτρον, τό: a mirror
κενός, -ή, -όν: empty
λαμβάνω: to take
λύπη, ἡ: pain
μακάριος, -α, -ον: blessed, happy
μίγνυμι: to mix, mingle
μνήμη, ἡ: a remembrance, memory
νέφος, -εος, τό: a cloud
παῖς, παιδός, ὁ: child, boy
πλάνος ὁ,: a wandering, roaming
ποθέω: to long for, yearn
προσαγορεύω: to address, call
σκιά, -ᾶς, ἡ: a shadow
φαίνομαι: to appear, seem
φαντάζω: make visible, present to the eye
φιλόκαλος, -ον: loving beauty
ψηλαφάω: to grope about
ψυχή, ἡ: the soul

ἀνάκλασιν ποιεῖ: "this erotic mechanism *makes a refraction of*" + gen.
ἀπὸ... προσαγορευομένων καλῶν: "from the things appearing here and named beautiful"
εἰς τὸ θεῖον: "toward that divine..."
ὡς ἀληθῶς: "truly"
εἴδωλον αὐτοῦ φανταζόμενον: "by pursuing *an imaginary image of it* (Beauty)"
οὐδὲν... βεβαιότερον: obj. of **λαβεῖν**, "nothing more solid than" + gen. of comparison
μεμιγμένης: perf. part. of **μίγνυμι** agreeing with **ἡδονῆς**, "pleasure mixed with" + dat.
λαβεῖν: ao. inf. of **λαμβάνω** after **δύνανται**, "they are able *to grasp*"
οὗτος ἔοικεν... εἶναι: "the whirling of Ixion seems to be this"
θηρωμένου: pr. part. gen. s. agreeing with **Ἰξίονος**, "who was pursuing"
κενὸν... τὸ ποθούμενον: "an empty thing, the object of his desire," in the myth Zeus fashioned a cloud in the likeness of Hera, with whom Ixion was infatuated

παῖδες προθυμούμενοι τὴν ἶριν ἑλεῖν τοῖν χεροῖν, ἑλκόμενοι πρὸς τὸ φαινόμενον.

The true lover regards beauty in a body to be an instrument of reminiscence.

εὐφυοῦς δ' ἐραστοῦ καὶ σώφρονος ἄλλος τρόπος ἐκεῖ γὰρ ἀνακλᾶται πρὸς τὸ θεῖον καὶ νοητὸν καλόν ὁρατοῦ δὲ σώματος ἐντυχὼν κάλλει καὶ χρώμενος οἷον ὀργάνῳ τινὶ τῆς μνήμης ἀσπάζεται καὶ ἀγαπᾷ, καὶ συνὼν καὶ γεγηθὼς ἔτι μᾶλλον ἐκφλέγεται τὴν διάνοιαν. καὶ οὔτε μετὰ σωμάτων ὄντες ἐνταῦθα τουτὶ τὸ φῶς ἐπιποθοῦντες κάθηνται καὶ

ἀγαπάω: to treat with affection, love, be fond of
αἱρέω: to take, grasp
ἀνακλάω: to bend back, refract
ἀσπάζομαι: to welcome, greet
γηθέω: to rejoice
διάνοια, ἡ: a thought, mind
ἐκεῖ: there, then
ἐκφλέγω: to set one fire, inflame
ἕλκω: to draw, attract
ἐντυγχάνω: to happen upon, meet with
ἐπιποθέω: to yearn after
ἐραστής, -οῦ, ὁ: a lover
εὐφυής, -ές: well-formed, noble
ἶρις, -ιδος, ἡ: a rainbow
κάθημαι: to be seated
κάλλος, -ους, τό: beauty
μνήμη, ἡ: a remembrance, memory
νοητός, -ή, -όν: perceptible to the mind, conceptual
ὁρατός, -ή, -όν: able to be seen, visible
ὄργανον, τό: an organ, tool
παῖς, παιδός, ὁ: child, boy
προθυμέομαι: to be eager
σύνειμι: to be with
σῶμα, -ατος, τό: body
σώφρων, -ον: temperate, prudent, chaste
τρόπος, ὁ: a direction, course, way
φαίνομαι: to appear, seem
φῶς, φωτός, τό: light, daylight
χείρ, ἡ: the hand
χράομαι: to use (+ *dat.*)

ἑλεῖν: ao. inf. of **αἱρέω** complementing **προθυμούμενοι**, "desiring to grasp"
τοῖν χεροῖν: dat. dual of means, "with both hands"
ἑλκόμενοι: pr. part. pas., "*being drawn* towards the mere appearance"
ἄλλος τρόπος: "other is the manner of" + gen.
ἐκεῖ γὰρ: "*for thither* (his vision) is refracted" i.e. "to the other world"
ἐντυχὼν: ao. part. nom. s. of **ἐν-τυγχάνω**, "happening upon" + dat.
οἷον ὀργάνῳ τινὶ: dat. after **χρώμενος**, "using it *as a kind of tool*"
συνὼν: pr. part. of **συν-εἰμι**, "by associating with"
γεγηθὼς: perf. part. of **γηθέω**, "by rejoicing"
ὄντες ἐνταῦθα: "while being here (in this world)"
τουτὶ τὸ φῶς: obj. of **ἐπιποθοῦντες**, "this here light"
ἐπιποθοῦντες κάθηνται: "*they* neither *sit desiring*," i.e., "they are neither content to be desiring"

θαυμάζοντες οὔτ᾽ ἐκεῖ γιγνόμενοι μετὰ τὴν τελευτήν, δεῦρο πάλιν στρεφόμενοι καὶ δραπετεύοντες ἐν θύραις νεογάμων καὶ δωματίοις κυλινδοῦνται, δυσόνειρα φαντασμάτια φιληδόνων καὶ φιλοσωμάτων ἀνδρῶν καὶ γυναικῶν οὐ δικαίως ἐρωτικῶν προσαγορευομένων.

Such a lover delights in the true beauty of the next world till he must be born again in this world.

ὁ γὰρ ὡς ἀληθῶς ἐρωτικὸς ἐκεῖ γενόμενος καὶ τοῖς καλοῖς ὁμιλήσας, ᾗ θέμις, ἐπτέρωται καὶ κατωργίασται καὶ διατελεῖ περὶ τὸν αὑτοῦ θεὸν ἄνω χορεύων καὶ συμπεριπολῶν, ἄχρι οὗ

ἀνδρόω: to rear up into manhood
ἀνήρ, ἀνδρός, ὁ: a man, husband
ἄνω: upwards
ἄχρι: as far as, until (+ gen.)
γυνή, γυναικός, ἡ: woman, wife
δεῦρο: hither, to this place
διατελέω: to bring quite to an end, accomplish
δίκαιος, -α, -ον: equal, fair, just
δραπετεύω: to run away
δυσόνειρος, -ον: ill-dreamed, nightmarish
δωμάτιον, τό: a bed-chamber
ἐρωτικός, -ή, -όν: amatory, of love
θαυμάζω: to wonder, marvel
θέμις, ἡ: law, custom, right
θύρα, ἡ: a door
κατοργιάζω: to initiate into mysteries
κυλινδέω: to roll, wallow
νεόγαμος, -ον: newly-wed
ὁμιλέω: to be in company with, consort with
προσαγορεύω: to address, call
πτερόω: to feather, give wings
στρέφω: to turn back
συμπεριπολέω: go around together
τελευτή, ἡ: a finishing, completion, end
φαντασμάτιον, τό: miserable phantom, bad dream
φιλήδονος, -ον: loving pleasure
φιλοσώματος, -ον: loving the body
χορεύω: to dance

οὔτ᾽ ἐκεῖ γιγνόμενοι: "*nor becoming thither* after death"
δεῦρο πάλιν: "back hither"
δυσόνειρα φαντασμάτια: "(becoming) *the nightmarish phantoms*"
προσαγορευομένων: pr. part. gen. pl agreeing with **ἀνδρῶν καὶ γυναικῶν**, "who are not justly *named* erotic"
ἐκεῖ γενόμενος: ao. part. of **γίγνομαι**, "having become thither" as here and above **ἐκεῖ** is a euphemism for the afterworld
ὁμιλήσας: ao. part., "and having consorted with" + dat.
ᾗ: rel. pron. dat. s. f., "where"
ἐπτέρωται: perf. of **πτερόω**, "becomes winged"
κατωργίασται: perf. of **κατα-ὀριάζω**, "is initiated into the mysteries"
διατελεῖ: "continues to" + part.
τὸν αὑτοῦ θεὸν: (= **ἑαυτοῦ**), "his own god"
συμπεριπολῶν: pr. part. of **συν-περι-πολέω** after **διατελεῖ**, "going around with"
ἄχρι οὗ: "up to (the time) when"

πάλιν εἰς τοὺς Σελήνης καὶ Ἀφροδίτης λειμῶνας ἐλθὼν καὶ καταδαρθὼν ἑτέρας ἄρχηται γενέσεως. ἀλλὰ ταῦτα μέν» ἔφη «μείζονας ἔχει τῶν παρόντων λόγων ὑποθέσεις.

Love can also punish those who reject him.

τῷ δ' Ἔρωτι καὶ τοῦτο καθάπερ τοῖς ἄλλοις θεοῖς «ἔνεστιν» ὡς Εὐριπίδης φησὶ

τιμωμένῳ χαίρειν ἀνθρώπων ὕπο

καὶ τοὐναντίον εὐμενέστατος γάρ ἐστι τοῖς δεχομένοις ἐμμελῶς αὐτὸν, βαρὺς δὲ τοῖς ἀπαυθαδισαμένοις. οὔτε γὰρ

ἀπαυθαδίζομαι: to act boldly, speak out
ἄρχω: to begin
Ἀφροδίτη, ἡ: Aphrodite
βαρύς, -εῖα, -ύ: heavy, grave, severe
γένεσις, -εως, ἡ: an origin, source, beginning
δέχομαι: to take, accept, receive
ἐμμελής, -ές: harmonious
ἐναντίος, -α, -ον: opposite
ἔρχομαι: to come or go
εὐμενής, -ές: well-disposed, kindly
καταδαρθάνω: to fall asleep
λειμών, -ῶνος, ὁ: a meadow, field
λόγος, ὁ: word, speech, (*pl.*) conversation
μείζων, -ον: larger, greater
πάρειμι: to be present
σελήνη, ἡ: the moon
τιμάω: to honor
ὑπόθεσις, -εως, ἡ: a foundation, hypothesis
χαίρω: to rejoice, be glad

ἐλθὼν: ao. part. of **ἔρχομαι**, "having come"
καταδαρθὼν: ao. part. of **κατα-δαρθάνω**, "having fallen asleep"
ἑτέρας γενέσεως: gen. s. f., "beginning *another birth*," i.e. is reincarnated
μείζονας... ὑποθέσεις: acc. obj. of **ἔχει**, "are subjects greater than" + gen.
καὶ τοῦτο καθάπερ τοῖς ἄλλοις θεοῖς: a parenthetical remark, "to Love--and this is the same for the other gods--"
«ἔνεστιν...τοὐναντίον»: Euripides *Hyppolytus* 7
ἔνεστιν: "it is possible" + inf.
τιμωμένῳ: pr. part. agreeing with **Ἔρωτι** but supplementing **χαίρειν**, "to enjoy being honored"
ἀνθρώπων ὕπο: "by men" note the accent on **ὕπο** indicating it governs the previous word
καὶ τοὐναντίον = τὸ ἐναντίον: "and the opposite" (i.e. to be angered)
εὐμενέστατος γάρ ἐστι: "for he is most gracious to" + dat.
βαρὺς δὲ: but severe to" + dat.

ξένων καὶ ἱκετῶν ἀδικίας ὁ Ξένιος οὔτε γονέων ἀρὰς ὁ Γενέθλιος οὕτω διώκει καὶ μέτεισι ταχέως ὡς ἐρασταῖς ἀγνωμονηθεῖσιν ὁ Ἔρως ὀξὺς ὑπακούει, τῶν ἀπαιδεύτων καὶ ὑπερηφάνων κολαστής. τί γὰρ ἂν λέγοι τις Εὐξύνθετον καὶ Λευκομάντιδα τὴν ἐν Κύπρῳ Παρακύπτουσαν ἔτι νῦν προσαγορευομένην; ἀλλὰ τὴν Γοργοῦς ἴσως ποινὴν οὐκ ἀκηκόατε τῆς Κρήσσης, παραπλήσια τῇ Παρακυπτούσῃ παθούσης πλὴν ἐκείνη μὲν ἀπελιθώθη παρακύψασα τὸν

ἀγνωμονέω: to act unfairly
ἀδικία, ἡ: wrong-doing, injustice
ἀκούω: to hear
ἀπαίδευτος, -ον: uneducated, rude
ἀπολιθόω: to turn to stone, petrify
ἀρά, ἡ: a prayer
Γενέθλιος, ὁ: god of Family
γονεύς, -έως, ὁ: a begetter, father
Γοργώ, ἡ: Gorgo
διώκω: to pursue
ἐραστής, -οῦ, ὁ: a lover
ἱκέτης, -ου, ὁ: one who comes to seek protection, a suppliant
κολαστής, -οῦ, ὁ: a punisher
Κρής: Cretan
Κύπρος, ἡ: Cyprus
μετέρχομαι: to go between or among
Ξένιος, ὁ: god of Hospitality
ξένος, ὁ: foreigner, guest
ὀξύς, -εῖα, -ύ: sharp, keen
παρακύπτω: to look sideways, peep at
παραπλήσιος, -α, -ον: similar to (+ *dat.*)
πάσχω: to experience, suffer
πλήν: except
ποινή, ἡ: punishment
προσαγορεύω: to address, call
ταχύς, -εῖα, -ύ: quick, swift, fleet
ὑπακούω: to listen, hearken
ὑπερήφανος, -ον: arrogant, haughty

γονέων ἀρὰς: "the curses of parents"
Ξένιος, Γενέθλιος: epithets of Zeus as protector of *strangers* and *family*
οὕτω...ὡς: to pursure so much... as Love hearkens to"
μέτεισι: pr. 3 pl. of ***μετα-εἶμι***, "go after" + acc.
ἀγνωμονηθεῖσιν: ao. part. pas. dat. pl. of ***ἀγνωμονέω*** agreeing with ***ἐρασταῖς***, "the lovers having been treated badly"
ὀξὺς ὑπακούει: "listens keen(ly) to" + dat.
τί γὰρ ἂν λέγοι τις: pot. opt. in a rhetorical question, "Why would one tell of?"
Εὐξύνθετον καὶ Λευκομάντιδα: Plutarch does not tell these lovers' story, unfortunately
Παρακύπτουσαν: her name, "the Peeper," is explained below
οὐκ ἀκηκόατε: perf. 2 pl. of ***ἀκούω***, "you have not heard of" + acc.
Γοργοῦς... τῆς Κρήσσης... παθούσης: "the punishment *of Gorgo the Cretan, who suffered*"
παθούσης: ao. part. gen. s. f. of ***πάσχω***
παραπλήσια: acc. pl. n., "(things) similar to" + dat.
πλὴν ἐκείνη: "except that one" (i.e. ***Παρακύπτουσα***)
ἀπελιθώθη: ao. pas. 3. s. of ***ἀπο-λιθόομαι***, "was turned to stone"
παρακύψασα... ἰδεῖν : ao. part. of ***παρα-κύπτω***, "as soon as she leaned out to see"

ἐραστὴν ἰδεῖν ἐκκομιζόμενον τῆς δὲ Γοργοῦς Ἄσανδρός τις ἠράσθη, νέος ἐπιεικὴς καὶ γένει λαμπρός, ἐκ δὲ λαμπρῶν εἰς ταπεινὰ πράγματα καὶ εὐτελῆ ἀφιγμένος, ὅμως αὑτὸν οὐδενὸς ἀπηξιοῦτο, ἀλλὰ τὴν Γοργώ, διὰ πλοῦτον ὡς ἔοικε περιμάχητον οὖσαν καὶ πολυμνήστευτον, ᾔτει γυναῖκα συγγενὴς ὤν, πολλοὺς ἔχων καὶ ἀγαθοὺς συνερῶντας αὐτῷ, πάντας δὲ τοὺς περὶ τὴν κόρην ἐπιτρόπους καὶ οἰκείους πεπεικὼς … .»

ἀγαθός, **-ή**, **-όν**: good
αἰτέω: to ask, beg
ἀπαξιόω: to think unworthy, disclaim
Ἄσανδρός, **ὁ**: Asander
ἀφικνέομαι: to come to
Γοργώ, **ἡ**: Gorgo
ἐκκομίζω: to carry out
ἐπιεικής, **-ές**: fitting, suitable
ἐπίτροπος, **ὁ**: a trustee, guardian
ἐραστής, **-οῦ**, **ὁ**: a lover
εὐτελής, **-ές**: easily paid for, cheap
κόρη, **ἡ**: a maiden, girl
λαμπρός, **-ά**, **-όν**: bright, brilliant, illustrious
νέος, **νέα**, **νέον**: young, youthful
οἰκεῖος, **-α**, **-ον**: of the house, related
οὐδείς: and not one
πείθω: to win over, persuade
περιμάχητος, **-ον**: fought for
πλοῦτος, **ὁ**: riches, wealth
πολυμνήστευτος, **-ον**: much-wooed
πρᾶγμα, **-ατος**, **τό**: a deed, act, matter
συγγενής, **-ές**: born with, related
συνεράω: to love jointly, rival in love
ταπεινός, **-ή**, **-όν**: low, humble, poor

ἐκκομιζόμενον: "being paraded past (in his funeral procession)"
ἠράσθη: ao. pas. of **ἐράω**, "fell in love with" + gen.
γένει: dat., "brilliant *in family*"
ἀφιγμένος: ao. part. pas. of **ἀφίκνέομαι**, "*having arrived* from (**ἐκ**) to (**εἰς**)"
αὑτὸν οὐδενὸς ἀπηξιοῦτο: impf. mid. of **ἀπο-ἀξιόω**, "nevertheless he deemed himself unworthy of nothing"
τὴν Γοργώ… περιμάχητον οὖσαν: "he sought *Gorgo, who was being fought over*"
συγγενὴς ὤν: "since he was a kinsman"
ᾔτει: impf. of **αἰτέω**, "he kept seeking"
ἔχων: concessive, "despite having"
συνερῶντας αὐτῷ: pr. part. acc. pl. of **συν-ἐράω**, "loving along with him" i.e. "fellow suitors"
πεπεικὼς: perf. part. of **πείθω**, "*having won over* those around the girl"
The story of Gorgo is lost, along with a substantial portion of what followed.

The effects of love are the same for boys and women

[21.] **«ἔτι τοίνυν ἃς λέγουσιν αἰτίας καὶ γενέσεις ἔρωτος, ἴδιαι μὲν οὐδετέρου γένους εἰσὶ κοιναὶ δ' ἀμφοτέρων καὶ γὰρ εἴδωλα δήπουθεν ἐνδυόμενα τοῖς ἐρωτικοῖς καὶ διατρέχοντα κινεῖν καὶ γαργαλίζειν τὸν ὄγκον εἰς σπέρμα συνολισθάνοντα τοῖς ἄλλοις σχηματισμοῖς οὐ δυνατὸν μὲν ἀπὸ παίδων, ἀδυνατὸν δ' ἀπὸ γυναικῶν; καὶ τὰς καλὰς ταύτας καὶ ἱερὰς ἀναμνήσεις καλοῦμεν ἡμεῖς ἐπὶ τὸ θεῖον καὶ ἀληθινὸν**

ἀδύνατος, -ον: unable, impossible
αἰτία, ἡ: a cause
ἀληθινός, -ή, -όν: true
ἀμφότερος, -α, -ον: each, both
ἀνάμνησις, -εως, ἡ: a calling to mind, recollection
γαργαλίζω: to tickle
γένεσις, -εως, ἡ: an origin, source, generation
γένος, -ους, τό: a type
γυνή, γυναικός, ἡ: woman, wife
δήπουθεν: perhaps, may be
διατρέχω: to run over, course through
δυνατός, -ή, -όν: able, capable, possible
εἴδωλον, τό: an image, a phantom
ἐνδύω: to go into
ἐρωτικός, -ή, -όν: amatory
θεῖος, -α, -ον: divine, of the gods
ἴδιος, -α, -ον: one's own, unique
ἱερός, -ά, -όν: sacred, holy
καλέω: to call
κινέω: to set in motion, to move
κοινός, -ή, -όν: common, shared
ὄγκος, ὁ: a bulk, size, mass
οὐδέτερος, -α, -ον: neither
παῖς, παιδός, ὁ: child, boy
σπέρμα, -ατος, τό: seed
συνολισθάνω: to slip and fall together
σχηματισμός, ὁ: a formation, configuration

ἔτι τοίνυν: "furthermore" continuing from points made in the lacuna, probably about the Epicureans.

ἃς λέγουσιν: "the causes *which they claim*"

ἴδιαι μὲν... κοιναὶ δέ: "*they are particular* to neither kind..*but rather common* to both (love of boys and women)"

δήπουθεν: must be understood with the main idea in the sentence **οὐ δυνατὸν μὲν... ἀπὸ γυναικῶν**, "*surely* it is not possible," anticipating assent to that part of the thought

εἴδωλα ἐνδυόμενα: "images (emanating from the beloved) entering"

κινεῖν καὶ γαργαλίζειν: pr. inf. dependent on **οὐ δυνατὸν (ἐστι)**, "it is not possible *that they move and tickle*"

τὸν ὄγκον εἰς σπέρμα: obj. of **γαργαλίζειν**, "tickle *the mass into seed*"

συνολισθάνοντα: pr. part. agreeing with **εἴδωλα**, "falling together with" + dat.

οὐ δυνατὸν... γυναικῶν: this is the main question, "is it really possible such emanations come from boys, but not women?

καὶ τὰς καλὰς: "and what about those beautiful (things which) we call reminiscences?"

ἐπὶ τὸ θεῖον: "oriented *toward the divine*"

καὶ ὀλύμπιον ἐκεῖνο κάλλος, αἷς ψυχὴ πτεροῦται, τί ἂν κωλύοι γίγνεσθαι μὲν ἀπὸ παίδων καὶ ἀπὸ νεανίσκων, γίγνεσθαι δ' ἀπὸ παρθένων καὶ γυναικῶν, ὅταν ἦθος ἁγνὸν καὶ κόσμιον ἐν ὥρᾳ καὶ χάριτι μορφῆς διαφανὲς γένηται, καθάπερ ὄρθιον ὑπόδημα δείκνυσι ποδὸς εὐφυΐαν, ὡς Ἀρίστων ἔλεγεν ὅταν ἐν εἴδεσι καλοῖς καὶ καθαροῖς σώμασιν ἴχνη λαμπρὰ καὶ κείμενα ψυχῆς ὀρθὰ καὶ ἄθρυπτα κατίδωσιν οἱ δεινοὶ τῶν τοιούτων

ἁγνός, -ή, -όν: pure, chaste, holy
ἄθρυπτος, -ον: not broken
δείκνυμι: to show, display, exhibit
δεινός, -ή, -όν: fearful, terrible, awesome
διαφανής, -ές: seen through, transparent
εἶδος, -εος, τό: that which is seen, form, shape
εὐφυΐα, ἡ: beauty, shapeliness
ἦθος, -εος, τό: character
ἴχνος, -εος, τό: a track, trace
καθαρός, -ά, -όν: clean, spotless, unsoiled
κατεῖδον: to look down, perceive
κεῖμαι: to be laid, be stored up
κόσμιος, -α, -ον: well-ordered, regular, moderate
κωλύω: to hinder, check, prevent
λαμπρός, -ά, -όν: bright, brilliant, radiant
μορφή, ἡ: form, shape
νεάνισκος, ὁ: youth, young man
ὀλύμπιος, -ον: Olympian
ὄρθιος, -α, -ον: straight
ὀρθός, -ή, -όν: straight, upright
παρθένος, ἡ: a maiden, virgin
πούς, ποδός, ὁ: a foot
πτερόω: to give wings
σῶμα, -ατος, τό: body
ὑπόδημα, -ατος, τό: a shoe
χάρις, -ιτος, ἡ: favor, grace
ψυχή, ἡ: breath
ὥρα, -ας, ἡ: period, season, prime

αἷς: dat. pl. rel. pron. with antecedent **ἀναμνήσεις**, "*by which* the soul becomes winged"
τί ἂν κωλύοι: pot. opt., "what would prevent them from" + inf.
ἀπὸ... γυναικῶν: " from both boys and women"
ὅταν... διαφανὲς γένηται: ao. subj. of **γίγνομαι** in gen. temp. clause, "whenever character becomes visible"
καθάπερ: "*just as* a shoe shows the beauty of a foot"
Ἀρίστων: Aristo of Chios (3rd C. BC), a stoic philosopher
ὅταν... κατίδωσιν: ao. subj of **κατα-ὁράω**, "whenever they see clearly"
ἴχνη: acc. pl. n. object of **κατίδωσιν**, "traces of" + gen.
κείμενα: pl. n. agreeing with **ἴχνη**, "*embedded* in the forms"
ὀρθὰ καὶ ἄθρυπτα: agreeing with **ἴχνη** but construed closely with the verb, "see them *clearly and undistorted*"
οἱ δεινοὶ: the subject of **κατίδωσιν**, "those awesome at" + inf.
τῶν τοιούτων: gen. obj. of **αἰσθάνεσθαι**, "at seeing such things"

αἰσθάνεσθαι; οὐ γὰρ ὁ μὲν φιλήδονος ἐρωτηθεὶς εἰ

πρὸς θῆλυ νεύει μᾶλλον ἢ ἐπὶ τἄρσενα

καὶ ἀποκρινάμενος

ὅπου προσῇ τὸ κάλλος, ἀμφιδέξιος,

ἔδοξεν οἰκείως ἀποκρίνασθαι τῆς ἐπιθυμίας ὁ δὲ φιλόκαλος καὶ γενναῖος οὐ πρὸς τὸ καλὸν οὐδὲ τὴν εὐφυΐαν ἀλλὰ μορίων διαφορὰς ποιεῖται τοὺς ἔρωτας.

αἰσθάνομαι: to perceive, apprehend
ἀμφιδέξιος, **-ον**: ambidextrous
ἀποκρίνομαι: to answer
ἄρσην, **ὁ**: male
γενναῖος, **-α**, **-ον**: noble
διαφορά, **ἡ**: a difference, distinction
ἐπιθυμία, **ἡ**: desire, lust
ἐρωτάω: to ask
εὐφυΐα, **ἡ**: beauty, shapeliness
θῆλυς, **-εια**, **-υ**: female
μοῖρα, **-ας**, **ἡ**: a part, share
νεύω: to nod
οἰκείως: naturally, properly
ποιέω: to make, do
πρόσειμι: to be present
φιλήδονος, **-ον**: loving pleasure
φιλόκαλος, **-ον**: loving beauty

οὐ γὰρ: "for isn't it the case," anticipating agreement. The phrase applies to both of the following cases (**ὁ μὲν φιλήδονος... ὁ δὲ φιλόκαλος**)
ἐρωτηθεὶς: ao. part. pas. of **ἐρωτάω**, "having been asked"
εἰ νεύει: ind. quest. "whether he preferred"
«πρὸς θῆλυ...ἀμφιδέξιος»: *CAF* adespota 360
ἢ ἐπὶ τἄρσενα: (=**τὰ ἄρσενα**), "or towards males"
ἀποκρινάμενος: ao. part. of **ἀπο-κρίνομαι**, "having answered"
ὅπου προσῇ: pr. subj. of **προσ-εἰμι** in gen. temp. clause, "*whenever* beauty *is present*"
ἀποκρίνασθαι: ao. inf. of **ἀποκρίνομαι** after **ἔδοξεν**, "(for isn't it the case) that he seemed *to have answered* suitably about" + gen.
(**οὐ γὰρ**) **οὐ... ποιεῖται**: "(surely) the lover of beauty *would not direct* his love, aimed toward beauty and form"
ἀλλὰ μορίων διαφορὰς: "otherwise with respect to differences of limbs"
ἀλλὰ: adverbial
μορίων διαφορὰς: acc. of respect, "differences of (body)parts"

Lovers of horses and dogs admire both genders.

Jennings Dog. Roman marble copy of Hellenistic bronze original, 2nd C BC. Photo: Marie-Lan Nguyen

καὶ φίλιππος μὲν ἀνὴρ οὐδὲν ἧττον ἀσπάζεται τοῦ Ποδάργου τὴν εὐφυΐαν ἢ «Αἴθην τὴν Ἀγαμεμνονέην»· καὶ θηρατικὸς οὐ τοῖς ἄρρεσι χαίρει μόνον, ἀλλὰ καὶ Κρήσσας τρέφει καὶ Λακαίνας σκύλακας ὁ δὲ φιλόκαλος καὶ φιλάνθρωπος οὐχ ὁμαλός ἐστιν οὐδ᾽ ὅμοιος ἀμφοτέροις τοῖς γένεσιν, ἀλλ᾽ ὥσπερ ἱματίων οἰόμενος εἶναι διαφορὰς ἐρώτων γυναικῶν καὶ ἀνδρῶν;

Ἀγαμεμνόνεος, -α, -ον: of Agamemnon
ἀμφότερος, -α, -ον: each, both
ἀνήρ, ἀνδρός, ὁ: a man, husband
ἄρσην, ὁ: male
ἀσπάζομαι: to welcome, greet
γένος, -ους, τό: race, type
διαφορά, ἡ: a difference, distinction
εὐφυΐα, ἡ: beauty, shapeliness
ἥττων: less
θηρατικός, ὁ: a hunter
ἱμάτιον, τό: an outer garment, clothing
Κρής: Cretan
Λάκαινα: Lacaena
οἴομαι: to suppose, think, imagine
ὁμαλός, -ή, -όν: even, fair
ὅμοιος, -α, -ον: like, equal to (+ *dat.*)
πόδαργος, -ον: swift-footed
σκύλαξ, ἡ: a female dog
τρέφω: to grow, raise
φιλάνθρωπος, -ον: loving mankind
φίλιππος, -ον: fond of horses, horse-loving
φιλόκαλος, -ον: loving beauty
χαίρω: to enjoy, favor

φίλιππος μὲν ἀνὴρ: "a horse-loving man"
οὐδὲν ἧττον... ἢ: "no less than"
Ποδάργου: the horse of Achilles
Αἴθην: the mare of Agamemnon. The point is that the *mare* of Agamemnon is honored no less than the *stallion* of Achilles.
τοῖς ἄρρεσι: dat. pl. after **χαίρει**, " male dogs"
σκύλακας: acc. pl., "female dogs"
οὐχ ὁμαλός ἐστιν: "is he not fair?" + dat.
εἶναι διαφορὰς: ind. st. after **οἰόμενος**, "supposing *the differences to be* like clothing"

Good character can enhance a woman's beauty.

καίτοι τὴν γ' ὥραν «ἄνθος ἀρετῆς» εἶναι λέγουσι, μὴ φάναι δ' ἀνθεῖν τὸ θῆλυ μηδὲ ποιεῖν ἔμφασιν εὐφυΐας πρὸς ἀρετὴν ἄτοπόν ἐστι καὶ γὰρ Αἰσχύλος ὀρθῶς ἐποίησε

νέας γυναικὸς οὔ με μὴ λάθῃ φλέγων
ὀφθαλμός, ἥτις ἀνδρὸς ᾖ γεγευμένη.

πότερον οὖν ἰταμοῦ μὲν ἤθους καὶ ἀκολάστου καὶ διεφθορότος σημεῖα τοῖς εἴδεσι τῶν γυναικῶν ἐπιτρέχει, κοσμίου δὲ καὶ σώφρονος οὐδὲν ἔπεστι τῇ μορφῇ φέγγος; ἢ πολλὰ μὲν ἔπεστι

ἀκόλαστος, -ον: licentious, intemperate
ἀνθέω: to blossom, bloom
ἄνθος, ὁ: a blossom, flower
ἀρετή, ἡ: excellence, virtue
ἄτοπος, -ον: out of place, irregular
γεύω: to give a taste of
γυνή, γυναικός, ἡ: woman, wife
διαφθείρω: to destroy, corrupt
εἶδος, -εος, τό: that which is seen, form
ἔμφασις, -εως, ἡ: appearance, presentation
ἐπιτρέχω: to spread over, overrun
εὐφυΐα, ἡ: beauty, shapeliness
ἦθος, -εος, τό: character
θῆλυς, -εια, -υ: female
ἰταμός, -ή, -όν: eager, bold
κόσμιος, -α, -ον: well-ordered, moderate
λανθάνω: to escape notice
μορφή, ἡ: form, shape
νέος, νέα, νέον: young, youthful
ὀρθός, -ή, -όν: straight, correct
ὀφθαλμός, ὁ: the eye
ποιέω: to make
σημεῖον, τό: a sign, a mark
σώφρων, -ον: temperate, prudent, decent
φέγγος, -εος, τό: light, splendor, luster
φλέγω: to burn
ὥρα, -ας, ἡ: period, season, time

τὴν γ' ὥραν... εἶναι: ind. st. after **λέγουσι**, "yet they say *that the bloom of youth is*"
ἄνθος ἀρετῆς: A Stoic pharse, "the flower of excellence"
μὴ φάναι: inf. of **φημι** after **ἄτοπὸν ἐστι**, "it is absurd *to deny*"
ἀνθεῖν τὸ θῆλυ: inf. in ind. st. after **φάναι**, "that the female blossoms"
μηδὲ ποιεῖν: inf. also after **φάναι**, "*or that she makes* a presentation of natural beauty"
καὶ γὰρ: "for indeed"
«νέας...ᾖ γεγευμένη»: Aeschylus fr. 243 (*TGF*)
λάθῃ: ao. subj. of **λανθάνω** with **οὔ μὴ** indicating a strong denial, "the eye certainly does not escape me"
ᾖ γεγευμένη: periphrastic perf. subj. of **γεύω**, "who *has tasted*" + gen.
πότερον... ἢ : presenting two alternatives
ἰταμοῦ μὲν... κοσμίου δὲ: "*of a reckless* character... but of a decent (character)"
διεφθορότος: perf. part. gen. s. of **διαφθείρω**, "corrupted"
σημεῖα... ἐπιτρέχει: "do the signs of (+ gen.) run across" + dat.
ἔπεστι τῇ μορφῇ: from **ἐπι-εἰμι**, "no luster *is added to the appearance*" + gen.
ἢ πολλὰ μὲν: "*or rather are many* added"

καὶ συνεπιφαίνεται, κινεῖ δ᾽ οὐδὲν οὐδὲ προσκαλεῖται τὸν ἔρωτα; οὐδέτερον γὰρ εὔλογον οὐδ᾽ ἀληθές,

To love a women properly is not to use her for pleasure or children.

ἀλλὰ κοινῶς ὥσπερ δέδεικται τοῖς γένεσι πάντων ὑπαρχόντων, ὥσπερ κοινοῦ συστάντος τοῦ ἀγῶνος ὦ Δαφναῖε, πρὸς ἐκείνους μαχώμεθα τοὺς λόγους, οὓς ὁ Ζεύξιππος ἀρτίως διῆλθεν, ἐπιθυμίᾳ τὸν Ἔρωτα ταὐτὸ ποιῶν ἀκαταστάτῳ καὶ πρὸς τὸ ἀκόλαστον ἐκφερούσῃ τὴν ψυχήν, οὐκ αὐτὸς οὕτω πεπεισμένος ἀκηκοὼς δὲ πολλάκις ἀνδρῶν δυσκόλων καὶ

ἀγών, -ῶνος, ὁ: a gathering, contest
ἀκατάστατος, -ον: unstable, unsettled
ἀκόλαστος, -ον: licentious, intemperate
ἀκούω: to hear
ἀληθής, -ές: true
ἀνήρ, ἀνδρός, ὁ: a man, husband
ἀρτίως: just, recently
γένος, -ους, τό: a race, type
δείκνυμι: to bring to light, display, show
διέρχομαι: to go through, describe
δύσκολος, -α, -ον: difficult, unpleasant
ἐκφέρω: to carry out, produce, cause
ἐπιθυμία, ἡ: desire, yearning
εὔλογος, -ον: having good reason, reasonable, sensible
κινέω: to set in motion, to move
κοινός, -ή, -όν: common, shared
μάχομαι: to fight, argue
οὐδέτερος, -α, -ον: neither
πείθω: to prevail upon, win over, persuade
ποιέω: to make, do
προσκαλέω: to call out, invoke
συνεπιφαίνω: to present together
συνίστημι: to set together, combine, unite
ὑπάρχω: to begin, belong to

κινεῖ δ᾽ οὐδὲν: "but move us not at all"
οὐδὲ προσκαλεῖται: "*nor are called* Love"
οὐδέτερον: "neither (argument)"
οὐδὲ ἀληθές: the second **οὐδὲ** is cumulative, "neither (argument) is true"
δέδεικται: perf. of **δείκνυμι**, "as it has been shown"
πάντων ὑπαρχόντων: gen. abs., "all these things belonging to" + dat.
συστάντος τοῦ ἀγῶνος: gen. abs. ao. part. of **συν-ἵστημι**, "just so *making common cause*"
μαχώμεθα: pr. jussive subj., "let us fight"
οὓς... διῆλθεν: ao. of **δια-ἔρχομαι**, "the arguments *which* Zeuxippus *went through*"
ταὐτὸ ποιῶν: (=**τὸ αὐτὸ**), "*making* Eros *the same thing as*" + dat.
ἐκφερούσῃ; pr. part. agreeing with **ἐπιθυμίᾳ**, "forcing the soul"
οὐκ πεπεισμένος: perf. part. of **πείθω**, "he himself *not having been persuaded*"
ἀκηκοὼς δὲ: perf. part. of **ἀκούω**, "but having heard it from" + gen.

ἀνεράστων ὧν οἱ μὲν ἄθλια γύναια προικιδίοις ἐφελκόμενα μετὰ χρημάτων εἰς οἰκονομίαν καὶ λογισμοὺς ἐμβάλλοντες ἀνελευθέρους, ζυγομαχοῦντες ὁσημέραι διὰ χειρὸς ἔχουσιν οἱ δὲ παίδων δεόμενοι μᾶλλον ἢ γυναικῶν, ὥσπερ οἱ τέττιγες εἰς σκίλλαν ἤ τι τοιοῦτο τὴν γονὴν ἀφιᾶσιν, οὕτω διὰ τάχους οἷς ἔτυχε σώμασιν ἐναπογεννήσαντες καὶ καρπὸν ἀράμενοι

ἄθλιος, -α, -ον: pitiful, wretched
αἱρέω: to take up, lift, reap
ἀνελεύθερος, -ον: not fit for a free person, slavish
ἀνέραστος, -ον: not loved, unknowing of love
ἀφίημι: to send forth, discharge, emit
γονή, ἡ: produce, offspring
γύναιος, -α, -ον: made to a woman
δέομαι: to need, require, ask, seek
ἐμβάλλω: to throw in, put in
ἐναπογεννάω: to beget in, impregnate
ἐφέλκω: to drag on, trail after
ζυγομαχέω: to struggle together, quarrel
καρπός, ὁ: a fruit
λογισμός, ὁ: a counting, reckoning, accounting
οἰκονομία, ἡ: the management of a household
ὁσημέραι: as many days as are, daily
προικίδιον, τό: a small dowry
σκίλλα, -ης, ἡ: a squill, sea-onion
σῶμα, -ατος, τό: body
τάχος,- εος, τό: swiftness, speed
τέττιξ, -ιγος, ὁ: a cicada
τυγχάνω: to happen upon, meet with
χείρ, ἡ: the hand
χρῆμα, -ατος, τό: a thing that one uses, money

ὧν οἱ μὲν... οἱ δὲ: "of whom some... while others..."
ἄθλια γύναια: acc. pl. n., "wretched women"
ἐφελκόμενα: pr. part. agreeing with **γύναια**, "*having been dragged along* for a small dowry"
ἐμβάλλοντες: "(these men) *thrusting* (the women) into home management and slavish accounts"
ζυγομαχοῦντες: "quarreling"
διὰ χειρὸς ἔχουσιν: "they keep them with a fist"
οἱ δὲ παίδων δεόμενοι: "while others seeking children"
ὥσπερ... οὕτω: "*just as* cicadas... *just so* these men"
ἤ τι τοιοῦτο: "or some such thing"
ἀφιᾶσιν: pr. 3 pl. of **ἀπο-ἵημι**, "*they shoot out* their seed"
διὰ τάχους: "quickly"
οἷς ἔτυχε σώμασιν: "whatever bodies he happens upon" (logically we would expect the plural **ἔτυχον**)
ἐναπογεννήσαντες: ao. part., "begetting"
ἀράμενοι: ao. part. of **αἴρω**, "*once having taken* the fruit"

χαίρειν ἐῶσιν ἤδη τὸν γάμον, ἢ μένοντος οὐ φροντίζουσιν οὐδ' ἀξιοῦσιν ἐρᾶν οὐδ' ἐρᾶσθαι.

Love forms a union between people in which everything is shared.

στέργεσθαι δὲ καὶ στέργειν ἑνί μοι δοκεῖ γράμματι τοῦ στέγειν παραλλάττον εὐθὺς ἐμφαίνειν τὴν ὑπὸ χρόνου καὶ συνηθείας ἀνάγκῃ μεμιγμένην εὔνοιαν. ᾧ δ' ἂν Ἔρως ἐπισκήψῃ τε καὶ ἐπιπνεύσῃ, πρῶτον μὲν ἐκ τῆς Πλατωνικῆς πόλεως «τὸ ἐμόν»

ἀνάγκη, ἡ: force, necessity
ἀξιόω: to deem worthy
γάμος, ὁ: a wedding, marriage
γράμμα, -ατος, τό: a letter
ἐάω: to allow, permit
εἷς, μία, ἕν: one
ἐμός, -ή, -όν: mine
ἐμφαίνω: to display, indicate
ἐπιπνέω: to breathe upon, inspire
ἐπισκήπτω: to lean on, impose upon
ἐράω: to love
εὔνοια, ἡ: affection, goodwill
μένω: to stay, remain
μίγνυμι: to mix, mingle
παραλλάττω: to change
Πλατωνικός, -ή, -όν: Platonic, of Plato
πόλις, -εως, ἡ: a city
στέγω: to cover, shelter
στέργω: to love, feel affection
συνήθεια, ἡ: acquaintance, intimacy, companionship
φροντίζω: to think, consider
χαίρω: to rejoice, be glad
χρόνος, ὁ: time

χαίρειν: after **ἐῶσιν**, "to say farewell" i.e. "they dismiss"
ἐῶσιν: pr. 3 pl. of **ἐάω**, "they allow" + inf.
ἢ μένοντος (sc. **γάμου**): gen. abs., "or if the marriage remains"
ἐρᾶν οὐδ' ἐρᾶσθαι: inf. after **ἀξιοῦσιν**, "they do not not deem it worthy *to love or be loved*"
στέργεσθαι: pr. pas. inf., "to be loved"
στέργειν (to feel affection) vs. **στέγειν** (to fend off)
παραλλάττον: pr. part. n. s. agreeing with impersonal subj. of **δοκεῖ**, "*by being different* by one letter from" + gen.
ἐμφαίνειν: inf. after **μοι δοκεῖ**, "it seems to me to show"
τὴν... μεμιγμένην εὔνοιαν: perf. part. of **μίγνυμι**, "the good will having been necessarily mingled"
ὑπὸ...συνηθείας ἀνάγκῃ: "by time and habitual intercourse"
ᾧ δ' ἂν... ἐπισκήψῃ: ao. subj. of **ἐπι-σκήπτω** in indef. clause, "whomever Love strikes"
ἐπιπνεύσῃ: ao. subj. of **ἐπι-πνεύω**, "whomever Love inspires"
Πλατωνικῆς πόλεως: from the ideal city of Plato's *Republic*

οὐχ ἕξει καὶ «τὸ οὐκ ἐμόν»· οὐ γὰρ ἁπλῶς «κοινὰ τὰ φίλων» οὐδὲ πάντων, ἀλλ᾽ οἳ τοῖς σώμασιν ὁριζόμενοι τὰς ψυχὰς βίᾳ συνάγουσι καὶ συντήκουσι, μήτε βουλόμενοι δύ᾽ εἶναι μήτε νομίζοντες.

Temperance is inspired by Love.

ἔπειτα σωφροσύνη πρὸς ἀλλήλους, ἧς μάλιστα δεῖται γάμος, ἡ μὲν ἔξωθεν καὶ νόμων [ἕνεκα] πλέον ἔχουσα τοῦ ἑκουσίου τὸ βεβιασμένον ὑπ᾽ αἰσχύνης καὶ φόβων,

---

αἰσχύνη, ἡ: shame, disgrace, dishonor
ἁπλῶς: in one way, universally
βία, ἡ: strength, force, power
βιάζω: to constrain, force
βούλομαι: to will, wish
γάμος, ὁ: a wedding, marriage
δέομαι: to need, ask, require
δύο: two
ἑκούσιος, -α, -ον: voluntary
ἔξωθεν: from without
ἔπειτα: thereupon, next
ἔχω: to have, hold
κοινός, -ή, -όν: common, shared
νομίζω: to hold as a custom, to think
νόμος, ὁ: a custom, law
ὁρίζω: to divide, separate
πλείων, -ον: more, greater
συνάγω: to bring together, collect, convene
συντήκω: to fuse, to weld together
σῶμα, -ατος, τό: body
σωφροσύνη, ἡ: moderation, temperance
φίλος, -η, -ον: dear, beloved, (subst.) friend
φόβος, ὁ: fear
ψυχή, ἡ: the soul

οὐχ ἕξει: fut. of **ἔχω**, "*he will not keep* 'mine' and 'not mine,'" see Plato *Rep*. 462c where these expressions are said to undermine community
κοινὰ τὰ φίλων: "friends' possessions are shared," a saying found among other places at the end of Plato's *Phaedrus*
οὐδὲ πάντων: "nor of all people"
ἀλλ᾽ οἳ... ὁριζόμενοι: "but only to those *who, although separated* in bodies"
βίᾳ συνάγουσι: "bring together by force"
δύ᾽ εἶναι: inf. after **βουλόμενοι** and **νομίζοντες**, "not wishing *to be two*, nor believing that they are"
ἔπειτα: "secondly"
ἧς: gen. s. f. rel. pron. with antecedent **σωφροσύνη** and object of **δεῖται**, "which marriage needs"
ἡ (sc. **σωφροσύνη**) **μὲν ἔξωθεν**: "*temperance from without* and because of laws"
πλέον ἔχουσα: "having (compulsion) more than" + gen.
τὸ βεβιασμένον: pr. part. of **βιάζω**, obj. of **ἔχουσα**

πολλῶν χαλινῶν ἔργον οἰάκων θ' ἅμα,

διὰ χειρός ἐστιν ἀεὶ τοῖς συνοῦσιν Ἔρωτι δ' ἐγκρατείας τοσοῦτον καὶ κόσμου καὶ πίστεως μέτεστιν, ὥστε, κἂν ἀκολάστου ποτὲ θίγῃ ψυχῆς, ἀπέστρεψε τῶν ἄλλων ἐραστῶν, ἐκκόψας δὲ τὸ θράσος καὶ κατακλάσας τὸ σοβαρὸν καὶ ἀνάγωγον, ἐμβαλὼν αἰδῶ καὶ σιωπὴν καὶ ἡσυχίαν καὶ σχῆμα περιθεὶς κόσμιον, ἑνὸς ἐπήκοον ἐποίησεν.

ἀεί: always, for ever
αἰδώς, -οῦς, ἡ: shame, modesty, self-respect
ἀκόλαστος, -ον: licentious, intemperate
ἀνάγωγος, -ον: ill-trained, unlearned
ἀποστρέφω: to turn from
ἐγκράτεια, ἡ: mastery, self-control
εἷς, μία, ἕν: one
ἐκκόπτω: to cut out, knock out
ἐμβάλλω: to throw in, put in
ἐπήκοος, -ον: listening to, hearing (+ *gen.*)
ἡσυχία, ἡ: stillness, quiet
θιγγάνω: to touch, handle
θράσος, -εος, τό: courage, boldness
κατακλάω: to break down
κόσμιος, -α, -ον: well-ordered, regular, moderate
κόσμος, ὁ: order
μέτειμι: to be among, have a share in (+ *gen.*)
οἴαξ, -ακος, ὁ: a helm, tiller
περιτίθημι: to place round, dress
πίστις, -εως, ἡ: trust, faith
ποιέω: to make, do
σιωπή, ἡ: silence
σοβαρός, -ά, -όν: violent, proud
σύνειμι: to be together
σχῆμα, -ατος, τό: form, figure, appearance
τοσοῦτος, -αύτη, -οῦτο: so large, so great
χαλινός, ὁ: a bridle, bit
χείρ, ἡ: the hand

«πολλῶν χαλινῶν ἔργον οἰάκων θ' ἅμα»: "the work of many bridles together with rudders," Sophocles fr. 785 (*TGF*)
θ' ἅμα: = **τε ἅμα**
διὰ χειρός ἐστιν: "is always at hand" (i.e. possible) to" + dat.
τοῖς συνοῦσιν: pr. part. dat., "to those living together"
τοσοῦτον... ὥστε: result clause, "in such a degree... so that..."
μέτεστιν: pr. of **μετα-εἰμι** used impersonally with the dat. case, "to Eros there is a share in" + gen.
κἂν (=**καὶ ἐάν**) **θίγῃ**: pr. gen. cond., "if (Love) ever touches" + gen.
θίγῃ: ao. subj. of **θιγγάνω**
ἀπέστρεψε: ao. of **ἀπο-στρέφω** where we would expect a pr., "he turns him away from" + gen.
ἐκκόψας: ao. part. of **ἐκ-κόπτω**, "having driven out"
κατακλάσας: ao. part. of **κατα-κλάω**, "having shattered"
ἐμβαλὼν: ao. part., "having cast into him"
περιθεὶς: ao. part. of **περι-τίθημι**, "around him having put" + acc.
ἐπήκοον ἐποίησεν: "he made him a listener of only one"

Even Laïs abandoned all others for the one she loved.

ἴστε δήπουθεν ἀκοῇ Λαΐδα τὴν ἀοίδιμον ἐκείνην καὶ πολυήρατον, ὡς ἐπέφλεγε πόθῳ τὴν Ἑλλάδα, μᾶλλον δὲ ταῖς δυσὶν ἦν περιμάχητος θαλάσσαις ἐπεὶ δ᾽ Ἔρως ἔθιγεν αὐτῆς Ἱππολόχου τοῦ Θεσσαλοῦ, τὸν

ὕδατι χλωρῷ κατακλυζόμενον προλιποῦσ᾽ Ἀκροκόρινθον

καὶ ἀποδρᾶσα τῶν ἄλλων ἐραστῶν κρύφα [πολὺν ὅμιλλον καὶ τῶν ἑταιρῶν] μέγαν στρατὸν ᾤχετο κοσμίως ἐκεῖ δ᾽ αὐτὴν αἱ γυναῖκες ὑπὸ φθόνου καὶ ζήλου διὰ τὸ κάλλος εἰς ἱερὸν

ἀκοή, ἡ: a hearing, listening
ἀκροκόρινθος, ὁ: the citadel of Corinth
ἀοίδιμος, -ον: sung of, famous in song
ἀποδιδράσκω: to run away, escape
γυνή, γυναικός, ἡ: woman, wife
δήπουθεν: perhaps, doubtless
δύο: two
Ἑλλάς, -άδος, ἡ: Greece
ἐπιφλέγω: to burn up, consume
ἑταίρα, ἡ: a courtesan, prostitute
ζῆλος, -ου, ὁ: rivalry
θάλασσα, ἡ: the sea
Θεσσαλός, -ά, -όν: Thessalian
θιγγάνω: to touch, handle
ἱερόν, τό: a shrine, temple
κατακλύζω: to deluge, bathe
κόσμιος, -α, -ον: well-ordered
κρύφα: without the knowledge of (+ gen.)
οἴχομαι: to be gone
ὅμιλος, ὁ: a crowd, throng
περιμάχητος, -ον: fought over, contested
πόθος, ὁ: a longing, yearning, desire
πολυήρατος, -ον: much-loved, very lovely
προλείπω: to forsake, abandon
στρατός, ὁ: an army
ὕδωρ, ὕδατος, τό: water
φθόνος, ὁ: ill-will, envy, jealousy
χλωρός, -ά, -όν: pale green

ἴστε δήπουθεν: "surely you know"
ἀκοῇ: dat., "by hearsay"
ἐκείνην: "that famous one"
ὡς ἐπέφλεγε: ind. st. after **ἴστε**, "*how she set fire* with desire"
μᾶλλον δὲ: "or rather was"
ἔθιγεν: ao. of **θιγγάνω**, "Eros *touched*" + gen.
Ἱππολόχου: "with love *for Hippolochus*"
«ὕδατι...Ἀκροκόρινθον»: Euripides fr. 1084 (*TGF*)
κατακλυζόμενον: pr. part. agreeing with **Ἀκροκόρινθον**, "Acrocorinthos *washed with* green water"
προλιποῦσα: ao. part., "she *having abandoned*"
ἀποδρᾶσα: ao. part. of **ἀποδιδράσκω**, "having escaped" + acc.
ᾤχετο: impf. of **οἴχομαι**, "*she departed* soberly"
ἐκεῖ: "there" (in Thessaly)

Ἀφροδίτης προαγαγοῦσαι κατέλευσαν καὶ διέφθειραν ὅθεν ὡς ἔοικεν ἔτι νῦν τὸ ἱερὸν «Ἀφροδίτης ἀνδροφόνου» καλοῦσιν.

Even slaves flee their masters when Love becomes lord of their soul.

ἴσμεν δὴ καὶ θεραπαινίδια δεσποτῶν φεύγοντα συνουσίας καὶ βασιλίδων ὑπερορῶντας ἰδιώτας, ὅταν Ἔρωτα δεσπότην ἐν ψυχῇ κτήσωνται. καθάπερ γὰρ ἐν Ῥώμῃ φασὶ τοῦ καλουμένου δικτάτωρος ἀναγορευθέντος ἀποτίθεσθαι τὰς ἄλλας ἀρχὰς τοὺς ἔχοντας, οὕτως, οἷς ἂν Ἔρως κύριος ἐγγένηται, τῶν

ἀναγορεύω: to proclaim publicly
ἀνδροφόνος, -ον: man-slaying, murderous
ἀποτίθημι: to put away
ἀρχή, ἡ: a beginning, power, office
Ἀφροδίτη, ἡ: Aphrodite
βασιλίς, -ίδος, ἡ: a queen, princess
δεσπότης, -ου, ὁ: a master, lord
διαφθείρω: to destroy, kill
δικτάτωρ, -ωρος, ὁ: a dictator, absolute ruler
ἐγγίγνομαι: to be born in
θεραπαινίς, -ίδος, ἡ: a slave girl, handmaid
ἰδιώτης, -ου, ὁ: a private person, citizen
ἱερόν, τό: a shrine, temple
καλέω: to call, name
καταλεύω: to stone to death
κτάομαι: to obtain, acquire
κύριος, ὁ: a lord, master
οἶδα: to know
προάγω: to lead forward, drive on
συνουσία, ἡ: a being with, intercourse
ὑπεροράω: to look down upon, despise
φεύγω: to flee, run away
ψυχή, ἡ: the soul

προαγαγοῦσαι: pr. part. agreeing with **γυναῖκες**, "leading her"
κατέλευσαν: ao. of **κατα-λεύω**, "they stoned her"
διέφθειραν: ao. of **δια-φθείρω**, "they killed her"
ὅθεν... ἔτι νῦν: "whence even now"
ἴσμεν δὴ καὶ: "we certainly also know"
θεραπαινίδια φεύγοντα: pr. part. in ind. st. after **ἴσμεν**, "that sevants flee from" + gen.
ὑπερορῶντας ἰδιώτας: pr. part. of **ὑπερ-ὁράω** also in ind. st., "and that commoners despise" + gen.
ὅταν...κτήσωνται: ao. subj. in gen. temp. clause, "whenever they aquire Love as a master"
τοῦ καλουμένου δικτάτωρος ἀναγορευθέντος: ao. part. pas. of **ἀνα-ἀγορεύω**, "the one called dictator having been proclaimed"
ἀποτίθεσθαι: pr. inf. in ind. st. after **φασὶ**, "that those having other offices *relinquish* them"
οἷς ἂν... ἐγγένηται: ao. subj. in gen. rel clause, "*in whomever Love becomes* the master"

ἄλλων δεσποτῶν καὶ ἀρχόντων ἐλεύθεροι καὶ ἄφετοι καθάπερ ἱερόδουλοι διατελοῦσιν. ἡ δὲ γενναία γυνὴ πρὸς ἄνδρα νόμιμον συγκραθεῖσα δι᾽ Ἔρωτος ἄρκτων ἂν ὑπομείνειε καὶ δρακόντων περιβολὰς μᾶλλον ἢ ψαῦσιν ἀνδρὸς ἀλλοτρίου καὶ συγκατάκλισιν.

The fidelity of Camma of Galatia.

[22.] **ἀφθονίας δὲ παραδειγμάτων οὔσης πρός γ᾽ ὑμᾶς τοὺς ὁμοχόρους τοῦ θεοῦ καὶ θιασώτας, ὅμως τὸ περὶ Κάμμαν οὐκ ἄξιόν ἐστι τὴν Γαλατικὴν παρελθεῖν. ταύτης γὰρ**

ἀλλότριος, -α, -ον: belonging to another, strange
ἄξιος, -ία, -ον: worthy, right, fair
ἄρκτος, ἡ: a bear
ἄρχων, -οντος, ὁ: a ruler, commander
ἄφετος, -ον: let loose, released
ἀφθονία, ἡ: an abundance, plenty
γενναῖος, -α, -ον: noble
γυνή, γυναικός, ἡ: woman, wife
δέρκομαι: to see clearly, see
δεσπότης, -ου, ὁ: a master, lord
διατελέω: to accomplish, live out one's life
δράκων, οντος, ὁ: a serpent, snake
ἐλεύθερος, -α, -ον: free, freed
θιασώτης, -ου, ὁ: a worshiper, disciple
ἱερόδουλος, ὁ: a temple-slave
νόμιμος, -η, -ον: conformable to custom, lawful
ὁμόχορος, ον: of the same dance
παράδειγμα, -ατος, τό: a pattern, example
παρέρχομαι: to go by, pass over
περιβολή, ἡ: an embrace
συγκατάκλισις, -εως, ἡ: a lying together with, intercourse
συγκεράννυμι: to mix up with, combine, join
ὑπομένω: to endure, survive
ψαῦσις, -εως, ἡ: a touch

ἐλεύθεροι (sc. **εἰσι**): they are free from" + gen.
ἱερόδουλοι (sc. **ὄντες**) **διατελοῦσιν**: "*they continue* being unfettered like *temple-slaves*"
συγκραθεῖσα: ao. part. pas. of **συν-κεράννυμι**, "having mingled"
ἂν ὑπομείνειε: pr. opt. in pr. contrafactual cond., "would endure"
περιβολὰς: acc. obj. of **ὑπομείνειε**, "the embraces of" + gen.
μᾶλλον ἢ: "*rather than* the touch" + gen.
ἀφθονίας... οὔσης: gen. abs., "there being an abundance"
πρὸς γ᾽ ὑμᾶς τοὺς: "for you at least who are"
παρελθεῖν: ao. inf of **παρα-ἔρχομαι** after **ἄξιόν ἐστι**, "it is not fitting *to pass by*"
Κάμμαν: Camma of Galatia, cf. Plutarch *Mor.* 258c
ταύτης... γενομένης: ao. part of **γίγνομαι** in a gen. abs., "this one being most remarkable"

ἐκπρεπεστάτης τὴν ὄψιν γενομένης, Σινάτῳ δὲ τῷ τετράρχῃ γαμηθείσης, Σινόριξ ἐρασθεὶς δυνατώτατος Γαλατῶν ἀπέκτεινε τὸν Σινάτον, ὡς οὔτε βιάσασθαι δυνάμενος οὔτε πεῖσαι τὴν ἄνθρωπον, ἐκείνου ζῶντος. ἦν δὲ τῇ Κάμμῃ καταφυγὴ καὶ παραμυθία τοῦ πάθους ἱερωσύνη πατρῴος Ἀρτέμιδος καὶ τὰ πολλὰ παρὰ τῇ θεῷ διέτριβεν, οὐδένα προσιεμένη, μνωμένων πολλῶν βασιλέων καὶ δυναστῶν αὐτήν. τοῦ μέντοι Σινόριγος τολμήσαντος ἐντυχεῖν περὶ γάμου, τὴν

ἀποκτείνω: to kill, slay
Ἄρτεμις, -ιδος, ἡ: Artemis
βασιλεύς, -έως, ὁ: a king, chief
βιάζω: to constrain, force
γαμέω: to marry
διατρίβω: to consume, spend time
δύναμαι: to be able
δυνάστης, -ου, ὁ: a lord, master, ruler
δυνατός, -ή, -όν: strong, mighty
ἐκπρεπής, -ές: preeminent, remarkable
ἐντυγχάνω: to fall in with, meet with
ζάω: to live
ἱερωσύνη, ἡ: a priesthood
καταφυγή, ἡ: a refuge
μνάομαι: to be mindful of, court
ὄψις, -εως, ἡ: look, appearance, aspect
πάθος, -εος, τό: something suffered, an emotion, passion
παραμυθία, ἡ: encouragement, consolation
πατρῷος, -α, -ον: paternal, hereditary
πείθω: to prevail upon, win over, persuade
προσίημι: to send to, let come to
τετράρχης, -ου, ὁ: a tetrarch
τολμάω: to undertake, dare

τὴν ὄψιν; acc. of resp., "for looking at"
γαμηθείσης: ao. part. pas. of **γαμέω** also in a gen. abs. with **ταύτης**, "and being married to" + dat.
ἐρασθεὶς: ao. part. pas. nom. masc. of **ἐράω**, "Sinorix having become enamored with (Kamma)"
ἀπέκτεινε: ao. of **ἀπο-κτείνω**, "he slayed Sinatos"
ὡς δυνάμενος: "since (so he reasoned) he was unable" + inf.
πεῖσαι: ao. inf. of **πείθω**, "to persuade"
ἐκείνου ζῶντος: gen. abs., "that one being alive"
ἦν δὲ τῇ Κάμμῃ: "there was to Kamma"
ἱερωσύνη: (namely) "the priesthood"
διέτριβεν: impf. of **δια-τρίβω**, "she passed her time"
προσιεμένη: pr. part. of **προσ-ἵημι**, "letting (noone) come near"
μνωμένων πολλῶν: gen. abs., "with many wooing her"
Σινόριγος τολμήσαντος: ao. part. of **τολμάω** in gen. abs., "Sinorix having dared" + inf.
ἐντυχεῖν: ao. inf. of **ἐν-τυγχάνω**, "to converse"

πεῖραν οὐκ ἔφυγεν οὐδ᾽ ἐμέμψατο περὶ τῶν γεγονότων, ὡς δι᾽ εὔνοιαν αὐτῆς καὶ πόθον οὐκ ἄλλῃ τινὶ μοχθηρίᾳ προαχθέντος τοῦ Σινόριγος. ἧκεν οὖν πιστεύσας ἐκεῖνος καὶ ᾔτει τὸν γάμον

Camma wreaks revenge on Sinorix for her husband.

ἡ δ᾽ ἀπήντησε καὶ δεξιωσαμένη καὶ προσαγαγοῦσα τῷ βωμῷ τῆς θεᾶς ἔσπεισεν ἐκ φιάλης μελίκρατον, ὡς ἔοικε, πεφαρμακωμένον εἶθ᾽ ὅσον ἥμισυ μέρος αὐτὴ προεκπιοῦσα παρέδωκε τῷ Γαλάτῃ τὸ λοιπόν ὡς δ᾽ εἶδεν ἐκπεπωκότα, λαμπρὸν ἀνωλόλυξε καὶ φθεγξαμένη τοὔνομα τοῦ τεθνεῶτος

αἰτέω: to ask, beg
ἀπαιτέω: to demand
βωμός, ὁ: an altar
γάμος, ὁ: wedding, marriage
δεξιόομαι: to welcome, greet
εἶτα: next
ἐκπίνω: to drink down
εὔνοια, ἡ: goodwill, affection
ἥκω: to have come, be present
ἥμισυς, -εια, -υ: half
θεά, ἡ: a goddess
λοιπός, -ή, -όν: remaining, the rest
μελίκρατον, τό: a mixture of honey and milk
μέμφομαι: to blame, censure, find fault
μέρος, -εος, τό: a part, share
μοχθηρία, ἡ: a bad condition, badness
παραδίδωμι: to hand over
πεῖρα, -ας, ἡ: a trial, attempt
πιστεύω: to trust, believe
πόθος, ὁ: a longing, yearning, desire
προάγω: to lead forth, advance, produce
προσάγω: to bring forth, lead to
προσεκπίνω: to drink up
σπένδω: to pour a libation
φαρμακόω: to drug, poison
φεύγω: to flee, run away
φιάλη, ἡ: a phial, type of bowl

οὐκ ἔφυγεν: ao. of **φεύγω**, "she did not flee"
ὀυδε ἐμέμψατο: ao. of **μέμφομαι**, "nor blamed"
περὶ γεγονότων: perf. part. gen. pl., "about what had happened"
ὡς... προαχθέντος τοῦ Σινόριγος: ao. part. pas. of **προ-άγω** in gen. abs., "as though (she thought) Sinorix had acted"
οὐκ ἄλλῃ τινὶ μοχθηρίᾳ: dat. of manner, "with no other depravity"
ἧκεν οὖν πιστεύσας: "he thus came with trust"
ᾔτει: impf. of **αἰτέω**, "he sought"
ἀπήντησε: ao. of **ἀπαντέω**, "she met him"
προσαγαγουῦσα: ao. part. of **προσ-άγω**, "having led him"
ἔσπεισεν: ao. of **σπένδω**, "she poured a libation"
πεφαρμακωμένον: perf. part. of **φαρμακόω**, "medicated"
ὅσον ἥμισυ: "about half"
αὐτὴ προεκπιοῦσα: ao. part. of **προ-εκ-πίνω**, "she herself having drunk"
παρέδωκε: ao. of **παρα-δίδωμι**, "she handed over to" + dat.
ἐκπεπωκότα: perf. part. acc. s. m. of **ἐκ-πίνω** after **εἶδεν**, "as she saw that he had drunk"

«ταύτην» εἶπεν «ἐγὼ τὴν ἡμέραν; ὦ φίλτατ' ἄνερ, προσμένουσα σοῦ χωρὶς ἔζων ἀνιαρῶς νῦν δὲ κόμισαί με χαίρων ἠμυνάμην γὰρ ὑπὲρ σοῦ τὸν κάκιστον ἀνθρώπων, σοὶ μὲν βίου τούτῳ δὲ θανάτου κοινωνὸς ἡδέως γενομένη.»

ὁ μὲν οὖν Σινόριξ ἐν φορείῳ κομιζόμενος μετὰ μικρὸν ἐτελεύτησεν, ἡ δὲ Κάμμα τὴν ἡμέραν ἐπιβιώσασα καὶ τὴν νύκτα λέγεται μάλ' εὐθαρσῶς καὶ ἱλαρῶς ἀποθανεῖν.

ἀμύνω: to ward off, defend, avenge
ἀνήρ, ἀνδρός, ὁ: a man, husband
ἀνιαρός, -ά, -όν: grievous, troublesome
ἀνολολύζω: to cry out, shout
ἀποθνήσκω: to die
βίος, ὁ: life
ἐπιβιόω: to live over, survive
εὐθαρσής, -ές: of good courage
ζάω: to live
ἡδύς, -εῖα, -ύ: sweet
ἡμέρα, ἡ: day
θάνατος, ὁ: death
θνήσκω: to fall, die
ἱλαρός, ά, όν: cheerful, joyous
κακός, -ή, -όν: bad
κοινωνός, ὁ: a companion, partner
κομίζω: to take care of, carry, receive
λαμπρός, -ά, -όν: bright, clear
μικρός, -ά, -όν: small, little
νύξ, νυκτός, ἡ: night
ὄνομα, τό: a name
προσμένω: to bide one' s time, await
τελευτάω: to complete, finish, die
φθέγγομαι: to utter, speak
φορεῖον, τό: a litter
χαίρω: to rejoice, be glad
χωρίς: apart from

ἀνωλόλυξε: ao. of **ἀνα-ολολύζω**, "she cried out with joy"
φθεγξαμένη: ao. part. of **φθέγγομαι**, "*having uttered* the name"
τοὔνομα: (= **τὸ ὄνομα**)
τοῦ τεθνεῶτος: perf. part. of **θνήσκω**, "of the dead man"
προσμένουσα: pr. part., "while awaiting" + acc.
ἔζων: impf. of **ζάω**, "I was living"
κόμισαί: ao. imper., "now, rejoicing, *receive* me"
ἠμυνάμην: ao. of **ἀμύνω**, "I have taken revenge on" + acc.
κοινωνὸς ἡδέως γενομένη: ao. part of **γίγνομαι**, "with pleasure having become joined to" + dat.
σοὶ μὲν... τούτῳ δὲ: "with you in life, but with this one in death"
ἐτελεύτησεν: ao. of **τελευτέω**, "after a short while he died"
τὴν ἡμέραν καὶ τὴν νύκτα: acc. of duration of time, "for a day and night"
ἐπιβιώσασα: ao. part. of **ἐπι-βιόω**, "having lived on"
λέγεται... ἀποθανεῖν: ao. inf. of **ἀπο-θνήσκω**, "is said to have died"

Boy love, by contrast, produces no enduring union.

[23.] **πολλῶν δὲ τοιούτων γεγονότων καὶ παρ' ἡμῖν καὶ παρὰ τοῖς βαρβάροις, τίς ἂν ἀνάσχοιτο τῶν τὴν Ἀφροδίτην λοιδορούντων, ὡς Ἔρωτι προσθεμένη καὶ παροῦσα κωλύει φιλίαν γενέσθαι; τὴν μὲν οὖν πρὸς ἄρρεν' ἄρρενος ὁμιλίαν, μᾶλλον δ' ἀκρασίαν καὶ ἐπιπήδησιν, εἴποι τις ἂν ἐννοήσας**

ὕβρις τάδ' οὐχὶ Κύπρις ἐξεργάζεται.

διὸ τοὺς μὲν ἡδομένους τῷ πάσχειν εἰς τὸ χείριστον τιθέμενοι γένος κακίας οὔτε πίστεως μοῖραν οὔτ' αἰδοῦς οὔτε φιλίας

ἀκρασία, ἡ: a bad mixture
ἀνέχω: to hold back
ἄρσην, ὁ: male
Ἀφροδίτη, ἡ: Aphrodite
βάρβαρος, -ον: barbarous, foreign
ἐννοέω: to think, consider, reflect
ἐξεργάζομαι: to work out
ἐπιπήδησις, -εως, ἡ: a springing upon, assault
ἥδομαι: to enjoy oneself, delight, take pleasure
Κύπρις, -ιδος, ἡ: Cypris
κωλύω: to hinder, check, prevent
λοιδορέω: to abuse, revile
ὁμιλία, ἡ: a being together, intercourse, union
πάρειμι: to be present
πάσχω: to feel, experience, to suffer
προστίθημι: to put to, place with
τίθημι: to set, put, place
ὕβρις, -εως, ἡ: wantonness, hubris
φιλία, ἡ: friendly love, affection, friendship
χείριστος , -η, -ον: worse, inferior

πολλῶν δὲ τοιούτων γεγονότων: perf. part. of **γίγνομαι** in gen. abs., "many such things having happened"
τίς ἂν ἀνάσχοιτο: pot. ao. opt. of **ἀνα-ἔχω**, "who would endure" + gen.
τῶν λοιδορούντων: pr. part., "those reviling"
ὡς... κωλύει: "because she prevents" + inf.
προσθεμένη: ao. part. of **προσ-τίθημι** , "having accompanied" + dat.
παροῦσα: pr. part., "being present"
γενέσθαι: ao. inf. after **κωλύει**, "she prevents friendship *to happen*"
πρὸς ἄρρεν' ἄρρενος: "of male to male"
μᾶλλον δ': "or rather"
εἴποι τις ἂν: ao. pot. opt., "someone might say"
ἐννοήσας: ao. part. of **ἐννοέω**, "having in mind"
«ὕβρις τάδ' οὐχὶ Κύπρις ἐξεργάζεται»: "Hybris does these things, not Kypris." Note the word play. *TGF* adespota 409
τῷ πάσχειν: art. inf. dat. after **ἡδομένους**: "those enjoying the passive part"
τιθέμενοι ... νέμομεν: "placing them in the worst class ... we assign them a portion of" + gen.

νέμομεν, ἀλλ' ὡς ἀληθῶς κατὰ τὸν Σοφοκλέα

> **φίλων τοιούτων οἱ μὲν ἐστερημένοι**
> **χαίρουσιν, οἱ δ' ἔχοντες εὔχονται φυγεῖν.**

Those lured into such a union come to hate their lovers.

ὅσοι δὲ μὴ κακοὶ πεφυκότες ἐξηπατήθησαν ἢ κατεβιάσθησαν ἐνδοῦναι καὶ παρασχεῖν ἑαυτούς, οὐδένα μᾶλλον ἀνθρώπων ἢ τοὺς διαθέντας ὑφορώμενοι καὶ μισοῦντες διατελοῦσι καὶ πικρῶς ἀμύνονται καιροῦ παραδόντος. Ἀρχέλαόν τε γὰρ ἀπέκτεινε Κρατέας ἐρώμενος γεγονώς, καὶ τὸν Φεραῖον

αἰδώς, -οῦς, ἡ: shame, modesty, self-respect
ἀμύνω: to ward off, avenge
γένος, -ους, τό: a race, type
διατελέω: to finish, live out one's life
διατίθημι: to arrange, handle, dispose
ἐνδίδωμι: to give in, hand over
ἐξαπατάω: to deceive, beguile
εὔχομαι: to pray
καιρός, ὁ: due measure, proportion
κακία, ἡ: badness, evil
κακός, -ή, -όν: bad
καταβιάζω: to force
μισέω: to hate
μοῖρα, -ας, ἡ: a part, share
νέμω: to deal out, distribute, dispense
παραδίδωμι: to hand over
παρέχω: to furnish, supply, offer
πικρός, -ά, -όν: sharp, keen, bitter
πίστις, -εως, ἡ: trust, faith
Σοφοκλῆς, -έους, ὁ: Sophocles
στερέω: to deprive, bereave, rob of
ὑφοράω: to suspect, mistrust
φεύγω: to flee, escape
φιλία, ἡ: friendly love, affection, friendship
φίλος, -η, -ον: dear, beloved, (*subst.*) friend
φύω: to bring up, produce
χαίρω: to rejoice, be glad

«φίλων τοιούτων...φυγεῖν»: Sophocles fr. 779 (*TGF*)
οἱ ἐστερημένοι: perf. part. of **στερέω**, "those deprived"
φυγεῖν: ao. inf. of **φεύγω** after **εὔχονται**, "they pray *to flee*"
μὴ πεφυκότες: perf. part. of **φύω**, "*not naturally inclined* to be cowards"
ἐξηπατήθησαν: ao. pas. of **ἐξ-απατάω**, "they are deceived"
κατεβιάσθησαν: ao. pas. of **κατα-βιάζω**, "they are compelled to" + inf.
ἐνδοῦναι: ao. inf. of **ἐν-δίδωμι**, "to yield"
παρασχεῖν: ao. inf. of **παρα-ἔχω**, "to supply themselves"
τοὺς διαθέντας: ao. part. of **δια-τίθημι**, "those treating them thus" obj. of **ὑφορώμενοι**
ὑφορώμενοι: part. of **ὑπο-ὁράω**, "*resenting* no one more than"
διατελοῦσι: pr., "they continue" + part.
καιροῦ παραδόντος: ao. part. of **παρα-δίδωμι** in gen. abs., "once an opportunity is provided"

Ἀλέξανδρον Πυθόλαος. Περίανδρος δ' ὁ Ἀμβρακιωτῶν τύραννος ἠρώτα τὸν ἐρώμενον εἰ μήπω κυεῖ, κἀκεῖνος παροξυνθεὶς ἀπέκτεινεν αὐτόν.

With lawful wives sex is the beginning of friendship.

ἀλλὰ γυναιξὶ γε γαμέταις ἀρχαὶ ταῦτα φιλίας, ὥσπερ ἱερῶν μεγάλων κοινωνήματα. καὶ τὸ τῆς ἡδονῆς μικρόν, ἡ δ' ἀπὸ ταύτης ἀναβλαστάνουσα καθ' ἡμέραν τιμὴ καὶ χάρις καὶ ἀγάπησις ἀλλήλων καὶ πίστις οὔτε Δελφοὺς ἐλέγχει ληροῦντας, ὅτι τὴν Ἀφροδίτην «Ἅρμα» καλοῦσιν, οὔθ' Ὅμηρον «φιλότητα» τὴν τοιαύτην προσαγορεύοντα συνουσίαν

ἀγάπησις, -εως, ἡ: affection
ἀναβλαστάνω: to shoot up, grow up
ἀποκτείνω: to kill, slay
ἅρμα, ἡ: union, harmony
ἀρχή, ἡ: a beginning, origin, first cause
Ἀφροδίτη, ἡ: Aphrodite
γαμετή, ἡ: a married woman, wife
γυνή, γυναικός, ἡ: woman, wife
Δελφοί, -ῶν, οἱ: Delphi
ἐλέγχω: to disgrace, put to shame
ἐρώμενος, -ου, ὁ: beloved
ἡδονή, ἡ: delight, pleasure
ἱερός, -ά, -όν: sacred, holy
κοινώνημα, -ατος, τό: an act of communion, sharing
κυέω: to be pregnant
ληρέω: to be foolish
μήπω: not yet
μικρός, -ά, -όν: small, little
παροξύνω: to urge, spur on
πίστις, -εως, ἡ: trust, faith
τιμή, ἡ: honor, esteem
τύραννος, ὁ: an absolute rule, tyrant
φιλία, ἡ: friendly love, affection, friendship
χάρις, -ιτος, ἡ: favor, grace

ἀπέκτεινε: ao. of **ἀπεκτείνω**, "Krateas *killed*" (cf. Plato *Alc.* 141d)
γεγονώς: perf. part of **γίγνομαι**, "having been"
Φεραῖον: "and Pytholaos killed Alexander of Pherae" (cf. Plutarch *Pel.* 297e)
Περίανδρος: "Periandros, tyrant of the Ambracians" (cf. Aristotle *Pol.* 1311a)
ἠρώτα: impf. of **ἐρωτάω**, "*he asked* his beloved"
εἰ μήπω κυεῖ: ind. quest., "whether he was not yet pregnant"
παροξυνθεὶς: ao. part. pas. of **παρα-ὀξύνω**, "having been provoked"
ἀρχαὶ ταῦτα: "these actions are the beginnings" + gen.
ἀπὸ ταύτης: "from this" (**ἡδονῆς**)
ἀναβλαστάνουσα: pr. part. agreeing with **τιμὴ**, **χάρις**, etc., "which grows us"
καθ' ἡμέραν: "day by day"
οὔτε ... οὔθ': "convicts *neither* the Delphians ... *nor* Homer"
ληροῦντας: pr. part. agreeing with **Δελφοὺς**, "convicts the Delphians of *speaking foolishly*"

τόν τε Σόλωνα μαρτυρεῖ γεγονέναι τῶν γαμικῶν ἐμπειρότατον νομοθέτην, κελεύσαντα μὴ ἔλαττον ἢ τρὶς κατὰ μῆνα τῇ γαμετῇ πλησιάζειν, οὐχ ἡδονῆς ἕνεκα (πόθεν;) ἀλλ᾽ ὥσπερ αἱ πόλεις διὰ χρόνου σπονδὰς ἀνανεοῦνται πρὸς ἀλλήλας, οὕτως ἄρα βουλόμενον ἀνανεοῦσθαι τὸν γάμον ἐκ τῶν ἑκάστοτε συλλεγομένων ὀχλημάτων ἐν τῇ τοιαύτῃ φιλοφροσύνῃ.

ἀνανεόομαι: to renew
βούλομαι: to will, wish
γαμετή, ἡ: a married woman, wife
γαμικός, -ή, -όν: relating to marriage
γάμος, ὁ: wedding, marriage
ἑκάστοτε: each time, on each occasion
ἐλάττων, -ον: smaller, less
ἔμπειρος, -ον: experienced, practiced
ἕνεκα: on account of
ἡδονή, -ης, ἡ: pleasure
κελεύω: to urge, command, order
μαρτυρέω: to bear witness, give evidence
μείς, μηνός, ὁ: a month
νομοθέτης, -ου, ὁ: a lawgiver
Ὅμηρος, ου, ὁ: Homer
ὄχλημα, -ατος, τό: a annoyance
πλησιάζω: to approach, consort with (+ *dat.*)
πόλις, -εως, ἡ: a city
προσαγορεύω: to address, call
σπονδή, ἡ: a treaty
συλλέγω: to collect, gather
συνουσία, ἡ: a being with, union
τοιοῦτος, -αύτη, -οῦτο: such as this
τρίς: three times
φιλότης, -ητος, ἡ: friendship, love, affection
φιλοφροσύνη, ἡ: friendliness, kindliness
χρόνος, ὁ: time

προσαγορεύοντα: "nor Homer when he names such a union"
μαρτυρεῖ: "witnesses," the subj. is still **τιμὴ**
Σόλωνα γεγονέναι: perf. inf. in ind. st. after **μαρτυρεῖ**, "*that Solon was* the most experienced"
κελεύσαντα: ao. part. agreeing with **Σόλωνα**, "when he ordered" + inf.
πλησιάζειν: inf. in ind. com. after **κελεύσαντα**, "having ordered *to have intercourse*"
πόθεν: a parenthetical rhetorical question, "whence (the pleasure)?" i.e. "of course"
διὰ χρόνου: "in the course of time"
οὕτως ἄρα: "just so then"
βουλόμενον: pr. part. agreeing with **Σόλωνα**, "him wishing" + inf.
ἐκ τῶν συλλεγομένων ὀχλημάτων: "from the accumulated annoyances"

Love of women involves madness, but so does love of boys.

ἀλλὰ πολλὰ φαῦλα καὶ μανικὰ τῶν γυναικείων ἐρώτων. τί δ'; οὐχὶ πλείονα τῶν παιδικῶν;

> **οἰκειότητος ἐμβλέπων ὠλίσθανον.**
> **ἀγένειος ἁπαλὸς καὶ νεανίας καλός.**
> **ἐμφύντ' ἀποθανεῖν κἀπιγράμματος τυχεῖν.**

ἀλλ' ὥσπερ τοῦτο παιδομανία, οὕτως ἐκεῖνο γυναικομανία τὸ πάθος, οὐδέτερον δ' Ἔρως ἐστίν.

ἀγένειος, -**ον**: beardless
ἁπαλός, -**ή**, -**όν**: soft to the touch, tender
ἀποθνήσκω: to die
γυναικεῖος, -**α**, -**ον**: of women, feminine
γυναικομανία, **ἡ**: mad love for women
ἐμβλέπω: to look in the face, look at
ἐμφύω: to implant, cling to
ἐπίγραμμα, -**ατος**, **τό**: an inscription, epitaph
μανικός, -**ή**, -**όν**: mad
νεανίης, **ὁ**: a youth, boy, young man
οἰκειότης, **ὁ**: relationship
ὀλισθάνω: to slip, swoon
οὐδέτερος, -**α**, -**ον**: neither
πάθος, -**εος**, **τό**: something suffered, an emotion, passion
παιδικός, -**ή**, -**όν**: of boys
παιδομανία, **ἡ**: mad love of boys
πλείων, -**ον**: more, greater
τυγχάνω: to hit, happen upon
φαῦλος, -**η**, -**ον**: bad, mean, low

οὐχὶ πλείονα: "are there not more?"
«οἰκειότητος...τυχεῖν»: These are three separate fragments, *CAF* adespota 222-4
ἐμβλέπων: pr. part., "looking upon" + gen.
ὠλίσθανον: impf. of **ὀλισθάνω**, "I was swooning"
ἐμφύντα: pr. part. acc. modifying the subj. of the two infinitives, "for (me) while clinging to (him) to die and to come upon"
ἀποθανεῖν: ao. inf. of **ἀποθνήσκω**
τυχεῖν: ao. inf. of **τυγχάνω**, "to come upon" + gen.
τοῦτο...τὸ πάθος: "the latter passion"
ἐκεῖνο...τὸ πάθος: "the former passion"

Women have many virtues and their charms are a resource for good.

ἄτοπον οὖν τὸ γυναιξὶν ἀρετῆς φάναι μηδ᾽ ἄλλης μετεῖναι τί δὲ δεῖ λέγειν περὶ σωφροσύνης καὶ συνέσεως αὐτῶν, ἔτι δὲ πίστεως καὶ δικαιοσύνης, ὅπου καὶ τὸ ἀνδρεῖον καὶ τὸ θαρραλέον καὶ τὸ μεγαλόψυχον ἐν πολλαῖς ἐπιφανὲς γέγονε; τὸ δὲ πρὸς τἆλλα καλὴν τὴν φύσιν αὐτῶν, ἀλλὰ ψέγοντας εἰς μόνην φιλίαν ἀνάρμοστον ἀποφαίνειν, παντάπασι δεινόν. καὶ γὰρ φιλότεκνοι καὶ φίλανδροι καὶ τὸ στερκτικὸν ὅλως ἐν

ἀνάρμοστος, -ον: unsuitable, incongruous
ἀνδρεῖον, τό: manliness
ἀποφαίνω: to show forth, display, assert
ἀρετή, ἡ: excellence, virtue
ἄτοπος, -ον: out of place, strange
γυνή, γυναικός, ἡ: woman, wife
δεινός, -ή, -όν: fearful, terrible
δικαιοσύνη, ἡ: righteousness, justice
ἐπιφανής, ές: appearing, apparent
θαρραλέον, τό: daring, courage
μεγαλόψυχον, τό: high-spiritedness
μέτειμι: to go among, have a share in
μόνος, -η, -ον: alone, only
ὅλως: wholly, entirely
παντάπασι: all in all, altogether, wholly, absolutely
πίστις, -εως, ἡ: trust, faith
στερκτικόν, τό: a loving disposition, affectionate
σύνεσις, -εως, ἡ: comprehension, intelligence
σωφροσύνη, ἡ: prudence, moderation
φίλανδρος, -ον: loving men, loving one' s husband
φιλία, ἡ: friendly love, affection, friendship
φιλότεκνος, -ον: loving one's children
φύσις, -εως, ἡ: nature
ψέγω: to blame, censure

ἄτοπον (sc. **ἐστιν**): "it is absurd"
τὸ φάναι : pr. inf . artic. of **φημι**, "to say"
μηδὲ μετεῖναι: pr. inf. of **μετα-εἰμι** in ind. st. after **φάναι**, "that women *do not share in*" + gen.
τί δὲ δεῖ λέγειν: "why is it necessary to speak"
ὅπου... ἐπιφανὲς γέγονε: perf. of **γίγνομαι** temporal clause, "when (these virtues) are manifest"
τὸ δὲ... ἀποφαίνειν: art. inf., "and to proclaim"
πρὸς τἆλλα: "with respect to other things"
τὴν φύσιν (sc. **οὖσαν**)... **ἀνάρμοστον**: ind. st after **ἀποφαίνειν**: "that their nature is inharmonious"
ψέγοντας: pr. part. acc. agreeing with the acc. subject of **ἀποφαίνειν**, "but censuring"
εἰς μόνην φιλίαν: "in friendship alone"
δεινόν: predicate of the main verb, "to do that would be *strange*"
φιλότεκνοι καὶ φίλανδροι: predicates, the subj. is, "women"

αὐταῖς, ὥσπερ εὐφυὴς χώρα καὶ δεκτικὴ φιλίας, οὔτε πειθοῦς οὔτε χαρίτων ἄμοιρον ὑπόκειται. καθάπερ δὲ λόγῳ ποίησις ἡδύσματα μέλη καὶ μέτρα καὶ ῥυθμοὺς ἐφαρμόσασα καὶ τὸ παιδεῦον αὐτοῦ κινητικώτερον ἐποίησε καὶ τὸ βλάπτον ἀφυλακτότερον οὕτως ἡ φύσις γυναικὶ περιθεῖσα χάριν ὄψεως καὶ φωνῆς πιθανότητα καὶ μορφῆς ἐπαγωγὸν εἶδος, τῇ μὲν ἀκολάστῳ πρὸς ἡδονὴν καὶ ἀπάτην, τῇ δὲ σώφρονι πρὸς εὔνοιαν ἀνδρὸς καὶ φιλίαν μεγάλα συνήργησεν.

ἀκόλαστος, -ον: licentious, intemperate
ἄμοιρος, -ον: without share in
ἀπάτη, ἡ: a deceit, beguilement
ἀφύλακτος, -ον: unguarded, irresistible
βλάπτον, τό: distraction, harmful power
γυνή, γυναικός, ἡ: woman, wife
δεκτικός, -ή, -όν: fit for receiving
εἶδος, -εος, τό: that which is seen, form, shape
ἐπαγωγός, -όν: attractive, seductive
εὔνοια, ἡ: favor, affection
εὐφυής, -ές: well-grown, goodly, rich
ἐφαρμόζω: to fit on, apply
ἡδονή, ἡ: delight, pleasure
ἥδυσμα, -ατος, τό: that which gives flavor, seasoning
κινητικός, -ή, -όν: exciting, stimulating
μέλος, -εος, τό: a lyric
μέτρον, τό: meter
μορφή, ἡ: form, shape
ὄψις, -εως, ἡ: look, appearance, aspect
παιδεῦον, τό: teaching, educational power
πειθώ, -οῦς, ἡ: persuasion, courtship
περιτίθημι: to place around, distribute, bestow
πιθανότης, -ητος, ἡ: persuasiveness
ποιέω: to make, do
ποίησις, -εως, ἡ: poetry
ῥυθμός, ὁ: rhythm
συνεργέω: to work with, contribute
σώφρων, -ον: temperate, prudent, decent
ὑπόκειμαι: to lie beneath, underlie
φιλία, ἡ: friendly love, affection, friendship
φύσις, -εως, ἡ: nature
φωνή, ἡ: a sound, tone
χάρις, -ιτος, ἡ: favor, grace
χώρα, ἡ: a place, space, ground

ἄμοιρον: nom. s. n. subj. of **ὑπόκειται**, "nor does *something without a share of*" + gen.
καθάπερ: "just as"
λόγῳ: dat. ind. obj of **ἐφαρμόσασα**, "poetry, fitting *to prose*"
ἐφαρμόσασα: ao. part. of **ἐπι-ἁρμόζω**
τὸ παιδεῦον: pr. part., "and made *the teaching*"
τὸ βλάπτον: pr. part., "the harming"
οὕτως: "just so"
περιθεῖσα: ao. part. of **περι-τίθημι**, "nature *having placed around* a woman" + acc.
τῇ μὲν ἀκολάστῳ... τῇ δὲ σώφρονι: dat. ind. obj. of **συνήργησεν**, "while to the dissolute woman... but to the chaste woman"
συνήργησεν: ao. of **συν-ἐργέω**, "nature *has facilitated* greatly"

In marriage it is greater to love than to be loved.

ὁ μὲν οὖν Πλάτων τὸν Ξενοκράτη, τἆλλα γενναῖον ὄντα καὶ μέγαν, αὐστηρότατον δὲ τῷ ἤθει, παρεκάλει θύειν ταῖς Χάρισι. χρηστῇ δ᾽ ἄν τις γυναικὶ καὶ σώφρονι παραινέσειε τῷ Ἔρωτι θύειν, ὅπως εὐμενὴς συνοικουρῇ τῷ γάμῳ καὶ ἡδὺς [ἵμερον καὶ πόθον ἔργοις συγκαταμιγνὺς] γυναικείοις, καὶ μὴ πρὸς ἑτέραν ἀπορρυεὶς ὁ ἀνὴρ ἀναγκάζηται τὰς ἐκ τῆς κωμῳδίας λέγειν φωνάς

οἵαν ἀδικῶ γυναῖχ᾽ ὁ δυσδαίμων ἐγώ.

ἀδικέω: to do wrong
ἀναγκάζω: to force, compel
ἀπορρέω: to flow forth, run off
αὐστηρός, -ά, -όν: severe, strict, austere
γάμος, ὁ: wedding, marriage
γενναῖος, -α, -ον: noble
γυναικεῖος, -α, -ον: of a woman, feminine
γυνή, γυναικός, ἡ: woman, wife
δυσδαίμων, -ον: ill-fated, wretched
ἔργον, τό: a deed, work, production
εὐμενής, -ές: well-disposed, kindly
ἡδύς, -εῖα, -ύ: sweet
ἦθος, -εος, τό: character
θύω: to sacrifice
ἵμερος, ὁ: a desire, longing
κωμῳδία, ἡ: a comedy
Ξενοκράτης, ὁ: Xenocrates
παραινέω: to exhort, recommend, advise
παρακαλέω: to call to, summon, invite
Πλάτων, -ωνος, ὁ: Plato
πόθος, ὁ: a longing, yearning, desire
συγκαταμίγνυμι: to mix in together, mix up
συνοικουρέω: live at home together
σώφρων, -ον: temperate, prudent, decent
φωνή, ἡ: a sound, voice
Χάρις, -ιτος, ἡ: a Grace
χρηστός, -ή, -όν: useful, serviceable

τἆλλα: acc. of resp., "with respect to other things"
ὄντα: pr. part. acc. agreeing with **Ξενοκράτη**, "since he was noble"
αὐστηρότατον δὲ: "but very severe"
τῷ ἤθει: dat., "in character"
θύειν: inf. in ind. com. after **παρεκάλει**, "Plato ordered Xenocrates *to sacrifice to*" + dat.
ἄν τις... παραινέσειε: pot. ao. opt. of **παρα-αἰνέω**, "anyone might advise" + dat.
ὅπως... συνοικουρῇ: pr. subj. of **συν-οικουρέω** in purpose clause, "that he (Love) might abide with" + dat.
συγκαταμιγνυς: pr. part., "by mingling" X (acc.) with Y (dat.)
μὴ... ἀναγκάζηται: pr. subj. in neg. purpose clause, "and lest the husband be compelled" + inf.
ἀπορρυεὶς: ao. part. or **ἀπορρέω**, "*flowing away* toward another"
«οἵαν...ἐγώ»: *CAF* adespota 221

τὸ γὰρ ἐρᾶν ἐν γάμῳ τοῦ ἐρᾶσθαι μεῖζον ἀγαθὸν ἐστι πολλῶν γὰρ ἁμαρτημάτων ἀπαλλάττει, μᾶλλον δὲ πάντων ὅσα διαφθείρει καὶ λυμαίνεται τὸν γάμον.

Do not fear the sting of marriage. Birth too is accompanied by pain.

[24.] **τὸ δ' ἐμπαθὲς ἐν ἀρχῇ καὶ δάκνον, ὦ μακάριε Ζεύξιππε, μὴ φοβηθῇς ὡς ἕλκος ἢ ὀδαξησμὸν καίτοι καὶ μεθ' ἕλκους ἴσως οὐδὲν [ἂν εἴη] δεινὸν, ὥσπερ τὰ δένδρα συμφυῆ, γενέσθαι πρὸς γυναῖκα χρηστήν. ἕλκωσις δὲ καὶ κυήσεως ἀρχή μῖξις γὰρ οὐκ ἔστι τῶν μὴ πρὸς ἄλληλα πεπονθότων.**

ἀγαθός, -***ή***, -***όν***: good
ἁμάρτημα, -***ατος***, ***τό***: a failure, fault, error
ἀπαλλάττω: to release, deliver
ἀρχή, ***ἡ***: a beginning, origin, first cause
γάμος, ***ὁ***: wedding, marriage
δάκνω: to bite
δεινός, -***ή***, -***όν***: fearful, terrible
δένδρον, ***τό***: a tree
διαφθείρω: to destroy
ἕλκος, -***εος***, ***τό***: a wound
ἕλκωσις, -***εως***, ***ἡ***: a cutting, wounding
ἐμπαθής, -***ές***: affected, passionate
ἐράω: to love
κύησις, -***εως***, ***ἡ***: conception
λυμαίνομαι: to outrage, mistreat
μακάριος, -***α***, -***ον***: blessed, happy
μείζων, -***ον***: larger, greater
μίξις, -***εως***, ***ἡ***: a mixing, mingling
ὀδαξησμός, ***ὁ***: an itch
πάσχω: to feel, suffer
συμφυής, -***ές***: growing together, grafted
φοβέομαι: to fear, be afraid
χρηστός, -***ή***, -***όν***: useful, good, serviceable

οἷαν γυναῖκα: "such a wife"
τὸ ἐρᾶν: art. inf., "to love"
τοῦ ἐρᾶσθαι: art. inf., "to be loved" gen. of comp. after ***μεῖζον***
ἀπαλλάττει: "Love *delivers us from*" + gen.
μᾶλλον δὲ πάντων: "actually from all"
δάκνον: pr. part. acc. s. n. of ***δάκνω***, pred. of ***τὸ ἐμπαθὲς***, "the affection which it biting"
μὴ φοβηθῇς: ao. subj. pas. of ***φοβέομαι*** in a prohibition, "*don't fear*"
ὡς ἕλκος (sc. ***ἔσται***): impl. ind. st. after after ***μὴ φοβηθῇς***: "(thinking that) a wound will be"
καίτοι καὶ: "*and yet even* with a wound"
ἂν εἴη: pot. opt., "*it would be* nothing terrible"
ὥσπερ τὰ δένδρα συμφυῆ: "like grafted trees"
γενέσθαι: ao. inf. of ***γίγνομαι*** expexegetic after ***δεινὸν***: "terrible *to happen* with a good woman"
οὐκ ἔστι: "mingling *is not possible*"
τῶν μὴ πεπονθότων: perf. part. gen. pl. of ***πάσχω***, "from those not having suffered"

Marriage can be disturbing at first, but in the end is a noble union.

ταράττει δὲ καὶ μαθήματα παῖδας ἀρχομένους καὶ φιλοσοφία νέους ἀλλ᾽ οὔτε τούτοις ἀεὶ παραμένει τὸ δηκτικὸν οὔτε τοῖς ἐρῶσιν, ἀλλ᾽ ὥσπερ ὑγρῶν πρὸς ἄλληλα συμπεσόντων ποιεῖν τινα δοκεῖ ζέσιν ἐν ἀρχῇ καὶ τάραξιν ὁ Ἔρως, εἶτα χρόνῳ καταστήσας καὶ καθαιρεθεὶς τὴν βεβαιοτάτην διάθεσιν παρέσχεν. αὕτη γάρ ἐστιν ὡς ἀληθῶς ἡ δι᾽ ὅλων λεγομένη κρᾶσις, ἡ τῶν ἐρώντων ἡ δὲ τῶν ἄλλως συμβιούντων ταῖς κατ᾽ Ἐπίκουρον ἁφαῖς καὶ περιπλοκαῖς ἔοικε, συγκρούσεις

ἀεί: always, for ever
ἄλλως: in another way, otherwise
ἀρχή, ἡ: a beginning, origin, first cause
ἄρχω: to begin
ἁφή, ἡ: a touch, contact
βέβαιος, -α, -ον: firm, steady, certain
δηκτικόν, τό: a biting, stinging
διάθεσις, -εως, ἡ: a disposition, arrangement
ἐράω: to love
ζέσις, -εως, ἡ: seething, effervescence
καθαιρέω: to take down, reduce
καθίστημι: to set down, place
κρᾶσις, -εως, ἡ: a mixing, blending, compounding
μάθημα, -ατος, τό: a lesson, study
νέος, νέα, νέον: young, youthful
παραμένω: to stay beside, remain with
παρέχω: to furnish, provide, supply
περιπλοκή, ἡ: a twining around, entanglement
σύγκρουσις, -εως, ἡ: a collision
συμβιόω: to live together
συμπίπτω: to fall together
τάραξις, -εως, ἡ: confusion, agitation
ταράττω: to disturb, trouble
ὑγρός, -ά, -όν: wet, moist, liquid
φιλοσοφία, ἡ: love of wisdom, philosophy
χρόνος, ὁ: time

οὔτε τούτοις: "neither to these (students)"
οὔτε τοῖς ἐρῶσιν: pr. part., "nor to those loving"
ὥσπερ ὑγρῶν... συμπεσόντων: ao. part. of **συν-πίπτω** in gen. abs., "like liquids falling together"
δοκεῖ: "Love *seems*" + inf.
καταστήσας: ao. part. of **κατα-ἵστημι**, "having settled down"
καθαιρεθεὶς: ao. part. pas. of **κατα-αἱρέω**, "having been reduced"
παρέσχεν: ao. of **παρα-ἔχω**, "provided"
ἡ δι᾽ ὅλων λεγομένη κρᾶσις: "the so-called complete union"
ἡ δὲ τῶν ἄλλως συμβιούντων: "but the (union) of those living together otherwise"
ἔοικε: "resembles" + dat.
ταῖς κατ᾽ Ἐπίκουρον ἁφαῖς: "the contacts (of atoms) according to Epicurus"

λαμβάνουσα καὶ ἀποπηδήσεις, ἑνότητα δ' οὐ ποιοῦσα τοιαύτην, οἵαν Ἔρως ποιεῖ γαμικῆς κοινωνίας ἐπιλαβόμενος.

No pleasure is greater than a harmonious marriage.

οὔτε γὰρ ἡδοναὶ μείζονες ἀπ' ἄλλων οὔτε χρεῖαι συνεχέστεραι πρὸς ἄλλους οὔτε φιλίας τὸ καλὸν ἑτέρας ἔνδοξον οὕτω καὶ ζηλωτόν, ὡς

> **ὅθ' ὁμοφρονέοντε νοήμασιν οἶκον ἔχητον**
> **ἀνὴρ ἠδὲ γυνή**

Even the gods need Love.

καὶ γὰρ ὁ νόμος βοηθεῖ καὶ γεννήσεως κοινῆς ἕνεκα καὶ τοὺς

ἀποπήδησις, -εως, ἡ: a leaping off, bounce
βοηθέω: to assist, aid
γαμικός, -ή, -όν: of marriage
γέννησις, -εως, ἡ: an engendering, procreation
γυνή, γυναικός, ἡ: woman, wife
ἔνδοξος, -ον: held in esteem, honored
ἕνεκα: for the sake of (+ *gen.*)
ἑνότης, -ητος, ἡ: unity
ἐπιλαμβάνω: to lay hold of, seize
ζηλωτός, -ή, -όν: to be emulated, worthy of imitation
ἡδονή, ἡ: delight, enjoyment, pleasure
κοινός, -ή, -όν: common, shared
κοινωνία, ἡ: union, association, partnership
λαμβάνω: to take
μείζων, -ον: larger, greater
νόημα, -ατος, τό: a perception, thought
νόμος, ὁ: a custom, law, ordinance
οἶκος, ὁ: a house, abode, dwelling
ὁμοφρονέω: to be of the same mind, think similarly
ποιέω: to make
συνεχής, -ές: holding together, continuous
τοιοῦτος, -αύτη, -οῦτο: such as this
φιλία, ἡ: friendly love, affection, friendship
χρεία, ἡ: use, advantage, service

λαμβάνουσα: pr. part. agreeing with **ἡ δὲ (κρᾶσις)**, "*receiving* collisions" but the reference is to the crashing of atoms
οὐ ποιοῦσα: pr. part., "*not making* the sort of unity"
οἵαν Ἔρως: "such as Love makes"
ἐπιλαβόμενος: "by taking charge of" + gen.
οὔτε συνεχέστεραι: comp. of **συν-εχής**, "nor are the services *more continuous*"
«ὅθ' ὁμοφρονέοντε...γυνή»: Homer *Odyssey* vi.183-4
ὁμοφρονέοντε: pr. part. uncontracted nom dual, "being like-minded" + dat.
νοήμασιν: epic dat. pl., "in their thoughts"
ὅτε... ἔχητον: pr. subj. dual, "when the two of them have"

θεοὺς Ἔρωτος ἡ φύσις ἀποδείκνυσι δεομένους. οὕτω γάρ

ἐρᾶν μὲν ὄμβρου γαῖαν

οἱ ποιηταὶ λέγουσι καὶ γῆς οὐρανόν, ἐρᾶν δ' ἡλίου σελήνην οἱ φυσικοὶ καὶ συγγίγνεσθαι καὶ κυεῖσθαι καὶ γῆν δ' ἀνθρώπων μητέρα καὶ ζῴων καὶ φυτῶν ἁπάντων γένεσιν οὐκ ἀναγκαῖον ἀπολέσθαι ποτὲ καὶ σβεσθῆναι παντάπασιν, ὅταν ὁ δεινὸς Ἔρως ἢ ἵμερος τοῦ θεοῦ τὴν ὕλην ἀπολίπῃ καὶ παύσηται ποθοῦσα καὶ διώκουσα τὴν ἐκεῖθεν ἀρχὴν καὶ κίνησιν;

ἀναγκαῖος, -α, -ον: by force, necessary
ἀποδείκνυμι: to show, demonstrate
ἀπολείπω: to leave behind, abandon
ἀπόλλυμι: to destroy, kill
ἀρχή, ἡ: a beginning, origin, cause
γαῖα, ἡ: a land
γένεσις, -εως, ἡ: an origin, source, birth
γῆ, ἡ: earth
δεινός, -ή, -όν: fearful, terrible
διώκω: to pursue
ἐκεῖθεν: from that place, thence
ζῷον, τό: a living being, animal
ἥλιος, ὁ: the sun
ἵμερος, ὁ: a longing, desire
κίνησις, -εως, ἡ: movement, motion
κυέω: to be pregnant
μήτηρ, μητερος, ἡ: a mother
ὄμβρος, ὁ: rain
οὐρανός, ὁ: heaven
παύω: to stop
ποθέω: to long for, yearn
ποιητής, -οῦ, ὁ: one who makes, a poet
σβέννυμι: to quench, extinguish
σελήνη, ἡ: the moon
συγγίγνομαι: to be with, have intercourse
ὕλη, ἡ: matter
φυσικός, ὁ: a physicist, natural philosopher
φύσις, -εως, ἡ: nature
φυτόν, τό: that which has grown, a plant

καὶ τοὺς θεοὺς... δεομένους: ind. st. after **ἀποδείκνυσι**, "nature shows *that even the gods are in need of*" + gen.

«ἐρᾶν.... γαῖαν»: ind. st. after **λέγουσι**, "and that the earth loves" + gen., Euripides fr. 898 (*TGF*)

γῆς οὐρανόν: ind. st., "and that the sky (loves) the earth"

σελήνην... ἐρᾶν: "that the moon loves" + gen.

μητέρα... γένεσιν: both acc. in apposition to **γῆν** + gen., "earth who is mother of"

καὶ γῆν: acc. subj. of the infinitives dependent on **ἀναγκαῖον**

οὐκ ἀναγκαῖον (sc. **ἐστι**): "*is it not necessary* that the earth" + inf.

ἀπολέσθαι: ao. inf. of **ἀπόλλυμι** after **ἀναγκαῖον**, "to be destroyed"

σβεσθῆναι: ao. inf. pas. of **σβέννυμι**, "to be extinguished"

ὅταν... ἀπολίπῃ: ao. inf. of **ἀπο-λείπω** in gen. temp. clause, "whenever love or the desire of the god leaves behind matter"

παύσηται: ao. subj. of **παύω** in pr. gen. clause, "whenever she (Earth) ceases" + part.

ποθοῦσα καὶ διώκουσα: pr. part. complementing **παύσηται**, "cease *desiring and chasing*"

Boy love is notoriously ephemeral, whereas many happy marriages last a lifetime.

ἀλλ᾽ ἵνα μὴ μακρὰν ἀποπλανᾶσθαι δοκῶμεν ἢ κομιδῇ φλυαρεῖν, οἶσθα τοὺς παιδικοὺς ἔρωτας ὡς εἰς ἀβεβαιότητα πολλὰ ψέγουσι καὶ σκώπτουσι λέγοντες ὥσπερ ᾠὸν αὐτῶν τριχὶ διαιρεῖσθαι τὴν φιλίαν, αὐτοὺς δὲ νομάδων δίκην ἐνεαρίζοντας τοῖς τεθηλόσι καὶ ἀνθηροῖς εἶθ᾽ ὡς ἐκ γῆς πολεμίας ἀναστρατοπεδεύειν ἔτι δὲ φορτικώτερον ὁ σοφιστὴς Βίων τὰς τῶν καλῶν τρίχας Ἁρμοδίους ἐκάλει καὶ

ἀβεβαιότης, -ητος, ἡ: instability
ἀναστρατοπεδεύω: to move camp
ἀνθηρός, -ά, -όν: flowering, blooming
ἀποπλανάω: to lead astray
διαιρέω: to cut in two, divide
ἐνεαρίζω: to pass the spring
θάλλω: to bloom, abound
θρίξ, τριχός, ἡ: a hair
καλέω: to call
κομιδῇ: exactly, just
μακράν: a long way, far off
νομάς, -άδος, ὁ: a nomad, one who roams
παιδικός, -ή, -όν: of boys, childish
πολέμιος, -α, -ον: of war, hostile
σκώπτω: to mock, jeer, scoff at
σοφιστής, -οῦ, ὁ: a sophist
φιλία, ἡ: friendly love, affection, friendship
φλυαρέω: to talk nonsense, rave
φορτικός, -ή, -όν: coarse, vulgar
ψέγω: to censure
ᾠόν, τό: an egg

ἐκεῖθεν: "the principle (which derives) *from there*" i.e. from Eros
ἵνα μὴ... δοκῶμεν: neg. purp. clause, "lest we seem to" + inf.
οἶσθα... ὡς... ψέγουσι: ind. st., "you know how they often censure"
εἰς ἀβεβαιότητα: "for inconstancy"
διαιρεῖσθαι τὴν φιλίαν: ind. st. after **λέγοντες**, "saying *that friendship is divided*"
ὥσπερ ᾠὸν: "like an egg"
αὐτοὺς... ἀναστρατοπεδεύειν: continuation of ind. st. after **λέγοντες**: "that they decamp"
ἐνεαρίζοντας: pr. part. acc. agreeing with **αὐτοὺς**, "having spent the spring"
δίκην: acc. of resp., "in the mode of" + gen.
τεθηλόσι: perf. part. of **θάλλω**, "in (regions) *that have bloomed*"
εἶθ᾽: (= **εἶτα**), "then"
ὡς ἐκ γῆς: "*as if from* enemy *territory* they decamp"
φορτικώτερον: "even more coarsely"
ἐκάλει: impf. of **καλέω**, "used to call"
τὰς τῶν καλῶν τρίχας: "the beards of youths"
Ἁρμοδίους καὶ Ἀριστογείτονας: the two famous, "tyrannicides" of Athens

Ἀριστογείτονας, ὡς ἅμα καλῆς τυραννίδος ἀπαλλαττομένους ὑπ' αὐτῶν τοὺς ἐραστάς. ταῦτα μὲν οὐ δικαίως κατηγορεῖται τῶν γνησίων ἐραστῶν τὰ δ' ὑπ' Εὐριπίδου ῥηθέντ' ἐστὶ κομψά ἔφη γὰρ Ἀγάθωνα τὸν καλὸν ἤδη γενειῶντα περιβάλλων καὶ κατασπαζόμενος, ὅτι τῶν καλῶν καὶ τὸ μετόπωρον [καλόν. ἐγὼ δ' ἂν φαίην ὅτι τῶν καλῶν καὶ σωφρόνων γυναικῶν ὁ ἔρως τὸ μετόπωρον οὐκ] ἐκδέχεται μόνον [οὔτ' ἐν πολιαῖς ἀπ]ακμάζων καὶ ῥυτίσιν, ἀλλ' ἄχρι τάφων καὶ μνημάτων παραμένει καὶ συζυγίας ὀλίγας ἔστι παιδικῶν, μυρίας δὲ γυναικείων ἐρώτων καταριθμήσασθαι,

---

ἀπακμάζω: to go out of bloom, fade
ἀπαλλάττω: to set free, release, deliver
ἄχρι: to the uttermost, utterly
γενειάω: to grow a beard
γνήσιος, -α, -ον: genuine, legitimate
γυναικεῖος, -α, -ον: of women, feminine
δίκαιος, -α, -ον: just, fair
ἐκδέχομαι: to take from
ἐραστής, -οῦ, ὁ: a lover
καταριθμέω: to count among, enumerate
κατασπάζομαι: to embrace
κατηγορέω: to speak against, accuse
κομψός, -ή, -όν: refined, smart, clever
μετόπωρον, τό: the autumn
μνῆμα, -ατος, τό: a memorial, tomb marker
μυριάς, -άδος, ἡ: a great number
ὀλίγος, -η, -ον: few, little, small
παραμένω: to stay, remain
περιβάλλω: to throw round
ῥυτίς, -ίδος, ἡ: a fold, wrinkle
συζυγία, ἡ: a pairing
σώφρων, -ον: temperate, prudent, chaste
τάφος, -εος, τό: a tomb
τυραννίς, -ίδος, ἡ: tyranny

ὡς... ἀπαλλαττομένους τοὺς ἐραστάς: pr. part. pas. **ὡς** + part. expressing the grounds for the main action, "*because* lovers *are liberated from*" + gen.
ὑπ' αὐτῶν: expressing agency, "by them" i.e. the beards, because bearded youths were no longer appropriate objects of affection
τῶν γνησίων ἐραστῶν: "of true lovers"
τὰ ῥηθέντα: ao. part. pas. of **λέγω**, "the things spoken"
ἔφη... ὅτι: ind. st. with circumstantial participles modifying both subj. and obj.
Ἀγάθωνα ἤδη γενειῶντα: "Ag. who was already getting a beard"
περιβάλλων: "as he (Eur.) was embracing Agathon"
τὸ μετόπωρον καλόν: "the autumn is still beautiful"
ἂν φαίην ὅτι: pot. opt., "I would say that"
οὐκ ἐκδέχεται μόνον: "does not only admit"
οὔτ' ἀπακμάζων: modifying **ἔρως**, "*nor fading* with grey hairs and wrinkles"
ἀλλ' ἄχρι τάφων: "but right up to the grave"
ἔστι: "it is possible" + inf.
καταριθμήσασθαι: ao. inf. of **κατα-ἀριθμέω** after **ἔστι**, "to count" governing both clauses

πάσης πίστεως κοινωνίαν πιστῶς ἅμα καὶ προθύμως συνδιαφερούσας βούλομαι δ' ἕν τι τῶν καθ' ἡμᾶς ἐπὶ Καίσαρος Οὐεσπασιανοῦ γεγονότων διελθεῖν.

The story of Sabinus and his faithful wife Empona.

[25.] **Κιουίλιος γάρ, ὁ τὴν ἐν Γαλατίᾳ κινήσας ἀπόστασιν, ἄλλους τε πολλοὺς ὡς εἰκὸς ἔσχε κοινωνοὺς καὶ Σαβῖνον ἄνδρα νέον οὐκ ἀγεννῆ, πλούτῳ δὲ καὶ δόξῃ ἀνθρώπων πάντων ἐπιφανέστατον. ἀψάμενοι δὲ πραγμάτων μεγάλων ἐσφάλησαν καὶ δίκην δώσειν προσδοκῶντες οἱ μὲν**

ἀγεννής, -ές: of no family, low-born
ἀπόστασις, -εως, ἡ: a standing away, defection, revolt
ἅπτω: to fasten, bind
βούλομαι: to will, wish
δίδωμι: to give
διέρχομαι: to go through, describe
δίκη, ἡ: justice, revenge
δόξα, ἡ: a belief, reputation
εἷς, μία, ἕν: one
ἐπιφανής, -ές: distinguished, notable
κινέω: to set in motion, move
κοινωνία, ἡ: communion, association, partnership
κοινωνός, ὁ: a partner
νέος, νέα, νέον: young, youthful
πίστις, -εως, ἡ: trust, faith
πιστός, ή, όν,: to be trusted, faithful
πλοῦτος, ὁ: riches, wealth
πρᾶγμα, -ατος, τό: that which has been done, a deed, event
πρόθυμος, -ον: ready, eager, zealous
προσδοκάω: to expect
συνδιαφέρω: to bear along with
σφάλλω, -ά: to throw down, overthrow

συνδιαφερούσας: part. acc. pl. agreeing with **μυρίας** (sc. **συζυγίας**), "bearing along completely (i.e. from beginning to end) a union of all trust"
βούλομαι... διελθεῖν: ao. inf. of **δια-ἔρχομαι**, "I wish to relate"
καθ' ἡμᾶς: "in our time"
τῶν... γεγονότων: perf. part. of **γίγνομαι**, "of the events"
Καίσαρος Οὐεσπασιανοῦ: Caesar Vespasian (69-79 CE)
Κιουίλιος: Gaius Julius Civilis led a revolt against the Romans in 69 CE.
ὁ... κινήσας: ao. part. of **κινέω**, "the one setting in motion"
ἄλλους τε πολλοὺς... καὶ: "many others... but especially"
ἔσχε: ao. of **ἔχω**, "he had"
πλούτῳ δὲ καὶ δόξῃ: dat. of manner, "in wealth and reputation"
ἀψάμενοι: ao. part. of **ἅπτω**, "although having seized" + gen.
ἐσφάλησαν: ao. pas. of **σφάλλω**, "they were foiled"
δώσειν: fut. inf. of **δίδωμι** after **προσδοκῶντες**, "expecting *to pay*"

αὐτοὺς ἀνῄρουν, οἱ δὲ φεύγοντες ἡλίσκοντο. τῷ δὲ Σαβίνῳ τὰ μὲν ἄλλα πράγματα ῥᾳδίως παρεῖχεν ἐκποδὼν γενέσθαι καὶ καταφυγεῖν εἰς τοὺς βαρβάρους ἣν δὲ γυναῖκα πασῶν ἀρίστην ἠγμένος ἦν - ἐκεῖ μὲν Ἐμπονὴν ἐκάλουν, Ἑλληνιστὶ δ' ἄν τις Ἡρωίδα προσαγορεύσειεν - οὔτ' ἀπολιπεῖν δυνατὸς ἦν οὔτε μεθ' ἑαυτοῦ κομίζειν. ἔχων οὖν κατ' ἀγρὸν ἀποθήκας χρημάτων ὀρυκτὰς ὑπογείους, ἃς δύο μόνοι τῶν ἀπελευθέρων συνῄδεσαν, τοὺς μὲν ἄλλους ἀπήλλαξεν οἰκέτας, ὡς μέλλων

ἀγρός, -**οῦ**, **ὁ**: fields
ἄγω: to lead, bring
ἁλίσκομαι: to be taken, be captured
ἀναιρέω: to take up, destroy, kill
ἀπαλλάττω: to set free, release
ἀπελεύθερος, **ὁ**: an emancipated slave, a freedman
ἀποθήκη, **ἡ**: a storehouse
ἀπολείπω: to leave behind
ἄριστος, -**η**, -**ον**: best
βάρβαρος, -**ον**: barbarous, foreign
δυνατός, -**ή**, -**όν**: strong, able
ἐκποδών: out of the way
Ἑλληνιστί: in Greek
ἡρωίς, -**ίδος**, **ἡ**: heroine
καλέω: to call
καταφεύγω: to flee
κομίζω: to care for, carry
μέλλω: to intend to, be going to (+ *inf.*)
μόνος, -**η**, -**ον**: alone, only
οἰκέτης, -**ου**, **ὁ**: a house-slave
ὀρυκτός, -**ή**, -**όν**: formed by digging
παρέχω: to furnish, provide, supply
πρᾶγμα, -**ατος**, **τό**: that which has been done, a deed, affair
προσαγορεύω: to address, call
ῥᾴδιος, -**η**, -**ον**: easy, ready
σύνοιδα: to share in knowledge, know of
ὑπόγειος, -**ον**: under the earth, subterranean
φεύγω: to flee
χρῆμα, -**ατος**, **τό**: a thing that one uses, money

ἀνῄρουν: impf. of **ἀνα-αἱρέω**, "some were killing themselves"
ἡλίσκοντο: impf. of **ἁλίσκομαι**, "others were captured"
παρεῖχεν: impf. of **παρα-ἔχω** with n. pl. subj. (**πράγματα**), "other circumstances allowed him" + inf.
ἐκποδὼν γενέσθαι: ao. inf of **γίγνομαι** after **παρεῖχεν**, "to become scarce"
καταφυγεῖν: ao. inf. of **κατα-φεύγω**, "to escape"
ἣν δὲ... ἠγμένος ἦν: perf. part. of **ἄγω** + impf. of **εἰμι** forming a plpf. periphrastic, "but the wife *whom he had married*"
ἄν τις Ἡρωίδα προσαγορεύσειεν: pot. ao. opt of **προσ-αγορεύω**, "one would call her 'Heroine' in Greek"
ἀπολιπεῖν: ao. inf. of **ἀπο-λείπω** after **δυνατὸς ἦν**, "(her) he was not able to leave behind" + acc.
κατ' ἀγρὸν: "in the counrty"
ὀρυκτὰς ὑπογείους: adj. agreeing with **ἀποθήκας**, "dug out underground"
συνῄδεσαν: plpf. (with impf. sense) of **συν-οἶδα**, "which only two *knew about*"
ἀπήλλαξεν: ao. of **ἀπο-ἀλλάττω**, "he dismissed"

φαρμάκοις ἀναιρεῖν ἑαυτόν, δύο δὲ πιστοὺς παραλαβὼν εἰς τὰ ὑπόγεια κατέβη πρὸς δὲ τὴν γυναῖκα Μαρτιάλιον ἔπεμψεν ἀπελεύθερον ἀπαγγελοῦντα τεθνάναι μὲν ὑπὸ φαρμάκων, συμπεφλέχθαι δὲ μετὰ τοῦ σώματος τὴν ἔπαυλιν ἐβούλετο γὰρ τῷ πένθει χρῆσθαι τῆς γυναικὸς ἀληθινῷ πρὸς πίστιν τῆς λεγομένης τελευτῆς.

Empona pretends to grieve for her husband and joins him underground.

ὃ καὶ συνέβη ῥίψασα γάρ, ὅπως ἔτυχε, τὸ σῶμα μετ' οἴκτων καὶ ὀλοφυρμῶν ἡμέρας τρεῖς καὶ νύκτας ἄσιτος διεκαρτέρησε.

ἀληθινός, -ή, -όν: truthful
ἀναιρέω: to destroy, kill
ἀπαγγέλλω: to report, announce
ἀπελεύθερος, ὁ: an emancipated slave, a freedman
ἄσιτος, -ον: without food, fasting
βούλομαι: to will, wish
διακαρτερέω: to endure, remain through
ἔπαυλις, -εως, ἡ: a farm house, villa
ἡμέρα, ἡ: day
καταβαίνω: to go down
νύξ, νυκτός, ἡ: the night
οἶκτος, ὁ: wailing
ὀλοφυρμός, ὁ: lamentation
παραλαμβάνω: to take beside
πέμπω: to send, dispatch
πένθος, -εος, τό: grief, sadness, sorrow
πίστις, -εως, ἡ: trust, faith
πιστός, ή, όν: to be trusted, faithful
ῥίπτω: to throw, cast, hurl
συμβαίνω: to come together, come to pass
συμφλέγω: to burn up, consume with fire
σῶμα, -ατος, τό: body
τελευτή, ἡ: a finishing, end, death
τρεις, -οι, -αι: three
τυγχάνω: to hit, happen upon
ὑπόγειος, -ον: under the earth, subterranean
φάρμακον, τό: a drug, medicine
χράομαι: to use, make use of

ὡς μέλλων: pr. part. with **ὡς** expressing the supposed motive of the main action, "as though he were about to" + inf.
παραλαβὼν: ao. part. of **παρα-βάλλω**, "having taken along"
κατέβη: ao. of **κατα-βαίνω**, "he descended"
ἔπεμψεν: ao. of **πέμπω**, "*he sent* Martial"
ἀπαγγελοῦντα: fut. part. acc. s. indicating purpose of **ἀπο-ἀγγέλλω**, "in order to announce" + inf.
τεθνάναι: perf. inf. of **θνήσκω** in ind. st. after **ἀπαγγελοῦντα**, "that he was dead"
συμπεφλέχθαι: ao. inf. pas. of **συν-φλέγω** in ind. st. after **ἀπαγγελοῦντα**, "and that his steading had *been burned*"
χρῆσθαι: pr. inf. after **ἐβούλετο**, "he wished *to use*" + dat. of instr.
τῆς λεγομένης τελευτῆς: "of his alleged death"
ὃ καὶ συνέβη: ao. of **συν-βαίνω**, "which also happened"
ῥίψασα: ao. part. nom. f. of **ῥίπτω**, "*having hurled down* her body"
ὅπως ἔτυχε: ao. of **τυγχάνω**, "just as she happened to be"
ἄσιτος διεκαρτέρησε: ao. of **δια-καρτερέω**, "she endured without nourishment"

ταῦτα δ' ὁ Σαβῖνος πυνθανόμενος καὶ φοβηθείς, μὴ διαφθείρῃ παντάπασιν ἑαυτήν, ἐκέλευσε φράσαι κρύφα τὸν Μαρτιάλιον πρὸς αὐτήν, ὅτι ζῇ καὶ κρύπτεται, δεῖται δ' αὐτῆς ὀλίγον ἐμμεῖναι τῷ πένθει, καὶ μηδὲ[ν ὅλως παραλιπεῖν ὥστε] πιθανὴν ἐν τῇ προσποιήσει γενέσθαι. τὰ μὲν οὖν ἄλλα παρὰ τῆς γυναικὸς ἐναγωνίως συνετραγῳδεῖτο τῇ δόξῃ τοῦ πάθους ἐκεῖνον δ' ἰδεῖν ποθοῦσα νυκτὸς ᾤχετο, καὶ πάλιν ἐπανῆλθεν.

δέομαι: to need, require, ask
διαφθείρω: to destroy, kill
δόξα, ἡ: a belief, reputation
ἐμμένω: to remain in
ἐναγώνιος, -ον: of or for a contest
ἐπανέρχομαι: to go back, return
ζάω: to live
κελεύω: to bid, command, order
κρύπτω: to hide
κρύφα: in secret
Μαρτιάλιος, ὁ: Martial
νύξ, νυκτός, ἡ: the night
οἴχομαι: to be gone
ὀλίγος, -η, -ον: few, little, small
πάθος, -εος, τό: something suffered, an emotion, passion
παραλείπω: to leave over, omit
πένθος, -εος, τό: grief, sadness, sorrow
πιθανός, -ή, -όν: persuasive, convincing
ποθέω: to long for, yearn after
προσποίησις, -εως, ἡ: a pretension, affectation
πυνθάνομαι: to learn
συντραγῳδέω: to act tragedy together
φοβέομαι: to fear
φράζω: to tell

φοβηθείς: ao. part. pas. of **φοβέομαι**, "being made afraid lest" + subj.
μὴ διαφθείρῃ: pr. subj of **δια-φθείρω**, "lest *she destroy* herself"
φράσαι: ao. inf. of **φράζω** in ind. com. after **ἐκέλευσε**, "he ordered Martial to tell her"
ὅτι ζῇ: ind. st. after **φράσαι**, "that he lives"
ὀλίγον: acc. of duration, "for a little longer"
ἐμμεῖναι: ao. inf. of **ἐν-μένω** after **δεῖται**, "but he asks her *to remain in*" + dat.
παραλιπεῖν: ao. inf. of **παρα-λείπω** after **δεῖται**, "*to neglect* nothing"
ὥστε... γενέσθαι: result clause, "*so that she would be* persuasive"
τὰ ἄλλα: acc. of resp., "with regard *to the other things* expected from a wife"
ἐναγωνίως συνετραγῳδεῖτο: "she played her tragic role convincingly," note the theatrical language of *agon, tragoidia* and *pathos*
τῇ δόξῃ: "in the outward appearance"
ἰδεῖν: ao. inf. of **ὁράω** after **ποθοῦσα**, "desiring *to see* that one (Sabinus)"
ᾤχετο: impf. of **οἴχομαι**, "she went"
ἐπανῆλθεν: ao. of **ἐπι-ἀνα-ἔρχομαι**, "she returned"

ἐκ δὲ τούτου λανθάνουσα τοὺς ἄλλους ὀλίγον ἀπέδει συζῆν ἐν Ἅιδου τἀνδρὶ πλέον ἑξῆς ἑπτὰ μηνῶν.

She disguised Sabinus and took him to Rome. She concealed her pregnancy, giving birth to two sons.

ἐν οἷς κατασκευάσασα τὸν Σαβῖνον ἐσθῆτι καὶ κουρᾷ καὶ καταδέσει τῆς κεφαλῆς ἄγνωστον εἰς Ῥώμην ἐκόμισε μεθ' ἑαυτῆς τινῶν ἐλπίδων ἐνδεδομένων. πράξασα δ' οὐδὲν αὖθις ἐπανῆλθε, καὶ τὰ μὲν πολλὰ ἐκείνῳ συνῆν ὑπὸ γῆς, διὰ χρόνου δ' εἰς πόλιν ἐφοίτα ταῖς φίλαις ὁρωμένη καὶ οἰκείαις γυναιξί.

ἄγνωστος, -ον: unknown
Ἅιδης, ὁ: Hades
ἀνήρ, ἀνδρός, ὁ: a man, husband
ἀποδέω: to lack
αὖθις: back, back again
γῆ, ἡ: earth
γυνή, γυναικός, ἡ: woman, wife
ἐλπίς, -ίδος, ἡ: hope, expectation
ἐνδίδωμι: to give in
ἑξῆς: one after another, in a row
ἐπανέρχομαι: to go back, return
ἑπτά: seven
ἐσθής, -ῆτος, ἡ: dress, clothing
καταδέω: to bind down, tie up
κατασκευάζω: to equip, furnish
κεφαλή, ἡ: the head
κομίζω: to take care of, carry with
κουρά, ἡ: a cropping (of the hair)
λανθάνω: to escape notice
μείς, μηνός, ὁ: a month
οἰκεῖος, -α, -ον: kindred, related
ὀλίγος, -η, -ον: few, little, small
ὁράω: to see
πλείων, -ον: more, greater (+ *gen.*)
πόλις, -εως, ἡ: a city
πράττω: to do, accomplish
συζάω: to live with
σύνειμι: to be with
φίλος, -η, -ον: dear, beloved, (*subst.*) friend
φοιτάω: to go to and fro, go regularly
χρόνος, ὁ: time

ὀλίγον ἀπέδει: impf. of **ἀπο-δέω**, "she lacked by a little" i.e. "she practically" + inf.
συζῆν: pr. inf. of **συν-ζάω** with **ἀπέδει**, "live with" + dat.
ἐν οἷς: "in which time"
κατασκευάσασα: ao. part. nom. s. f. of **κατα-σκευάζω**, "*having equipped* Sabinus *with*" + dat. i.e. "having disguised him"
κουρᾷ καὶ καταδέσει: dat. means, "by shortening and binding" + gen.
ἐκόμισε: ao. of **κομίζω**, "*she brought* him unrecognized"
τινῶν ἐλπίδων ἐνδεδομένων: perf. part. of **ἐν-δίδωμι** in gen. abs., "there being some hopes for receiving pardons"
πράξασα: ao. part. of **πράττω**, "having accomplished"
ἐπανῆλθε: ao. of **ἐπα-ανα-ἔρχομαι**, "she returned"
τὰ μὲν πολλὰ...διὰ χρόνου δὲ: "while most of the time...but occasionally"
ἐφοίτα: impf. of **φοιτάω**, "she used to go"
ὁρωμένη: pr. part. pas. **ὁράω**, "in order to be seen by" + dat.

τὸ δὲ πάντων ἀπιστότατον, ἔλαθε κυοῦσα λουομένη μετὰ τῶν γυναικῶν τὸ γὰρ φάρμακον, ᾧ τὴν κόμην αἱ γυναῖκες ἐναλειφόμεναι ποιοῦσι χρυσοειδῆ καὶ πυρράν, ἔχει λίπασμα σαρκοποιὸν ἢ χαυνωτικὸν σαρκός, ὥσθ' οἷον διάχυσίν τινα ἢ διόγκωσιν ἐμποιεῖν ἀφθόνῳ δὴ χρωμένη τούτῳ πρὸς τὰ λοιπὰ μέρη τοῦ σώματος, αἰρόμενον καὶ ἀναπιμπλάμενον ἀπέκρυπτε τὸν τῆς γαστρὸς ὄγκον. τὰς δ' ὠδῖνας αὐτὴ καθ' ἑαυτὴν διήνεγκεν, ὥσπερ ἐν φωλεῷ λέαινα, καταδῦσα πρὸς τὸν ἄνδρα, καὶ τοὺς γενομένους ὑπεθρέψατο σκύμνους ἄρρενας δύο

αἰρέω: to take up, raise
ἀναπίμπλημι: to fill up
ἄπιστος, -ον: unbelievable, incredible
ἀποκρύπτω: to hide, keep hidden
ἄφθονος, -ον: ungrudging, plentiful
γαστήρ, -έρος, ἡ: the belly
γυνή, γυναικός, ἡ: woman, wife
διαφέρω: to carry through, bear
διάχυσις, -εως, ἡ: a diffusion
διόγκωσις, -εως, ἡ: a swelling
ἐμποιέω: to make in, cause
ἐναλείφω: to anoint with
καταδύω: to go down, descend
κόμη, ἡ: hair
κυέω: to be pregnant
λανθάνω: to escape notice
λέαινα, ἡ: a lioness
λίπασμα, -ατος, τό: a grease
λοιπός, -ή, -όν: remaining, the rest
λούω: to wash
μέρος, -εος, τό: a part, share
ὄγκος, ὁ: a bulk, size, mass
ποιέω: to make
πυρρός, -ά, -όν: flame-colored, red
σαρκοποιός, -όν: making flesh, fattening
σάρξ, σαρκός, ἡ,: flesh
σκύμνος, ὁ: a cub, whelp
σῶμα, -ατος, τό: a body
ὑποτρέφω: to bring up secretly
φάρμακον, τό: a drug, medicine
φωλεός, ὁ: den
χαυνωτικός, -ή, -όν: apt to make loose or flabby
χράομαι: to use
χρυσοειδής, -ές: golden
ὠδίς, -ῖνος, ἡ: labor pains

ἔλαθε κυοῦσα: ao. of **λανθάνω**,"she being pregnant escaped the notice"
λουομένη: "while bathing"
ἐναλειφόμεναι: pr. part. of **ἐν-αλειφω**, "with which women *anoint* their hair"
ἔχει: "the drug *contains* a salve"
ὥστε... ἐμποιεῖν: result clause, "so that it creates"
οἷον διάχυσὶν: " a sort of swelling"
χρωμένη τούτῳ: pr. part., "*by using this* liberally"
ἀπέκρυπτε: impf. of **ἀπο-κρύπτω**, "she kept secret"
αἰρόμενον καὶ ἀναπιμπλάμενον... ὄγκον: obj. of **ἀπέκρυπτε**: "she kept hidden *the size as it swelled and filled out*"
διήνεγκεν: ao. of **δια-φέρω**, "she endured"
ὥσπερ λέαινα: "like a lioness"
καταδῦσα: ao. part., "having descended"
γενομένους: ao. part., "those having been born"
ὑπεθρέψατο: ao. of **ὑπο-τρέφω**, "*she nourished* her male cubs"

γὰρ ἔτεκε. τῶν δ' υἱῶν ὁ μὲν ἐν Αἰγύπτῳ πεσὼν ἐτελεύτησεν, ὁ δ' ἕτερος ἄρτι καὶ πρῴην γέγονεν ἐν Δελφοῖς παρ' ἡμῖν ὄνομα Σαβῖνος.

Although Caesar executed Empona and her family, her bold words infuriated him.

ἀποκτείνει μὲν οὖν αὐτὴν ὁ Καῖσαρ ἀποκτείνας δὲ δίδωσι δίκην, ἐν ὀλίγῳ χρόνῳ τοῦ γένους παντὸς ἄρδην ἀναιρεθέντος. οὐδὲν γὰρ ἤνεγκεν ἡ τόθ' ἡγεμονία σκυθρωπότερον οὐδὲ μᾶλλον ἑτέραν εἰκὸς ἦν καὶ θεοὺς καὶ δαίμονας ὄψιν ἀποστραφῆναι καίτοι τὸν οἶκτον ἐξῄρει τῶν θεωμένων τὸ

Αἴγυπτος, ὁ: Egypt
ἀναιρέω: to destroy
ἀποκτείνω: to kill, slay
ἀποστρέφω: to turn away
ἄρσην, ὁ: male
ἄρτι: just, exactly
γένος, -ους, τό: race, stock, family
δαίμων, -ονος, ὁ: spirit, divinity
Δελφοί , -ῶν, οἱ: Delphi
δίδωμι: to give
ἐξαιρέω: to take out of
ἡγεμονία, ἡ: authority, rule
θεάομαι: to look on, watch
Καῖσαρ, -αρος, ὁ: Caesar
οἶκτος, ὁ: pity, compassion
ὀλίγος, -η, -ον: few, little, small
ὄνομα, τό: a name
ὄψις, -εως, ἡ: look, face
πίπτω: to fall
πρῷος, η, ον: early, recent
σκυθρωπός, -ή, -όν: sullen, grim
τελευτάω: to complete, live out one's life, die
τίκτω: to bring into the world
υἱός, ὁ: a son
φέρω: to bear, carry, endure
χρόνος, ὁ: time

ἔτεκε: ao. of **τέκνω**, "*she bore* two"
πεσὼν: ao. part. of **πίπτω**, "having fallen"
ἐτελεύτησεν: ao. of **τελευτέω**, "he died"
ἄρτι καὶ πρῴην: "just recently"
γέγονεν: perf. of **γίγνομαι**, "has been"
There seems to be a gap in the story about the discovery and death of Sabinus.
αὐτὴν: "her" i.e. Empona
ἀποκτείνας: ao. part. of **ἀπο-κτείνω**, "*after killing* her he pays"
τοῦ γένους... ἀναιρεθέντος: ao. part. pas. of **ἀνα-αἱρέω** in gen. abs., "his family having been extinguished"
ἤνεγκεν: ao. of **φέρω**, "*accomplished* nothing more grim"
ἡ τότε ἡγεμονία: subj. of **ἤνεγκεν**, "the principate of that time"
ἑτέραν...ὄψιν: "they turned another view" i.e. they averted their eyes in disgust
θεοὺς... ἀποστραφῆναι: ao. inf. pas. in impl. ind. st. after **εἰκὸς ἦν**, "nor was it likely *that the gods turned* their sight"
ἐξῄρει: impf. of **ἐξ-αἱρέω**

θαρραλέον αὐτῆς καὶ μεγαλήγορον, ᾧ καὶ μάλιστα παρώξυνε τὸν Οὐεσπασιανόν, ὡς ἀπέγνω τῆς σωτηρίας πρὸς αὐτὸν ἀλλαγὴν κελεύουσα βεβιωκέναι γὰρ ὑπὸ σκότῳ καὶ κατὰ γῆς ἥδιον ἢ βασιλεύειν ἐκείνῳ.»

The discourse ends as a messenger arrives bringing the news that reconciliation has been achieved and the wedding is in progress.

[26.] **ἐνταῦθα μὲν ὁ πατὴρ ἔφη τὸν περὶ Ἔρωτος αὐτοῖς τελευτῆσαι λόγον, τῶν Θεσπιῶν ἐγγὺς οὖσιν ὀφθῆναι δὲ προσιόντα «θᾶττον ἢ βάδην» πρὸς αὐτοὺς ἕνα τῶν Πεισίου ἑταίρων Διογένη τοῦ δὲ Σωκλάρου πρὸς αὐτὸν ἔτι πόρρωθεν**

ἀλλαγή, ἡ: a change, exchange
ἀπογιγνώσκω: to despair, give up hope of (+ *gen.*)
βάδην: step by step
βασιλεύω: to be king, to rule, reign
βιόω: to live, pass one's life
ἐγγύς: near, close to
εἷς, μία, ἕν: one
ἑταῖρος, ὁ: a comrade, companion
ἡδύς, -εῖα, -ύ: sweet
θαρραλέον, τό: daring, courage
θάττων, -ονος: quicker, swifter
Θεσπιαί, αἱ: the town of Thespiae
κελεύω: to urge, command, order
μεγαλήγορον, τό: boasting, proud speech
ὁράω: to see
παροξύνω: to urge, spur on
πόρρωθεν: from afar
προσέρχομαι: to go to, approach
σκότος, -εος, ὁ: darkness, gloom
σωτηρία, ἡ: a saving, deliverance
τελευτάω: to complete, finish, bring to an end

τὸ θαρραλέον αὐτῆς: subj. of **ἐξῄρει**, "*her boldness* removed"
ᾧ καὶ: dat. rel. with antecedent **μεγαλήγορον**, "by which also"
παρώξυνε: impf. of **παρα-ὀξύνω**, "she provoked"
ὡς ἀπέγνω: ao. of **ἀπο-γιγνώσκω**, "as she despaired of" + gen.
ἀλλαγὴν: "urging *an exchange* (of life) with him"
βεβιωκέναι: perf. inf. of **βιόω** in impl. ind. st. after **κελεύουσα**, "(claiming that) *she had lived* more sweetly"
ἐκείνῳ: "than he ruled *in that place*"
τελευτῆσαι λόγον: ao. inf. in ind. st. after **ἔφη**, "that the discourse ended"
τῶν...οὖσιν: pr. part. agreeing with **αὐτοῖς**, "*since they were* near Thespiae." At some point, perhaps in the lacuna after section 20, the interlocutors have left Mt. Helicon and started walking back to Thespiae.
ὀφθῆναι... ἕνα: ao. inf. pas. of **ὁράω** in ind. st. after **ἔφη**, "that one of the companions was seen"
προσιόντα: pr. part. of **προσ-ἔρχομαι**, "approaching"
θᾶττον ἢ: "faster than"
Σωκλάρου... εἰπόντος: ao. part. of **λέγω** in gen. abs., "Soclarus having addressed"

εἰπόντος «οὐ πόλεμόν γ' ὦ Διόγενες, ἀπαγγέλλων,»

ἐκεῖνον «οὐκ εὐφημήσετε» φάναι «γάμων ὄντων καὶ προάξετε θᾶσσον, ὡς ὑμᾶς τῆς θυσίας περιμενούσης;»

πάντας μὲν οὖν ἡσθῆναι, τὸν δὲ Ζεύξιππον ἐρέσθαι, εἰ ἔτι χαλεπός ἐστι.

«πρῶτος μὲν οὖν» ἔφη «συνεχώρησε τῇ Ἰσμηνοδώρᾳ καὶ νῦν ἑκὼν στέφανον καὶ λευκὸν ἱμάτιον λαβὼν οἷός ἐστιν ἡγεῖσθαι δι' ἀγορᾶς πρὸς τὸν θεόν.»

ἀγορά, -ᾶς, ἡ: the marketplace
ἀπαγγέλλω: to report, announce
γάμος, ὁ: wedding, marriage
ἑκών, ἑκοῦσα, ἑκόν: willing, voluntarily
ἐρωτάω: to ask, enquire
εὐφημέω: to avoid unlucky words
ἡγέομαι: to go before, lead the way
ἥδομαι: to enjoy oneself, take delight, be pleased
θάσσων, -ονος: quicker, swifter
θυσία, ἡ: an offering, sacrifice
ἱμάτιον, τό: a cloak
λαμβάνω: to take
λευκός, -ή, -όν: light, white
περιμένω: to wait for, await
πόλεμος, ὁ: battle, war
προάγω: to lead forward, go forth
πρῶτος, -η, -ον: first
στέφανος, ὁ: a crown, garland
συγχωρέω: to come together, meet
χαλεπός, -ή, -όν: hard to bear, painful, grieved

οὐ πόλεμόν γε: "surely he is not announcing war"
ἐκεῖνον... φάναι: ind st., "and that the other said"
οὐκ εὐφημήσετε: fut. of **εὐ-φημέω**, "will you not be still!"
γάμων ὄντων: gen. abs., "while there are weddings"
προάξετε: fut. of **προ-ἄγω**, "and you will proceed quickly"
ὡς ὑμᾶς τῆς θυσίας περιμενούσης: gen. abs. with causal force, "since the sacrifice is awaiting you"
πάντας ἡσθῆναι: ao. inf. of **ἥδομαι** in ind. st., "that all were happy"
Ζεύξιππον ἐρέσθαι: ao. inf. of **ἔρομαι** in ind. st., "but that Zeuxippos asked"
εἰ... ἐστι: ind. quest., "whether (Diogenes' friend) was grieved"
πρῶτος συνεχώρησε: ao. of **συν-χωρέω**, "he was the first to go along with" + dat.
καὶ νῦν ἑκὼν... λαβὼν: ao. part. of **λαμβάνω**, "and now willingly having taken"
οἷός ἐστιν ἡγεῖσθαι: "he is able to lead"

«ἀλλ' ἴωμεν, ναὶ μὰ Δία» τὸν πατέρα εἰπεῖν «ἴωμεν, ὅπως ἐπεγγελάσωμεν τἀνδρὶ καὶ τὸν θεὸν προσκυνήσωμεν δῆλος γάρ ἐστι χαίρων καὶ παρὼν εὐμενὴς τοῖς πραττομένοις.»

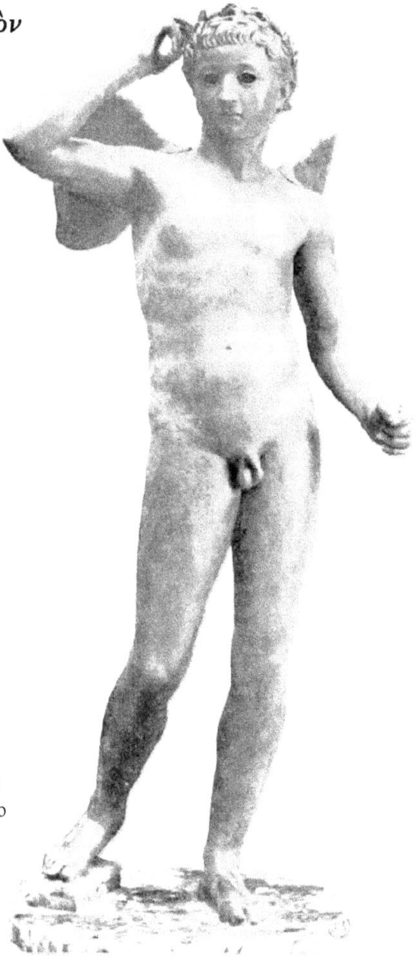

Agon or Eros Enagonios. Hellenistic bronze (ca. 125 BC) recovered from the Mahdia shipwreck. Bardo Museum, Tunis.

ἀνήρ, ἀνδρός, ὁ: a man, husband
δῆλος, -η, -ον: visible, conspicuous, clear
ἐπεγγελάω: to laugh at
ἔρχομαι: to go
εὐμενής, -ές: well-disposed, kindly
Ζεύς, Διός, ὁ: Zeus
πάρειμι: to be present
πατήρ, ὁ: a father
πράττω: to do
προσκυνέω: to honor
χαίρω: to rejoice, be glad, be delighted

ἴωμεν: pr. jussive subj of **ἔρχομαι**, "let us go"
τὸν πατέρα εἰπεῖν: ind. st., "and that father said"
ὅπως ἐπεγγελάσωμεν: ao. subj. of **ἐπι-εν-γελάω** in purpose clause, "so that we might laugh at" + dat.
προσκυνήσωμεν: ao. subj. of **προσ-κυνέω**, "so that we might salute"
δῆλος ἐστι χαίρων: "(Love) is clear(ly) rejoicing"
καὶ παρὼν: "and being graciously present for" + dat.

List of Verbs

The following is a list of verbs that have some irregularity in their conjugation. The principal parts of the Greek verb in order are 1. Present 2. Future 3. Aorist 4. Perfect Active 5. Perfect Middle 6. Aorist Passive, 7. Future Passive. We have not included the future passive below, since it occurs very rarely. For many verbs not all forms are attested or are only poetic. Verbs are alphabetized under their main stem, followed by various compounds that occur in the *Dialogue on Love* with a brief definition. A dash (-) before a form means that it occurs only or chiefly with a prefix. The list is based on the list of verbs in H. Smythe, *A Greek Grammar.*

ἀγω: to lead **ἄξω**, *2 aor.* **ἤγαγον**, **ἦχα**, **ἦγμαι**, **ἤχθην**
 ἀπάγω: to lead away, divert
 ἐπάγω: to bring on, charge
 κατάγω: to lead down, bring down
 προάγω: to lead forth, advance, produce
 προσάγω: to bring forth, lead to
 συνάγω: to bring together, collect, convene

ᾄδω (**ἀείδω**): to sing **ᾄσομαι**, **ᾖσα**, **ᾖσμαι**, **ᾔσθην**

αἱρέω: to take **αἱρήσω**, *2 aor.* **εἷλον**, **ᾕρηκα**, **ᾕρημαι**, **ᾑρέθην**
 ἀφαιρέω: to take away, exclude, set aside, remove
 διαιρέω: to divide, separate, distinguish
 ἐξαιρέω: to take out
 καθαιρέω: to take down, reduce
 ὑφαιρέω: to draw off, diminish

αἰσθάνομαι: to perceive **αἰσθήσομαι**, *2 aor.* **ᾐσθόμην**, **ᾔσθημαι**

αἰσχυνω: to disgrace, (*mid.*) feel ashamed **αἰσχυνῶ**, **ᾔσχυνα**, **ᾐσχύνθην**

ἀκούω: to hear **ἀκούσομαι**, **ἤκουσα**, *2 perf.* **ἀκήκοα**, *2 plpf.* **ᾐκηκόη** or **ἀκηκόη**, **ἠκούσθην**

ἀλείφω: to anoint **ἀλείψω**, **ἤλειψα**, **ἀπ-αλήλιφα**, **ἀλήλιμμαι**, **ἠλείφθην**.

ἁλίσκομαι: to be taken **ἁλώσομαι**, *2 aor.* **ἑάλων**, **ἑάλωκα**

ἀλλάττω: to change **ἀλλάξω**, **ἤλλαξα**, **-ήλλαχα**, **ἤλλαγμαι**, **ἠλλάχθην** or **ἠλλάγην**

ἁμαρτάνω: to fail, go wrong **ἁμαρτήσομαι**, *2 aor.* **ἥμαρτον**, **ἡμάρτηκα**, **ἡμάρτημαι**, **ἡμαρτήθην**

ἀμυνω: to ward off **ἀμυνῶ**, **ἤμυνα**; (*mid.*) **ἀμυνομαι** defend myself **ἀμυνοῦμαι**, **ἠμυνάμην**

ἀπαντάω: to meet **ἀπαντήσομαι**, **ἀπήντησα**, **ἀπήντηκα**.

ἅπτω: to fasten, (*mid.*) to touch **ἅψω**, **ἧψα**, **ἧμμαι**, **ἥφθην**

ἁρπάζω: to snatch away **ἁρπάσομαι, ἥρπασα, ἥρπακα, ἥρπασμαι, ἡρπάσθην**

ἄρχω: to be first, begin **ἄρξω, ἦρξα, ἦργμαι, ἤρχθην**

αὐξάνω: to increase **αὔξω, ηὔξησα, ηὔξηκα, ηὔξημαι, ηὐξήθην**

ἀφικνέομαι: to arrive at **ἀφ-ίξομαι**, *2 aor.* **ἀφ-ικόμην, ἀφ-ῖγμαι**

ἄχθομαι: to be vexed **ἀχθέσομαι, ἠχθέσθην**

βαίνω: to step **βήσομαι**, *2 aor.* **ἔβην, βέβηκα**
- **ἐκβαίνω**: to step away from
- **ἐπιβαίνω**: to go upon, trample
- **καταβαίνω**: to go down
- **συμβαίνω**: to come together, come to pass

βάλλω: to throw **βαλῶ**, *2 aor.* **ἔβαλον, βέβληκα, βέβλημαι, ἐβλήθην**
- **ἀποβάλλω**: to throw away, shed, lose
- **ἐκβάλλω**: to throw out
- **ἐμβάλλω**: to throw in, charge
- **καταβάλλω**: to throw down, proscribe
- **μεταβάλλω**: to change over
- **περιβάλλω**: to throw around, put on
- **προσβάλλω**: to throw against
- **προσεμβάλλω**: to throw around, embrace

βιόω: to live **βιώσομαι**, *2 aor.* **ἐβίων, βεβίωκα**

βλαστάνω: to bud *2 aor.* **ἔβλαστον, βεβλάστηκα**

βλέπω: to look at **βλέψομαι, ἔβλεψα**
- **ἀποβλέπω**: to look upon, regard, attend
- **διαβλέπω**: to look straight ahead
- **ἐμβλέπω**: to look in the face, look at

βοάω: to shout **βοήσομαι, ἐβόησα βέβωμαι, ἐβώσθην**

βούλομαι: to wish **βουλήσομαι, βεβούλημαι, ἐβουλήθην**

γαμέω: to marry **γαμῶ, ἔγημα, γεγάμηκα**

γελάω: to laugh **γελάσομαι, ἐγέλασα, ἐγελάσθην**

γηθέω: to rejoice **γέγηθα** *as pres.*

γί(γ)νομαι: to become **γενήσομαι**, *2 aor.* **ἐγενόμην**, *2 perf.* **γέγονα, γεγένημαι, ἐγενήθην**
- **ἐγγίγνομαι**: to be born in, be innate
- **παραγίγνομαι**: to be near, attend upon
- **συγγίγνομαι**: to be with, be intimate with

γι(γ)νώσκω: to know ***γνώσομαι, ἔγνων, ἔγνωκα, ἔγνωσμαι, ἐγνώσθην***
ἀπογιγνώσκω: to despair, give up hope of

γράφω: to write ***γράψω, ἔγραψα, γέγραφα, γέγραμμαι, ἐγράφην***
διαγράφω: to mark out by lines, delineate
ἐγγράφω: to register, enroll
ἐπιγράφω: to write upon, inscribe, dedicate

δαίω to kindle *2 perf.* ***δέδηα*** burn (*intrans.*), *plpf.* ***δεδήει.*** (*mid.*) ***δαίομαι*** burn

δάκνω: to bite ***δήξομαι***, *2 aor.* ***ἔδακον, δέδηγμαι, ἐδήχθην, δαχθήσομαι.***

δείδω: to fear ***δείσομαι, ἔδεισα, δέδοικα***

δείκνυμι: to show ***δείξω, ἔδειξα, δέδειχα, δέδειγμαι, ἐδείχθην***
ἀποδείκνυμι: to show, demonstrate
ἐπιδείκνυμι: to show, exhibit

δέχομαι: to receive ***δέξομαι, ἐδεξάμην, δέδεγμαι, -εδέχθην***

δέω: to bind ***δήσω, ἔδησα, δέδεκα, δέδεμαι, ἐδέθην***
ἀναδέω: to bind up, tie on
καταδέω: to bind down, tie up

διδάσκω: to teach, (*mid.*) learn ***διδάξω, ἐδίδαξα, δεδίδαχα, δεδίδαγμαι, ἐδιδάχθην***

δίδωμι: to give ***δώσω***, *1 aor.* ***ἔδωκα*** *in s., 2 aor.* ***ἔδομεν*** *in pl.* ***δέδωκα, δέδομαι, ἐδόθην***
ἀποδίδωμι: to give back, return, render
ἐνδίδωμι: to give in, allow
μεταδίδωμι: to give part of, share with

διώκω: to pursue ***διώξομαι, ἐδίωξα, δεδίωχα, ἐδιώχθην***

δοκέω: to think, seem ***δόξω, ἔδοξα, δέδογμαι***

ἐγείρω: to wake up ***ἐγερῶ, ἤγειρα***, *2 perf.* ***ἐγρήγορα, ἐγήγερμαι, ἠγέρθην***

ἐθέλω: to wish ***ἐθελήσω, ἠθέλησα, ἠθέληκα***

εἶδον: : I saw (pr. system provided by ***ὁράω***), *fut.* ***εἴσομαι*** "shall know," *perf.* ***οἶδα*** "know"

εἰμί: to be, *fut.* ***ἔσομαι***
ἄπειμι: to be absent
ενειμι: to be in
μέτειμι: to be among, have a share in
πάρειμι: to be present, stand by
παρέξειμι: to pass alongside
περίειμι: to surpass, remain, result in
πρόσειμι: to be present

συμπάρειμι: to be present with, be together
σύνειμι: to be with

εἶμι: see **ἔρχομαι**

εἶπον: said, *2 aor.* see **λέγω**

ελέγχω: to shame **ἐλέγξω**, **ἤλεγξα**, **ἐλήλεγμαι**, **ἠλέγχθην**

ἐράω: to love, *imp.* **ἤρων** *aor.* **ἠράσθην**
συνεράω: to love jointly, rival in love

ἔρχομαι: to come or go to, *fut.* **εἶμι**, *2 aor.* **ἦλθον**, *2 perf.* **ἐλήλυθα**

ἐρωτάω: to ask **ἐρήσομαι**, *2 aor.* **ἠρόμην**

εὑρίσκω: to find **εὑρήσω**, *2 aor.* **ηὗρον** or **εὗρον**, **ηὕρηκα** or **εὕρηκα**, **εὕρημαι**, **εὑρέθην**

εὔχομαι: to pray **εὔξομαι**, **ηὐξάμην**, **ηὖγμαι**

ἔχω: to have **ἕξω**, *2 aor.* **ἔσχον**, **ἔσχηκα**, *imperf.* **εἶχον**.
ἀνέχω: to hold back
ἀπέχω: to keep off, hold back
μετέχω: to partake of, share in
παρέχω: to furnish, provide, supply
συνέχω: to hold together

ζάω: to live **ζήσω**, **ἔζησα**, **ἔζηκα**

ζεύγνυμι: to yoke **ζεύξω**, **ἔζευξα**, **ἔξευγμαι**, **ἐζεύχθην**

ἡγέομαι: to go before, lead the way **ἡγήσομαι**, **ἡγησάμην**, **ἥγημαι**

ἥδομαι: to be happy, **ἡσθήσομαι**, **ἥσθην**

θάπτω: to bury **θάψω**, **ἔθαψα**, **τέθαμμαι**, **ἐτάφην**

θαυμάζω: to wonder, admire, *fut.* **θαυμάσομαι**

θέω: to run **θεύσομαι**

θλίβω: to press **ἔθλιψα**, **τέθλιφα**, **ἐθλίφθην**

θνήσκω: to die **θανοῦμαι**, *2 aor.* **-έθανον**, **τέθνηκα**
ἀποθνήσκω: to die

ἵημι: to let go, relax, to send forth **ἥσω**, **ἧκα**, **εἶκα**, **εἶμαι**, **εἵθην**
ἀφίημι: to send forth, send away
ἐνίημι: to let go in
καθίημι: to send down, let fall, lower

ἵστημι: to make to stand, set **στήσω** shall set, **ἔστησα** set, caused to stand, *2 aor.*

ἔστην stood, *1 perf.* **ἕστηκα** stand, *plupf.* **εἱστήκη** stood, **ἐστάθην**
  ἀνίστημι: to make to stand up, raise up
  ἐνίστημι: to set against, resist
  ἐξίστημι: to put out of place, change
  ἐφίστημι: to set upon
  καθίστημι: to set down, place
  μεθίστημι: to place otherwise, remove
  παρίστημι: to stand up beside
  συνίστημι: to set together, combine, unite
  ὑφίστημι: to place or set under

καίω: to burn **καύσω, ἔκαυσα, -κέκαυκα, κέκαυμαι, ἐκαύθην**

καλέω: to call **καλῶ, ἐκάλεσα, κέκληκα, κέκλημαι, ἐκλήθην**
  παρακαλέω: to call to, summon, invite

κελεύω: to urge, command, order **κελεύσω, ἐκέλευσα, κεκέλευκα, κεκέλευσμαι, ἐκελεύσθην**

κλάω: to break **ἔκλασα, -κέκλασμαι, -εκλάσθην**

κλίνω: to bend **κλινῶ, ἔκλινα, κέκλικα, κέκλιμαι, -εκλίνην**

κομίζω: to care for: **κομιῶ, ἐκόμισα, κεκόμικα, κεκόμισμαι** (*usu. mid.*), **ἐκομίσθην.**

κρύπτω: to hide from **κρύψω, ἔκρυψα, κέκρυμμαι, ἐκρύφθην**

κτάομαι: to acquire **κτήσομαι, ἐκτησάμην, κέκτημαι** possess

κτείνω: to kill **κτενῶ, ἔκτεινα**, *2 perf.* **-έκτονα**

λαγχάνω: to obtain by lot or fate **λήξομαι, ἔλαχον, εἴληχα, εἴληγμαι, ἐλήχθην**

λαμβάνω: to take **λήψομαι, ἔλαβον, εἴληφα, εἴλημμαι, ἐλήφθην**
  ἐπιλαμβάνω: to lay hold of, seize, attack
  καταλαμβάνω: to seize, overtake
  μεταλαμβάνω: to take afterwards
  παραλαμβάνω: to take beside
  προλαμβάνω: to take before, anticipate, precede
  προσλαμβάνω: to gain, add to
  συλλαμβάνω: to collect, seize
  ὑπολαμβάνω: to take up from under

λανθάνω: to escape notice **λήσω, ἔλαθον, λέληθα**

λέγω: to speak **ἐρέω, εἶπον, εἴρηκα, λέλεγμαι, ἐλέχθην**
  προσλέγω: to speak to, address, name
  ἀντιλέγω: to speak against, contradict
  διαλέγω: to speak with, converse

λείπω: to leave **λείψω, ἔλιπον, λέλοιπα, λέλειμμαι, ἐλείφθην**
　　ἐναπολείπω: to leave behind in
　　καταλείπω: to leave behind
　　παραλείπω: to leave over, omit
　　προλείπω: to leave behind, forsake, abandon

λήθω: see **λανθάνω**

μανθάνω: to learn **μαθήσομαι, ἔμαθον, μεμάθηκα**

μαραίνω: to quench **ἐμάρανα, ἐμαράνθην**

μάχομαι: to fight **μαχοῦμαι, ἐμαχεσάμην, μεμάχημαι**
　　διαμάχομαι: to fight with, struggle against

μέμφομαι: to blame **μέμψομαι, ἐμεμψάμην, ἐμέμφθην**

μένω: to stay **μενῶ, ἔμεινα, μεμένηκα**
　　ἐμμένω: to remain in
　　παραμένω: to stay beside, remain with
　　περιμένω: to wait for, await
　　προσμένω: to bide one's time, await
　　ὑπομένω: to endure, survive

μίγνυμι: to mix **μείξω, ἔμειξα, μέμειγμαι, ἐμείχθην**
　　συγκαταμίγνυμι: to mix in together, mix up
　　συμμίγνυμι: to mix together, mix with

μιμνήσκομαι: to remember **μνήσω, -έμνησα**, *perf.* **μέμνημαι, ἐμνήσθην**

νέμω: to distribute **νεμῶ, ἔνειμα, -νενέμηκα, νενέμημαι, ἐνεμήθην**

νομίζω: to believe **νομιῶ, ἐνόμισα, νενόμικα, νενόμισμαι, ἐνομίσθην**

οἶδα: see **εἶδον**

οἴομαι: to suppose **ᾠήθην** *imperf.* **ᾤμην**

ὀλισθάνω: to slip *2 aor.* **ὤλισθον**

ὁράω: to see **ὄψομαι**, *2 aor.* **εἶδον, ἑόρακα** and **ἑώρακα, ὤφθην**, *imperf.* **ἑώρων**
　　ἐφοράω: to oversee, observe
　　καθοράω: to look down, discern
　　ὑπεροράω: to look down upon, despise
　　ὑφοράω: to suspect, mistrust

ὀργίζω: to make angry **-οργιῶ, ὤργισα, ὤργισμαι, ὠργίσθην**

παίω: strike: **παίσω, ἔπαισα, -πέπαικα, ἐπαίσθην.**

πάσχω: to experience **πείσομαι**, *2 aor.* **ἔπαθον**, *2 perf.* **πέπονθα**

πείθω: to persuade **πείσω, ἔπεισα,** *2 perf.* **πέποιθα, πέπεισμαι, ἐπείσθην**

πέμπω: to convey **πέμψω, ἔπεμψα,** *2 perf.* **πέπομφα, πέπεμμαι, ἐπέμφθην**
παρεισπέμπω: to send past, slip by
μεταπέμπω: to send after, send for, summon

πέτομαι: to fly **πτήσομαι,** *2 aor.* **-επτόμην**

πήγνυμι: to form together, congeal **πήξω, ἔπηξα,** *2 perf.* **πέπηγα,** *2 aor. pass.* **ἐπάγην**

πίνω: to drink **πίομαι,** *2 aor.* **ἔπιον, πέπωκα, -πέπομαι, -επόθην**
ἐκπίνω: to drink down

πίπτω: to fall **πεσοῦμαι,** *2 aor.* **ἔπεσον, πέπτωκα**
περιπίπτω: to fall around, encounter
προπίπτω: to fall upon
συμπίπτω: to fall together

πράττω: to do **πράξω, ἔπραξα,** *2 perf.* **πέπραχα, πέπραγμαι, ἐπράχθην**

πυνθάνομαι: to learn **πεύσομαι,** *2 aor.* **ἐπυθόμην, πέπυσμαι**

ῥέω: to flow **ῥυήσομαι, ἐρρύην, ἐρρύηκα**

ῥιπτω: to throw **ῥίψω, ἔρριψα,** *2 perf.* **ἔρριφα, ἔρριμμαι, ἐρρίφην**

σβέννυμι: to quench **σβέσω, ἔσβεσα, ἔσβηκα ἐσβέσθην,** *2 aor. pass.* **ἔσβην**

σέβω: to worship **σέβομαι, ἐσέφθην**

σκώπτω: to mock **σκώψομαι, ἔσκωψα, ἐσκώφθην**

σπάω: to draw **σπάσω, ἔσπασα, -έσπακα, ἔσπασμαι, -εσπάσθην**

σπείρω: to sow **σπερῶ, ἔσπειρα, ἔσπαρμαι,** *2 aor. pass.* **ἐσπάρην, σπαρτός**

σπουδάζω: to be eager **σπουδάσομαι, ἐσπούδασα, ἐσπούδακα**

στέλλω: to send, arrange **στελῶ, ἔστειλα, -έσταλκα, ἔσταλμαι,** *2 aor. pass.* **ἐστάλην**

στρέφω: to turn **στρέψω, ἔστρεψα, ἔστραμμαι, ἐστρέφθην**
ἀποστρέφω: to turn around, turn back

σώζω: to save **σώσω, ἔσωσα, σέσωκα, ἐσώθην**

ταράττω: to stir up **ταράξω, ἐτάραξα, τετάραγμαι, ἐταράχθην**

τάττω: to arrange, **τάξω, ἔταξα,** *2 perf.* **τέταχα, τέταγμαι, ἐτάχθην**

τελέω: to complete **τελῶ, ἐτέλεσα, τετέλεκα, τετέλεσμαι, ἐτελέσθην**

τίθημι: to place **θήσω, ἔθηκα, τέθηκα, τέθειμαι** (but usu. **κεῖμαι**), **ἐτέθην**
προστίθημι: to put to, put forth, impose
ἀποτίθημι: to put away
διατίθημι: to arrange, handle, dispose
ἐπιτίθημι: to put upon, add to
μετατίθημι: to place differently, transpose
περιτίθημι: to place around, distribute, bestow

τιτρώσκω: to wound **-τρώσω, ἔτρωσα, τέτρωμαι, ἐτρώθην**

τρέπω: to turn **τρέψω, ἔτρεψα, τέτροφα, ἐτράπην**
ἀποτρέπω: to turn away (from), oppose

τρέφω: to nourish **θρέψω, ἔθρεψα**, *2 perf.* **τέτροφα, τέθραμμαι, ἐτράφην**

τυγχάνω: to happen **τεύξομαι, ἔτυχον, τετύχηκα. τέτυγμαι, ἐτύχθην**

φαίνω: to show **φανῶ, ἔφηνα, πέφηνα, πέφασμαι, ἐφάνην**
ἀποφαίνω: to show forth, display, assert, declare
διαφαίνω: to show, display, reveal
ἐμφαίνω: to display, indicate
ἐπιφαίνω: to show, display

φέρω: to bear **οἴσω**, *1 aor.* **ἤνεγκα**, *2 aor.* **ἤνεγκον**, *2 perf.* **ἐνήνοχα**, *perf. mid.* **ἐνήνεγμαι**, *aor. pass.* **ἠνέχθην**
ἐκφέρω: to carry out, produce, cause
ἐξαναφέρω: to bear up, raise up
παραφέρω: to bring to
περιφέρω: to carry around
συμφέρω: to bring together, compare

φεύγω: to flee **φεύξομαι, ἔφυγον, πέφευγα**
διαφεύγω: to flee, get away, escape
ἐκφεύγω: to escape

φημί: to say **φήσω, ἔφησα**

φράζω: to point out, tell **φράσω, ἔφρασα, πέφρακα, πέφρασμαι, ἐφράσθην**

φύω: to bring forth **φύσω, ἔφυσα**, *2 aor.* **ἔφυν, πέφυκα**
ἐμφύω: to implant, cling to

χαίρω: to rejoice at **χαιρήσω, κεχάρηκα, κεχάρημαι, ἐχάρην**

χέω: to pour *fut.* **χέω**, *aor.* **ἔχεα, κέχυκα, κέχυμαι, ἐχύθην**

χράομαι: to use **χρήσομαι, ἐχρησάμην, κέχρημαι, ἐχρήσθην**

Glossary

Α α

ἀβασάνιστος, -ον: un-tortured
ἄβατος, -η, -ον: pure, virgin
ἀβέβαιος, -ον: uncertain, unsteady, fickle
ἀβεβαιότης, -ητος, ἡ: instability
ἀβέλτερος, -α, -ον: good for nothing, silly, stupid
Ἀβρότονος, ἡ: Abrotonos
Ἀγαθόκλεια, -ας, ἡ: Agathoclea
ἀγαθός, -ή, -όν: good
Ἀγαμεμνόνεος, -α, -ον: of Agamemnon
ἀγανακτέω: to feel irritation, be annoyed
ἀγαπάω: to love, be fond of, enjoy
ἀγάπησις, -εως, ἡ: affection
ἀγαπητός, -ή, -όν: beloved
ἀγένειος, -ον: beardless
ἀγεννής, -ές: ignoble, low-born
ἀγήραος, -ον, -ων: unaging, without decay
ἀγκάλη, ἡ: embrace, clutches
ἀγνοέω: not to know, to be ignorant of
ἁγνός, -ή, -όν: pure, chaste, holy
ἄγνος, ἡ: the agnus, a willow-like tree
ἀγνωμονέω: to act unfairly
ἄγνωστος, -ον: unknown
ἀγορά, -ῆς, ἡ: the marketplace, square
ἀγρεύς, -έως, ὁ: a hunter
ἀγρός, -οῦ, ὁ: fields
ἀγρότερος, -α, -ον: wild
ἀγύμναστος, -ον: unexercised, untrained
ἄγω: to lead, convey, bring, convey
ἀγωγός, -όν: leading, (*subst.*) a guide
ἀγών, -ῶνος, ὁ: a gathering, contest, struggle
ἀγωνίζομαι: to contend, fight
ἀδάμαστος, -ον: inflexible
ἀδελφός, -οῦ, ὁ: a brother
ἀδέσποτος, -ον: without a master
ἄδηλος, -ον: unknown, obscure
ἀδήριτος, -ον: without dispute
ἀδικέω: to do wrong
ἀδικία, ἡ: wrong-doing, injustice
ἄδοξος, -ον: inglorious, unrenowned
ἀδούλωτος, -ον: unenslaved, unsubdued
ἀδρανής, -ές: inactive, powerless
ἀδύνατος, -ον: unable, impossible
Ἄδωνις, -ιδος, ὁ: Adonis
ἀεί: always, for ever
ἀείδω: to sing
ἀέκων, -ουσα, -ον: against one's will, unwilling
ἀετός, -οῦ, ὁ: an eagle
ἄζηλος, -ον: unenviable, dreary
ἀηδής, -ές: unpleasant, ill-disposed
ἀήττητος, -ον: unconquered, unconquerable
ἀθανασία, ἡ: immortality
ἀθάνατος, -η, -ον: undying, immortal
ἀθείαστος, -ον: uninspired, without (divine) inspiration
ἄθεος, -ον: without a god
ἀθεότης, -ητος, ἡ: ungodliness, atheism
Ἀθήναζε: to Athens
Ἀθῆναι, -ῶν, αἱ: the city of Athens
Ἀθηναῖος, -α, -ον: Athenian
Ἀθήνη, ἡ: Athena
ἄθικτος, -ον: untouched
ἄθλιος, -α, -ον: pitiful, wretched
ἀθρόος, -α, -ον: crowded together, all at once
ἄθρυπτος, -ον: unbroken, unspoiled
Αἰγύπτιος, -α, -ον: Egyptian
Αἴγυπτος, ὁ: Egypt
αἰδέομαι: to be ashamed to do (+ *infin.*)
Ἅιδης, ὁ: Hades
αἰδώς, -οῦς, ἡ: shame, modesty, self-respect
αἰθήρ, -έρος, ὁ: ether, the upper air
Αἰθιοπία, -ας, ἡ: Ethiopia
αἴθω: to light up, kindle
αἷμα, -ατος, τό: blood
αἱρέομαι: to take up, select, choose
αἱρέω: to take up, grasp, choose
αἰσθάνομαι: to perceive, apprehend
αἰσθητός, -ή, -όν: perceptible by the senses, sensible
αἰσχρός, -ά, -όν: shameful, abusive, foul, ugly
Αἰσχύλος, -ου, ὁ: Aeschylus
αἰσχύνη, ἡ: shame, disgrace, dishonor

αἰσχύνομαι: to be dishonored, feel shame
αἰσχύνω: to disfigure, shame
αἰτέω: to ask, beg, want for
αἰτία, ἡ: a cause, reason for (+ *gen.*)
αἴτιος, -α, -ον: to blame, culpable
αἰχμητής, -οῦ, ὁ: a spearman
αἰών, -ῶνος, ὁ: life, lifetime
Ἀκαδήμεια, ἡ: the Academy
ἀκαλλής, -ές: without beauty, ugly
ἄκαρπος, -ον: without fruit, barren
ἀκατάστατος, -ον: unstable, unsettled
ἀκίθαρις, -ι: without the lyre
ἀκίνητος, -η, -ον: unmoved, immovable
ἀκλεής, -ές: inglorious, shameful
ἀκμάζω: to be in full bloom, be at one's prime
ἀκοή, ἡ: a hearing, listening
ἀκολασία, ἡ: licentiousness, intemperance
ἀκόλαστος, -ον: licentious, intemperate
ἀκούω: to hear, listen to (+ *gen.*)
ἀκρασία, ἡ: a bad mixture, intemperance
ἀκρόασις, -εως, ἡ: a hearing, listening, audience
ἀκροκόρινθος, ὁ: the citadel of Corinth
ἄκρος, -α, -ον: sharp
ἄκων, -ουσα, -ον: against one's will, unwilling
ἀλείφω: to anoint with oil
ἀλέκτωρ, -ορος, ἡ: a cock, rooster
Ἀλέξανδρος, ὁ: Alexander
Ἀλέξανδρος, -ου, ὁ: Alexander
ἀλήθεια, ἡ: the truth
ἀληθής, -ές: true
ἀληθινός, -ή, -όν: truthful, genuine
ἁλίσκομαι: to be taken, be captured
ἀλλά: but
ἀλλαγή, ἡ: a change, exchange
ἀλλάττω: to change, alter
ἀλλήλων: one another, mutually
ἀλλοπρόσαλλος, -ον: changing, fickle
ἄλλος, -η, -ον: another, other
ἀλλότριος, -α, -ον: belonging to another, strange
ἄλλως: in another way, otherwise
ἀλογία, ἡ: absurdity, confusion
ἄλογος, -ον: irrational, unreasonable
ἀλοιδόρητος, -ον: unreviled
ἄλυπος, -ον: without pain, uninjured
ἅμα: at the same time as, together with (+ gen., dat.)
ἀμαθία, ἡ: ignorance
ἁμαρτάνω: to fail, go wrong
ἁμάρτημα, -ατος, τό: a failure, fault, error
ἀμαυρός, -ά, -όν: dim, obscure
ἀμείλιχος, -ον: implacable, relentless
ἀμέλει: "never mind"
ἀμελέω: to have no care for, neglect, never mind
ἅμιλλα, -ης, ἡ: a contest
ἄμοιρος, -ον: without share in
ἄμορφος, -ον: misshapen, unsightly
ἄμουσος, -ον: without the Muses, without art, rude
ἀμυδρός, -ά, -όν: indistinct, dim, obscure
ἀμύνω: to ward off, defend, avenge
ἀμφίβολος, -ον: doubtful, ambiguous
ἀμφιδέξιος, -ον: ambidextrous
ἀμφισβήτησις, -εως, ἡ: a dispute, controversy, debate
ἀμφότερος, -α, -ον: each, both
ἄν: (*indefinite particle; generalizes dependent clauses with subjunctive; indicates contrary-to-fact with independent clauses*)
ἀνά: up, upon (+ *acc.*)
ἀναβλαστάνω: to shoot up, grow up
ἀναγκάζω: to force, compel
ἀναγκαῖος, -α, -ον: by force, forced, necessary
ἀνάγκη, ἡ: force, constraint, necessity
ἀναγορεύω: to proclaim publicly
ἀνάγωγος, -ον: ill-trained, unlearned
ἀναδέω: to bind up, tie on
ἀναζεύγνυμι: to yoke again, break camp
ἀναιρέω: to take up, raise, destroy, kill
ἀνακαλέω: to call upon, call out to
ἀνάκλασις, -εως, ἡ: a bending back, refraction
ἀνακλάω: to bend back, refract
ἀνακράζω: to cry out

Ἀνακρέων, -οντος, ὁ: Anacreon
ἀναλάμπω: to flame up, shine
ἀναμιμνήσκω: to remind
ἀνάμνησις, -εως, ἡ: a calling to mind, recollection
ἄνανδρος, -ον: unmanly, lacking men
ἀνανεόομαι: to renew
ἀναπείθω: to bring over, convince
ἀναπέμπω: to send up
ἀναπετάννυμι: to spread out, display
ἀναπηδάω: to leap up, start up
ἀναπίμπλημι: to fill up
ἀνάπλεος, -α, -ον: full of, soaked with
ἄναρκτος, -ον: ungoverned, without rule
ἀνάρμοστος, -ον: unsuitable, incongruous
ἀναρριπίζω: to rekindle
ἀνασείω: to shake
ἀναστέλλω: to raise up
ἀναστέφω: to crown, wreath
ἀναστρατοπεδεύω: to move camp
ἀναστρέφειν: to overturn, reverse
ἀνατήκω: to melt, soften
ἀνατρέπω: to overturn, upset
ἀναφέρω: to bring or carry up
ἀναφθέγγομαι: to call out, cry
ἀναφλέγω: to light up, rekindle
ἀναφρόδιτος: without Aphrodite, loveless
ἀνδρεία, ἡ: manliness, courage
ἀνδρεῖον, τό: manliness
ἀνδρεῖος, -α, -ον: manly, brave
ἀνδρόγυνος, ὁ: a man-woman, hermaphrodite
ἀνδροφόνος, -ον: man-slaying, murderous
ἀνδρόω: to rear up into manhood
ἀνδρώδης, -ες: like a man, manly
ἀνδρωνῖτις, ἡ: the men's apartment
ἀνέγγυος, -ον: not vouched for, unbetrothed
ἀνεγείρω: to wake up, rouse
ἀνέδην: let loose, freely, without restraint
ἀνελεύθερος, -ον: not fit for a free person, servile, mean, base
ἄνεμος, ὁ: wind
ἀνενθουσίαστος, -ον: unimpassioned, lacking inspiration
ἀνέραστος, -ον: love-less, not loved, unknowing of love
ἄνευ: without (+ *gen.*)
ἀνευρίσκω: to find out, discover
ἀνέχω: to hold back
ἀνεψιός, ὁ: a cousin
ἀνήρ, ἀνδρός, ὁ: a man, husband
Ἀνθεμίων, -ωνος, ὁ: Anthemion
ἀνθέω: to blossom, bloom
ἀνθηρός, -ά, -όν: flowering, blooming
ἄνθος, ὁ: a blossom, flower
ἀνθρώπινος, -η, -ον: of mankind, human
ἄνθρωπος, ὁ: a man
ἀνιαρός, -ά, -όν: grievous, troublesome
ἀνίημι: to send up, send forth, let go
ἀνίστημι: to make to stand up, raise up
ἄνοδος, ἡ: a way up
ἀνοίγνυμι: to open
ἀνολολύζω: to cry out, shout
ἀνομία, ἡ: lawlessness
ἀνόσιος, -α, -ον: unholy, profane
ἄνοσος, -ον: without sickness, healthy
ἀνταγωνιστής, -οῦ, ὁ: an opponent, competitor, rival
ἀντάξιος, -α, -ον: worth just as much as
ἀντεραστής, -οῦ, ὁ: a rival in love
ἀντεράω: to be a rival in love
Ἀντίγονος, -ου, ὁ: Antigonus
ἀντίκειμαι: to be set against, lie opposite
ἀντικρούω: to be a hindrance, counteract,
ἀντιλέγω: to speak against, contradict
ἀντίπαλος, -ον: wrestling
ἀντιπολιτεύομαι: to be a political opponent
ἀντιπράττω: to act against, seek to counteract
ἀντιτακτικός, -ή, -όν: fit for resisting
ἀντίχειρ, -χειρος, ὁ: the thumb
ἄνω: upwards, above (+ *gen.*)
ἀνωμαλία, ἡ: unevenness, variance
ἄξιος, -ία, -ον: worthy, worthy of (+ *dat.*); proper to (+ inf.)
ἀξιόω: to think worthy (of), ask, demand

ἀοίδιμος, -ον: sung of, famous in song
ἀπαγγέλλω: to report, relate, explain
ἀπάγω: to lead away, divert
ἀπαθής, -ές: unmoved, unaffected
ἀπαίδευτος, -ον: uneducated, rude
ἀπαιτέω: to demand, reclaim
ἀπακμάζω: to go out of bloom, fade
ἀπαλλάττω: to release, set free, deliver
ἁπαλός, -ή, -όν: soft, tender
ἀπαντάω: to encounter, meet
ἀπαξιόω: to think unworthy, disclaim
ἅπας, ἅπασα, ἅπαν: all, every
ἀπάτη, ἡ: a deceit, beguilement
ἀπαυθαδίζομαι: to act boldly, speak out
ἄπειμι: to be absent
ἄπειρος, -ον: without experience, free from
ἀπειροσύνη, ἡ: inexperience
ἀπελεύθερος, ὁ: an emancipated slave, a freedman
ἀπέρχομαι: to go away, depart, go forth
ἀπευθύνω: to guide straight
ἀπέχω: to keep off, hold back
ἀπιστέω: to doubt, be without faith
ἄπιστος, -ον: unbelievable, incredible
ἁπλόος, -η, -ον: simple, plain, straightforward
ἁπλοῦς, -ῆ, -οῦν: single-minded
ἁπλῶς: in one way, only, universally
ἀπό: from, away from (+ *gen.*)
ἀποβάλλω: to throw away, shed, lose
ἀποβλέπω: to look upon, regard, attend
ἀπογιγνώσκω: to despair, give up hope of (+ *gen.*)
ἀπογύμνωσις, -εως, ἡ: a stripping bare
ἀποδείκνυμι: to show, demonstrate
ἀπόδειξις, -εως, ἡ: a showing, proof
ἀποδέω: to lack
ἀποδημία, ἡ: a being from home, a going abroad
ἀποδιδράσκω: to run away, escape
ἀποδίδωμι: to give back, return, render
ἀπόδυσις, -εως, ἡ: an untying, undressing
ἀποδύω: strip off
ἀποθαυμάζω: to marvel much at
ἀποθήκη, ἡ: a storehouse
ἀποθνήσκω: to die
ἀποκείρω: to cut off, shear
ἀποκλείω: to shut off, bar, lock
ἀποκλίνω: to nod
ἀποκόπτω: to cut off
ἀποκρίνομαι: to respond, answer
ἀποκρύπτω: to hide, keep hidden (from)
ἀποκτείνω: to kill, slay, execute
ἀπόλαυσις, -εως, ἡ: enjoyment, fruition
ἀπολαύω: to have enjoyment of, benefit from
ἀπολέγω: to speak out, refuse, forbid
ἀπολείπω: to leave behind, abandon, want for (+ *gen.*)
ἀπόλεμος, -ον: unwarlike, unfit for war
ἀπολιθόω: to turn to stone, petrify
ἀπόλλυμι: to destroy, kill
Ἀπόλλων, -ωνος, ὁ: Apollo
ἀπολόγημα, -ατος, τό: a defense, counter argument
ἀποπέτομαι: to fly off
ἀποπήδησις, -εως, ἡ: a leaping off, bounce
ἀποπλανάω: to lead astray
ἀπορέω: to be at a loss, have no recourse
ἀπορρέω: to flow forth, run off
ἀπορρίπτω: to throw away, cast off, reject
ἀπορροή, ἡ: a flowing out, emanation, stream
ἀπόστασις, -εως, ἡ: a standing away, defection, revolt
ἀποστατέω: to depart from, abandon
ἀποστερέω: to rob, steal, defraud
ἀποστρέφω: to turn around, turn back
ἀποτίθημι: to put away
ἀποτρέπω: to turn away (from), oppose
ἀποφαίνω: to show forth, display, assert, declare
ἁπτός, -ή, -όν: subject to the sense of touch
ἅπτω: to fasten, bind, attach
ἀρά, ἡ: a prayer
ἆρα: (*introducing a question*)
ἀργαλέος, -α, -ον: painful, grievous
Ἀργεῖος, -α, -ον: of or from Argos, Argive
ἀργός, -ή, -όν: lazy, idle, slow

ἀρειμάνιος: "Ares-mad," war-crazed
ἄρειος, -α, -ον: of Ares, martial
ἀρετή, ἡ: excellence, virtue, goodness
Ἄρης, Ἄρεος, ὁ: Ares
ἀρίζηλος, ον: conspicuous, distinct, famous
ἀριθμός, ὁ: a number
Ἀρίστιππος, -ου, ὁ: Aristippus
Ἀριστίων, -ωνος, ὁ: Aristion
Ἀριστογείτων, ὁ: Aristogeiton
Ἀριστονίκα, -ας, ἡ: Aristonica
ἄριστος, -η, -ον: best
ἀρκέω: to ward off, keep off
ἄρκτος, ἡ: a bear
ἅρμα, ἡ: union, harmony
ἁρμοστής, -οῦ, ὁ: a governor
ἀρνέομαι: to refuse, deny, disown
ἄροτος, ὁ: plowing
ἁρπαγή, ἡ: a seizure, rape
ἁρπάζω: to snatch away, carry off
ἄρρην, -ενος: male
ἄρρητος, -η, -ον: unspoken, unsaid
ἄρσην, ὁ: male
Ἄρτεμις, -ιδος, ἡ: Artemis
ἄρτι: just, exactly
ἀρτίως: just, recently
ἀρχή, ἡ: a beginning, origin, cause
ἀρχῆθεν: from the beginning
Ἀρχίδαμος, -ου, ὁ: Archidamus
ἄρχω: to be first, begin, rule
ἄρχων, -οντος, ὁ: a ruler, commander, archon
ἀρωγός, -ή, -όν: aiding, helping
Ἄσανδρός, ὁ: Asander
ἀσθένεια, ἡ: weakness, feebleness
ἀσθενής, -ές: without strength, weak, feeble
Ἀσία, ἡ: Asia
ἄσιτος, -ον: without food, fasting
ἀσπάζομαι: to welcome, greet, embrace
ἀσπίς, -ίδος, ἡ: a round shield
ἀστεῖος, -α, -ον: urban, noble
ἄστοργος, -ον: without affection, unloving
ἀστράτευτος, -ον: never having seen service
ἀσυκοφάντητος, -ον: un-prosecuted
ἄσυλος, -ον: safe from violence, inviolate
ἀσχήμων, -ον: misshapen, unseemly, shameful
ἀσώματος, -ον: unembodied, incorporeal
ἀτελής, -ές: without end, unfulfilled
ἀτεχνῶς: without artifice, literally
ἀτιμία, ἡ: dishonor, disgrace
ἄτιμος, -ον: unhonored, dishonored
ἄτολμος, -ον: spiritless, cowardly
ἄτομον, τό: an atom, indivisible particle
ἄτοπος, -ον: out of place, strange, unnatural
ἀτραπός, ἡ: a path
ἀτρέμα: gently, softly
αὖ: again, once more
αὐγή, ἡ: a gleam, light, radiance
αὖθις: back, again
αὐλέω: to play the flute
αὐλητρίς, -ίδος, ἡ: a flute girl
αὐλός, ὁ: a flute, aulos
αὐξάνω: to increase
αὔξησις, -εως, ἡ: a growth, increase
αὐστηρός, -ά, -όν: harsh, bitter, strict, austere
Ἀύτόβουλος, ὁ: Autobulos
αὐτονομία, ἡ: autonomy, self-governance
αὐτός, -ή, -ό: he, she, it; self, same
αὐτοτελής, -ές: ending in itself, complete in itself
ἀφαιρέω: to take away, exclude, set aside, remove
ἀφανίζω: to do away with, destroy, loose
ἀφαρπάζω: to tear off
ἀφειδέω: to be without care, be reckless
ἀφειδία, ἡ: generosity, charity
ἀφελής, -ές: artless, simple, naïve
ἄφετος, -ον: let loose, released
ἀφή, ἡ: a touch, contact
ἄφθιτος, -ον: undying, imperishable
ἀφθονία, ἡ: an abundance, plenty
ἄφθονος, -ον: ungrudging, plentiful
ἀφίημι: to send forth, send away
ἀφικνέομαι: to arrive, reach, come to
ἄφιλος, -ον: without friends, friendless

ἀφιλότιμος, -ον: dishonorable, ignoble
ἀφιλόψυχος, -ον: not cowardly, without fear of death
ἀφροδίσιος, -α, -ον: of Aphrodite, sexual, (*subst.*) lust, sex
Ἀφροδίτη, -ης, ἡ: Aphrodite
ἀφύλακτος, -ον: unguarded, irresistible
Ἀχαιός, -ά, -όν: Achaean
ἀχάλκευτος, -ον: not forged of metal
ἄχαρις, -ιτος: without grace, ill-favored
ἄχαρις, -ιτος: without grace, ill-favored
ἀχάριστος, -ον: ungrateful, unpleasant
Ἀχέρων, -οντος, ὁ: Acheron, river of woe
ἄχθομαι: to be vexed, be annoyed
ἄχορος, -ον: without dance
ἄχρι: as far as, until (+ *gen.*), utterly
ἀψευδής, -ές: truthful, genuine, sincere
ἀψίκορος, -ον: quickly satisfied, fickle
ἄωρος, -ον: untimely, unripe

Β β

βάδην: step by step
βαδίζω: to go, walk
βαίνω: to walk, go
βακχεύω: to celebrate in a frenzy
Βακχικός, -ή, -όν: Bacchic
Βακχις, -ιδος, ἡ: Bacchis
Βάκχων, -ωνος, ὁ: Bacchon
βάλλω: to throw, shoot (arrows)
βαρβαρικός, -ή, -όν: barbaric, foreign
βάρβαρος, -ον: barbarous, foreign
βάρος, -εος, τό: weight, dignity
βαρυβόας, -ου, ὁ: heavy-sounding, harsh
βαρύς, -εῖα, -ύ: heavy, grave, severe
βασιλεία, ἡ: a kingship, royalty
βασίλεια, ἡ: a queen, princess
βασιλεύς, -εως, ὁ: a king
βασιλεύς, -έως, ὁ: a king, chief
βασιλεύω: to rule, reign
βασίλη, ἡ: queen, princess
βασιλικός, -ή, -όν: royal, kingly, (*subs.*) a palace
βασιλίς, -ίδος, ἡ: a queen, princess
βάσις, -εως, ἡ: step, base, foundation
βδελύττομαι: to feel nausea, to be sick
βέβαιος, -α, -ον: firm, steady, certain
Βελεστίχη, -ης ἡ: Belestiche
βέλος, -εος, τό: an arrow
βελτίων, -ον: better
βία, ἡ: strength, force, violence
βιάζω: to constrain, force
βιασμός, ὁ: violence
βίος, ὁ: life
βίοτος, ὁ: life
βιόω: to live, pass one's life
βλαβερός, -ά, -όν: harmful, noxious
βλάπτον, τό: distraction, harmful power
βλάπτω: to disable, hinder, stop
βλαστάνω: to bud, sprout
βλάστησις, -εως, ἡ: budding, sprouting
βλέπω: to see
βοάω: to cry aloud, to shout
βοή, ἡ: a cry, shout
βοηθέω: to assist, come to aid
βοηθός, ὁ: helper, aid
Βοιωτός, -ά, -όν: Boeotia
βουλευτήριον, τό: council chamber
βουλεύω: to deliberate, determine, counsel
βούλομαι: to will, wish
βραβευτής, -οῦ, ὁ: a referee
βραβεύω: to act as a judge, umpire
βραδύς, -εῖα, -ύ: slow
βραχύς, -εῖα, -ύ: short, brief
βρέφος, -εος, τό: an infant
βρόχος, ὁ: a noose, snare
βυθός, ὁ: depth
βωμός, ὁ: an altar

Γ γ

γαῖα, ἡ: a land
γάλα, τό: milk
Γάλβας, -α, ὁ: Galba
γαλήνη, ἡ: stillness, calm
γαμετή, ἡ: a married woman, wife
γαμέτης, -ου, ὁ: a husband, spouse
γαμέω: to marry
γαμήλιος, -ον: bridal, conjugal
γαμικός, -ή, -όν: of marriage
γάμος, ὁ: a wedding, marriage

γανάω: to shine, make bright
γάρ: for
γαργαλίζω: to tickle
γαργαλισμός, ὁ: a tickling, light touch
γαστήρ, -έρος, ἡ: a belly
γαῦρος, τό: pride
γε: especially
γείτων, -ονος, ὁ: a neighbor
γελάω: to laugh
γέλοιος, -α, -ον: laughable, ridiculous
γέλως, -ωτος, ὁ: laughter
γελωτοποιός, -όν: foolish, ridiculous
γέμω: to be full
Γενέθλιος, ὁ: god of Family
γενειάω: to grow a beard
γένεσις, -εως, ἡ: an origin, birth, generation, beginning
γενναῖος, -α, -ον: noble
γεννάω: to beget
γέννησις, -εως, ἡ: an engendering, procreation
γένος, -ους, τό: a race, type, family
γεραρός, -ά, -όν: majestic
γεύω: to give a taste of
γεωμέτρης, -ου, ὁ: a geometer
γῆ, ἡ: earth
γηθέω: to rejoice
γηθόσυνος, -η, -ον: joyful, glad
γίγνομαι: to become, happen, occur
γίγνομαι: to become, occur, happen
γιγνώσκω: to know, learn
γίνομαι: to become, occur, happen
γλίσχρος, -α, -ον: mean, miserly
γλίχομαι: to cling to, strive after, long for
γλυκερός, -ά, -όν: sweet, fresh
γλυκύς, -εῖα, -ύ: sweet, pleasant
γλῶσσα, ἡ: a tongue
γνήσιος, -α, -ον: genuine, legitimate
γνώμων, -ονος, ὁ: one that knows, a judge, witness
γνώριμος, -η, -ον: well-known
γοητεύω: to bewitch, beguile
γονεύς, -έως, ὁ: a begetter, father, parent
γονή, ἡ: produce, offspring
γόνιμος, -η, -ον: productive, fruitful
Γοργώ, ἡ: Gorgo
γοῦν: at least then, at any rate
γράμμα, -ατος, τό: a letter
γραμματικός, ὁ: a grammarian, critic
γράφω: to write, compose
γυμνασίαρχος, ὁ: a gymnasiarch, athletic trainer
γυμνάσιον, τό: gymnasium, bodily exercises
γυναικεῖος, -α, -ον: of women, feminine
γυναικοκρατέομαι: to be ruled by women
γυναικομανία, ἡ: mad love for women
γυναικωνῖτις, ἡ: the women's apartments
γύναιον, τό: "the little woman"
γύναιος, -α, -ον: female
γυνή , γυναικός, ἡ: woman, wife

Δ δ

δαιμόνιος, -α, -ον: divine, miraculous
δαίμων, -ονος, ὁ: spirit, divinity, fortune
δαίω: to kindle
δάκνω: to bite
δακρυογόνος, -ον: author of tears
δακτύλιος, ὁ: a ring
δάκτυλος, ὁ: finger
Δαφναῖος, -ου, ὁ: Daphnaeus
δάφνη, ἡ: laurel
δέ: and, but, on the other hand (*preceded by* **μέν**)
δεῖ: it is necessary
δειδίττομαι: to frighten, alarm
δείκνυμι: to bring to light, display, show
δειμός, ὁ: fear, terror
δεινός, -ή, -όν: fearful, terrible, awesome
δεισιδαιμονία, ἡ: fear of the gods, superstition
δέκα: ten
δεκτικός, -ή, -όν: fit for receiving
Δελφοί, -ῶν, οἱ: (the town of) Delphi
δένδρον, τό: a tree
δεξιόομαι: to welcome, greet
δέομαι: to need, ask, lack, require
δέρκομαι: to look, observe
δεσπότης, -ου, ὁ: a master, lord

δεῦρο: hither, to this place
δεύτερος, -α, -ον: second
δέχομαι: to take, accept, receive
δέω (A): to lack
δέω (B): to bind
δή: now
δηκτικόν, τό: a biting, stinging
δῆλος, -η, -ον: visible, clear, evident
δήπου: doubtless, of course
δήπουθεν: perhaps, may be
διά: through (+ *gen.*); with, by means of (+ *acc.*)
διαβλέπω: to look straight ahead
διαβολή, ἡ: an accusation, slander
διαγράφω: to mark out by lines, delineate
διάδημα, -ατος, τό: a headband, crown
διαδρομή, ἡ: a running about through, spreading
διάθεσις, -εως, ἡ: a disposition, arrangement
διαιρέω: to divide, separate, distinguish
διαιτητής, -οῦ, ὁ: an arbitrator
διακαίω: to set flame, burn through
διακαλύπτω: to reveal
διακαρτερέω: to endure, remain through
διακρίνω: separate, distinguish
διαλέγω: to speak with, converse
διαλλακτής, -οῦ, ὁ: a mediator
διαλλάττω: to make up, reconcile
διαλύω: to dissolve
διαμαρτάνω: to go astray from
διαμάχομαι: to fight with, struggle against
διάμετρος, -ον: diametrically opposed
διαμφισβητέω: to disagree, argue
διανοέομαι: to have in mind, intend
διανοέω: to have in mind, believe
διάνοια, ἡ: a thought, mind
διαπληκτίζομαι: to wrangle with, embrace
διαπόντιος, -ον: beyond sea
διαπράττω: to pass over
διατελέω: to bring to an end, finish, live out one's life
διατίθημι: to arrange, handle, dispose
διατρέχω: to run over, course through
διατριβή, ἡ: a way of spending time
διατρίβω: to consume, spend time
διαφαίνω: to show, display, reveal
διαφανής, -ές: seen through, transparent
διαφέρω: to carry through, differ, disagree
διαφεύγω: to flee, get away, escape
διαφθείρω: to destroy, corrupt, ruin
διαφορά, ἡ: a difference, disagreement, distinction
διάφορος, -ον: disputative, argumentative
διάχυσις, -εως, ἡ: a diffusion, circulation
διβολία, ἡ: a mantle
διδάσκαλος, ὁ: a teacher, master
διδάσκω: to teach
δίδωμι: to give
διεξελαύνω: to drive, ride, march through
διεξέρχομαι: to go through, pass through
διέρχομαι: to go through, describe
διήγησις, -εως, ἡ: narrative, statement
δίκαιος, -α, -ον: equal, fair, just
δικαιοσύνη, ἡ: righteousness, justice
δικαίως: justly, equally
δικαστής, -οῦ, ὁ: a judge
δίκη, ἡ: a charge, justice, law, revenge
δικτάτωρ, -ωρος, ὁ: a dictator, absolute ruler
διό: wherefore, for which reason
διόγκωσις, -εως, ἡ: a swelling
Διόνυσος, -ου, ὁ: Dionysus
διορίζω: to divide, distinguish
δίχα: in two ways
διχοφρονέω: to hold different opinions
δίψα, -ης, ἡ: thirst
διώκω: to pursue
δίωξις, -εως, ἡ: chase, pursuit
δοκέω: to seem, appear
δολόεις, -εσσα, -εν: subtle, wily, cunning
δολόω: to trap, ensnare
δόξα, ἡ: a belief, opinion, reputation
δοξαστός, -ή, -όν: matter of opinion, conjectural
δορκάς, -άδος, ἡ: a roebuck, a kind of deer

δορυφόρος, ὁ: a spearman, guard
δουλεύω: to be a slave
δοῦλος, -α, -ον: servile, enslaved
δοῦλος, ὁ: a slave, servant
δράκων, οντος, ὁ: a serpent, snake
δρᾶμα, -ατος, τό: a play, act, drama
δραπετεύω: to run away
δραχμή, ἡ: a drachma
δριμύς, -εῖα, -ύ: piercing, sharp, pungent, keen
δρυάς, -άδος, ἡ: a dryad, tree nymph
δρῦς, ἡ: an oak tree
δύναμαι: to be able
δύναμις, -εως, ἡ: power, ability, strength
δυναστεία, ἡ: power, lordship
δυνάστης, -ου, ὁ: a lord, master, ruler
δυνατός, -ή, -όν: able, strong, possible
δύο: two
δυσδαίμων, -ον: ill-fated, wretched
δύσερως, -ωτος: sick with love
δυσιερέω: to have bad omens in a sacrifice
δυσκάθεκτος, -ον: hard to hold in
δυσκαρτέρητος, -ον: hard to endure
δυσκέραστος, -ον: hard to temper, difficult to fuse
δύσκολος, -α, -ον: difficult, unpleasant
δυσκρασία, ἡ: bad temperament
δύσμικτος, -ον: hard to mix, without affinity
δυσόνειρος, -ον: ill-dreamed, nightmarish
δυσχάριστος, -α, -ον: ungrateful
δυσχεραίνω: to be unable to endure
δυσχέρεια, ἡ: annoyance, unpleasantness
δωδεκάεδρον, τό: dodecahedron, figure with twelve surfaces
δωμάτιον, τό: a bed-chamber
δωρέω: to give, present as a gift
δωρητικός, -ή, -όν: concerned with giving, generous

Ε ε

ἐάν: = **εἰ** + **ἄν**
ἐάω: to allow, permit
ἐγγίγνομαι: to be born in, be innate
ἐγγράφω: to register, enroll
ἐγγύς: near, close to
ἐγείρω: to awaken, be awake
ἐγκαλέω: to call in, invoke
ἐγκαταλείπω: to leave behind, desert
ἔγκαυμα, -ατος, τό: a burn
ἐγκελεύω: to urge on
ἔγκλημα, -ατος, τό: an accusation, charge, complaint
ἐγκράτεια, ἡ: mastery, possession, self-control
ἐγώ, μου: I, my
ἕδρα: a seat, position
ἐθέλω: to will, wish
ἔθνος, -εος, τό: a people, group
ἔθος, -εος, τό: a custom, habit
εἰ: if, whether
εἶδος, -εος, τό: that which is seen, a form, shape, appearance
εἴδωλον, τό: an image, phantom
εἰκασία, ἡ: a likeness, image
εἰκός: like truth, likely, reasonable
εἰκών, -όνος, ἡ: a likeness, image, portrait, reflection
εἰμί: to be
εἶπον: to say
εἷς, μία, ἕν: one
εἰς: into, to (+ *acc.*)
εἰσβιάζομαι: to force one's way in
εἰσελαύνω: to drive in, march in
εἰσέρχομαι: to go into, enter
εἴσοπτρον, τό: a mirror
εἶτα: then, next
εἴτε...εἴτε: either...or
ἐκ, ἐξ: from, out of, after (+ *gen.*)
ἕκαστος, -η, -ον: every, each
ἑκάστοτε: each time, on each occasion
ἑκάτερος, -α, -ον: each, both
ἐκβαίνω: to step away from
ἐκβάλλω: to throw out
ἔκγονος, -ον: born, sprung from
ἐκδέχομαι: to take from, receive, welcome
ἐκεῖ: there, then
ἐκεῖθεν: from that place, thence
ἐκεῖνος, -η, -ο: that
ἑκκαιδεκαέτης: 16 years old
ἐκκαλέω: to call out, summon from

ἐκκλάω: to break
ἐκκομίζω: to carry out
ἐκκόπτω: to cut out, knock out
ἐκλανθάνω: to escape notice, cause to forget
ἐκλείπω: to leave, abandon, quit
ἐκνευρίζω: to emasculate, unman
ἑκούσιος, -α, -ον: voluntary, willing
ἐκπίνω: to drink down
ἐκπλήττω: to strike out, shock, astonish
ἐκποδών: out of the way
ἐκπρεπής, -ές: preeminent, distinguished, remarkable
ἔκπωμα, -ατος, τό: a drinking cup
ἐκφέρω: to carry out, produce, cause
ἐκφεύγω: to escape
ἐκφλέγω: to set one fire, inflame
ἑκών , ἑκοῦσα, ἑκόν: willing, voluntary
ἐλαία, ἡ: olive
ἐλάττων, -ον: smaller, less
ἔλαφος, ὁ: a deer
ἐλαφρός, ά, όν: light, gentle, mild
ἐλέγχω: to disgrace, put to shame
ἐλευθερία, ἡ: freedom, liberty, licentiousness
ἐλευθέριος, -α, -ον: befitting a free man
ἐλεύθερος, -α, -ον: free, freed
Ἐλευσίς, -ῖνος, ἡ: Eleusis
Ἑλικών, -ῶνος, ὁ: Helicon, home of the Muses
ἕλκος, -εος, τό: a wound
ἕλκω: to draw, drag, attract
ἕλκωσις, -εως, ἡ: a cutting, wounding
Ἑλλάς, -άδος, ἡ: Greece
ἐλλείπω: to leave behind, leave out
Ἕλλην: Greek
Ἑλληνιστί: in Greek
ἕλος, -εος, τό: a marsh
ἐλπίς, -ίδος, ἡ: hope, expectation
ἐμβάλλω: to throw in, put in, charge
ἐμβλέπω: to look in the face, look at
ἐμμελής, -ές: harmonious
ἐμμελῶς: harmoniously
ἐμμένω: to remain in
ἐμός, -ή, -όν: mine
ἐμπαθής, -ές: affected, passionate
Ἐμπεδοκλῆς, ὁ: Empedocles
ἔμπειρος, -ον: experienced, practiced
ἐμπίμπλημι: to fill up
ἔμπνους, -ουν: breathing
ἐμποιέω: to make in, produce, cause
ἐμφαίνω: to display, indicate
ἔμφασις, -εως, ἡ: appearance, presentation
ἔμφρων, -ον: sensible
ἐμφύω: to emplant, cling to
ἐν: in, at, among (+ dat.)
ἐναγώνιος, -ον: of or for a contest
ἐναλείφω: to anoint with
ἐναντίος, -α, -ον: opposite
ἐναπογεννάω: to beget in, impregnate
ἐναπολείπω: to leave beind in
ἐνάργεια, ἡ: clearness, distinctness, vividness
ἐναργής, -ές: visible, palpable
ἔνδημος, -ον: at home, among the people
ἐνδιαιτάομαι: to live in, endure in
ἐνδιασπείρω: to scatter about, disperse
ἐνδίδωμι: to give in, allow, hand over, grant
ἔνδον: in, within, in the house, at home
ἔνδοξος, -ον: held in esteem, honorable, of high repute
ἐνδύω: to go into
ἐνεαρίζω: to pass the spring
ενειμι: to be in
ἕνεκα: on account of, for the sake of (+ *gen.*)
ἐνεργάζομαι: to make, produce in
ἐνθεάζω: to be inspired
ἐνθένδε: hence
ἔνθεος, -ον: divinely inspired, holy
ἔνθεος, -ον: inspired
ἐνθουσιάζω: to be inspired, be rapt
ἐνθουσιασμός, ὁ: inspiration, enthusiasm
ἐνθουσιαστικός, -ή, -όν: inspired
ἐνιαυτός, ὁ: a year
ἐνίημι: to let go in
ἔνιοι, -αι, -α: some
ἐνίστημι: to set against, resist
ἐννοέω: to think, consider, reflect
ἔννοια, ἡ: a thought, notion, conception
ἐννυχεύω: to sleep, spend the night
ἑνότης, -ητος, ἡ: unity
ἐνοχλέω: to trouble, disquiet, annoy

ἐνταυθοῖ: hither
ἔντευξις, -εως, ἡ: a meeting with, petition, appeal
ἐντυγχάνω: fall in with, meet with, encounter
ἐνύπνιον, τό: a thing seen in sleep, dream
ἐξαιρέω: to take out of
ἐξαίφνης: suddenly
ἐξαλλαγή, ἡ: a change, alteration
ἐξανάπτω: to kindle again
ἐξαναφέρω: to bear up, raise up
ἐξαπατάω: to deceive, beguile
ἐξαπίνης: suddenly
ἐξαυτομολέω: to desert (from), defect
ἐξελαύνω: to drive out, expel
ἐξεργάζομαι: to work out
ἔξεστι: it is possible
ἐξηγέομαι: to explain, interpret
ἑξῆς: one after another, in a row
ἐξικνέομαι: to reach, arrive at
ἕξις, -εως, ἡ: a condition, constitution
ἐξίστημι: to put out (of place), drive out of senses, excite
ἐξοίχομαι: to have gone out, be quite gone
ἐξοπλίζω: to arm, equip, call to arms
ἐξορμάω: to excite
ἔξω: out from
ἔξω: out, outside, outwardly
ἔξωθεν: from without
ἔοικα: be like, resemble, seem
ἑορτάζω: to keep festival, celebrate rites
ἑορτή, ἡ: a feast, festival
ἐπάγω: to bring on, charge, take up
ἐπαγωγός, -όν: attractive, seductive
ἐπαιδέομαι: to be ashamed, revere
ἐπαινέω: to approve, applaud, commend
ἐπαίρω: to lift up, excite, induce
ἐπάκριος, -α, -ον: on the heights
ἐπανέρομαι: to question repeatedly, ask over and over
ἐπανέρχομαι: to go back, return
ἔπαυλις, -εως, ἡ: a farm house, villa
ἐπαχθής, -ές: heavy, ponderous
ἐπεγγελάω: to laugh at (+ *dat.*)
ἔπειτα: after that, thereupon, next
ἐπέρχομαι: to attack
ἐπήκοος, -ον: listening to, hearing (+ gen.)
ἔπηλυς, -υδος, ὁ: a foreigner, incomer, intruder
ἐπί: at (+ *gen.*); on, upon (+ dat.); on to, against (+ *acc.*)
ἐπιβαίνω: to go upon, trample
ἐπίβασις, -εως, ἡ: a coming upon, approach, mounting
ἐπιβιόω: to live over, survive
ἐπιγαυρόομαι: to be proud, exalt
ἐπιγελάω: to laugh approvingly
ἐπίγραμμα, -ατος, τό: an inscription, epitaph
ἐπιγράφω: to write upon, inscribe, dedicate
ἐπιδείκνυμι: to show, exhibit
ἐπιδημέω: to be among the people, be in town
ἐπίδοξος, -ον: likely, expected
ἐπιεικής, -ές: fitting, suitable
ἐπιθυμία, ἡ: desire, yearning, longing, lust
ἐπίκουρος, ὁ: an aid, ally
ἐπικρατέω: to be victorious, succeed
ἐπικωμάζω: to rush in like as a reveler, act drunkenly
ἐπιλαμβάνω: to lay hold of, seize, attack
ἐπιμέλεια, ἡ: care, attention
ἐπιμελέομαι: to take care of, have charge of, look after
ἐπιμέμφομαι: to cast blame upon, censure
ἐπιπήδησις, -εως, ἡ: a springing upon, assault
ἐπιπνέω: to breathe upon, inspire
ἐπίπνοια, ἡ: a breathing upon, inspiration
ἐπιποθέω: to yearn after
ἐπισκήπτω: to lean on, impose upon
ἐπισκοπέω: to look at, inspect, examine
ἐπίσκοπος, ὁ: overseer, guardian
ἐπίσκοπος, -ον: watching over
ἐπιστάτης, -ου, ὁ: overseer, attendant, patron
ἐπιστέλλω: to send a message

ἐπισφαλής, -ές: liable to fall, unstable, precarious
ἐπίταγμα, -ατος, τό: an injunction, command
ἐπιτείνω: to stretch out, increase
ἐπιτίθημι: to put or place upon, add to
ἐπιτρέχω: to spread over, overrun
ἐπίτροπος, ὁ: a trustee, guardian
ἐπιφαίνω: to show, display
ἐπιφανής, ές: appearing, apparent, distinguished, notable
ἐπιφλέγω: to burn up, consume
ἐπιχειρέω: to put one's hand to, set out
ἐπιχέω: to pour over
ἐποποιός, ὁ: an epic poet
ἔπος, -εος, τό: a word
ἑπτά: seven
ἐπῳδή, ἡ: a charm, spell
ἐπώνυμος, -ον: named, called after (+ gen.)
ἐράσμιος, -ον, -η, -ον: lovely
ἐράσμιος, -ον: lovely
ἐραστής, -οῦ, ὁ: a lover
ἐρατός, -ή, -όν: lovely, charming
ἐράω: to love (+ *gen.*)
ἔργον, τό: a deed, work, production
ἐργώδης, -ες: irksome, troublesome
ἐρείδω: to lean upon, prop up
Ἐρέτρια, ἡ: Eretria
ἐρημία, ἡ: a solitude, lack
ἐρινεός, ὁ: the wild fig-tree
ἔρις, -ιδος, ἡ: strife
Ἑρμῆς, -οῦ, ὁ: Hermes
ἔρνος, -εος, τό: a sprout, shoot
ἔρος, ὁ: love
ἔρχομαι: to come or go
ἔρχομαι: to come or go
ἔρχομαι: to go
ἐρώμενος, -ου, ὁ: beloved
Ἔρως, -ωτος, ὁ: Eros, "Love"
ἐρωτάω: to ask, enquire
ἐρωτικός, -ή, -όν: amatory, relating to love, in love
ἐσθής, -ῆτος, ἡ: dress, clothing
ἐσθλός, -ή, -όν: good
ἔστε: until
ἑστιάω: to receive in one's home, to entertain
ἔσω: to the inside, inward
ἑταίρα, ἡ: a courtesan, prostitute
ἑταιρικός, -ή, -όν: of a companion
ἑταῖρος, ὁ: companion, friend
ἑτέρωθι: elsewhere
ἔτι: still
ἑτοῖμος, -ον: ready, prepared
ἔτος, -εος, τό: a year
εὐάρμοστος, -ον: harmonious, proper
Εὔβοια, ἡ: Euboea
εὐημερέω: to prosper, be successful
εὐθαρσής, -ές: of good courage
εὐθὺς: straight, directly
εὐκάματος, -ον: of easy labor, easy
εὔκαρπος, -ον: rich in fruit, fruitful
εὔλογος, -ον: having good reason, reasonable, sensible
εὐλοιδόρητος, -ον: reproachful, slanderous
εὐμένεια, ἡ: goodwill, benevolence
εὐμενής, -ές: well-disposed, kindly
εὔνοια, ἡ: affection, goodwill, favor, kindness
εὐπαθέω: to enjoy oneself, be happy
εὐπέδιλλος, -α, -ον: well-sandaled
εὐπείθεια, ἡ: obedience
εὐπορία, ἡ: an advantage, resource
εὐπρέπεια, ἡ: good appearance, dignity
εὐπρεπής, -ές: lovely, pretty
εὑρίσκω: to find
εὐσέβεια, ἡ: reverence, piety, religion
εὔτακτος, -ον: well-ordered, orderly
εὐτελής, -ές: easily paid for, cheap
εὐφημέω: to avoid unlucky words
εὐφροσύνη, ἡ: merriment, cheer
εὐφυής, -ές: well-formed, well-ordered, clever, skilled
εὐφυΐα, ἡ: beauty, shapeliness
εὔφωνος, -ον: sweet-voiced
εὐχέρεια, ἡ: looseness, recklessness
εὐχή, ἡ: a prayer, vow
εὔχομαι: to pray, make a vow, offer prayers
εὐώνυμος, -ον: left
ἐφαρμόζω: to fit on, apply
ἐφέλκω: to drag on, trail after
ἐφέσπερος, -ον: evening
ἔφηβος, ὁ: an adolescent, youth

ἐφίστημι: to set upon
ἐφοράω: to look upon, look over, observe
ἐχθές: yesterday
ἔχθρα, ἡ: hatred, enmity, feud
ἔχω: to have
ἔχω: to have, hold
ἕωθεν: from morning, at dawn

Ζ ζ

ζάλη, ἡ: a squall, surge
ζάω: to live
ζείδωρος, -ον: life-giving
ζέσις, -εως, ἡ: seething, effervescence
ζεύγνυμι: to yoke, put to
Ζεύξιππος, -ου, ὁ: Zeuxippos
Ζεύς, Διός, ὁ: Zeus
Ζέφυρος, ὁ: Zephyrus, the west wind
ζῆλος, -ου, ὁ: rivalry
ζηλοτυπία, ἡ: jealousy, rivalry
ζηλωτός, -ή, -όν: to be emulated, worthy of imitation
ζυγομαχέω: to struggle together, quarrel
ζυγόν, τό: a scale, balance, yoke
ζωγραφέω: to paint
ζῷον, τό: a living being, animal

Η η

ἦ: in truth, truly
ἤ: or
ἡβάω: to be in the prime of youth
ἥβη, ἡ: youthful prime, youth
ἡγεμονία, ἡ: authority, rule
ἡγεμών, -όνος, ἡ: a leader, guide
ἡγέομαι: to go before, lead the way
ἡγήτωρ, -ορος, ὁ: a leader
ἡδέως: with pleasure
ἥδομαι: to enjoy oneself, take delight, be pleased
ἡδονή, ἡ: delight, enjoyment, pleasure
ἡδύς, -εῖα, -ύ: sweet
ἥδυσμα, -ατος, τό: that which gives flavor, seasoning
ἦθος, -εος, τό: character
ἥκω: to have come, be present
ἡλικία, ἡ: time of life, age
ἥλιος, ὁ: the sun
ἧμαι: to sit
ἡμέρα, ἡ: a day
ἡμερίς, -ίδος, ἡ: the cultivated vine
ἡμέτερος, -α, -ον: our
ἥμισυς, -εια, -υ: half
ἡνίοχος: one who holds the reins, a driver
Ἥρα, -ας, ἡ: Hera
Ἡρακλέης, ὁ: Heracles
Ἡράκλειτος, ὁ: Heraclitus
ἠρέμα: softly, gently
ἡρωικός, -ή, -όν: of a hero, heroic
ἡρωίς, -ίδος, ἡ: heroine
Ἡσίοδος, -ου, ὁ: Hesiod
ἡσυχαῖος, -α, -ον: gentle, peaceful
ἡσυχῇ: gently, softy, slightly, quietly
ἡσυχία, ἡ: rest, quiet, stillness, peace
ἥττων: less
Ἥφαιστος, -ου, ὁ: Hephaestus

Θ θ

θάλαττα, ἡ: the sea
θάλλω: to bloom, abound
θάνατος, ὁ: death
θάπτω: to honor with funeral rites, bury
θαρραλέον, τό: daring, courage
θαρσέω: to take courage, be confident
θάττων, -ονος: quicker, swifter
θαῦμα, -ατος, τό: a wonder, marvel
θαυμάζω: to wonder, be astounded, marvel
θαυμάσιος, -ον: wondrous, marvellous
θαυμαστός, -ή, -όν: wondrous, marvelous
θεά, η: a goddess
θεάομαι: to look at, view, watch
θεατής, -οῦ, ὁ: one who watches, a spectator
θέατρον, τό: a place for seeing, theatre
θεῖος, -α, -ον: divine, of the gods
θελκτήριος, -ον: magical, enchanting
θέμις, ἡ: law, custom, right
θεοληψία, ἡ: inspiration
θεός, ὁ: a god

θεραπαινίς, -ίδος, ἡ: a slave girl, handmaid
θεραπεύω: to attend to, care for, serve
θεράπων, -οντος, ὁ: a servant, attendant
θερμός, -ή, -όν: hot, warm
θερμότης, -ητος, ἡ: heat
θέρος, -εος, τό: harvest, crop
Θεσπιαί, αἱ: (the town of) Thespiae
Θεσπιέος, ὁ: a Thespian, inhabitant of Thespiae
Θεσσαλός, -ά, -όν: Thessalian
Θεσσαλός: Thessalian
θέω: to run
θῆλυς , θήλεια, θῆλυ: female, effeminate, womanly
θηλύτης, -ητος, ἡ: womanishness, delicacy, effeminacy
θήρ, θηρός, ἡ: a wild beast
θήρα, ἡ: a hunt, chase, pursuit
θήραμα , -ατος, τό: prey, spoils
θηρατικός, ὁ: a hunter
θηράω: to chase
θηρευτής, -οῦ, ὁ: a hunter
θηρεύω: to hunt
Θήρων, ὁ: Theron
θιασώτης, -ου, ὁ: a worshiper, disciple
θιγγάνω: to touch, handle
θλίβω: to press, squeeze
θνήσκω: to die, be killed
θνῄσκω: to fall, die
θνητός, -ή, -όν: liable to death, mortal
θορυβέω: to make a noise, cause an uproar
Θρᾴκη, ἡ: Thrace
θράσος, -εος, τό: courage, boldness
θρασύτης, -ητος, ἡ: boldness, audacity
θρηνέω: to mourn, lament
Θρῇσσα, ἡ: a Thracian woman
θρίξ, τριχός, ἡ: a hair
θρόνος, ὁ: a seat, chair, throne
θρύπτω: to break up, enfeeble, corrupt
θυμοειδής, -ές: high-spirited, courageous
θυμός, ὁ: emotion, anger
θύρα, ἡ: a gate, door
θυραυλέω: to camp out by the door
θύρσος, ὁ: the thyrsus, a wand
θυσία, ἡ: an offering, sacrifice
θύτης, -ου, ὁ: a sacrificer, priest
θύω: to offer sacrifice

Ι ι

ἰάομαι: to heal, cure
ἰατρικός, -ή, -όν: medical, of a healer
ἰατρός, ὁ: a healer, physician
ἰδέα, ἡ: form
ἴδιος, -α, -ον: one's own, individual, private
ἰδιώτης, -ου, ὁ: a private person, citizen
ἱδρύω: to seat
ἱεράομαι: to be a priest or priestess
ἱερόδουλος, ὁ: a temple-slave
ἱερόν, τό: a shrine, temple, an altar, place of sacrifice
ἱερός, -ά, -όν: holy, sacred
ἱερωσύνη, ἡ: a priesthood
ἱερωτός, -ή, -όν: consecrated
ἰθύνω: to straighten
ἱκανός, -ή, -όν: sufficient, considerable, adequate, befitting
ἱκέτης, -ου, ὁ: one who comes to seek protection, a suppliant
ἱλαρός, ά, όν: cheerful, joyous
ἵλεως, -ων: gracious, kind
ἴλιγγος, ὁ: a spinning round, whirling, agitation
Ἰλισσός, ὁ: the Ilissus (a river in Athens)
ἱμάτιον, τό: an outer garment, a cloak or mantle
ἱμείρω: to long for, yearn after, desire
ἵμερος, ὁ: a longing, desire
Ἰξίων, -ονος, ὁ: Ixion
Ἰόλαυς, ὁ: Iolaus
ἱππεύς, -ῆος, ὁ: a horseman, cavalry
ἱππικός, -ή, -όν: of the horse, cavalry
ἵππος, ὁ/ ἡ: a horse, mare
ἶρις, -ιδος, ἡ: a rainbow
Ἶρις, -ιδος, ἡ: Iris, goddess of the rainbow
Ἰσμηνοδώρα, -ας, ἡ: Ismenodora
ἰσόδενδρος, -ον: equal to that of a tree
ἴσος, -η, -ον: equal (to), the same (as)
ἵστημι: to make to stand

ἱστορέω: to inquire, examine, give an account
ἰσχνός, -ή, -όν: lean, meager, thin
ἰσχυρός, -ά, -όν: strong, mighty
ἰσχυρῶς: strongly, strictly, with force
ἰσχύς, -ύος, ἡ: strength
ἴσχω: to hold, check, restrain
ἴσως: equally, likewise
ἰταμός, -ή, -όν: eager, bold
ἰχθῦς, -ύος, ὁ: a fish
ἰχνηλάτης, -ου, ὁ: a tracker, hunter
ἴχνος, -εος, τό: a track, trace

Κ κ

καθαιρέω: to take down, reduce
καθάπερ: as though
καθαπερεί: just as if
καθάπτω: to fix upon, attack, upbraid (+ *gen.*)
καθαρός, -ά, -όν: clean, spotless, unsoiled
καθέζομαι: to sit down
καθεκτός, -ή, -όν: able to be restrained
καθεύδω: to sleep
κάθημαι: to be seated, sit
καθίημι: to send down, let fall, lower
καθίστημι: to set down, settle, restore
καθοράω: to look down, discern
καθότι: in what manner
καί: and
καίπερ: although, albeit
καιρός, ὁ: due measure, proportion, timeliness, advantage
Καῖσαρ, -αρος, ὁ: Caesar
καίω: to kindle, set afire
κακία, ἡ: badness, evil
κακοδαίμων, -ον: ill-fated, miserable, wretched
κακός, -ή, -όν: bad, evil
κακῶς: badly, evilly
καλέω: to call, name, summon
καλλίκαρπος, -ον: with beautiful fruit
κάλλος, -ους, τό: beauty
καλός, -ή, - όν: beautiful
κάματος, ὁ: toil, labor
καπνός, ὁ: smoke
καρδία, ἡ: the heart
καρπός, ὁ: a fruit
καρπόω: to bear fruit, (*pass.*) to reap
καρπόω: to harvest
κατά: down (+ *acc.*)
καταβαίνω: to go down
καταβάλλω: to throw down, proscribe
καταβιάζω: to force
καταγελάω: to laugh at, mock (+ *gen.*)
καταγνυπόομαι: to be weak or lazy
κατάγω: to lead down, bring down
καταδαρθάνω: to fall asleep
καταδέω: to bind down, tie up
καταδύω: to go down, descend
κατάζευξις, -εως, ἡ: a joining together
κατακλάω: to break down
κατακλύζω: to deluge, bathe
κατακόπτω: to cut down
καταλαμβάνω: to seize, overtake
καταλείπω: to leave (behind), quit , finish
καταλεύω: to stone to death
καταμνημονεύω: call to mind, recall , remember
καταπαύω: to come to rest, put to an end
καταριθμέω: to count among, enumerate
κατασκευάζω: to equip, furnish
κατασπάζομαι: to embrace
καταυλίζομαι: to make camp
καταφανής, -ές: clearly seen, evident
καταφεύγω: to flee
καταφρονέω: to look down upon, despise, have contempt
καταφυγή, ἡ: a refuge
κατάχρυσος, -ον: overlaid with gold, gilded
κατάχυσμα, -ατος, τό: that which is poured out, (*pl.*) a shower (of nuts) poured over a new slave or bride
κατεῖδον: to look down upon, behold, perceive
κατείργω: to shut in, close up, hinder
κατευλογέω: to praise
κατευναστής, -οῦ, ὁ: one who leads to bed, a chamberlain
κατηγορέω: to speak against, accuse, denounce
κατηγορία, ἡ: an indictment, charge

κάτοπτρον, τό: a mirror
κατοργιάζω: to initiate into mysteries
κατοχή, ἡ: a holding, possession
καττίτερος, ὁ: tin
Κάτων, -ονος, ὁ: Cato
καυσία, ἡ: a hat
κεῖμαι: to be laid, be stored up
κελεύω: to urge, command, order
κενός, -ή, -όν: empty, vain
κεραυνός, ὁ: a thunderbolt
κέρδος, -εος, τό: gain, profit, advantage
κεφάλαιος, -α, -ον: principle, summary
κεφαλή, ἡ: the head
κηδεμών, -όνος, ὁ: a protector, guardian
κηρίον, τό: a honeycomb, (*pl.*) honey
κιθαρῳδός, ὁ: a cithar player, harpist
Κιλικία, ἡ: Cilicia
κινδυνεύω: to be in danger, run the risk of
κίνδυνος, ὁ: a danger, risk
κινέω: to move, change
κίνησις, -εως, ἡ: movement, motion
κινητικός, -ή, -όν: exciting, stimulating
κιττός, ὁ: ivy
κίων, -ονος, ὁ: a pillar
κλάω: to break, snap off
κλινίδιον, τό: a bed
κλίνω: to droop
κλοιός, ὁ: a dog-collar
κοινός, -ή, -όν: common, shared, general, public
κοινωνέω: to have a share in, have in common
κοινώνημα, -ατος, τό: an act of communion, sharing
κοινωνία, ἡ: communion, association, union, partnership
κοινωνικός, -ή, -όν: communal
κοινωνός, ὁ: a companion, partner
κολαστής, -οῦ, ὁ: a punisher
κολούω: to restrict, dock, curtail
κόλπος, ὁ: the bosom
κόμη, ἡ: hair
κομιδή, ἡ: attendance, company
κομιδῇ: exactly, just
κομίζω: to carry, care for
κομιστήρ, -ῆρος, ὁ: bearer
κομψός, -ή, -όν: refined, smart, clever
κονίω: to make dusty, cover with dust or sand
κοπίς, -ίδος, ἡ: a liar
κόρη, ἡ: a maiden, girl
κόρος, ὁ: satiety, insolence
Κορυβαντικός, -ή, -όν: Corybantic
κόρυς, -υθος, ἡ: a helmet
κορυφή, ἡ: crown, top of the head
κοσμέω: to arrange, adorn
κοσμέω: to order, arrange
κόσμιος, -α, -ον: well-ordered, regular, moderate
κοσμίως: regularly
κοσμογονία, ἡ: cosmogony, creation the world
κόσμος, ὁ: order
κουρά, ἡ: a cropping (of the hair)
κράνος, -εος, τό: a helmet
κρᾶσις, -εως, ἡ: a mixing, blending, compounding
κρατέω: to be strong, prevail, rule
κράτιστος, -η, -ον: strongest, mightiest, greatest
κράτος, -εος, τό: strength, might
κρειττόω: to be stronger (than), overpower
κρείττων, -ον: stronger, higher
κρηπίς, -ῖδος, ἡ: a boot
Κρής: Cretan
κρίθινος, -η, -ον: made of or from barley
κρύπτω: to hide
κρύφα: in secret, without the knowledge of (+ *gen.*)
κτάομαι: to obtain, acquire
κτείνω: to kill, slay
κυβερνάω: to act as pilot, steer
κυβέρνησις, -εως, ἡ: steering, guidance
κυβερνήτης, -ου, ὁ: a helmsman, pilot
κύβος, ὁ: cube
κυέω: to be pregnant
κύησις, -εως, ἡ: conception
κυκλόω: to circle, surround
κυλινδέω: to roll, wallow
κῦμα, -ατος, τό: a wave
κυμαίνω: to rise in waves, to swell, storm
Κυνικός, ὁ: Cynic
Κυνόσαργες: Cynosarges

Κύπρις, -ιδος, ἡ: Cypris
Κυπρογενής, -ές: Cyprus-born
Κύπρος, ἡ: Cyprus
Κύρβας, -αντος, ὁ: a Corybant
κύριος, ὁ: a lord, master
κύων, ὁ/ἡ: a dog or bitch
κωλύω: to hinder, check, prevent
κωμάζω: to to revel, make merry
κωμικός, -ή, -όν: comic, of comedy
κωμῳδία, ἡ: a comedy

Λ λ

λαγχάνω: to obtain (by lot or fate), have a share, be assigned
λαγῶς, -ώ, ὁ: hare, rabbit
λαιμαργία, ἡ: gluttony
Λαΐος, ὁ: Laius
Λαΐς, Λαΐδος, ἡ: Lais
λαιψηρός, -ά, -όν: light, nimble, swift
Λάκαινα: Lacaena
Λακεδαιμόνιος, -η, -ον: from Lacedaemon, Spartan
Λακεδαιμόνιος: Spartan
λαμβάνω: to take
λαμβάνω: to take, attain
λαμπρός, -ά, -όν: bright, brilliant, illustrious
λαμπρότης, -ητος, ἡ: brilliance, splendor
λαμπρῶς: splendidly, brilliantly
λαμπτήρ, -ῆρος, ὁ: a lantern
λανθάνω: to escape notice, be unknown
λαός, ὁ: people, men, host
λέαινα, ἡ: a lioness
λέγω: to say
λέγω: to speak, say, tell
λεηλασία, ἡ: robbery, brigandry
λεία, ἡ: booty, plunder, conquest
λειμών, -ῶνος, ὁ: a grassy place, meadow, field
λεῖος, -α, -ον: smooth, plain, light
λειότης, -ητος, ἡ: smoothness
λείπω: to leave
λεπτός, -ή, -όν: small, slight, thin, weak
λευκός, -ή, -όν: light, white
λήθη, ἡ: a forgetting, forgetfulness
Λῆμνος, ἡ: Lemnos
ληρέω: to be foolish
λίμνη, ἡ: a pool of water
λιμώδης, -ες: famished, hungry
λίπασμα, -ατος, τό: a greas
λιτή, ἡ: a prayer
λιτός, -ή, -όν: smooth, plain, simple
λογίζομαι: to reason, be rational
λογισμός, ὁ: a counting, reckoning, accounting, reason, sense
λόγος, ὁ: word, speech, (*pl.*) conversation
λόγος, -ου, ὁ: a word, speech
λοιδορέω: to abuse, revile (+ *dat.*)
λοιπός, -ή, -όν: remaining, the rest
λούω: to wash
λύκος, ὁ: a wolf
λυμαίνομαι: to outrage, mistreat
λυπέω: to pain, distress, grieve
λύπη, ἡ: pain
λύρα, ἡ: lyre
Λυσανδρα, -ας, ἡ: Lysandra
λυσιμελής, -ές: limb-relaxing
λύσσα, ἡ: rage, fury

Μ μ

μάγειρος, ὁ: a cook
μάγευμα, -ατος, τό: a charm, spell, philter
μάθημα, -ατος, τό: a lesson, study
Μαικήνας, -α, ὁ: Maecenas
μακάριος, -α, -ον: blessed, happy
Μακεδονικός, -ή, -όν: Macedonian
μακράν: a long way, far off
μαλακία, ἡ: softness, weakness, effeminacy
μαλακός, -ή, -όν: soft, tender, pliant
μαλθακός, -ή, -όν: soft
μάλιστα: most, especially
μανθάνω: to learn
μανία, ἡ: madness, frenzy
μανικός, -ή, -όν: frenzied, mad, raging
μαντικός, -ή, -όν: prophetic, oracular
μάντις, -εως, ὁ: a seer, prophet
μαραίνω: to quench, waste away, disappear
Μαρτιάλιος, ὁ: Martial
μαρτυρέω: to bear witness, give evidence

μάρτυς, -υρος, ὁ: a witness
ματρυλεῖον, τό: brothel
μάχαιρα, -ης, ἡ: a daggar
μάχη, ἡ: battle, fight, combat
μαχητικός, -ή, -όν: inclined to battle, quarrelsome
μάχιμος, -ος, -ον: battle-ready, warlike
μάχομαι: to fight, argue
μεγαλήγορον, τό: boasting, proud speech
μεγαλόφρων, -ον: high-minded, noble
μεγαλόψυχον, τό: high-spiritedness
Μέγαρα, ἡ: Megara
μέγας, μεγάλη, μέγα: big, great
μέθη, ἡ: drunkenness, inebriation
μεθίστημι: to place otherwise, remove
μείζων, -ον: larger, greater
μειράκιον, τό: a boy, lad, stripling
μείς, μηνός, ὁ: a month
Μελανίππη, ἡ: Melanippe
μέλας, -αινα, -αν: black
μέλι, -ιτος, τό: honey
μελίκρατον, τό: a mixture of honey and milk
μέλιττα, ἡ: a bee
μέλιττα, -ης, ἡ: a bee
μέλλω: to intend to, be about to, be going to (+ *inf.*)
μέλος, -εος, τό: a poetic phrase, lyric, tune
μέλω: to be an object of care, concern
μέμφομαι: to blame, censure, find fault (with)
μέν: on the one hand (*followed by* **δέ**)
μένω: to stay, remain
μέρος, -εος, τό: a part, share
μέσος, -η, -ον: middle, in the middle
μεστός, -ή, -όν: full, filled with (+ *gen.*)
μετά: with (+ *gen.*); after (+ *acc.*)
μεταβάλλω: to change over
μεταβολή, ἡ: a change
μεταδίδωμι: to give part of, share with
μεταλαμβάνω: to take afterwards
μεταπέμπω: to send after, send for, summon
μετατίθημι: to place differently, transpose
μέτειμι: to be among, have a share in (+ *gen.*)
μετέρχομαι: to go between or among
μετέχω: to partake of, share in
μετοικίζω: to transport to another place
μετόπωρον, τό: the autumn
μετοχή, ἡ: participation, communion
μετριάζω: to be moderate, keep measure
μέτριος , -α, -ον: measured, moderate, fair
μέτρον, τό: meter
μέχρι: to this point, even so far
μή: not
μηδαμοῦ: nowhere
μῆκος, -εος: length
μήπω: not yet
μηρίον, , τό: thigh, thigh-bone
μηρός, ὁ: a thigh, limb
μήτηρ, -ερος, ἡ: mother
μητίομαι: to devise, contrive
μητρῷος, -α, -ον: of a mother, maternal
μηχανάομαι: to contrive, devise
μηχάνημα, -ατος, τό: a device, trick
μιαίφονος, -ον: bloodthirsty, murderous
μίγνυμι: to mix, mingle
μικρολογία, ἡ: pettiness, meanness
μικρός, -ά, -όν: small, little
Μιλήσιος, -α, -ον: Milesian
μιμέομαι: to mimic, imitate
μίμημα, -ατος, τό: an imitation, copy
μιμνήσκω: to remind, put in mind (+ *gen.*)
μίξις, -εως, ἡ: a mixing, mingling
μισέω: to hate
μνάομαι: to be mindful of, court, woo
μνῆμα, -ατος, τό: a memorial, tomb marker
μνήμη, ἡ: a remembrance, memory
μνημονεύω: to call to mind, remember (+ gen.)
μοῖρα, -ας, ἡ: a part, share, portion, lot
μόλις: scarcely, just
μονάς, -άδος, ἡ: a singularity, monad
μόνος, -η, -ον: alone, only
μορία, ἡ: the sacred olive
μόριον, τό: a part, member, (*pl.*) genitals
μορφή, ἡ: form, shape
μόσχος, ὁ: a calf

Μουνιχία, ἡ: Mounichia
Μοῦσα, -ης, ἡ: a Muse
μουσικός, -ή, -όν: musical
μουσουργός, ἡ: a music player
μοχθηρία, ἡ: a bad condition, badness
μοχθηρός, -ά, -όν: miserable, wretched
μυέω: to initiate
μυθολογέω: to tell myths
μυθολογία, ἡ: mythology, legend
μῦθος, ὁ: a myth, legend, story, tale
μυῖα, ἡ: a fly
μυριάς, -άδος, ἡ: a great number
μύρον, τό: sweet balm, unguent, balsam
μυσταγωγός, ὁ: one who initiates into mysteries, a mystagogue
μύστης, -ου, ὁ: one initiated
Μυτιληναίος, -α, -ον: of Mitylene
νόμιμος, -η, -ον: conformable to custom, lawful
νομοθέτης, -ου, ὁ: a lawgiver
νόμος, ὁ: a custom, law, manner, ordinance
νομός, ὁ: a pasture, orchard
νοσέω: to be sick, fall ill
νόσος, ἡ: sickness, disease, malady
νοσώδης, -ες: sickly, diseased
νοτερός, -ά, -όν: wet, damp, moist
νοῦς, νοῦ, ὁ: a mind, sense
νύκτωρ: by night
νύμφη, ἡ: a nymph
νυμφικός, -ή, -όν: bridal, marriage
νῦν, νυνί: : now, at this moment
νύξ, νυκτός, ἡ: night
νῶτον, τό: the back

Ν ν

ναί: yes, truly
ναός, ὁ: a temple
νεανίης, ὁ: a youth, boy, young man
νεανικός, -ή, -όν: youthful, fresh, active
νεᾶνις, -ιδος, ἡ: a young woman, girl
νεάνισκος, ὁ: youth, young man
νεαρός, -ά, -όν: young, youthful
νέμω: to deal out, distribute, dispense
νεόγαμος, -ον: newly-wed
νέος, νέα, νέον: young, youthful
νεῦμα, -ατος, τό: a nod, signal
νεύω: to nod
νέφος, -εος, τό: a cloud
νεωστί: lately, just now, recently
νήφω: to be sober
νικάω: to conquer, prevail, win
νίκη, ἡ: victory
Νίνος, -ου, ὁ: Ninus
νόημα, -ατος, τό: a perception, thought
νοητός, -ή, -όν: perceptible to the mind, conceptual, thinkable
νοθεία, ἡ: birth out of wedlock, bastardry
νόθος, -η, -ον: bastard, counterfeit
νομάς, -άδος, ὁ: a nomad, one who roams
νομίζω: to hold as a custom, to believe, think

Ξ ξ

ξένιος, -α, -ον: of a guest, hospitable
Ξένιος, ὁ: god of Hospitality
Ξενοκράτης, ὁ: Xenocrates
ξένος, ὁ: foreigner, guest
ξηραλοιφέω: to rub with oil, massage
ξύλον, τό: wood

Ο ο

ὁ, ἡ, τό: the (*definite article*)
ὄγκος, ὁ: a bulk, size, mass
ὀδαξησμός, ὁ: an itch
ὁδός, ἡ: a way, road, journey
ὀδυρτικός, -ή, -όν: plaintive, querulous
οἴαξ, -ακος, ὁ: a helm, tiller
οἶδα: to know
οἰκεῖος, -α, -ον: customary, natural, proper, kindred, related
οἰκειότης, ὁ: relationship
οἰκείως: naturally, properly
οἰκειωτικός, -ή, -όν: appropriative, adapting
οἰκέτης, -ου, ὁ: a house-slave, servant
οἰκία, ἡ: a building, house, dwelling
οἰκογενής, -ές: produced from within,
οἴκοθεν: from one's house, from home
οἴκοι: at home, in the house

οἰκονομία, ἡ: the management of a household
οἶκος, ὁ: a house, abode, dwelling
οἰκότριψ, -ιβος, ὁ: a house slave
οἰκουρός, -όν: domestic
οἶκτος, ὁ: pity, compassion
οἶκτος, ὁ: wailing
Οἰνάνθη, -ης, ἡ: Oenanthe
οἶνος, ὁ: wine
οἴομαι: to suppose, think, deem, imagine
οἴχομαι: to be gone
ὀκνέω: to shrink, hesitate
ὀλίγος, -η, -ον: few, little, small
ὀλισθάνω: to slip, swoon
ὄλισθος, ὁ: slipperiness
ὀλοφυρμός, ὁ: lamentation
ὀλύμπιος, -ον: Olympian
ὅλως: wholly, entirely
ὁμαλός, -ή, -όν: even, fair
ὄμβρος, ὁ: rain
Ὅμηρος, -ου, ὁ: Homer
ὁμιλέω: to be in company with, consort with
ὁμιλία, ἡ: a being together, intercourse, union
ὅμιλος, ὁ: a crowd, throng
ὁμίχλη, ἡ: fog, mist
ὄμμα, τό: the eye
ὁμόγνιος, -ον: of the same race
ὁμογνωμονέω: to be of one mind, come to agreement
ὅμοιος, -α, -ον: similar, like, equal to (+ *dat.*)
ὁμοιότης, -ητος, ἡ: likeness, resemblance
ὁμολογέω: to speak together, agree, acknowledge
ὁμοῦ: at the same time, together
ὁμοφρονέω: to be of the same mind, think similarly
ὁμοφροσύνη, ἡ: unity of mind and feeling
ὁμόχορος, ον: of the same dance
ὄμφαξ, -ακος: immature, still green
ὄναρ , τό: a dream, vision
ὄνειρον, τό: a dream
ὀνίνημι: to profit, benefit, help
ὄνομα, τό: a name
ὀνομάζω: to address, name, call
ὀνομαστί: by name
ὄνος, ὁ: an ass, donkey
ὀξύς, -εῖα, -ύ: sharp, keen, clear
ὅπη: by which way
ὁπλίτης, -ου, ὁ: a hoplite, heavily armored soldier
ὅπλον, τό: a weapon
ὀπώρα, ἡ: the autumn, harvest
ὁρατός, -ή, -όν: able to be seen, visible, evident
ὁράω: to see
ὄργανον, τό: an organ, tool
ὀργή, ἡ: anger
ὀργή, ἡ: anger
ὀργιασμός, ὁ: celebration of orgies, sacred revels
ὀργιαστής, -οῦ, ὁ: one who celebrates
ὀργίζω: to anger, irritate
ὀρεινός, -ή, -όν: mountain, from the mountains
ὄρεξις, -εως, ἡ: desire, appetite
ὄρθιος, -α, -ον: straight
ὀρθός, -ή, -όν: straight
ὀρθός, -ή, -όν: straight, correct
ὀρθός, -ή, -όν: straight, right
ὀρθός, -ή, -όν: straight, upright
ὀρθῶς: rightly, correctly, justly
ὁρίζω: to divide, separate
ὅρκος, ὁ: an oath
ὁρμάω: to set in motion, urge, set out
ὁρμή, ἡ: a bursting forth, an attack, effort, impulse
ὄρνις, ὄρνιθος, ὁ: a bird, fowl
ὄρυγμα, -ατος, τό: a trench, pit
ὀρυκτός, -ή, -όν: formed by digging
ὀρχηστρίς, -ίδος, ἡ: a dancing girl
ὅς, ἥ, ὅ: who, which (*relative pronoun*)
ὁσημέραι: as many days as are, daily
ὅσιος, -α, -ον: holy, sacred
Ὄσιρις, ὁ: Osiris
ὅσος, -η, -ον: how much, how great?
ὅστις, ὅτι: anyone who, anything which
ὅστις: any one, whoever
ὁστισοῦν: anyone whatsoever
ὀσφῦς, -ύος, ἡ: loin
ὅτε: when
ὅτι: that, because

ὁτιοῦν: whatsoever
οὐ: not
οὗ: where
οὐδείς, οὐδεμία, οὐδέν: no one
οὐδείς: and not one, no one
οὐδέτερος, -α, -ον: neither
οὐκέτι: no more, no longer
οὖν: therefore
οὐράνιος, -ον: heavenly
οὐρανός, ὁ: heaven
οὐσία, ἡ: substance, nature
οὔτε: and not
οὔτι: in no way
οὗτος, αὕτη, τοῦτο: this
οὕτως: this way
ὄφελος, τό: advantage, help
ὀφθαλμός, ὁ: the eye
ὄφις, -εως, ὁ: a serpent, snake
ὀφρῦς, -ύος, ἡ: brow, eyebrow
ὄχλημα, -ατος, τό: a annoyance
ὀχυρόω: to make fast, fortify
ὀψέ: after a long time, late
ὄψις, -εως, ἡ: look, appearance, aspect, sight
ὄψον, τό: cooked meat

Π π

παγκρατιάζω: to box, fight
παθητικός, -ή, -όν: subject to feeling, suffering
παθητός, -ή, -όν: passive, mutable, physical
πάθος, -εος, τό: something suffered, an emotion, passion, experience
παιδαγωγέω: to train, teach, educate
παιδεραστέω: to practice pederasty, be a lover of boys
παιδεῦον, τό: teaching, educational power
παιδία, ἡ: childhood, play
παιδικός, -ή, -όν: of boys, childish
παιδικός, ὁ: dear boy
παιδομανία, ἡ: mad love of boys
παιδοσπορέω: to beget children, penetrate
παιδοφιλέω: to be a lover of boys
παῖς, παιδός, ὁ: a child, boy
παίω: to strike, deliver a blow
πάλαι: long ago
παλαιός, -ά, -όν: old, ancient
παλαίστρα, ἡ: a palaestra, wrestling school
πάλιν: again
παλλακεύω: to be a concubine
παμμεγέθης, -ες: very great, immense
πάνδημος, -ον: of or belonging to the people
πανηγυρικός, -ή, -όν: fit for a public festival
πανικός, -ή, -όν: of Pan
πανοπλία, ἡ: the full suit of armor
παντάπασι: all in all, altogether, wholly, absolutely
πανταχόθεν: from all places, from all quarters
πανταχόσε: everywhere
πάνυ: exceedingly, very
παρά: from (+ *gen.*); beside (+ *dat.*); to (+ *acc.*)
παράβολος, - ον: hazardous, perilous
παραγίγνομαι: be near, attend upon
παράδειγμα, -ατος, τό: a pattern, example
παραδίδωμι: to hand over, surrender
παράδοξος, -ον: contrary to opinion, incredible, paradoxical
παραδύομαι: to creep past, slink past
παραθητεύω: to serve
παραινέω: to exhort, recommend, advise
παρακαλέω: to call to, entreat, summon
παρακλαυσίθυρον, τό: a serenade
παρακύπτω: to look sideways, peep at
παραλαμβάνω: to take beside
παραλείπω: to leave over, omit
παραλλάττω: to change
παράλογος, -ον: unexpected, unreasonable
πάραλος, -ον: by the sea
παραμένω: to stay beside, remain with, stand by
παραμυθία, ἡ: encouragement, consolation
παρανομέω: to transgress the law, act unlawfully

παράνομος, -ον: lawless, illicit
παραπλήσιος, -α, -ον: resembling, like, similar to (+ *dat.*)
παρασκευή, ἡ: preparation
παρατρέπω: to turn aside, deviate
παρατροπή, ἡ: a turning away, deviation, aberration
παραφέρω: to bring to
παραφυλάττω: to watch, wait
παραχωρέω: to give up, yield, permit (+ *inf.*)
παρειά, ἡ: the cheek
πάρειμι: to be present, attend, stand by
παρεισγραφή, ἡ: illegal registration
παρεισπέμπω: to send past, slip by
παρέξειμι: to pass alongside
παρεξέρχομαι: to go past
πάρεργος, -ον: secondary, subordinate, incidental
παρέρχομαι: to go by, pass over
παρέχω: to furnish, provide, supply
παρθένιος, -α, -ον: of a maiden, of girls
παρθένος, ἡ: a maiden, virgin, girl
παρίστημι: to stand up beside
Παρμενίδης, ὁ: Parmenides
παροδεύω: to pass by
παροινέω: to act drunkenly
παροξύνω: to urge, goad, irritate, spur on
πᾶς, πᾶσα, πᾶν: all, every, whole
πάσχω: to feel, experience, suffer
πατάττω: to beat, strike
πατήρ, ὁ: father
πάτρα, ἡ: fatherland, native land
πατρικός, -ή, -όν: paternal, hereditary
πάτριος, -α, -ον: paternal, of one's father
πατρίς, ἡ: fatherland, home
πατρῷος, -α, -ον: paternal, hereditary
παύομαι: to cease
παύω: to cause to cease, stop; *m/p.* **παύομαι**: to cease
πάχος, -εος, τό: thickness
πέδη, ἡ: a fetter, bond, chain
πεδιεύς: of the plains
πεδίον, τό: a plain
πεζός, ὁ: a foot soldier, infantry
πείθομαι: to obey
πειθώ, -οῦς, ἡ: persuasion, courtship
πείθω: to prevail upon, win over, persuade
πεῖνα, -ης, ἡ: hunger
πεῖρα, -ας, ἡ: a trial, attempt, enquiry
πειράομαι: to make a test of, try out (+ *gen.*)
πειράω: to attempt, endeavor, try
Πεισίας, -ου, ὁ: Peisias
Πεμπτίδης, ὁ: Pemptides
πέμπτος, -η, -ον: fifth
πέμπω: to send, dispatch
πένης, -ητος, ὁ: a poor man
πένθος, -εος, τό: grief, sadness, sorrow
πενιχρός, -ά, -όν: poor, needy
πενταετηρικός, -ή, -όν: falling every four years, quinquennial
πέντε: five
πέπλος, ὁ: a robe
πέρας, -ατος, τό: an end, limit
περάω: to try
περί: concerning, about (+ *gen.*); about, around (+ *acc.*)
περιάπτω: to tie, apply to, graft
περιβάλλω: to throw around, put on, dress
περιβολή, ἡ: an embrace
περιεῖδω: to oversee
περίειμι: to be around, be superior to (+ *dat.*)
περιέπω: to treat with care, wait upon
περίκομμα, -ατος, τό: a form, pattern
περικόπτω: to cut around, clip, trim
περικυκλόω: to en circle, encompass
περιμάχητος, -ον: fought over, contested
περιμένω: to wait for, await
περιπατέω: to walk up and down, patrol
περίπατος, ὁ: a walking about, walking place
περιπίπτω: to fall around, encounter
περιπλοκή, ἡ: a twining around, entanglement
περιποιέω: to obtain, procure
περιρρέω: to fall away, slip off
περισπάω: to draw to oneself
περιτίθημι: to place around, distribute, bestow

περιττός, -ή, -όν: excessive, prodigious, elaborate
περιφέρω: to carry around
περιφρονέω: to think about
πέτομαι: to fly
πήγνυμι: to make fast, set
πηλίκος, -η, -ον: how great, how large?
πιαίνω: to make fat, fatten
πιθανός, -ή, -όν: persuasive, convincing
πιθανότης, -ητος, ἡ: persuasiveness
πικρός, -ά, -όν: sharp, keen, bitter
πίναξ, -ακος, ὁ: a plank, tablet
Πίνδαρος, -ου, ὁ: Pindar
πίνω: to drink
πίπτω: to fall, fall out, occur
πιστεύω: to trust, believe
πίστις, -εως, ἡ: trust, belief, faith
πιστός, ή, όν,: to be trusted, faithful
πλάνος ὁ,: a wandering, roaming
πλάτος, ὁ: width
πλάττω: to form, mould, shape
Πλάτων, -ωνος, ὁ: Plato
Πλατωνικός, -ή, -όν: Platonic, of Plato
πλεῖστος, -η, -ον: most, largest, longest
πλείων, -ον: more, greater (than + *gen.*)
πλῆθος, -εος, τό: a great number, a throng, crowd
πλήν: yet, more than, except (+ *gen.*)
πληρόω: to make full, fill up
πλησιάζω: to be near, approach, associate with (+ *dat.*)
πλήσιος, -α, -ον: near, close to, next to
πλήσμιος, -α, -ον: quick to satisfy
πλησμονή, ἡ: a filling, satisfaction
πλήττω: to strike
πλούσιος, -α, -ον: rich, wealthy, opulent
πλοῦτος, ὁ: wealth, riches
πνεῦμα, -ατος, τό: a blowing, breath, wind, spirit
πνοή, -ῆς, ἡ: a blowing, breeze
πόα, ἡ: grass, herb
ποδάγρα, ἡ: a snare-trap
πόδαργος, -ον: swift-footed
πόθεν: whence?
ποθέω: to long for, yearn
πόθος, ὁ: a longing, yearning, desire
ποία, ἡ: grass
ποιέω: to make
ποιέω: to make, do; (*mid.*) to deem, consider
ποίησις, -εως, ἡ: poetry
ποιητής, -οῦ, ὁ: one who makes, a poet
ποιητικός, -ή, -όν: creative, poetic
ποικίλος, -η, -ον: many-colored, dappled
ποινή, ἡ: punishment, a Fury
ποῖος, -α, -ον: of what nature? of what sort?
πολεμέω: to be at war, make war
πολεμικός, -ή, -όν: of war, hostile, (*subst.*) enemy
πόλεμος, ὁ: battle, fight, war
πολιά, ἡ: grayness of hair
πόλις, -εως, ἡ: a city
πόλις, -εως, ἡ: city
πολλάκις: many times, often
πολυγηθής, -ές: much-rejoicing
πολυήρατος, -ον: much-loved, very lovely
πολυμνήστευτος, -ον: much-wooed
πολυπραγμονέω: to meddle
πολύς πολλή πολύ: many
πόνος, ὁ: work, labor, toil
πορεία, ἡ: a journey, passage
πορθμός, ὁ: a ferry passage, crossing
πόρος, ὁ: a path, access, passage
πόρρω: forward, further
πόρρωθεν: from afar
ποταμός, ὁ: a river, stream
πού: somewhere, anywhere
πούς, ποδός, ὁ: a foot
πρᾶγμα, -ατος, τό: that which has been done, a deed, act, circumstance
πρᾶξις, -εως, ἡ: a doing, action
πρᾶος, -ον: soft, gentle
πραπίδες, αἱ: the heart
πράττω: to do, accomplish
πραΰνω: to calm, grow mild
πρεπόντως: fittingly, aptly
πρέπω: to be clearly seen
πρέσβυς: old, ancient
πρεσβύτερος, -α, -ον: older, elder
πρεσβύτης, -ατος, ἡ: old age, seniority
πρίν: before
πρό: before (+ *gen.*)

προάγω: to lead forth, advance, produce
προαγωγεύω: to prostitute
προαγωγός: a pander, pimp
προγενής, -ές: first-born, primeval
προθυμέομαι: to be ready, willing, eager
πρόθυμος, -ον: ready, eager, zealous
προίημι: to send forth, give up, deliver
προικίδιον, τό: a small dowry
προίξ, προικός, ἡ: a gift, dowry
προκαλέω: to call forth, challenge
προκηρύττω: to proclaim, state publicly
προλαμβάνω: to take before, anticipate, precede
προλείπω: to leave behind, forsake, abandon
προοίμιον, τό: an opening, introduction, preliminary
προπηλακίζω: to spatter with mud, vilify
προπίπτω: to fall upon
πρός: to (+ *dat.*)
προσαγορεύω: to address, call, greet
προσάγω: to bring forth, lead to
προσανατρίβομαι: to rub oneself against
προσαναχρώννυμαι: communicate with
προσάντης, -ες: rising up, sloping
προσβάλλω: to throw against
προσδέχομαι: to receive, accept
προσδοκάω: to expect
προσδοκία, ἡ: a looking for, expectation
προσειμι: to be present, be added to (+ *dat.*)
προσεῖπον: to speak to
προσεκπίνω: to drink up
προσελαύνω: to drive, ride up
προσεμβάλλω: to throw around, embrace
προσέρπω: to crawl or slither forth
προσέρχομαι: to go forward, approach
προσέχω: to hold to, offer
προσηκόντως: suitably, duly, properly
προσήκω: to be fitting, belong to, be worthy of
προσήκων, -ουσα, - ον: befitting, suitable, appropriate
προσηνής, -ές: soft, gentle, kind
προσίημι: to let come, admit
προσκαλέω: to call out, invoke
προσκρούω: to strike against, offend
προσκυνέω: to honor
προσλαμβάνω: to gain, add to
προσλάμπω: to shine upon
προσλέγω: to speak to, address, name
προσμειδιάω: to smile
προσμένω: to bide one's time, await
προσπαίζω: to play with, make fun
προσπάσχω: to have feelings for (+ *dat.*)
προσπίτνω: to fall upon (+ *dat.*)
προσποίησις, -εως, ἡ: a pretension, affectation
προσρέω: to float in
προστάττω: to command
προστίθημι: to put to, put forth, impose
προστυγχάνω: to meet with, hit upon
πρόσωπον, τό: a face, appearance
προτείνω: to place before, offer
πρότερος, -α, -ον: prior
πρότερος: before, earlier, former
πρόφασις, -εως, ἡ: a motivation, cause, pretext
πρῳος, -α, -ον: early, before, recent
πρωτεῖον, τό: the chief rank, first place
πρώτιστος, -η, -ον: the very first
Πρωτογένης, -ους, ὁ: Protogenes
πρῶτος, -η, -ον: first, initial
πτερόν, τό: feather, wing
πτεροφυέω: to grow feathers, sprout wings
πτερόω: to feather, give wings
πτήττω: to cower, flinch
Πυθία, ἡ: the Pythia, priestess of Pythian Apollo
πυκνός, -ή, -όν: close, frequent
πυνθάνομαι: to learn, come to understand
πῦρ, πυρός, τό: fire
πῦρ, πυρός, τό: fire
πυρακτέω: to temper, to harden in the fire
πυρόω: to burn, heat with fire
πυρρός, -ά, -όν: flame-coloured, red
πῶμα, -ατος, τό: drink, draught

πώποτε: ever yet

Ρ ρ

ῥᾴδιος, -α, -ον: easy, ready
ῥᾴδιος, -η, -ον: easy, ready
ῥᾳδίως: easily, readily, lightly
ῥάθυμος, -ον: carefree, easy
ῥέω: to flow, run, stream
ῥήτωρ, -ορος, ὁ: orator, rhetorician
ῥίπτω: to throw, cast, hurl
ῥοπή, ἡ: an inclination, tipping
ῥυθμίζω: to educate, train
ῥυθμός, ὁ: measure, rhythm
ῥυτίς, -ίδος, ἡ: a fold, wrinkle
Ῥωμαῖος, -α, -ον: Roman
ῥώμη, ἡ: strength, force
ῥώννυμι: to strengthen

Σ σ

σαίνω: to beguile
σαλεύω: to rock, shake
σάλος, ὁ: a tossing, agitation
σάλος, ὁ: a tossing, agitation
Σαμιος, -α, -ον: Samian
Σαπφώ , -οῦς, ἡ: Sappho
σαρκοποιός, -όν: making flesh, fattening
σάρξ, σαρκός, ἡ,: flesh
σβέννυμι: to quench, extinguish, put out
σέβας, τό: reverence, a feeling of awe
σεβάσμιος, -α, -ον: reverend, venerable, august
σέβομαι: to feel awe, revere, worship
σεισμός, ὁ: a shaking, shock
σέλας, -αος, τό: a bright flame, light
σελήνη, ἡ: the moon
Σεμίραμις, -εως, ἡ: Semiramis
σεμνός, -ή, -όν: revered, august, dignified
σεμνύνω: to exalt, magnify
σημεῖον, τό: a sign, example, proof
σθένος, -εος, τό: strength, might
σίδηρος, ὁ: iron
Σίμων, -ωνος, ὁ: Simon
σιτευτής, -οῦ, ὁ: one who feeds cattle
σιτίον, τό: grain, bread
σιωπή, ἡ: silence
σκαιότης, -ητος, ἡ: awkwardness
σκηνή, -ῆς, ἡ: a scene, stage
σκιά, -ῆς, ἡ: a shadow, shady place
σκίλλα, -ης, ἡ: a squill, sea-onion
σκίρτημα, -ατος, τό: a dance
σκοπέω: to look after, regard, consider
σκότιος, -α, -ον: dark
σκότος, -εος, ὁ: darkness, gloom
σκοτώδης, -ες: dark
σκυθρωπός, -ή, -όν: looking sad, sullen, grim
σκύλαξ, ἡ: a female dog
σκύμνος, ὁ: a cub, whelp
σκώπτω: to mock, jeer, scoff at
σκώπτω: to mock, jeer, scoff at
σμικρός, -ά, -όν: small, little
σμῖλαξ, -ακος, ἡ: smilax, greenbrier
σοβαρός, -ά, -όν: impressive, proud, violent
Σόλων, -ωνος, ὁ: Solon
σόφισμα, -ατος, τό: a skilful act, ruse
σοφιστής, -οῦ, ὁ: a sophist
σοφιστικός, -ή, -όν: sophistic
Σοφοκλῆς, -έους, ὁ: Sophocles
σοφός, -ή, -όν: wise, cunning
σπάω: to draw, unsheeth
σπείρω: to sow
σπένδω: to pour a libation
σπέρμα, -ατος, τό: a seed
σπονδή, ἡ: a treaty
σπόρος, ὁ: sowing
σπουδάζω: to be eager, intend seriously, make haste
σπουδή, ἡ: eagerness, seriousness, haste, zeal, (*pl.*) rivalries
στάσις, -εως, ἡ: a position, faction, standing apart, dissent
στέγω: to cover, shelter
στέλλω: to arrange, array, place around
στενωπός, ὁ: narrow street, lane, ally
στέργω: to love, feel affection
στερέω: to deprive, bereave, rob of
στερκτικόν, τό: a loving disposition, affectionate
στέφανος, ὁ: a crown, garland

στεφανόω: to crown
στίλβω: to glisten, gleam
στίχος, ὁ: a verse, line
στόμα, -ατος, τό: the mouth, lips
στρατήγημα, -ατος, τό: act of a general, stratagem, device
στρατηγός, ὁ: a commander, general
στρατιώτης, -ου, ὁ: a recruit, soldier
Στρατοκλῆς, ὁ: Stratocles
στρατός, ὁ: an army
στρέφω: to turn
σύ, σου: you
συγγενής, -ές: born with, related
συγγενικός, -ή, -όν: congenital, hereditary
συγγίγνομαι: to be with, have intercourse
συγκατάκλισις, -εως, ἡ: a lying together with, intercourse
συγκαταμίγνυμι: to mix in together, mix up
συγκεράννυμι: to mix up with, combine, join
σύγκρασις, -εως, ἡ: a mixing together, fusion
συγκροτέω: to set together, organize
σύγκρουσις, -εως, ἡ: a collision
συγκυνηγός, ὁ: a fellow hunter, hunting companion
συγχέω: to pour together, confuse, confound
συγχωρέω: to come together, meet
συζάω: to live with
συζυγία, ἡ: a pairing
συκάς, -άδος, ἡ: fig
σύκινος, -η, -ον: made of or from the fig
συλλαμβάνω: to collect, seize
συλλέγω: to collect, gather
συλλοχίζω: to incorporate, arrange in order
συμβαίνω: to come together, come to pass
συμβιόω: to live together
σύμμαχος, ὁ: an ally
συμμίγνυμι: to mix together, mix with
σύμμιξις, -εως, ἡ: commixture
συμπάρειμι: to be present with, be together
συμπεριπολέω: go around together
συμπίπτω: to fall together
συμπλανάομαι: to wander about
συμφέρον, τό: an advantage
συμφερόντως: profitably
συμφέρω: to bring together, compare
συμφλέγω: to burn up, consume with fire
συμφυής, -ές: growing together, grafted
σύν: with (+ *dat.*)
συναγανακτέω: to be vexed along with, share in annoyance
συνάγω: to bring together, collect, convene
συναιρέω: to seize, undertake
συνὰνασῴζω: help recover, remind
συναποθνήσκω: to die together with
συναρπάζω: to seize
συναρτάω: to join together, lock together
συνδιακαίω: to burn up, consume with fire
συνδιαφέρω: to bear along with
σύνδικος, ὁ: an advocate
συνεγγράφω: to enroll
σύνειμι: be together, assemble, spend time with
συνελευστικός, -ή, -όν: social
συνεξορμάω: to help to urge on
συνεξυγραίνω: to moisten, liquefy
συνεπιθωΰττω: to shout
συνεπιφαίνω: to present together
συνεράω: to love together with, be sympathetic toward
συνεργέω: to work with, contribute
συνεργός, -όν: working together, helping in work
συνέρχομαι: to go with, come together with
σύνεσις, -εως, ἡ: comprehension, intelligence
συνετός, -ή, -όν: intelligent, clever, wise
συνεφάπτομαι: to take part with, aid
συνεχής, -ές: holding together, continuous
συνέχω: to hold together
συνήθεια, ἡ: acquaintance, intimacy, companionship

συνήθης, -ες: dwelling together, accustomed to one another, intimate
συνίερος, -ον: having joint sacrifices
συνίημι: to bring together, understand
συνίστημι: to set together, combine, unite
συνκαταβιόω: to live out one's life with
συνκαταζάω: to live out one's life with
σύνναος, -ον: having the same temple
σύνοδος, ἡ: a meeting, union
σύνοιδα: to share in knowledge, be cognizant
συνοικέω: to dwell together with, marry
συνοικίζω: to make to live with, to marry off
συνοικουρέω: live at home together
συνολισθάνω: to slip and fall together
συνουσία, ἡ: a being with, intercourse, union
συνταράττω: to throw into confusion, confound
συντελέω: to contribute toward common expenses
συντήκω: to liquefy, dissolve, melt, fuse, weld together
σύντομος, -ον: short
συντραγῳδέω: to act tragedy together
συντυγχάνω: to meet with, happen, befall
συνωρίς, -ίδος, ἡ: a pair of horses
Σύρα, ἡ: a Syrian woman
σῦς, συός, ὁ: a pig
συστέλλω: to draw in, reduce, diminish
σφαῖρα, -ας, ἡ: a ball, sphere
σφάλλω, -ά: to throw down, overthrow
σφόδρα: very, very much
σφοδρότης, -ητος, ἡ: vigor, violence
σχεδόν: close, nearly
σχῆμα, -ατος, τό: form, figure, appearance
σχηματισμός, ὁ: a formation, configuration
σχολή, ἡ: leisure, rest, school
σῴζω: to save
Σώκλαρος, -ου, ὁ: Soclarus
σῶμα, -ατος, τό: a body
σωτήρ, -ῆρος, ὁ: a savior
σωτηρία, ἡ: a saving, deliverance
σωφρονέω: to be moderate, show self-control
σωφροσύνη, ἡ: moderation, temperance, prudence
σώφρων, -ον: temperate, prudent, chaste, decent

Τ τ

τάλαντον, τό: a talant, balance, wealth
Τάνταλος, ὁ: Tantalus
τάξις, -εως, ἡ: an arrangement, rank
ταπεινός, -ή, -όν: low, humble, poor, base
ταρακτικόν, τό: perturbation, arousal
τάραξις, -εως, ἡ: confusion, agitation
ταράττω: to disturb, trouble, upset
ταραχή, ἡ: trouble, disorder, confusion
Ταρσεύς, -έως, ὁ: an inhabitant of Tarsus
τάττω: to arrange, station
ταὐτός, -ή, -όν: identical
τάφος, -εος, τό: a tomb
τάχος,- εος, τό: swiftness, speed
ταχύς, -εῖα, -ύ: quick, swift, fleet
τε: and
τέθηπα: to be astonished, be amazed
τειχομαχία, ἡ: a siege
τέκμαρ, τό: a limit, end
τεκμήριον, τό: a sure sign, proof
τελετή, ἡ: a initiation rite
τελευταῖος, -α, -ον: last
τελευτάω: to complete, finish, accomplish, live out one's life, die
τελευτή, ἡ: a finishing, completion, end, death
τέλος, -εος, τό: a fulfillment, completion, goal
τέτορες, -α: four
τετράπους, -ποδος, ὁ: four-footed animal, cattle
τετράρχης, -ου, ὁ: a tetrarch
τέτταρες, -ων: four
τέττιξ, -ιγος, ὁ: a cicada
τεῦχος, -εος, τό: armor
τέχνη, ἡ: art, skill
τηλικοῦτος, -αύτη, -οῦτον: of such an age

τίθημι: to set, put, place
Τιθόρα, **-ας**, **ἡ**: (the town of) Tithora
τίκτω: to bring into the world, bear
τιμάω: to honor
τιμή, **ἡ**: honor, esteem
τίμιος, **-ον**: valued, honored
τίνω: to pay a price
τις, **τι**: someone, something (*indefinite*)
τίς, **τί**: who? which? (*interrogative*)
τίτθη, **ἡ**: a nurse
τιτρώσκω: to wound, slay
τοιοῦτος, **-αύτη**, **-οῦτο**: such as this
τοιοῦτος, **-η**, **-ον**: such as this
τοῖχος, **ὁ**: a wall
τολμάω: to bear, endure, undertake, dare
τόλμημα, **-ατος**, **τό**: an adventure, brave deed
τόξον, **τό**: a bow
τόπος, **ὁ**: a place
τόπος, **ὁ**: a place, commonplace
τοσοῦτος, **-αύτη**, **-οῦτο**: so large, so great, so many
τραγικός, **-ή**, **-όν**: tragic, of tragedy
τράπεζα, **-ης**, **ἡ**: a table
τραχύς, **-εῖα**, **-ύ**: savage, rough
τρεις, **-οι**, **-αι**: three
τρέπω: to turn, route
τρέφω: to grow, raise
τρέχω: to run
τριάκοντα: thirty
τρίπους, **-ποδος**, **ὁ**: tripod
τρίς: three times
τρίτος, **-η**, **-ον**: the third
τρόπος, **ὁ**: a direction, course, way, manner
τροφή, **ἡ**: nourishment, food
τροχαῖος, **-α**, **-ον**: trochaic
τρυφάω: to live sumptuously
τρυφή, **ἡ**: softness, luxuriousness, wantonness
τυγχάνω: to hit, happen upon, meet with
τύμπανον, **τό**: a drum
τυραννίς, **-ίδος**, **ἡ**: tyranny
τύραννος, **ὁ**: an absolute ruler, tyrant
τυρβάζω: to trouble, stir up
τυφλός, **-ή**, **-όν**: blind
τύχη, **ἡ**: fortune, chance

Υ υ

ὕβρις, **-εως**, **ἡ**: wantonness, insolence, hubris
ὑβριστικός, **-ή**, **-όν**: wanton, insolent, outrageous
ὑγρός, **-ά**, **-όν**: wet, moist, fluid, weak, feeble
ὕδωρ, **ὕδατος**, **τό**: water
υἱός, **ὁ**: a son
ὕλη, **ἡ**: matter
ὑπαινίττομαι: to intimate, hint at
ὑπακούω: to listen, hearken
ὕπαρ, **ὕπαρος**, **τό**: a waking vision
ὑπάρχω: to begin, belong to
ὕπειξις, **-εως**, **ἡ**: a yielding, submission
ὑπέρ: for (+ *gen.*), beyond (+ *acc.*)
ὑπερβολή, **ἡ**: a overshooting, excess, extravagance
ὑπερήφανος, **-ον**: arrogant, haughty
ὑπεροράω: to look down upon, dispise, overlook
ὑπερφυής, **-ές**: enormous, huge
ὑπηρετέω: to serve
Ὕπνος, **ὁ**: Sleep
ὕπνος, **ὁ**: sleep, slumber; **Ὕπνος**, **ὁ**: Hypnos, the god of Sleep
ὑπό: from under, by (+ *gen.*); under (+ *dat.*); toward (+ *acc.*)
ὑπόγειος, **-ον**: under the earth, subterranean
ὑποδέω: to shoe
ὑπόδημα, **-ατος**, **τό**: a shoe
ὑπόθεσις, **-εως**, **ἡ**: a foundation, supposition, point, claim
ὑπόκειμαι: to lie beneath, underlie
ὑπολαμβάνω: to resume
ὑπολαμβάνω: to take up from under
ὑπομειδιάω: to smile a little
ὑπομένω: to endure, survive, remain, stay
ὑπονοέω: to think secretly, suspect
ὑπόνοια, **ἡ**: a suspicion, insinuation
ὑποπίμπλημι: to fill (with)
ὑπόπτερος, **-ον**: winged
ὕποπτος, **-ον**: looked down upon, suspect

ὑποσπείρω: to sow secretly
ὑποτρέφω: to bring up secretly
ὑφαιρέω: to draw off, diminish, steal
ὑφηγέομαι: to guide, lead the way
ὑφίημι: to let down, submit, be inferior
ὑφίστημι: to place or set under
ὑφοράω: to suspect, look at with suspicion, mistrust

Φ φ

φαιδρός, -ά, -όν: bright, radiant
φαίνομαι: to appear, seem
φαινόμενον, τό: appearance, phenomenon
φαίνω: to bring to light, show, reveal
φανερῶς: openly, manifestly
φαντάζω: make visible, present to the eye
φαντασία, ἡ: imagination
φαντασία, ἡ: imagination, images
φάντασμα, -ατος, τό: an appearance, illusion
φαντασμάτιον, τό: miserable phantom, bad dream
φάρμακον, τό: a drug, potion, unguent
φαρμακόω: to drug, poison
φαρμάττω: to drug
φάσκω: to say, assert, declare
φαῦλος, -η, -ον: bad, mean, low, easy, slight
φέγγος, -εος, τό: light, splendor, luster
φέρω: to bear, carry, endure
φεύγω: to flee, run away, escape
φημι: to say
φημί: to say
φθέγγομαι: to utter, speak
φθονέω: to be envious, begrudge
φθόνος, ὁ: ill-will, envy, jealousy
φιάλη, ἡ: a phial, type of bowl
φίλανδρος, -ον: loving men, loving one's husband
φιλάνθρωπος, -ον: loving mankind, benevolent
φιλαργυρία, ἡ: love of money, greed
φιλευριπίδης, -ου, ὁ: an admirer of Euripides
φιλέω: to love, have affection (for), kiss
φιλήδονος, -ον: loving pleasure
φίλημα, -ατος, τό: a kiss
φιλητικός, -ή, -όν: disposed to love
φιλία, ἡ: friendly love, affection, friendship
φίλιος, -α, -ον: of or for a friend, friendly
Φιλιππίδης, ὁ: Philippides
φίλιππος, -ον: fond of horses, horse-loving
φιλόκαλος, -ον: loving beauty
φιλοκίνδυνος, -ον: fond of danger, adventurous
φιλονεικέω: to enjoy victory, be quarrelsome
φιλονεικία, ἡ: contentiousness
φίλος, -η, -ον: dear, beloved
φιλοσοφέω: to philosophize, pursue knowledge
φιλοσοφία, ἡ: philosophy, love of wisdom
φιλόσοφος, ὁ: a lover of wisdom, philosopher
φιλοσώματος, -ον: loving the body
φιλότεκνος, -ον: loving one's children
φιλότης, -ητος, ἡ: friendship, love, affection
φιλοτιμέομαι: to contend in rivalry
φιλοτιμία, ἡ: munificence, kindness
φιλότιμος, -ον: eager, zealous
φιλοτίμως: zealously, generously
φιλοφροσύνη, ἡ: friendliness, affection
φιλόφρων, -ον: kindly, friendly, pleasant
φιλοψία, ἡ: a love of delicacies
Φλαουίανος, ὁ: Flavianos
φλέγω: to burn, burn up
φλόξ, φλογός, ἡ: a flame
φλυαρέω: to talk nonsense, rave
φοβέομαι: to fear
φοβερός, -ά, -όν: fearful, inspiring fear
φόβος, ὁ: fear, panic
φοῖνιξ, -ικας, ἡ: palm date
φοιτάω: to go to and fro, go regularly
φορεῖον, τό: a litter
φορτικός, -ή, -όν: coarse, vulgar
φράζω: to tell
φράτρα, ἡ: a brotherhood, clan
φρήν, φρενός, ἡ: mind, wit

φρονέω: to think (on), feel, understand
φρόνημα, -ατος, τό: high spirit, pride, dignity
φρόνησις, -εως, ἡ: a minding, sense, wisdom
φροντίζω: to think, consider
φρουρέω: to guard, watch
φρύαγμα, -ατος, τό: neighing, whinnying, snorting, insolence
φρύγιος, -α, -ον: Phrygian
φυλακτέος, -α, -ον: to be watched, to be guarded against
φύλαξ, -ακος, ὁ: a guard, watchman
φυλέτης, -ου, ὁ: a tribesman
φῦλον, τό: a race, tribe
φυσικός, -ή, -όν: natural, native, scientific
φυσικός, ὁ: a physicist, natural philosopher
φύσις, -εως, ἡ: nature, state
φυτεία, ἡ: planting
φυτόν, τό: that which has grown, a plant
φύω: to bring forth, produce, grow
Φωκεύς: Phocaean
φωλεός, ὁ: den
φωνή, ἡ: a sound, tone, voice
φῶς, φωτός, τό: light

Χ χ

χαίρω: to rejoice, be glad, be delighted
χαλεπός, -ή, -όν: hard to bear, painful, grievous
χαλινός, ὁ: a bridle, bit, reins
χάλκεος, -έα, -εον: of bronze, brazen
χαλκός, ὁ: copper
χαρίζω: to please, gratify
Χάρις, -ιτος, ἡ: a Grace
χάρις, -ιτος, ἡ: favor, grace
χαυνότης, -ητος, ἡ: looseness, conceit, vanity
χαυνωτικός, -ή, -όν: apt to make loose or flabby
χειμών, -ῶνος, ὁ: storm
χείρ, χειρός, ἡ: a hand
χείριστος , -η, -ον: worse, inferior
χερσαῖος, -α, -ον: of dry land, traveling by land
χέω: to pour
χήρα, ἡ: a widow
χηρεύω: to be bereaved, be a widow
χθών, χθονός, ἡ: the earth
χλαμύς, -ύδος: a short mantle
χλιδάω: to be soft, revel, luxuriate
χλωρός, -ά, -όν: green, fresh, pale
χορευτής, -οῦ, ὁ: a follower, devotee
χορεύω: to dance
χορός, ὁ: a round dance, the (dramatic) chorus
χράομαι: to use (+ dat.), enjoy
χρεία, ἡ: use, advantage, function, service
χρεωκοπέω: to cheat, defraud
χρή: it is fated, necessary
χρῆμα, -ατος, τό: a thing that one uses, money
χρηματίζω: to negotiate, deal, conduct business
χρηστός, -ή, -όν: useful, good, serviceable
χρόνος, ὁ: time
χρύσεος, -η, -ον: golden, of gold
Χρύσιππος, ὁ: Chrysippus
χρυσοειδής, -ές: golden
χρυσόκομος, -ον: golden-haired
χρῶμα, -ατος, τό: color
χρώς, χρωτός, ὁ: skin
χώρα, ἡ: a place, position, space, ground
χωρίς: separately, apart from (+ *gen.*)

Ψ ψ

ψάλτρια, ἡ: a lyre-girl
ψαῦσις, -εως, ἡ: a touch
ψαύω: to touch
ψέγω: to blame, censure
ψηλαφάω: to grope about
ψῆφος, ἡ: the voting pebble, a vote
ψόγος, ὁ: blame, fault, censure
ψυχή, ἡ: a soul
ψυχοπομπός, ὁ: conductor of souls
ψυχρολουτέω: to bathe in cold water
ψυχρός, -ά, -όν: cold

Ω ω

ὠδίς, -ῖνος, ἡ: labor pains
ὠθέω: to push back, repulse
ὠκύπτερος, -ον: swift-winged, (*pl. subst.*) flight feathers
ὦμος, ὁ: shoulder
ὠνέομαι: to buy, purchase
ὠνή, ἡ: a buying, price
ὤνιος, -α, -ον: able to be bought, for sale
ᾠόν, τό: an egg
ὥρα, -ας, ἡ: period, season, time
ὡραῖος, -α, -ον: in season, ripe, at prime, youthful
ὡς: *adv.* as, so how; *conj.* that, in order that, since; *prep.* to (+ *acc.*); as if, as (+ *part.*); as ____ as possible (+ *superlative*)
ὡς: as, how
ὥσπερ: just as, as if
ὠφέλεια, ἡ: help, benefit
ὠφέλιμος, -η, -ον: helping, useful, beneficial
ὠχρότης, -ητος, ἡ: paleness

NOTES:

NOTES:

NOTES:

NOTES:

NOTES:

NOTES:

NOTES:

NOTES:

www.ingramcontent.com/pod-product-compliance
Lightning Source LLC
LaVergne TN
LVHW051500080426
835509LV00017B/1838
9780983222811